경제철학과 경제학방법론

Philosophy of Economics and
Methodology of Economics

홍 태 희

박영사

붓을 들며

경제학을 배우고 가르친 긴 세월 동안 지은이는 늘 '경제현상은 과연 과학의 대상인가?', '경제학은 경제현상을 제대로 설명하고 있는가?', '어떤 경제정책이 사회적 정당성을 가질 수 있는가?'라는 의문을 가졌다. 잘한 경제학 연구에 대해서 노벨상까지 주며 학문성을 인정하는 시대를 살면서도, 온 세상이 돈, 돈 하면서 경제학을 쳐다보고 있는 시대의 최전선에 있으면서도 이런 의문에 대한 답을 찾기가 쉽지 않았다. 머리를 떠나지 않은 이 질문의 해답을 찾기 위해서 지은이는 경제학이 지식을 만들고, 사용하고, 폐기하는 방식을 살펴보아야 했다. 그래서 경제철학 근처를 기웃거리게 되었다.

사실 지은이는 어린 시절 '철학은 선험학이고, 형이상학이다.'라는 마틴 하이데거(Martin Heidegger)의 말에 사로잡혔다. 근대의 세계가 열리고 모든 분과과학이 철학에서 독립한 후에도 철학이 학문 영역에 남을 정당성, 즉 철학의 정체성은 형이상학에 있고, 형이상학의 선험성에 있다고 생각했다.

이후 형이상학의 어설픈 전사가 된 지은이는 제1철학인 형이상학 이외의 영역에서 철학이란 용어를 사용하는 것에 분노했었다. 그래서 경제철학, 역사철학, 정치철학, 과학철학 등 각종 분과과학 뒤에 철학이란 용어를 붙이는 것에 사납게 굴었다. 아울러 인생철학, 철학관, 생활철학, 음식철학 등 인간사 모든 영역에 철학이란 단어를 붙이는 것도 불편했다. 꽤 긴 시간 언어 집에서 방향을 잃은 존재는 세상으로 향한 문을 닫아야 했다.

세월을 지나며 존재에도 이끼가 끼었는지 철(?)이 좀 들었다. 아무도 주목하지 않는 완장을 스스로 차고 언어의 교통 정리를 해도, 세상은 이를 귀담아듣지도, 변하지도 않았다. 사람들은 여전히 온갖 상황이나 용어 뒤에 철학이라는 단어를 서슴없이 붙였다. 그리고 뭔가 진지하게 탐구한다는 것에 어김없이 철학이란 용어를 사용했다. 그런데 놀랍게도 늙어 무뎌진 존재는 철학이란 용어의 이러한 사용에 둔감해졌다.

루드비히 비트겐슈타인(Ludwig Josef Johann Wittgenstein)이 '철학의 문제는 해결되는 것이 아니고 사라진다.'라고 했던가? 늙어 흐려진 존재는 '명석판명한(clear·distinct)' 인식을 포기했는가? 지은이는 사람들이 그렇게 사용하고, 그렇게 이해하는 것이라면 그것이 철학이라는 용어의 쓰임이라고 받아들이게 되었다. 언어를 사회적 '맥락'에서 이해하게 되었다.

이렇게 후기 비트겐슈타인처럼 사회가 용인하여 사용하는 철학이란 용어를 그대로 인정하자 눈이 순해졌다. 언어는 공동체의 약속이므로 언어의 대상과 일대일 대응하지 않는다고 정리한 후 인식의 날카로운 칼을 접고, 불완전한 언어의 세계를 인간 세상의 한 모습으로 수용했다. 그냥 그렇게 살기로 했다.

그렇게 해서 한때 진심이었고, 삶을 흔들 정도로 집착했지만, 감당할 수 없어서 세월 속에 묻어버린 철학을 다시 집어 든 것은 지은이가 경제학자로 제법 시간을 보낸 후였다. 여전히 철학이 중요하다는 것을 알게 되었다. 복합위기에 빠진 세상의 경제 현실과 이를 해명하는 경제학 사이의 간극을 보며, 게다가 이를 방치하는 학계를 쳐다보며, 결국 문제는 '철학의 빈곤'이라는 것을 절감했다. 경제학이 이런 역할을 하게 된 이유는 무엇보다 '경제철학의 빈곤'에 있다고 판단했다.

존 메어너드 케인즈(John Maynard Keynes)의 말처럼 '장기적으로 우리 모두 죽는다.'가 아니라 '장기적으로 우리가 모두를 죽였다.'라고 할 수도 있는 세상의 변화에 경제학이 큰 역할을 하고 있다. 철학의 빈곤 앞에 소크라테스가 '너 자신을 알라!'고 지적했던가? 경제철학의 빈곤도 경제학이 자신을 모르는 것에서 출발한다. 경제학은 애초에 자연과학처럼 될 수가 없다. 왜냐하면 경제를 결정하는 조건이 경제 내에 있지 않고 대부분 외생적으로 주어지기 때문이다. 경제학은 한계효용이니 탄력성이니 하면서 마치 자연과학을 연구하는 것처럼 굴지만, 경제현상은 그저 인간의 행동 양식에 불과하다. 하지만 경제학은 무엇을 해야 하는지를 모르고, 무엇을 하는지도 모르면서도 뭔가를 하면서 세상을 위기로 몰고 있다.

그래서 세상은 아프다. 경제위기, 기후 위기, 생태 위기, 재생산의 위기, 사회적 위기, 전쟁과 질병의 위기 등으로 현재 세상은 아이도 태어나지 않는 복합위기 속에 있다. 그리고 현재 인류가 직면한 복합위기는 인류 역사 전체를 거쳐 경험한 적이 없는 전무후무한 파괴력을 지니고 있어서, 지구별의 미래를 장담하지 못할 처지에 있다. 그런데 현재의 경제학은 이 복합위기의 원인 제공하고, 결과를 정당화시키고, 단기적 정책으로 세상을 현혹하고 있다.

경제학의 위기와 현실 경제의 위기는 동전의 양면과 같다. 왜냐하면 경제학이 경제 현실을 디자인하기 때문이다. 현실 경제와 괴리되어 현실 경제에 설명력을 상실한 경제학은 현실 경제의 위기를 부추기고, 현실의 경제 문제를 방기하게 하기 때문이다. 세상을 더 잘 살게 했다고 자부하는 근대경제학의 눈부신 성공이 세상을 종말로 이끄는 이 상황을 종식하려면 그 학문의 밑바닥에서부터 무엇이 잘못되었는지를 살펴보아야 한다. 이것이 지은이가 경제학 너머의 세계, 경제철학을 주목하는 이유다.

현재의 물질 만능 세계를 만드는 것에 경제학의 역할은 지대했다. 사실 근대경제학은 근대 사회과학의 발전에 중추적 역할을 했고, 사회적 주목을 받았으며, 그에 따른 사회적 영향력을 발휘했다. 세상은 경제학자의 주장을 신뢰했고, 그들이 제시한 계산서를 주목했다. 경제학도 윤리와 도덕의 문제에서 벗어날 수 없는 사회과학 중 하나이지만, 세상은 경제학이 믿을만한 지식을 만들길 원했고, 근대경제학은 기꺼이 세상의 요구에 맞추어 갔다. 그러나 과학적 엄밀성이라는 자기 규율에 사로잡힌 경제학은 실제 많은 경제 현실에 눈을 감았고, 더 나은 세상과 우주에 대한 비전을 제시하지 못한 채 우물 안 개구리로 전락했다.

이런 사정에도 세상은 경제적 지식이 절실히 필요했고, 경제학도 세상의 필요에 순응했다. 자료를 만들고 검증하고 해석하고 예측하며 판단하기 위해 노력했다. 이렇게 만들어진 경제학의 지식은 참이든 거짓이든 유력하게 작동했다. 특히 현실의 권력관계를 지지하는 경제학 지식은 주목받고 지원받고 대를 물려 교육되었다. 간혹 경제위기 같은 것이 터졌을 때 현실 경제를 제대로 설명하지 못한다는 지탄받기도 했지만, 대중은 곧 이를 잊고 경제학을 다시 소환했다. 그래서 여전히 경제학은 세상의 가치를 결정하는 상부에 앉아서 막강한 권력을 누리고, 사회구성원의 삶을 지배하고 있다.

멈추어 서서 세상을 복합위기로 몰고 가는 경제학을 살펴보니 경제학의 개념 설정부터 방법론까지 21세기의 상황을 대변하지 못하고 있다고 판단되었다. 경제학파 사이에는 아예 대화할 수 없을 정도로 개념이 달리 설정되어 있고, 양자역학과 빅데이터 시대의 자연과학에 비해 지나치게 낙후된 과학적 기반 위에 있다. 이런 분열과 후진성은 경제학이 제대로 된 학문적 기초위에 집을 짓지 못하게 한다. 이는 결국 철학의 문제고 세계관(worldview)의 문제이다.

과학은 인간 이성을 통해 사실을 파악하려는 작업이며 경험한 사실을 이해되게 설명하는 방식을 찾으려는 노력이다. 그런데 이렇게 연구하거나 설명할 때 가지는 세계를 인식하는 방식이나 관점을 세계관이라고 한다. 이 세계관이 세계와 결합하여 만든 인식의 구조물을 이념 혹은 이데올로기(ideologie)라고 한다. 이 시대를 움직이는 이데올로기는 과학주의(scientism)이다. 흔히 이데올로기는 주관이 개입되어서 객관성이 부족하다고 폄훼한다. 하지만 객관성을 강조하는 이런 과학주의 자체도 이데올로기이다. 과학적 발견도 연구실을 벗어나 세상으로 나오면 일종의 이데올로기로 작동된다. 가령 지동설은 과학이지만, 이를 주장하면 이데올로기로 작용한다. 그리고 이데올로기는 연구자가 가지는 세계관에 영향을 준다.

경제학의 역사를 살펴보면 다양한 세계관을 가진 경제학파가 등장하고 서로 경쟁하면서 지금까지 발전했다. 학문은 인간 이성의 작업이므로 경제학이 경제현상을 판단하는 방식에는 '경제적 이성'이 작동했다. 그런데 현재 경제학이 맞은 위기는 특정 세계관에 대한 지나친 맹신이 가져온 올바른 '경제적 이성'의 결여에서 온 것이다. 그래서 이를 바로 잡는 작업은 잘못된 경제적 이성을 비판하고, 올바른 학문관을 제시하는 것에서 시작되어야 한다. 그러니 결국 경제철학과 경제학방법론으로 시작해야 한다.

경제철학은 경제와 경제학에 대한 철학적 성찰이다. 경제학에 대한 '근원적 앎, 아르케(arche)에 대한 앎'이다. 경제학을 철학적으로 성찰하는 이유는 세상을 위기에서 구하려면 경제학을 다음과 같이 만들어야 한다고 생각하기 때문이다.

첫째, 경제학은 여전히 과학으로의 조건을 갖추지 못하고 있다. 과학은 힘은 검증할 수 있는 것은 확실히 검증하고, 검증하지 못하는 것에 대해서는 모른다고 하는 것에 있다. 그러나 현재의 경제학은 모르는 것에 대해서도 안다고 한다. 확률적으로 안다고 하지만, 알 수 없다는 것은 확률적으로도 알 수 없다. 그것이 실재의 본질이다. 실재를 기반으로 한 경제학을 만들어야 한다.

둘째, 과학은 정량화되지 못한 것도 존재한다는 관점을 가지고 새로운 과학적 지식을 만들어 갔다. 그리고 21세기의 과학은 고정된 대상이 아니라 변화하는 사건을 분석하기에 바쁘다. 그러나 경제학은 여전히 고정된 대상에 대한 숫자놀음에 바쁘다. 그래서 정량화되지 못한 많은 경제 현실 앞에서 어떻게 해야 할지 결정하지도 못하고 있다. 그러니 사회적 수요에 맞추어 사이비 정량화 작업을 통해 사이비 지식을 생산하고 있다. 경제학이 진정한 과학이 되려면 정량화 안 되는 세상을 담을 존재론적 공간을 경제학 내에 만들어야 한다.

셋째, 과학은 객관과 주관을 동시에 객관화한다. 인간의 상상력이 없었다면 우리는 현재의 자연과학을 만들지 못했다. 그러나 현재의 주류경제학은 주관의 영역을 도외시하고 객관만을 강조한다. 그렇다고 진정한 객관을 만들지도 못했다. 인류가 직면한 경제 문제를 해결하기 위해서는 객관과 주관을 넘어선 인간의 주체를 다루는 경제학을 만들어야 한다.

넷째, 기술의 발전과 함께 등장한 인공지능 시대는 새로운 과학관과 윤리관을 요구하고 있다. 주류경제학은 이러한 시대적 변화를 읽지 못하고 정량적 분석을 고집하며 사회가 나아갈 방향을 정하는 규범적 역할을 하지 못하고 있다. 만약 대안이 제시되지 않으면 경제학자의 일을 인공지능이 대신하는 시대가 열릴 것이다. 이를 방지하기 위해서는 인간의 자유로운 생각과 윤리적 책임을 중심에 둔 경제학을 만들어야 한다.

이렇게 지은이는 경제학이 충분히 과학적이지 못하다고 본다. 더 많은 데이터, 발전된 통계 기법 그리고 자연과학적 실험의 방법으로 20세기 말부터 현재에 이르는 경제학의 변화에 대해 경제학자들은 경제학이 드디어 과학이 되었다고 하면서, 경제학에 '신뢰성 혁명(credibility revolution)'이 일어났다고 하는 주장에 동의하지 못한다. 여전히 경제학은 가상의 세계에 묶여있다. 그래서 어떤 통계적 추론으로도 실재를 포착할 수 없다. 따라서 현재의 경제학을 작동시키는 핵심축인 경제적 이성에 대한 정확한 비판 없이는 경제학이 진정한 과학이 될 수 없다고 판단한다.

사실 오랫동안 과학은 이성의 산물로 이해되었다. 그러나 현재 과학은 이성의 텅 빈 실체를 확인하며, 이성 중심의 학문관을 해체하고, 이분법적 사고 대신에 '사실 그 자체'를 드러내려고 하고 있다. 가령 물리학에서는 사실이 여러 개일 수 있는 '대안적 사실(alternative facts)'과 탈진리(post-truth)의 시대를 맞아 새판을 짜기에 분주하다. 복합위기의 시대를 맞아 대안이 절실한 시대이다. 경제학도 이런 과학의 새판짜기에 동참하여 앞으로의 길을 열어가야 한다. 그래야 진정한 과학이 될 수 있다. 그래서 이러한 염원을 담아 경제학의 새판짜기를 위한 기초를 만들기 위해 이 책을 썼다.

일반적으로 경제학에 대한 철학적 성찰은 두 가지 방향으로 전개된다. 한 갈래는 경제에 관한 생각을 정리한 경제사상, 경제이념에 대한 탐구이다. 또 다른 갈래는 인식론의 문제에 집중하여 경제학의 진리 탐구하는 방식에 대한 성찰이다. 이는 경제학이 어떻게 학문하는지를 살펴보는 경제학방법론의 영역이다. 이 책에서 우리는 두 번째 갈래에 집중해서 경제철학과 경제학방법론을 모색한다. 이런 모색에 따른 집필 방향은 다음과 같다.

첫째, 경제학 연구가 관찰과 측정을 통한 실증분석에 지나치게 몰입되면서, 관찰과 측정 전에 이루어져야 할 사유가 빠져있다. 구체적으로는 실재를 확보하지 못하고 있으면서 다양한 방식으로 실재의 그림자를 생산한다. 그래서 경제학에서 언어의 통일도 개념 설정도 아직 되어 있지 않다. 이를 극복하기 위해서는 경제철학이 필요하다. 따라서 지은이는 경제철학적 사유에 도움이 될 경제철학

입문서를 집필하려고 한다. 이를 통해 경제학 학문 후속 세대가 경제학을 효율적이고 깊이 있게 공부할 학문적 기반을 마련하려고 한다.

둘째, 경제학이 진리성을 확보하기 위해 만든 여러 경제학파의 방법론을 설명하며, 이들 경제학의 문제점을 경제적 이성의 한계를 통해 확인할 수 있게 한다. 이를 통해 학파마다 공유한 개념 설정이 달라서 경제학 속에 공동의 지향점이 없다는 것을 확인한다. 현재의 경제학 수준에서 우리가 할 일은 공유된 개념의 필요성을 제시하며 학파 간에 연대를 도모하는 것이다. 어떤 특정 학파도 완전한 방법론을 제시하지 못하는 현재 상황에는 다원주의적 방법론을 인정하는 것이 필요하다. 이 책을 통해 학파 간의 배타성을 완화하는 계기를 마련하고자 한다.

셋째, 경제학의 수학 과몰입의 문제점을 확인한다. 수학의 사용은 경제학 연구에 유용하다. 그러나 이런 종류의 분석은 대개 변수 간의 상관관계 분석에 집중되어 있다. 상관관계를 성공적으로 유추하기 위해서는 고립된 원자의 세계, 즉 닫힌 시스템이 필요하다. 그러나 현실의 경제현상은 개방적이고, 변화하고, 상호작용하며 연관된 열린 시스템이다. 이 책을 통해 무엇이 경제학을 현실과 괴리되게 하는지를 밝히는 계기를 마련하고자 한다.

넷째, 어떤 방법론이 바람직한지 생각하게 하는 책을 집필하려고 한다. 모든 연구자는 기존의 연구에 대한 비판적 검토를 통해서만 자신의 철학적 기반을 가질 수 있다. 연구자가 스스로 깊이 생각하고, 경제학이 말할 수 있는 것과 말할 수 없는 것을 구분하여 진정 과학적인 경제학으로 거듭날 수 있는 계기를 마련하고자 한다.

새로운 경제학에 대한 비전과 집필 방향에 맞추어 이 책에서는 다음과 같은 질문을 하고 이에 대한 경제학의 대답을 듣는다. 그리고 이 대답을 다시 살펴보며 새로운 해답을 찾아간다.

- 경제학은 경제적 사실을 확인하고, 경제적 현실을 이해하며, 미래를 예측할 수 있는가?
- 경제학은 관찰하고 측정하고 실험할 수 없는 대상은 어떻게 처리할 수 있는가?
- 주관적 관점을 가진 연구자에게 객관적 지식의 생산은 가능한가?
- 경제학은 과학이 될 수 있는가? 아니면 애초에 불가능한가?
- 경제학적 지식은 어떤 기준으로 과학적이라고 인정받는가?
- 자연과학 방법론으로 경제학 연구하는 것은 가능한가? 옳은가?
- 경제학파들은 왜 다른 경제학방법론을 사용하는가?
- 주류경제학의 방법론은 무엇이 문제인가?
- 양자역학과 상대성이론 시대에 인과율을 넘어선 경제학방법론은 무엇인가?
- 인공지능의 시대에 경제학은 무엇을, 어떻게 할 것인가?

위의 질문에 답하기 위해 이 책에서는 과학철학을 소개하고, 논리적 추론을 설명하며, 과학철학의 유산을 검토한다. 그리고 근대경제학의 다양한 경제학파의 경제학방법론을 설명한다. 아울러 현재 경제학방법론을 보완하려는 등장하려는 경제학의 새로운 방법론을 살펴본다. 이 책은 총 4부 22장으로 구성되어 있다. 이에 따른 책의 순서는 다음과 같다.

I 부에서는 경제학방법론의 기초를 설명한다. 구체적으로 살펴볼 것은 경제학방법론의 전개과정과 경제철학이다. 1장에서는 철학과 과학 그리고 경제학의 관계를 알아보고, 2장에서는 논리적 추론과 경제학 연구의 진리성 확보 방법에 관해서 설명한다. 3장에서는 과학철학과 관련된 여러 가지 사상적 갈래를 설명한다. 이를 기초로 하여 4장에서는 사회과학방법론의 전개과정을 살펴보고, 5장에서는 이 책의 주제인 경제학방법론의 전개과정에 대해 살펴본다.

II 부에서는 경제학방법론을 이해하기 위한 과학철학적 기초를 알아본다. 6장에서는 칼 포퍼의 반증주의와 비판적 합리주의를 설명하고, 7장에서는 토마스 쿤의 과학혁명론과 정상과학론을 살펴본다. 8장에서는 임레 라카토슈의 연구프로그램론을 설명하고, 9장에서는 폴 파이어아벤트의 반(反)방법론, 10장에서는 래리 라우단의 연구전통에 대해 알아본다. 11장에서는 로이 바스카의 비판적 실재론에 대해 살펴본다.

Ⅲ부에서는 각 경제학파의 경제학방법론을 살펴본다. 12장에서는 고전파경제학과 신고전파경제학의 경제학방법론의 특징을 설명하고, 주류경제학의 방법론을 확인한다. 13장에서는 역사학파 경제학의 방법론을 살펴보고, 14장에서는 맑스경제학의 방법론을 설명한다. 15장에서는 케인즈의 경제학방법론을 살펴보고, 16장에서는 오스트리아학파 경제학의 방법론을 확인한다. 17장에서는 포스트 케인지언 경제학의 방법론을 설명하고, 18장에서는 비교적 새로운 분야인 여성주의 경제학의 방법론을 설명한다.

Ⅳ부에서는 현재 새롭게 등장하는 경제학방법론을 소개하고 대안적 경제학방법론의 가능성을 논의한다. 19장에서는 계량경제학의 방법론을 살펴보고, 현재 계량경제학이 과학성을 확보하려고 제시하는 대안을 살펴본다. 20장에서는 질적 연구방법론에서 최근 경제학에서도 관심을 받는 근거이론, 사례연구, 구술사적 접근, 수사학적 경제학 등을 통해 대안 가능성을 논의한다. 21장에서는 주류경제학의 방법론적 변화와 확장을 게임이론, 실험경제학, 행동경제학, 복잡계경제학, 신경경제학의 방법론을 통해 살펴본다. 마지막 22장은 다원주의 경제학방법론을 살펴본 후 대안적 경제철학과 경제학 방법론의 조건을 제시한다.

이 책의 집필은 과문한 지은이에게는 벅찬 작업이었다. 이미 자리 잡은 용어와 학문적 유산을 재정리하여야 했고, 시대가 요구하는 덕목에 따라 다시 자리매김해야 했다. 엉클어진 세계의 질서를 잡고 그 질서를 언어로 다시 정리해서 체계를 세우는 일은 자주 능력을 넘어서는 일이기도 했다. 무엇보다 경제학파 사이에 다른 개념과 목적을 가지고 있어서 종종 비교 자체가 무의미하기도 했다. 그래서 지은이는 어떤 것이 대안이라고 분명히 말하지 못한다. 다만 앞으로 등장할 대안적 경제학방법론의 마중물 역할을 할 요량으로 책을 완성했다.

학문이 주어진 세상을 바르게 이해하고, 바르게 해석해야 위기에서 세상을 구할 대안을 마련할 수 있다. 계몽의 근대를 열면서 채 정리되지 못한 구시대와 모습을 드러내지 않은 새 시대의 혼돈 속에 새 시대의 청사진을 근대경제학이 제시했듯이, 혼돈의 시대에 비전을 제시할 대안경제학이 소통하며 연대하고 다시 확인하는 작업을 통해 등장할 것이라고 낙관한다. 그러니 먼저 구시대의 경제적 이성을 해체하는 작업부터 시작하자.

미련한 탓에 끝을 맺고 붓을 내려놓을 수 있게 되었다. 어려운 출판계의 사정에도 불구하고 책 출판을 해주신 박영사의 안상준 대표님과 이 졸고를 멋진 책으로 만들어 주신 편집부의 전채린 차장님과 그리고 그 외 관계자분에게 지은이의 깊은 감사를 전한다.

2024년 가을이 오는 서석골에 앉아 무등(無等)을 바라보며
지은이 씀

차례

붓을 들며 _ i

I 부

철학, 경제학 그리고 경제학방법론의 전개과정

제1장

철학(Philosophy)과 과학(Science)의 관계

1. 철학과 과학 ·· 5

2. 철학적 진리와 과학적 진리 ··· 13

3. 경제철학과 경제학방법론 그리고 풀어야 할 문제 ················ 16

4. 경제학에서의 존재론과 인식론 그리고 윤리학 ····················· 19

5. 경제적 인간과 보통 사람 ·· 27

제2장

논리적 추론과 자료 해석 방식

1. 논리적 추론의 전통과 경제학 ··· 33

2. 논리적 추론의 방식 ·· 35

3. 자료에 접근하는 방식 ·· 43

제3장

다양한 과학사상에 관한 이해

   1. 과학적 증거를 제시하는 방식 ································· 49

   2. 객관적 실재가 없는 세상을 이해하는 방식 ············· 58

   3. 진리 혹은 과학적 지식이라고 인정하는 방식 ··········· 63

   4. 사회적 존재를 파악하는 방식 ··························· 65

   5. 경제학과 과학사상 ····································· 71

제4장 사회과학방법론의 전개과정

   1. 개체론과 환원주의로의 발걸음 ························· 79

   2. 사회과학방법론 논쟁의 전개과정 ······················ 81

   3. 수용된 관점에 대한 다양한 도전들 ···················· 83

   4. 21세기 사회과학방법론의 모색 ························ 84

제5장

경제학방법론의 전개과정

   1. 경제철학과 경제학방법론의 중요성 ···················· 91

   2. 경제학방법론 논쟁의 배경 ····························· 93

   3. 실증과 규범의 방법론적 문제 ·························· 95

   4. 경제학사에 등장한 방법론 논쟁 ······················· 99

   5. 주류 경제학방법론의 정립과 비주류경제학의 등장 ········ 102

   6. 형식주의(관념론)와 현실주의(실재론)의 긴 투쟁 ········· 107

II부

경제학방법론의 과학철학적 기초

제6장

칼 포퍼(Karl Popper)의

비판적 합리주의(Critical Rationalism)와 반증주의(Falsificationism)

1. 포퍼의 삶과 철학적 배경 ·· 119

2. 포퍼의 반증주의와 비판적 합리주의 ······························· 121

3. 포퍼의 과학철학과 경제학 ··· 125

제7장

토마스 쿤(Thomas Kuhn)의 과학혁명론(Scientific Revolution)

1. 쿤의 삶과 철학적 배경 ·· 131

2. 쿤의 과학혁명론과 정상과학론 ·· 132

3. 쿤의 패러다임론과 경제학 ··· 135

제8장

임레 라카토슈(Imre Lakatos)의

연구프로그램론(Methodology of Scientific Research Programs)

1. 라카토슈의 삶과 철학적 배경 ··· 141

2. 라카토슈의 과학적 연구프로그램론 ··································· 142

3. 연구프로그램론과 경제학 ·· 145

제9장

폴 파이어아벤트(Faul Feyerabend)**의 반**(反)**방법론**(Against Method)

1. 파이어아벤트의 삶과 철학적 배경 ·· 149
2. 파이어아벤트의 반(反)방법론과 학문적 아나키즘 ···················· 152
3. 파이어아벤트의 반(反)방법론과 경제학 ·································· 153

제10장

래리 라우든(Larry Laudan)**과 연구전통**(Research Traditions)

1. 라우든의 삶과 철학적 배경 ·· 157
2. 라우든의 연구전통과 진화과정 ·· 158
3. 라우든의 연구전통과 경제학 ·· 160

제11장

로이 바스카(Roy Bhaskar)**의 비판적 실재론**(Critical Realism)

1. 바스카의 삶과 철학적 배경 ·· 165
2. 바스카의 비판적 실재론 ·· 167
3. 비판적 실재론과 경제학 ·· 170

III부

다양한 경제학파의 경제학방법론

제12장

고전파경제학과 신고전파경제학의
경제학방법론(Methodology of Classical Economics and Neoclassical Economics)

   1. 고전파경제학과 주류경제학의 철학적 배경 ················· 179

   2. 고전파경제학의 경제학방법론 ···························· 182

   3. 신고전파경제학의 경제학방법론 ························· 184

제13장

역사학파 경제학의 방법론(Methodology of Historical School of Economics)

   1. 역사학파 경제학의 철학적 배경 ·························· 195

   2. 역사학파 경제학의 방법론 ······························· 197

제14장

맑스경제학의 방법론(Methodology of Marxian Economics)

   1. 맑스경제학의 철학적 배경 ······························· 203

   2. 맑스경제학의 방법론 ·································· 205

제15장

케인즈의 경제학방법론(Keynes's Methodology of Economics)

   1. 케인즈 경제학의 철학적 배경 ···························· 213

   2. 케인즈의 경제학방법론 ································ 218

제16장

오스트리아학파 경제학의 방법론(Methodology of Austrian School of Economics)

    1. 오스트리아학파 경제학의 철학적 배경 ··· 227

    2. 오스트리아학파 경제학의 방법론 ··· 229

제17장

포스트 케인지언 경제학의 방법론(Methodology of Post Keynesian Economics)

    1. 포스트 케인지언 경제학의 철학적 배경 ·· 237

    2. 포스트 케인지언 경제학의 방법론 ·· 239

제18장

여성주의 경제학의 방법론(Methodology of Feminist Economics)

    1. 여성주의 경제학의 철학적 배경 ·· 245

    2. 여성주의 경제학의 연구방법론 ·· 248

IV부

현대 경제학의 대안적 방법론 모색

제19장

계량경제학의 방법론(Methodology of Econometrics)과 대안 모색

1. 계량경제학의 철학적 배경 ·· 255

2. 계량경제학 연구방법론과 대안 모색 ······························· 259

제20장

질적경제학방법론(Qualitative Methodology of Economics)과 대안 모색

1. 질적경제학방법론의 철학적 배경 ···································· 267

2. 근거이론(Grounded Theory) ··· 270

3. 내러티브 방법론(Narrative Method)과

    수사적 경제학방법론(Rhetorical Approaches) ·············· 271

4. 사례연구(Case Study) ··· 276

제21장

주류경제학의 방법론적 확장과 대안 모색

1. 주류경제학의 방법론적 확장 ··· 281

2. 게임이론의 연구방법론 ·· 282

3. 행동경제학의 연구방법론 ··· 285

4. 실험경제학의 연구방법론 ··· 289

5. 복잡계 경제학(Complex Systems Economics)의 연구방법론 ·········· 293

6. 신경경제학(Neuroeconomics)의 연구방법론 ····················· 298

제22장

다원주의 경제학방법론의 필요성과 대안적 경제학방법론

1. 다원주의 경제학방법론의 필요성 ·· 303

2. 새로운 경제적 이성과 대안적 경제철학 ····························· 307

붓을 내려놓으며   _317

참고문헌   _321

찾아보기   _341

철학, 경제학 그리고 경제학방법론의 전개과정

"진여(眞如)는 상(相)이 없으니, 이는 말로써 말을 버리는 언어의 궁극을 뜻한다."

원효「대승기신론소」

학문은 진리를 탐구하는 작업이다. 그러면 진리란 무엇인가? 인류가 오랫동안 품었던 이 물음을 가지고 I부에서는 철학과 과학 그리고 경제학에 관해서 살펴본다. 철학과 과학은 인간의 역사에서 오랫동안 나뉘지 않았고, 그저 학문으로 여겨졌다. 그러나 근대가 시작되면서 둘은 나뉘어졌다. 그리고 21세기 현재 우리는 학문을 과학으로만 여기는 '과학주의(scientism)' 시대를 살고 있다.

과학이 발전하면 할수록 비전을 상실한 세상은 여전히 철학을 찾고 있다. 그래서 I 부에서 철학과 과학의 이야기를 시작한다. 그리고 인간이 세상을 알아내는 방법인 학문에서 철학이 왜 중요한지를 확인한다. 이를 통해 현대경제학의 문제가 결국 경제철학의 빈곤에 있다는 점을 강조하면서 이야기를 시작한다.

제1장

철학(Philosophy)과 과학(Science)의 관계

1장에서 우리는 철학과 과학에 대해서 알아본다. 옛날 동양에서 공부한다는 것은 인격을 수행하는 것이었고, 서양에서도 삶의 지혜를 찾는 것이었다. 좀 더 시간이 흐른 후에는 역사학, 의학, 법학을 공부하는 것을 학문하는 것으로 여겼다. 이후 근대에 와서 과학혁명이 일어나고 지식의 양이 많아지고 분야마다 전문적으로 연구할 필요가 생겼고, 이런 시대의 요구에 부응하여 각 분야를 대표하는 분과과학이 등장했다. 경제학은 다른 분과과학보다 좀 늦게 출발하여 19세기가 되어서야 분과과학으로 독립했다. 그리고 과학적 지식으로 인정받기 위해 수학적으로 논증하고 통계적으로 검증하며 오늘에 이르렀다.

1장에서는 경제학의 과거와 현재를 철학적 관점으로 이해하기 위해 철학과 과학의 관계를 논의한다. 이런 논의는 지루하고 결론 없는 이야기일 수도 있다. 특히 빠르게 세상을 이해하고 효율적으로 결론을 내리는 경제학의 속도에는 지나치게 느린 이야기로 느낄 수도 있다. 그러나 이렇게 기초를 다지지 않고는 경제학의 위기에서 벗어나기도 어렵고, 더 튼튼하게 경제학의 세계를 만들 수 없다. '철학 함'을 통해 만든 사상은 세상을 담을 구조이며, 현실의 밑그림이기 때문이다.

제**1**장

철학(Philosophy)과 과학(Science)의 관계

1 철학과 과학

옛날에는 세상 어디에서나 소수의 사람만이 글을 알았고, 더 소수의 사람만이 학문을 했다. 글을 모르는 대다수 사람은 학문하는 사람의 이야기를 귀담아들었다. 그들은 세상과 사물의 이치를 탐구하는 학자들이 자신들보다 현명한 판단을 할 것으로 여겼다. 이렇게 동양에서나 서양에서나 공부하는 사람은 세상과 사람, 그리고 사물의 이치를 탐구하는 사람이었다. 그리고 이들이 찾은 이치가 현실에도 타당할 때 세상은 이들의 탐구를 인정했었다. 그 시절 철학과 과학은 구분되어 있지 않았고, 옳은 이치의 따지는 분명한 기준도 마련되지 않았다.[1]

세월이 흘러 근대세계가 펼쳐지면서 분위기는 바뀌었다. 보통 사람도 교육받

---

1) 이 책 전반에 걸쳐 집중적으로 참고한 경제철학 기본서는 Blaug (1980), Hausman (ed.) (1984), Hausman (1989), Hands (ed.) (1993), Pheby (1988), Backhouse (ed.) (1994), Boylan and O'Gorman (1995), Hoover (1995), Latsis (1972), Latsis (ed.) (1976), Eichner (ed.) (1983), Hands (2001a), Guala (2005), Dow (2002), 2008년 글로벌 금융위기 이후의 문헌은 Jaspersen (2009), Boumans and Davis (2010), Mäki (ed.) (2012), Ross (2014), Hodgson (2019), Schneider (2019), Maas (2014), Hausman (2021a), Hausman (2021b), Schlaudt (2022), 참고한 핸드북은 Caldwell (1993) Vol. I, II, III, Davis, Hands and Mäki (1998), Lee and Cronin (2016), 사전은 Hausman (2021b), Durlauf and Blume (2008), 철학사는 Störing (1998), 경제철학 관련 국내 번역서로는 Reiss (2013/2020), Pheby (1988/1999), Hunt and Lautzenheiser (2011/2015), 국내 연구는 오광우 (1987), 송현호 (1992), 김균 (2001), 박만섭 (2001), 권기철 (2003), 조영탁 (2004), 이규상 (2008), 홍기현 (2010), 홍태희 (2010), 홍태희 (2011a), 홍태희 (2011b), 홍태희 (2022), 홍태희 (2024).

을 권리를 가지게 되었고, 이들을 위한 교육 기관도 생겼다. 이와 함께 점점 더 많은 사람이 글을 읽고 쓸 수 있게 되었다. 이런 분위기에 탄력을 받아 인간의 인지 범위가 깊어지고 넓어지면서 지식의 양이 급격히 늘었다. 마침내 과학혁명이 일어나자, 세상은 학자들에게 전문적인 지식, 과학적인 지식을 요구했다.

이런 전문적 영역에서 인정받는 지식은 검증을 통과한 지식이어야 했다. 이런 시대를 거치며 서양에서는 철학이 도덕철학과 자연과학 철학으로 분리되었다. 이후 19세기 초반부터는 더 세분되어 다양한 분과과학이 철학에서 독립해 나갔다. 먼저 자연과학 분야가 독립했고, 이후 사회과학 분야도 하나씩 독립했다. 그리고 마지막으로 심리학이 철학에서 독립했다.

이런 변화가 더 가속화되면서 시작한 20세기에는 본격적인 분과과학의 시대가 열렸다. 필요에 따라 기존에 없던 분과학문도 등장했는데, 사회과학에는 경영학이 대표적인 경우로 20세기 후반에 와서야 모습을 드러냈다. 이런 과정 전체에 걸쳐 철학의 영역은 축소되었고, 영향력도 줄어들었다. 20세기 말부터는 급기야 '인문학'이라는 용어가 철학을 대신해서 쓰이기도 했다.

철학으로부터 독립한 분과과학의 목표는 해당한 분야의 전문적 지식을 만드는 것이었다. 그래서 공부의 목적은 더 이상 인격의 완성이나 지혜를 얻는 것이 아니었다. 해당 분야에서 신뢰받는 지식을 생산하는 것이 목적이 되었다. 이 과정에서 주목할 점은 고전적 의미의 학문이 오늘날의 학문 혹은 과학('분과과학'의 준말, science)으로 정체성이 변했다는 점이다.

사이언스의 어원에는 '센다'라는 수학적 의미가 포함되어 있다. 과학적 지식의 요건은 객관적인 증거를 제시하는 것인데, 이는 '셈'을 통해 원인과 결과를 정량적으로 보여주는 것이 기본적 방법이었다.

사실 근대에 와서 과학의 발전과 함께 한층 밝아진 세상에서 근대인들은 더 확실하고, 더 분명한 지식, 더 구체적인 지식, 그리고 정량화된 지식을 원했다. 이런 지식을 통해 우주와 세상의 원리를 파악하여 무지의 공포에서 벗어나고, 미래를 예측하려고 했다. 이런 염원이 모여서 과학주의의 시대를 열었다. 이렇게 과학주의는 근대의 표상이 되었고, '과학적'이라는 말은 '신뢰해도 된다.'라는 말과 동

일시되어 갔다.[2]

　　이런 과학주의 유행에서 사회과학도 예외는 아니었다. 사회과학 중 특히 근대경제학은 이런 유행을 선도적으로 받아들였고, 이후 쭉 대열의 선두에 서서 이를 끌어갔다. 그래서 근대경제학은 세상을 제대로 셈해서 과학적이고 객관적인 학문인 경제학을 만들려는 포부를 가졌었다. 이러한 경제학의 비전은 '과학적 경제학 프로젝트'의 형태로 18세기에 구체적으로 모습을 드러냈고, 19세기와 20세기를 걸쳐 차분히 내공을 쌓아, 점차 자리를 잡아갔다.

　　이렇게 분과과학들이 '과학하러' 떠난 근대의 세상에서 철학이란 집에 그나마 남에 있는 영역은 존재론(ontology), 인식론(espedemolpgy), 윤리학(ethics)이었다. 존재론은 '존재한다는 것은 무엇인가?'를 탐구한다. 즉 '참으로 있는 것은 무엇인가?'라는 질문에 대한 답을 구하는 영역이다. 흔히 형이상학으로 불린다. 인식론은 '우리는 그것을 어떻게 알 수 있는가?'라는 질문에 관한 영역이다. '안다는 것은 무엇이며, 어떻게 세계에 대한 지식을 얻을 수 있는가?'라는 문제를 탐구한다. 그리고 윤리학은 '옳다는 것은 무엇인가?'라는 질문을 연구하는 영역이다. 여기서는 올바른 행동이나 올바른 삶의 내용, 혹은 개인과 사회의 규범적 기준을 탐구한다.

　　이렇게 윤리가 철학의 문제로 대두되는 것에는 '고통'에 대한 사회적 판단이 배경으로 작동한다. 고통이 없는 세계에서는 윤리를 거론할 이유가 없기 때문이다. 그러나 고통이나 행복 등의 개념도 존재론적이며 인식론적 기반을 가지고 있기 때문에 사실 이 세 가지 영역은 서로 연관되어 있다.

　　이렇게 여전히 남아 있는 철학의 영역인 존재론과 인식론 그리고 윤리학에서 논의되는 주제는 사실 '인간 조건'에 관한 것이다. 그래서 '인간이란 무엇인가?'라는 질문으로 연결될 수밖에 없다. 이는 답을 내릴 수 없거나, 사람마다 답이 다

---

2) 이 책에서 이야기되는 학문의 발전 과정은 서구사회에 맞추어져 있음. 동양 사회도 근대사회와 근대 문명으로의 길에서 벗어날 수는 없으나 동양의 학계는 과학혁명의 근대를 주체적으로 경험하지 못하고, 서양의 자연과학 발전을 수입하며 종속적으로 발전했고, 과거로부터 해오던 학문 방식과 근대 자연과학 사이의 괴리를 극복하지 못하고 20세기를 보냄. 20세기 동안 서양의 학문체계와 교육제도를 수입하여 서양의 기준으로 학문을 함. 21세기 현재 서양 학문과 문화로 인해 맞은 복합위기에 동양의 학문이 대안적 학문으로 부상할 가능성 있음. 학문 일반에 대해서는 Chalmers (2013).

를 수밖에 없는 질문이다. 그래서 '철학을 한다.'라는 것은 '자연과학을 한다.'라는 것과는 다른 지식을 생산한다.

그럼 이를 좀 더 자세히 살펴보자. 먼저 존재론이다. 존재론에는 인간의 의식과 독립된 외부가 실제로 있다고 생각하는 '실재론(realism)'과 우리의 의식이 이를 만든다는 '관념론(idealism)'이 있다. 실재론자는 우리 의식과는 독립된 세계의 현존을 긍정한다. 그러나 관념론자들은 이를 부정한다. 이런 실재론과 관념론 사이의 공방은 서양철학사에서 여러 번, 여러 형태로 등장했다.

대표적인 것은 중세의 보편실재론과 유명론 사이의 보편논쟁이다. 이런 논쟁은 인도 철학사나 중국 철학사에도 등장한다. 그런데 문제는 이런 논쟁에서 결론이 나지 않았다는 것이다. 이것이 옳다고 하는 주장들도 있지만, 그것은 옳지 않다는 주장도 동시에 있었다.

인식론의 영역에도 의견은 나뉜다. 먼저 경험하고, 이를 통해 무엇을 인식한다는 '경험론(empiricism)'이 있다. 그러나 경험에 앞서 경험을 가능하게 하는 선험이 있어야 한다는 '선험론(transcedentalism)'도 있다. 또한 인간 이성이 경험에 앞서 있다는 '합리론(rationalism)'과 백지상태인 인간이 경험을 통해 인식을 만든다는 '경험론(empiricism)'도 맥락이 같다. 이러한 인식론을 둘러싼 공방도 동·서양철학사에 되풀이되어 등장한다.

철학의 사회적 역할이 확실하게 드러나고, 서로 다른 관점이 강하게 부딪히는 분야는 윤리학이다. 윤리의 문제는 결국 선과 악의 문제이고, 정의의 문제이다. 그래서 윤리는 사회의 구조와 개인 삶의 내용을 규정한다. 그러나 윤리의 문제는 사람마다, 나라마다, 시대마다, 문화마다, 차이가 나고 이에 대한 해답도 다르게 제시된다. 그래서 보편적으로 옳은 답은 없다. 이런 답을 찾아 서양철학사 전체를 뒤적였던 임마누엘 칸트(Immanuel Kant)조차도 '내 마음속의 도덕률'로 정리했었다.[3]

물론 인권 개념과 같은 보편적으로 타당한 윤리도 제시되지만, 문제는 그 내

---

3) 칸트가 경험론과 합리론을 종합한 선험성은 과학에서는 공간의 유클리드적 특성이나 시간의 보편성이라고 할 수 있는데, 현대 과학에서 이것은 성립하지 않음. 그래서 경제적 이성에 대한 분석이 아니라 경제학에 대해서 분석하는 철학을 제시해야 함.

용이 공동체마다 차이가 난다는 점이다. 문화마다 보편의 기준이 다르고 세상이 변하니 사람도 변하며, 윤리적 기준도 변한다. 여기에 현대 윤리학의 최첨단에서 주장하듯이 윤리 문제를 인간 너머 비인간의 세계까지 넓힌다면 우리는 더 깊은 미궁 속에 빠지게 된다.

이처럼 철학의 본령에서는 이런저런 논쟁이 있고, 여러 가지 후속 작업도 있었지만, 확실한 결론은 나지 않고 있었다. 그러자 20세기에 들어서 철학은 확실한 것은 없고, 세상에 대한 각자의 해석만이 있다는 해석학의 세계로 빠진다. 또 다른 영역에서는 철학적 용어나 방법을 정교하게 다듬자는 분석철학이 등장했다. 여기다가 철학계는 살아남기 위해 좀 더 실용적인 길을 개척한다. 분과과학에 철학이란 용어를 붙여 특정 철학이라고 하며, 그 분야의 사상이나 연구방법을 탐구하는 것이다.

각 분과학문에 따라 '정치철학', '역사철학', '간호철학' 등으로 명명하고, 각 분야의 사상과 방법론을 연구하는 것이다. 그런데 사실 사상 연구는 분과과학 내에서도 정치사상사나 역사사상사 등으로 연구할 수도 있다. 그래서 사상에 관한 연구에서 철학의 정체성을 찾는 것에는 한계가 있다. 그나마 남은 철학의 고유 영역은 학문방법론으로 좁혀진다. 이렇게 해서 과학철학이 등장했다.

현실에서 철학과 과학은 둘 다 믿을 만한 지식을 생산하는 일을 한다. 그러나 그 지식의 성격은 다르다. 철학은 과학의 지식 생산에 필요한 조건에 관한 지식을 생산한다. 과학적 지식의 조건에 대한 철학적 성찰을 하는 분야가 과학철학, 혹은 과학방법론의 영역이다. 대개 유럽 쪽 학계에서는 과학철학이라고 부르고, 미국 학계는 과학방법론이란 용어를 많이 쓴다.

과학철학은 과학이란 무엇이고, 올바른 지식을 만들기 위해서는 어떤 방법론을 사용하는지를 연구한다. 그리고 과학과 비과학을 비교해서 과학이 갖추어야 할 조건과 속성을 연구한다.[4] 이처럼 과학철학은 학문적 진술과 지식의 객관적

---

4) 대표적인 경제학사가인 마크 블라우(Mark Blaug)는 그의 경제학방법론 책 첫머리에서 과학철학을 '우리가 언제나 알고 싶지만, 겁이 나서 물어보지 못하는 것'이라고 함. Blaug (1980).

평가 기준을 만들기 위해 등장했다.

과학철학의 원조로는 흔히 아리스토텔레스(Aristotle)를 꼽는다. 그 이유는 그가 '이데아(Idea)'를 강조하던 스승 플라톤(Platon)과는 달리 경험을 강조했다는 점에 있었다. 그는 경험을 통해 어떻게 지식을 만드는 지를 설명했다. 이런 고대의 과학철학은 중세의 토마스 아퀴나스(Thomas Aquinas)로 이어진다. 이후 인간 중심의 근대에 들어서서 과학철학에서 누구보다 중요한 인물은 프랜시스 베이컨(Francis Bacon)이다. 베이컨이 생각한 진리 확보 방법은 '실험을 해보는 것'이었다. 그의 방법론은 당시 자연과학계에 큰 공명을 주었고, 연구자들은 가능한 실험실 안으로 들어가려고 했다.

이러한 베이컨의 과학 정신을 이은 사람은 아이작 뉴턴(Isaac Newton)이다. 그는 1713년에 쓴 《자연철학의 수학적 원리(Philosophiae Naturalis Principia Mathematica)》 2판에서 "실험철학에는 가설이 설 자리가 없다. 실험철학에서 명제는 현상으로부터 연역적으로 유도되어 일반화된다."라고 했다. 이러한 뉴턴의 실험 중시 방법론은 18세기에 이어 19세기를 지나면서 점점 더 큰 영향력을 미쳤다. 현재에도 과학적 연구 방식의 정석은 뉴턴의 방식인 실험이다.

뉴턴 고전역학의 핵심은 물체가 객관적 실재이며, 이 물체는 절대적 시·공간 속에서 운동한다는 것이다. 방법론적 측면에서 중요한 것은 뉴턴이 자연 현상을 수학적으로 설명했다는 점이다. 수학적 엄밀성이 중요해진 뉴턴 이후 현대의 과학철학은 20세기 초·중반에 비엔나학파의 논리실증주의로 모습을 드러낸다. 루돌프 카르납(Rudolf Carnap), 칼 헴펠(Karl Hempel)은 사변적 학문에 반대하며 논리실증주의의 기반 아래 엄격한 언어 사용과 실증주의적 학문방법을 모든 학문에 요청했다.

이처럼 20세기 초 형이상학적 사변론에 지치고, 자연과학의 발전에 놀란 유럽의 철학계의 '반성(reflection)'은 철학적 언어에 대한 검증으로 시작되었다. 이들이 찾아낸 20세기형 철학은 분석철학이었다. 분석철학의 사상적 배경은 '논리실증주의(logical positivism)'였다. 당시 오스트리아 비엔나를 중심으로 활동하던 학자들은 '비엔나 서클(Vienna circle)'을 만들어 교류했다. 그리고 철학을 '엄밀한 학문'으로 만들기 위해 형이상학과 사변철학을 배격하고, 실증주의 정신으로 새로운 철학의 길을 개척했다.

　　이들 논리실증주의자가 생각했던 철학의 일차적 과제는 철학적 이론을 세우는 것이 아니었다. 철학적 문제와 주장을 논리적이고 타당하게 하기 위해 먼저 철학적 언어부터 정리해야 한다고 보았다. 이러한 지적 엄밀성을 위한 시도는 이들에 의해 분석철학이라는 철학의 영역을 만든다. 논리실증주의의 핵심에는 '검증가능성(verifiability)'이라는 저울이 있다. 이들은 검증할 수 없는 모든 진술은 무의미하다고 하며, 귀납적 경험을 과학의 조건으로 보았다.

　　하지만 논리실증주의의 철학도 내세운 명료한 깃발에 비해 현실에서의 적용은 한계를 보였고, 이후 여러 이론으로 분화해서 전개된다. 이런 혼란 속에 대상과 언어의 관계를 제대로 정리하지 못한 철학계는 결국 오랜 고유 영역인 형이상학으로 길을 트고, '실존(existence)'이란 방패막이를 내세워 진리의 문제를 우회한다. 그리고 실존이 다시 문제에 부딪히면 해석학(Hermeneutics)으로 퇴로를 만든다.

　　이렇게 근대 과학주의의 큰 울타리 아래 20세기 과학철학의 주류는 '실증주의(positivism)'였다. 실증주의는 관찰과 실험을 통해 검증된 것을 과학적 지식으로 인정한다. 현상에 대한 인과관계를 가설로 세우고 이를 뒷받침하는 증거를 제시하는 것이 실증주의 방법의 핵심이다. 그러나 실증할 수 없는 수많은 사실과 실증으로 해결하지 못하는 수많은 사건은 이 방법으로 해결하지 못한다. 사실 실증주의는 '닫힌 체계(closed system)' 속에서만 작동하는데, 사회적 현실은 '열린 체계(open system)'이기 때문이다.

　　이후 실증주의의 한계를 극복하려는 다양한 시도도 있었다. 먼저 실증의 끝에서 만날 수 있는 지적 회의주의를 막으려고 칼 포퍼가 등장한다. 그 후 실증과 반증의 한계를 넘어서기 위해 토마스 쿤, 폴 파이어아벤트, 임레 라카토슈, 랠리 라우든, 로이 바스카 같은 과학철학자들도 등장한다. 이들은 각자 실증주의를 옹호하거나, 실증주의를 비판하거나, 실증주의를 조롱하면서 20세기와 21세기의 과학철학을 그려나간다.

　　이후 100여 년이 지난 21세기 현재의 과학철학은 20세기 초와는 또 다른 도전 앞에 서 있다. 그 사이 과학은 '상대성이론'과 '불확정성의 원리'를 통해 인과율이 작동되지 않는 세계의 존재를 밝혀냈다. 그리고 뇌과학의 발전을 통해 뇌의 생물학적 기능을 제외한 이성이란 것이 존재하지 않는다는 결론을 과학적 증거를 제시하며 확인시키고 있다. 학문의 역사는 인간 이성의 역사였는데 그 최첨단에서 우리는 이성의 실체가 없다는 걸 확인한 셈이다.

이처럼 현재 학문 세계에 등장한 가장 큰 도전은 양자역학과 상대성이론이다. 지금까지 우리는 존재한다는 것은 물질로 구성된 것이고, 이를 '객체'라고 이해했다. 그리고 주체가 객체를 파악하는 것을 공부의 기본으로 삼았다. 그러나 21세기 현재 존재론의 최첨단에는 우주는 물질로 구성되지 않고, '사건'으로 구성되었다고 한다. 그래서 학계는 지금까지 '실재(reality)'라고 여겼던 객체를 재평가할 상황에 놓였다.

이런 주장을 하는 대표적인 학자인 물리학자 리 스몰린(Lee Smolin)의 존재론을 살펴보자. 그는 '사물(things)'에는 돌이나 깡통처럼 성질만 제공해도 완전히 설명되는 것(객관적 사물, 객체)과 '과정(process)'으로 이해되는 것이 있다고 했다. 여기서 인간이나 문화는 객관적 사물이 아니라 시간에 따라 전개되는 과정 자체이다. 그러나 엄밀히 말하면 객관적인 사물 또한 있는 것이 아니라 단지 빠르게 진행되는 과정과 느리게 진행되는 과정이 있다고 한다. 그러므로 우리가 객체라고 여기는 대상은 그저 '느리게 진행되는 과정'이라는 것이다.[5]

이는 칸트의 '물 자체(Ding an sich)'조차 과정이라는 것이다. 시간과 공간, 객체와 주체, 대상과 언어, 그리고 물 자체까지 과정으로 보아야 하는 현재, 우리는 현대철학과 과학의 최첨단에서 학문사 전체를 다시 정리해야 할 상황에 놓여 있다.

---

5) 이론물리학자인 스몰린은 고리 양자 중력과 끈 이론을 통합해서 현대 이론물리학을 개척한 학자. Smolin (2001).

2 철학적 진리와 과학적 진리

철학과 과학은 다르다. 연구 대상이 다르고 연구방법, 연구 과정을 통해 도출한 철학의 진리와 과학의 진리 사이에도 차이가 있다. 하지만 철학과 과학은 지식을 생산한다는 공통점이 있다. 학문이라는 측면에서 보면 연구의 목적은 같다. 진리 탐구이다. 학문은 진리를 탐구하고 세상을 제대로 이해할 수 있는 지식을 만들어 내는 일이다. 그것은 실재를 확인하는 일이다.

그러면 진리란 무엇인가? 언제나 참인 것을 진리라고 한다. 즉 지금도 참이고, 반복해서 다시 살펴봐도 참이며, 누가 보아도 참인 것을 진리라고 한다. 이런 진리를 '명석판명(明晳判明)한' 진리라고 하고, 철학적 진리라고 한다. 원효가 말한 '진여'이다.

존재론적인 영역에서 '참으로 있다.'라는 것은 여기서는 있다가 저기서는 있지 않은 것이 아니라 언제 어디에서나 있는 것을 말한다. 인식론적으로 무엇인가를 명석판명하게 인식한다는 것은 어떤 것의 내용을 명료하게 인식한다는 측면에서 명석하고, 다른 것과는 분명히 구별되게 인식한다는 측면에서 판명하게 인식한다는 것을 말한다. 철학적 진리는 바로 이렇게 '명석·판명한(clear·distinct)' 진리다.

르네 데카르트(René Descartes)가 확실한 앎을 위해 방법론적 회의를 거쳐 명석판명하게 확보한 진리는 '나는 생각한다. 그러므로 존재한다(cogito, ergo sum, 코기토 에르고 숨).'이다. 이는 사실 '내가 생각하는 한 나는 생각으로 존재한다.'라는 내용 없는 동어반복이다. 그래서 이를 통해 확보한 '생각하는 현존재(res cogitans)'가 우리에게 알려주는 것이 없다. 그러나 그것은 앎의 시작이다. 데카르트는 이 명석판명한 현존재로부터 세상이 실재한다는 것을 확인받았고, 세상에 관한 지식이 참일 수 있다는 것을 보증받았다.

그러면 과학도 명석판명한 진리를 탐구하는가? 과학적 지식이 되는 기준은 무엇인가? 철학은 존재론의 영역에서는 철학자 자신의 자기 확인 같은 성격을 가지지만, 과학의 과제는 연구 대상을 설명하는 것이다. 과학이론의 힘은 바로 대상에 관한 설명력에 달렸다. 그런데 설명의 방식이 학문 영역에 따라 다르다. 그리고 만들어지는 지식의 진리성의 정도도 다르다.

연역적 체계로 논증하는 수학적 지식은 높은 진리성을 확보할 수 있지만, 이외 학문 영역에서 진리성을 확보하는 일은 간단하지 않다. 그래서 여타의 분야에서는 연구자들이 기준으로 삼는 검증 과정을 거치고, 해당 분야에서 두루 인정하는 조건을 만족시키면 이런 과학적 지식은 특정 전제 아래서 참이라고 인정받는다. 그래서 과학의 진리는 대개 '이런 조건 아래서 이 정도는 참이다.'라는 방식으로 진리성을 확보한다. 즉 어떤 가정이나 전제 아래 그에 합당한 근거를 제시하면서 결론을 내놓으며 유보적인 진리성을 확보한다.

그래서 과학적 진리는 검증을 거쳤다고 해도 가설이란 지위에서 완전히 벗어나기 어렵다. 물론 과학적 지식에도 공리에 의해 연역적으로 구해지는 '수리적 논증'은 자료를 통해 일반론을 만드는 '경험적 분석'보다는 진리성이 높다. 그러나 대부분의 과학적 작업은 사실을 설명해야 하고, 설명 방식이 일반성과 개연성을 가지고 있어야 한다. 그리고 그 사실이 참이라는 것이 반복적으로 확인되어야 한다. 구체적으로는 가설을 세우고, 연구 대상을 관찰해 얻은 물적 증거로 검증받아야 한다.

가장 확실한 과학의 검증 방법은 자연과학이 선택한 '실험'이다. 그러나 실험한다고 해도 인간의 해석과 판단을 배제한 연구는 불가능하다. 그나마 과학적 지식의 타당성을 강력한 설득 방법은 수학적 논증이지만, 이런 검증을 적용할 수 있는 분야는 극히 제한적이다. 그래서 통계적 실증분석이 두루 사용되지만, 모형을 벗어난 현실에서 진리성을 확보하기는 쉽지 않다.

이런 한계 속에서도 가능한 객관성을 유지하고, 가능한 실증하려는 노력으로 과학은 그나마 여기까지 발전했다. 이런 발전의 동력은 과학이 가진 '유연성'이었다. 과학은 세상을 이렇게 설득했다. 과학이 더 발전하면 모든 의문에 확실한 대답을 할 수 있다. 그러니 그때까지 기다리고 열심히 연구하면 후대에서는 제대로 밝혀질 것이라고 했다.

이런 과학의 유연성은 학문의 성격에 따라 진리 탐구 전략을 다양화했다는 점에서도 나타난다. 지식의 양이 증가하고 지식의 범위가 넓어지면서 과학자들은 점차 특정 영역의 전문가가 되었다. 따라서 전체의 학문적 구도는 그리지 못하고, 자신의 연구 영역이 요구하는 검증 조건을 맞추면서 지식을 생산한다. 이렇게 만들어진 지식이 인간의 삶에 유용하면 과학적 지식이란 지위를 얻게 된다. 이렇게 과학은 과학주의로는 대중을 설득할 증거를 제시하고, 유연성으로는 시간이 지나면 더 나은 지식을 얻게 될 것이라고 설득하고, 이론의 정당성은 실용주의로 확보하여 세상을 지배하고 있다.

　일단 과학으로의 지위를 사회적으로 인정받은 지식은 사회에 영향력을 발휘한다. 비록 그 지식이 완전하지 않거나, 가령 틀렸다고 밝혀져도 상당 기간 큰 타격 없이 기존의 지위를 유지하기도 한다. 이렇게 사회가 일단 수용한 지식은 그 자체로 사회적 힘을 가지기 때문에 힘을 제거하는 것 자체가 쉽지 않다.

　이런 과학 중에서 사회과학은 인간 사회에 관한 연구라서 지적 엄밀성이 자연과학의 잣대로는 과학으로 받아들이기 어려울 만큼 성기다. 뉴턴식 고전 물리학 수준에서 자연과학의 대상인 물은 누구에게나 언제나 어디에서나 동일한 H_2O 이다. 그러나 사회과학, 특히 경제학의 대상인 돈은 시대마다, 지역마다, 나라마다, 민족마다, 문화마다 다르고, 같은 사회에 속하더라도 사람마다 다르게 이해되고, 작동한다.

　자연과학은 물질적 실체에 관한 학문이지만, 사회과학은 인간에 관한 학문이다. 사회과학은 인간 사회의 제반 문제를 연구하고 이를 일반화하여 사회를 해석하는 이론을 생산한다. 그래서 사회과학은 역사, 문화, 상호 연결, 도덕 등과 같은 사회적 배경 및 인간 사이의 감정, 합의, 신뢰 등도 작용하는 분야다. 왜냐하면 인간과 사회 그리고 사회의 여러 가지 배경이 연관되어서 해명되고 해석되어야 하기 때문이다.

　그래서 사회과학 연구를 생물학 실험실에서 아메바를 연구하듯이 할 수는 없고, 인위적 실험이나 현장 조사 같은 방법을 사용하더라도 자연과학보다는 허술한 지식을 생산할 수밖에 없다. 그래서 사회과학은 진리 탐구라는 거창한 목표는 접고, 지식의 기준을 연구 결과의 현실적 '유용성'으로 삼았다.

그래도 대중을 설득하려면 시대정신인 과학주의에서 크게 벗어나지 못한다. 사회과학도 객관성과 과학적 엄밀성을 확보하기 위해 자연과학적 검증 방법을 도입했다. '사회적 자연주의'라고도 불리는 이런 과학주의는 자연과학의 방법론을 사회과학에도 적용하려는 시도이다. 이런 모방을 선두에서 지휘하는 분야가 경제학이다. 물론 사회과학이 모방할 수 있는 범위는 대략 인과관계 해명이나 이에 따른 예측이다.

이렇게 사회과학이 자연과학 흉내를 내고 있을 상황에 자연과학은 또 다른 변신을 했다. 근대과학의 근간인 고전 물리학의 굳건하던 지위를 흔드는 과학적 성과가 등장했다. 자연과학은 양자역학으로 비선형과 불확정성 시대를 열었다. 이들은 뉴턴 고전역학에 따른 미시 세계의 한계는 양자역학으로, 거시 세계의 한계는 상대성이론으로 극복했다.[6] 그리고 객관성을 확보하는 기준이던 시간과 공간을 통일했다. 현재 자연과학은 '존재'를 넘어 '사건'으로 가고 있다.

물론 고전 물리학은 여전히 현실 속에서 받아들여지고 있고, 현대의 과학기술에 사용되고 있다. 그러나 자연과학의 최첨단에서는 고전 물리학으로 설명되지 않는 세계를 확인하며 과학의 변혁을 이끌고 있다. 이런 변혁이 학문세계를 어떻게 변화시킬지는 미지수이다.

3 경제철학과 경제학방법론 그리고 풀어야 할 문제

경제철학은 경제학에 관한 과학철학으로 과학철학의 하위 분야다. 어떻게 경제학적 지식을 얻는지를 살펴보면서, 경제학적 지식이 경제 현상을 제대로 설명했다고 주장할 수 있는 기준을 연구한다. 그래서 경제철학은 경제사상을 말하는 경우도 있지만, 엄밀하게는 경제학방법론을 지칭한다.

경제학의 세계에도 다른 학문 영역처럼 시대의 대세인 경제학 뒤에는 이를

---

6) 양자역학에 대해서는 Fraassen (1991).

지지하는 경제학방법론이 있었다.7) 아담 스미스로부터 시작된 근대경제학의 뿌리에는 경험을 강조하는 아리스토텔레스의 철학이 있었다. 이런 경제학방법론은 고전 물리학의 영향을 받은 19세기와 논리실증주의 과학철학의 영향을 받은 20세기를 거치며 오히려 연역적 방법이 강조되었다. 이런 변화는 경제학에 수학을 사용하면서 가속화된다.

실용학이며 경험학인 경제학의 정체성을 확보하면서도, 과학적 기준도 만족시키는 절충안을 세운 사람은 존 스튜어트 밀(John Stuart Mill)이다. 밀은 경험과 합리 사이를 종합하여 정리한 '가설연역법(假說演繹法, hypothetic deductive method)'으로 경제학방법론의 기본 틀을 마련했다. 이후 알프레드 마셜(Alfred Marshall)은 수학적 방법을 강조하며 경제학을 도덕철학에서 분리하여 독립시킨다. 이와 함께 규범적 성격도 가졌던 고전파경제학은 연역적인 신고전파경제학으로 변했다.

이후 20세기 내내 경제학은 모형화하고 실증하려는 노력을 꾸준히 했다. 이를 거시경제에도 적용하기 위해 GDP 같은 다양한 경제지수를 개발하면서 정량화의 가능성을 키웠다. 이런 노력에도 연역적 분석이 가지는 한계로 인해 경제학의 현실 설명력이 기대에 미치지 못했다. 그래서 20세기 후반부터는 점차 경험주의로 방향을 선회한다. 이렇게 21세기 현재 등장한 실험경제학이나 행동경제학, 신경경제학은 경험과 실험의 과학 정신을 경제학방법론에 포함시키는 노력으로 볼 수 있다.

이상에서 살펴본 것처럼 경제철학과 경제학방법론은 경제학의 연구기준을 제시하려고 노력했다. 그래서 경제학의 연구 대상과 경제학의 연구 영역을 규정하고, 연구 과정 전체를 제어하며 연구의 지식으로의 가치를 판정했다. 그 과정에서 나타난 경제철학의 논제를 과학철학의 언어를 통해 살펴보자.

과학철학의 일차적 과제는 과학적 연구 대상에 관한 설명 방식을 제시하는 것이다. 이렇게 '과학적 설명' 과정에 대한 분석은 과학철학이 해명할 주요한 문

---

7) 경제학방법론의 중요한 논제에 대해서 하우스만은 규범경제학과 실증경제학의 문제, 이성과 원인의 문제, 사회과학적 자연주의 문제, 추상화와 '다른 조건이 일정하다면'의 문제, 인과관계의 문제, 패러다임과 연구프로그램 문제를 제시. Hausman (2021b).

제이다.[8) 이를 설명하는 이론은 여러 가지가 있다. 대표적인 것은 칼 헴펠(Carl Hempel)이 주장하는 것으로 전제로부터 결론을 도출해야 한다는 가장 일반적인 견해이다. 즉 설명 과정이 논증의 형식을 포함하여야 한다는 것이다. 그러나 논증 과정이 옳다고 해도 설명이 옳지 않을 가능성을 가지고 있다.

이런 한계를 극복하기 위해서 대부분 과학적 설명은 인과관계를 이용한다. 웨슬리 새먼(Wesley Salmon)은 논증과 설명의 차이를 주목하며 인과 개념 중심으로 과학적 설명을 하려고 한다. 그러나 인과의 문제는 바로 원인과 결과의 비선형성 문제에 직면한다. 다양한 원인이 결과를 만들 수 있고, 원인 사이에도 상관관계가 있을 수도 있다. 더욱이 인과관계가 단선적 시간과 공간 속에서 발생했는지도 확인해야 한다.

방법론으로 타당하고, 단순할 것 같은 인과관계 분석은 구체적으로 분석에 들어가면 많은 변수를 통제하여야 하는 문제에 부딪친다. 이를 극복하고, 통제하고 분석하면 다시 진리성을 의심받을 수밖에 없는 상황에 놓인다. 그래서 사회과학인 경제학에서 겨우 내놓을 수 있는 설명은 '경향성이 있다는 것' 이상이 되기는 어렵다. 그런데 이는 '경향성이 없을 수도 있다.'로 해석될 여지도 있다.

그래서 경제학은 인과 문제의 대안으로 통합적 접근을 시도한다. 필립 키쳐(Philip Kitscher)가 제시한 통합적 설명 방식은 경제 현상을 이미 인정받은 여러 원리로 설명하는 것이다. 그러나 과학적 설명이 통합적 성격을 통해 인정받으려면 적어도 논증 방식은 엄격해야 한다. 그러나 경제학의 논증 방식은 엄격하지 않거나 엄격할 수도 없다. 그래서 통합의 방식으로 설명하려고 해도 설명의 한계에 부딪힌다.

현재 경제학은 설명의 한계를 극복하기 위해 게임이론, 복잡계 경제학 등으로 설명력을 높이려고 하지만, 여전히 한계를 극복하지는 못하고 있다. 문제는 이런 양자역학의 시대에 사회과학, 특히 경제학은 여전히 고전 물리학에만 지나치게 매여 있다는 사실이다. 이렇게 경제학은 철 지난 과학방법론을 고수하면서, 자

---

8) 이에 관해서는 Reiss (2013: 497-504).

료를 모으고 통계적 분석 방법을 발전시키고 있다. 최근 계량경제학 분야에서는 속칭 '신뢰성 혁명(credibility revolution)'을 완수해 경제학이 드디어 과학이 되었다고 자축하고 있다. 그러면 경제학은 진짜 과학이 되었는가? 이 문제의 해답을 풀어가 보자.

4 경제학에서의 존재론과 인식론 그리고 윤리학

철학의 영역에서 제시되는 문제를 경제학에 적용하여 보자. 현재까지의 과정에서 우리가 경제철학이라고 규정할 수 있는 영역은 존재론, 인식론, 윤리학의 세 가지 영역으로 나뉜다. 줄리안 라이스도 그의 책 《경제철학 입문(Philosophy of Economics)》에서 경제철학을 경제학의 이론적, 방법론적, 윤리적 측면을 연구하는 분야로 정의한다. 그는 경제철학이 첫째, 경제학 이론의 특징과 가정을 분석하고, 둘째, 경제학 연구에서 사실과 법칙, 인과관계 규명 방식을 해명하며, 셋째, 배분과 분배의 문제를 둘러싼 윤리적 문제에 대한 해답을 제시해야 한다고 주장한다.[9]

그러면 하나씩 살펴보자. 첫째, 경제철학의 존재론적 영역이다. 존재론적 전제가 다르면 다른 경제적 관점을 가지게 되고 다른 결론에 도달한다. 그래서 존재론은 매우 중요한 영역이다. 당연히 첫 번째 질문은 '경제 현상이란 무엇인가?'하는 질문에 답해야 한다. 여기서 먼저 해결해야 할 것은 '경제적 실재'는 무엇이고, 행위 주체인 경제인의 자기동일성은 어떻게 확보하는가 하는 것이다. 그리고 경제주체인 인간 자체에 대해 해명해야 하며, '인간은 과연 합리적인가?'라는 물음의 답도 내려 주어야 한다. 그런데 대부분 경제학파, 특히 주류경제학은 이 점을 방기한다. 그래서 아예 존재론 없는 학문을 만들어 놓았다.

또한, 경제철학의 존재론에서 해명해야 할 것은 '경제적 사건이 있다는 것이

---

9) Reiss (2013).

무엇인가?'라는 질문이다. 이는 경제학의 연구 대상의 존재론적 층위에 관한 질문이다. 현대 물리학에서조차 파악하지 못하는 '암흑물질(dark matter)'의 질량이 우주 에너지의 27퍼센트 정도이고, 물질의 85퍼센트 정도에 이른다고 한다. 현대 과학의 인지 수준에서 경제학이 포착하는 사건의 실재성은 어떻게 담보될 수 있을까?

주류경제학, 특히 신고전파경제학은 경제학의 존재론적 문제를 가상의 존재를 만들어 우회한다. 그래서 만든 존재가 방법론적 개인인 '경제적 인간(Homo Economicus)'이다. 이렇게 합리적으로 행동하고, 자신의 이익을 극대화할 자유와 본성을 가진 인간을 가상으로 만든다. 그리고 '방법론적 개인주의(methodological individualism)'라는 끈을 가지고 개인이 모여 사는 사회를 만든다.[10] 이것이 구체적으로 무엇을 의미하는지를 고민하지는 않는다.

이에 비해 맑스경제학, 제도경제학, 역사학파 경제학은 사회 속에 규정된 인간으로부터 시작한다. 이들은 인간을 구조 속에서 살다가 죽는 역사적 존재로 정의한다. 그리고 이 구조를 사회적 존재로 파악한다.

둘째, 경제철학의 인식론적 영역이다. 대상을 인간이 포착하는 방식이며 지식의 본질을 연구하는 분야가 인식론이다. 인식론에서 풀어야 할 과제는 '경제 및 경제적 사건을 어떻게 파악하고, 이것의 진리성을 어떻게 확보할 수 있는가?'이다. 이런 인식론의 문제는 경제학방법론과 직접 연관된다.

그래서 경제철학은 경제이론은 어떻게 검증되는지, 어떻게 경제학적 지식을 과학적 지식으로 인정할 수 있는지, 경제학에서 학문적 진보는 있는지를 분석한다.[11] 특히 추상적이고 비실재적인 경제모형은 어떻게 만들고, 이를 어떻게 현실적 존재와 연결하는지도 설명해야 한다. 그리고 사회현상은 규범적 요소가 있는데, 어떻게 모형 속에 규범적 요소를 포함할지도 설명해야 한다.

경제철학의 인식론적 측면에서 경제학방법론과 특히 밀접한 연관이 있는 것은 '설명'과 '이해'의 문제이다. 그런데 인식의 기초인 설명과 이해에 관하여 각 경제학파는 상반된 잣대를 가지고 있다. 대부분 경제학파는 인식된 것을 숫자로 표

---

10) 방법론적 개인주의 문제는 Ross (2014: 114-117).
11) Hausman (2018) 참고.

현하고(정량화하고), 더 많이 수학을 사용할 수 있는 모형을 만드는 것에 집중한다. 그러나 만약 각 학파가 만든 모형이 다르면 검증한 결과도 달라진다. 이는 모형을 통해 설명하는 현상에 대한 해석도 달라지게 한다. 그런데 설명과 이해에는 각자의 세계관과 가치관이 작용한다. 그래서 경제학파를 통합하기가 어렵다.

셋째, 경제철학의 윤리학적 영역이다. 경제는 먹어야 사는 인간 조건과 밀접한 관련이 있다. 그래서 윤리의 문제나 정의와 공정의 문제에서 자유롭기 어렵다. 이처럼 경제 문제는 이권과 사회적 갈등, 그리고 빈곤과 고통이 첨예하게 드러나는 분야라서 경제철학은 규범적 측면에서 발생하는 문제를 해결할 과제도 있다.

경제철학에서 윤리적 문제는 각 경제학파가 가지는 경제학의 존재 목적과도 관련된다. 존재의 목적은 경제학파 사이의 관점 차이를 낳고, 학파는 서로 다른 경제적 판단과 선택을 한다. 존재의 목적이 주관적이고 당파적이라면 객관적 학문이라는 선전탑을 올리고, 가치 중립을 모토로 내세운다고 해도 이런 경제학은 이를 실현할 수는 없다. 사실 경제학은 당파적이지 않은 적이 없었다.

물론 경제학은 인간학이므로 경제학적 판단에서도 옳고 그름이 있다는 주장도 있고, 그런 판단은 주관적이고 비과학적이므로 연구에서 배제하고, 중립적이고 객관적인 관점을 가져야 한다는 주장이 있다. 이는 실증경제학과 규범경제학으로 나뉘는 기준이기도 하다.[12] 그러면 한 번 찬찬히 살펴보자.

16세기에서 17세기 근대사회가 가져온 대륙의 이성 중심의 합리론과 영국의 경험과 관찰 중심의 경험론으로 근대인은 절대자가 없는 세상을 주체적으로 이해하고 살아가는 방법을 배우기 시작했다. 이런 변화 속에 18세기에 와서 경제학도 근대과학으로 가는 첫발을 뗐다. 이렇게 시작한 근대경제학의 중요한 과제는 어떻게 하면 국가를 부유하게 할까였다. 중상주의의 세상이었다.

영국의 산업혁명과 자본주의적 발전을 해명해야 했던 근대경제학은 18세기를 지나고, 19세기를 거치면서 시민사회 구성원의 복리를 증진시키는 방안도 고

---

12) 리차드 탈러(Richard Thaler)의 호모 에코노미쿠스와 호모사피엔스의 비교. Thaler (2000).

민해야 했다. 부가 불평등하게 분배되는 당시의 상황에서 경제학은 각자도생의 방법을 가르쳐준다. 그래서 일단 각자도생이 나쁜 것이 아니니 마음껏 이익을 추구해도 된다는 징표로 공리주의를 제공했다. 근대경제학의 첫 번째 기준은 공리주의(utilitarianism)이다.

물론 영국식 근대경제학의 발전을 비아냥거리며 전통적 방법론을 고수하는 역사학파 경제학도 있었고, 자본주의의 경제적 모순을 지적하고, 공평하게 분배되지 않는 세상을 변화시키려는 경제학이라는 맑스경제학도 등장했다. 맑스경제학 같은 학파조차도 다수의 행복을 증진한다는 학문적 목표에서 벗어난 적이 없을 만큼 근대경제학의 공리주의적 기반은 확고했다.

이렇게 공리주의는 최대다수 최대행복의 장밋빛 미래를 비전으로 제시했지만, 현실은 호락호락하지 않았다. 파레토 체적의 현실 불가능성, 개인 효용의 비교 불가능성 등 이론적 측면에서 오류가 생긴 것뿐 아니라, 공리주의 경제학이 약육강식의 세상을 정당화시키며, 반인권적이며 반생태적인 사회를 만든다는 비판도 있었다.

이런 비판에도 이후 20세기와 21세기의 주류경제학은 여전히 공리주의적 세상 속에 있다. 현실을 변화시키는 경제학이 아니라 개인의 이익 증대에 정당성을 제공하는 경제학에 머물면서 '얼마만큼 유용하고 효율적인가?'라는 과제를 해명하는 것에 집중하게 되었다. 그리고 '누구에게 유용한가?'라는 문제는 숨겨버렸다.

이런 전개과정에서 경제학은 실증주의를 간판으로 내세웠지만 결코 규범경제학 및 윤리의 문제에서 자유로운 적은 없었다. 위에서 말한 것처럼, 경제는 인간 조건에 직접 연관되고, 인간은 사회 속에서 살아가므로 경제 문제는 결코 '타자성'을 벗어날 수 없다. 그래서 윤리 문제에서 벗어나지 못한다.[13] 그리고 이러한 윤리의 문제는 정의의 문제로 연결된다.

그래서 모든 경제학파의 배경에는 윤리적 관점과 정의에 대한 이해가 내재해 있다. 경제학의 배경이 되는 정의관으로 자유주의 정의론, 자유지상주의 정의

---

13) Schlaudt (2022: 8-9).

론, 공리주의 정의론, 존 롤스(John Rawls)의 최소극대화 정의론 등이 다양하게 등장한다.

이처럼 정의론이 다양하다는 것은 무엇보다 개인과 사회에 관한 이해가 다르다는 것과도 연관된다. 그래서 경제학은 당파성을 가진 학문이게 된다. 이렇게 경제학에서 윤리적 근거를 따질 때 먼저 해명할 주제는 사회와 개인의 관계이다. 사회과학인 경제학은 사회의 구성 여건을 어떻게 이해하는가에 따라 다르게 파악할 수 있는 학문이다. 이를 크게는 홉스, 루소, 로크 같은 학자들의 '타산적 사회계약론(Hobbesian contratarianism)'과 칸트 같은 학자들에 의한 '의무론적 사회계약론(Kantian contractualism)' 두 가지로 나누어 볼 수 있다.

전자는 홉스의 '만인에 대한 만인의 투쟁'에서 가져온 것이다. 이는 인간은 이기적이라서 사회적 행위도 자기 이기심을 만족시킨 위한 것이라고 이해한다. 공리주의적인 윤리관이다. 이에 비해 후자인 칸트의 사회계약론은 인간 존중의 윤리관이다. 인간의 이성은 인권을 요구하고, 도덕법칙이 보편적으로 정당화된다는 견해다.

이런 상반된 관점이 경제학에서는 절충되어 있다. 별 일관성 없이 필요할 때는 사회계약론이 등장하고, 다른 곳에는 사회구성주의 또는 구조주의적 사회관이 배경이 되어 있다. 이렇게 경제학 내에는 정확한 지침도 없이 경우마다 별 고려 없이 혼재해 있다. 이런 즉흥적이고 실용적 이해는 경제학이 학문적 엄밀성은 물론 일반적 법칙을 가지기 어렵게 한다.

이렇게 기초부터 합의를 보지 못하니 아마르티아 센(Amartya K. Sen) 같은 학자는 완전한 이해나 일반적 정의론을 가지는 것은 불가능하다며 아예 실용주의적으로 접근한다. 이렇게 경제학의 두 번째 기준이 되는 잣대는 실용주의(pragmatism)이다. 말은 실용주의지만 경제학이 임시방편의 학문이라고 하는 것이다.

셋째 기준은 쾌락주의(hedonism)이다. 근대경제학에서 윤리적 문제와 직접적인 연관이 있는 분야는 후생경제학이다. 후생경제학에서 말하는 복지, 후생, 웰빙 등은 철학적으로 해명해야 할 용어들이다. 이런 개념 정의가 제대로 되지 않으면 규범경제학의 정립은 어렵다. 물론 이에 대해서 경제학이 내리는 보편적 기준은 아직 없다.

어쨌든 경제철학은 무엇이 좋은 것이지, 어떤 것이 경제행위의 목적인지를 제시해야 한다. '경제적으로 좋은 삶'이라고 막연히 주장할 것이 아니라, 선호, 만족, 쾌락주의, '객관적 목록 이론(objective list theories)' 등에 대해 합의된 기준을 제시해야 한다.

물론 이러한 합의 없이도 주류경제학은 경제윤리학적 관점을 가진 후생경제학을 만들었다. 그러나 그 배경에는 쾌락주의, 실용주의 공리주의가 있다. 이렇게 근대경제학의 배경이 된 쾌락주의와 공리주의 그리고 실용주의는 경제학 전반에 걸친 윤리적 잣대이다. 밀은 벤담식의 총량적 공리주의의 한계를 좋은 쾌락과 나쁜 쾌락으로 나누면서 해결하려고 한다. 그러나 이를 통해 오히려 쾌락주의의 본질에서 멀어졌다.

현대에 와서 센도 쾌락주의에 반대하는 이념을 만들 필요가 있다고 주장한다. 그러나 주류경제학은 여전히 '막연한 쾌락주의'를 배경으로 경제학을 지배하고 있다. 사실 공리주의와 실용주의를 배경으로 보이지 않는 손의 조화와 개인의 합리적 행위를 통해 사회적 최적화가 일어난다는 주류경제학의 만족스러운 경제적 후생은 역사 이래 인류에게 적용된 적이 없었다.

이외에도 경제학에서는 자유주의(liberalism)와 온정주의(paternalism) 사이의 선택 문제도 있다. 그리고 이 두 가지의 양립 가능성을 찾으려는 시도도 있다. 경제학에서 자유는 말이 자유주의이지 이는 이기적일 자유를 말한다. 이런 자유주의를 배경으로 시장의 효율성을 주장하며, 거기에 담긴 반인륜적인 메시지는 묵과한다. 그러나 삶과 연관된 분배의 정의 문제는 너무나 중요해서 모두가 지속해서 경제학에 윤리적 질문을 던지고 있다.

또한, 자본주의의 상품화로 인해 발생하는 물신주의(fetishism) 문제에 관해서도 이야기해야 한다. 누가 생산하고, 무엇을 생산하고, 어떻게 생산하며, 누가 생산된 것을 가지느냐 결정하는 문제를 작은 범위에서는 실증할 수도 있다. 그러나 그런 범위의 선택에도 형평이나 공정 같은 윤리적 문제가 따른다.

　　사실 실증경제학과 규범경제학은 대비되는 성격의 학문이 아니다. 어느 것도 독자적으로 존재할 수 없을 만큼 경제 현상을 연구하는 경제학에서 둘의 경계는 모호하다. 물론 실증경제학과 규범경제학은 연구방법, 집중하는 문제, 설득 방식이 달라 결과적으로 내용이 다른 경제학이다. 그러나 아담 스미스의 《국부의 성질과 원인에 관한 연구(An Inquiry into the nature and causes of the Wealth of Nations)》속에 그의 도덕철학이 녹아져 있듯이 어떤 실증경제학자도 자신의 세계관에서 자유롭게 객관적으로 경제학 연구를 할 수 없다.

　　그래서 경제학의 윤리학 영역에서 할 일은 경제적 결정을 할 때 사회를 설득할 정의론을 만드는 것이다. 하지만 먹고 사는 일과 관련되어 생존과 직접 관련 있는 경제 문제는 본능과 도덕, 이기심과 이타심이라는 결론이 없는 공방으로 우리를 끌고 간다. 이 경우 주류적 학문은 대개 사회적으로 강한 편을 든다. 그래서 생존을 위한 밥을 두고 나타나는 인간의 반응은 이기적일 수 있으므로 자신의 이기심을 채우는 것은 당연한 것으로 만든다. 이런 주류적 관점은 지킬 것이 있는 사람에게 유리한 관점이라서 보수가 되고, 주류경제학은 보수적 경제학이 된다.

　　따라서 보수적인 경제학은 평등보다는 개인의 이기심이나 자유를 중시한다. 이렇게 경제학은 태생부터 보수적인 관점이 주류가 될 가능성이 높은 분야이다. 객관적 관점에서 실증적 분석을 한다지만 사실 보수의 관점을 설득하려는 방편으로 사용될 가능성도 크다. 이처럼 사회과학인 경제학은 결코 윤리적 문제에서 벗어날 수가 없으며, 근본적으로 규범적인 성격을 가진다. 다만 각 사회는 경제학의 지식을 동원하여 경제 문제를 결정하는 제도를 정당화시키려고 하는 것이다. 따라서 경제학의 또 다른 실용적 용도는 기득권 보호에도 있다.

　　인간에게는 좋은 삶과 이웃과 더불어 잘 살아가는 세상 대한 염원이 있다. 이런 희망 사항과 윤리관이 모여서 진보적 경제학을 만든다. 따라서 진보적 경제학은 형평의 정의론을 내걸고, 인간의 의무와 도덕률 등 규범적 문제를 제기한다. 이를 통해 사회적 약자의 경제적 문제 특히 불평등이나 가난 등 분배 문제를 해결할 경제학을 내세운다. 그러나 이런 성격의 경제학은 주류의 세계에서는 찬밥

신세이다. 그것이 현실이다.

　　이상에서 경제철학의 이 세 가지 영역은 상호작용하며 특정 학파와 그에 속한 연구자의 세계관을 만들고, 경제학 연구의 특징과 내용을 규정한다. 따라서 경제학을 연구한다는 사실 속에는 이미 연구자가 선택한 경제철학이 지침으로 내려놓은 존재론과 인식론 그리고 윤리학이 내포되어 있다. 연구자가 이를 구체적으로 인식하든 하지 못하든 간에 연구 과제와 분석 대상은 물론 연구방법도 자신이 속한 경제학파로부터 지시받고 있다.

　　이처럼 연구자 집단은 경제철학에 대한 이해를 중심으로 이합집산 되면서 각자의 학파를 뒷받침하는 이론을 생산하고, 이를 가지고 대중을 설득하는 일을 하게 된다. 이를 통해 현실에 깊숙이 관여하고, 결국 현실을 디자인하는 일을 한다. 이렇게 경제철학은 결국 현실의 지침이 된다.[14)]

　　경제학은 역사적으로 다양한 학문적 전통을 거쳐 오늘에 이르렀고, 현재에도 다양한 학파가 있다. 경제학파의 존재론과 인식론적 측면은 물론 윤리학적 신념이 다르고, 방법론이 다르면 생산하는 지식의 성격이 다를 수밖에 없다. 이것이 같은 시대를 살아도 겪고 있는 경제 현상을 다르게 해석할 정도로 다양한 경제학파가 등장하는 배경이다. 그러니 경제학은 그 내부에 통일된 개념과 이 개념에 따른 지향점을 아직 마련하지 못했다. 개념 분석과 통계 분석으로 이루어지는 경제학 연구에서 놀랍게도 아직 공동의 개념을 마련하지 못했다는 점이다. 그래서 다양성과 이질성은 경제학이 직면한 현실이다.

　　따라서 이를 비교해서 학파 간 차이의 원인을 먼저 살펴볼 필요가 있다. 연구의 대상이 무엇인지, 어떻게 진리성을 확보하는지 확인하지 못하고, 각자 자신이 선택한 영역에서 배운 방법에 따라 연구하는 것이 반복되어 우물 안 개구리로 전락한 결과로 현재의 경제학은 21세기 현재의 경제를 제대로 해명하지도, 문제 해결을 위한 대안을 제시하지도 못하고 있다. 이것이 경제철학과 경제학방법론을 다시 주목하고, 올바른 경제철학을 고민해야 할 이유이다.

---

14) Heilbroner and Thurow (1998).

5 경제적 인간과 보통 사람

인간 이념은 시대마다 다르다. 고대인과 중세인은 근대인이 누린 인권이란 이념을 가지지 못했다. 근대사회는 인간 인식의 근원이 인간 밖에 있는 신과 같은 존재 혹은 틀릴 수 없이 자명한 명제로부터 오는 것이 아니라, 인간의 경험에 근거한다고 했다. 이는 '인간을 어떤 존재인가?'라는 인간 이념과 관련된다.

근대의 자연과학은 생물적 인간을 해부대 위에 올리며 학문의 발전을 꾀했지만, 근대경제학은 인간의 한 단면을 가상적으로 구성해서 인간 이념으로 설정한다. 이것이 경제적 인간, 호모 에코노미쿠스다. 근대사회는 인간에게 인권과 자유를 허락했지만, 근대경제학은 오히려 인간을 합리적이고 이기적인 존재, 경제적 인간으로 좁혀 설정한다. 이런 경제학의 인간 이념은 개인주의와 자유주의 그리고 합리주의의 이상한 혼종이었다.

자유로운 경제적 선택의 가능성을 열어두었으나 이기적이라는 자기 한계를 가져서 사실 자유롭지도 못한 인간이었다. 이렇게 경제적 인간은 사회적 조건을 제어하려는 자유의지를 가진 존재가 아니라 주어진 조건 속에 자신의 이익을 극대화하는 존재이기도 했다. 이렇게 만들어진 터미네이터인 경제적 인간은 아래와 같은 특성을 가진다.[15]

- 경제적 인간은 합리적이다.
- 경제적 인간은 자기 이익을 극대화하며 산다.
- 경제적 인간의 선호는 외생적으로 주어진다.
- 경제적 인간의 선호는 다른 인간의 선호에 영향을 미치지 않는다.
- 경제적 인간은 많이 소비할수록 총효용이 커져서 행복하다.
- 경제적 인간이 하나 더 가질 때마다 늘어나는 한계효용은 줄어든다.

---

15) Schlaudt (2022: 16－17).

이런 인간 이념을 경제학이 설정한 것은 이렇게 하지 않고는 자연과학과 같은 학문을 만들 수 없다는 조바심에서였다. 또한 인간을 동물의 하나로 보고 동물처럼 자신의 생존을 위해 산다고 규정하는 것이 유행인 시대였다. 이렇게 인간의 행동 양식을 제약해야 수학적 정량화 작업을 할 수 있기 때문이었다. 경제적 인간의 행위를 측정해 정량적 자료를 만들고, 이 자료로 자연과학적 법칙성을 찾기 위해서는 기계처럼 행동하는 인간이 필요했다.

근대경제학이 이렇게 과학적 연구를 위해 경제적 인간으로 인간의 개념을 제약해도 현실에서 인간은 이런 제약을 넘어서 살고 있다. 따라서 경제적 사실을 검증할 수는 있지만 그것이 올바른 검증이라는 어떤 보증도 없게 된다. 왜냐하면 경제학자의 연구 대상인 인간과 그들이 만든 경제 현상은 자연과학의 연구 대상 같은 규칙성과 안정성을 가지지 않기 때문이다.

심지어 양자역학으로 뉴턴식 물리학이 무너진 현재는 자연과학의 대상도 더이상 고정되거나 안정적 존재로 보지 않는다. 21세기 현재 자연과학도 주체와 주체의 상호연관과 상호의존으로 얽히는 '그 무엇'이 과학의 대상이며, 그것이 세계 자체라고 인정한다. 그리고 이렇게 연기론적으로 얽힌 세계 자체를 상호의존과 상호연관의 그물망, '인드라망'이라고 해석한다. 그래서 현대 과학의 세계관을 가지고 학문한다는 것은 그물망으로 이루어진 얽힌 세계의 구도를 보여주는 것이다.

이렇게 자연과학은 이원론적이며 인과관계 중심의 과학관 대신에 실재 세계를 파악하는 과학으로 변신하고 있다. 이런 변화는 사회과학에도 전달되어 21세기 현재 사회과학은 인류세 시기의 인간 중심의 세계관에서 비인간까지 포함한 학문으로 전환하라는 비판을 받고, 변화를 시도 중이다.

이런 변화의 흐름 속에 경제학은 유독 뒤처져 있다. 물론 경제학파에 따라 차이는 있다. 그러나 주류경제학은 여전히 구시대의 자연과학적 방법을 고수하면서 현실 경제에 대한 설명력을 상실하고 있다. 그러니 미래 예측을 오판하고, 잘못된 경제 운영을 옹호하면서 세상이 종말로 가는 급행열차의 엔진 역할을 하고 있다.

현재 경제학의 위기에서 벗어나려면 무엇을 그리고 어떻게 변화시켜야 하는

가? 다르게 질문하여 경제학은 무엇을 고려하지 못하고 연구하여 그간의 적지 않은 노력에도 불구하고 경제학을 진정한 과학으로 만들지 못했는가? 이런 질문에 답하기 위해 먼저 경제학이 설정한 인간 이념, 경제적 인간을 해체하여 보통 인간으로 돌려놓아야 한다.

옛사람들은 사람 사이에 물건이 교환될 때 물질에 담겨있는 영혼도 전달된다고 했다. 단지 물건의 교환만 하는 것이 아니라 서로 간의 영혼의 이동을 통해 믿음과 연대 그리고 각자의 존엄성을 기반으로 호혜적 관계가 형성된다고 생각했다. 이렇게 호혜성을 기반으로 한 사회를 증여사회라고 한다.[16]

이런 증여의 경제는 현재의 경제학 교과서에서는 언급조차 없다. 그저 시장에서 등가교환만을 행위의 표준으로 삼고 경제적 인간을 행위 주체로 설정했다. 경제학이 인간을 '이익을 계산하는 존재'로 만들면서 '증여하고 선물하는 존재'를 지워버렸다.

시장경제뿐 아니라 증여 방식의 교환을 통해 인류는 현재까지 멸종하지 않고 생존했다. 오늘날도 여전히 시장 너머의 호혜적 교환도 하면서 살아가고 있다. 인류가 살아왔고 살아가는 증여와 호혜의 교환 방식을 배제하고, 이기적 인간의 이윤추구 행위로 인간을 제약한 경제학으로는 현실 경제를 잘 설명할 수도, 현실 경제 문제를 잘 해결할 수도 없다.

따라서 경제적 인간을 보통 인간으로 바꾸고, 호혜와 연대라는 오랜 경제 개념도 다시 고려하는 경제학이 필요하다. 그래서 경제철학은 결국 '경제적 인간학'을 인간학으로 바꾸는 철학이어야 한다.

---

16) 호혜성 개념과 증여사회에 대해서는 마르셀 모스(Marcel Mauss), 칼 폴라니(Karl Polanyi)의 경제사상 검토. 나카자와 신이치 (2005).

제2장

논리적 추론과 자료 해석 방식

2장에서 우리는 과학적 지식의 정당성을 확보하기 위한 논리적 추론에 대해서 살펴본다. 논리는 인간 이성이 사유의 대상을 포착하는 체계라고 할 수 있다. 논리적 추론 중에서 과학적 추론은 대개 개별적인 것과 일반적인 것을 연결할 때 작동하는 절차로서 추리와 논증 방식을 일컫는다. 여기서 추론의 방식을 살펴보는 이유는 경제철학에 대해 구체적으로 논의하기 전에 논의의 기반을 마련하기 위해서다.

논리적 추론 방식은 대개 연역주의와 귀납주의로 구분되어 거론된다. 이 두 가지 방식은 인류사를 통틀어서 생각의 갈래를 대표하는 플라톤과 아리스토텔레스의 추론방식으로 연결된다. 이는 인류가 세상의 모든 것을 관장하는 '초월적 신'의 세계를 벗어나 처음 자신의 힘으로 생각하기 시작한 길이기도 하다. 그리고 그 길은 근대에 와서 불안한 인간의 실존을 직시한 인본주의의 세상으로 이어지면서 합리론과 경험론으로 자리를 잡았다.

21세기 현재 우리는 다시 길을 잃었다. 누구도 어느 길이 옳다고 하지 못하는 시대에 우리 앞에는 천 개의 길이 놓여 있다. 그 많은 길 중에 2장에서 반증주의, 신실증주의, 환원주의, 실존주의, 구조주의, 사회구성주의, 후기구조주의, 연역주의, 귀납주의, 가추, 역행추론, 과학적 실재론, 사회적 실재론, 비판적 실재론의 길을 가본다. 그리고 올바른 길을 다시 찾기 위해 다원주의적 경제철학의 필요성을 강조한다. 아울러 경제학이 과학으로 거듭나려면 가장 먼저 경제적 인간이라는 닫힌 체계에서 현실의 인간이라는 열린 체계로 변환하는 작업부터 해야 한다는 점을 다시 강조한다.

제2장

논리적 추론과 자료 해석 방식[1]

1 논리적 추론의 전통과 경제학

논리적 추론은 설득의 과정을 그려놓은 것이다. 세상을 설득하는 방식은 여러 가지가 있지만, 학문의 영역에서는 학문 세계를 설득할 타당성을 근거로 제시해야 한다. 과학의 영역에서 인정받을 타당성은 수리적으로 논증되거나 경험적으로 실증되어야 한다. 이런 논리적 추론은 고대에서 현대까지 대략 두 가지 방식으로 이루어졌다. 하나는 모두가 참이라고 인정하는 것의 힘을 빌려와서 가설을 참으로 만드는 방식이고, 다른 하나는 사례와 사실을 모아 참을 만들어 내는 방식이다.[2]

이를 자세히 살펴보자. 우리가 과학적 지식을 만들려고 할 때는 방법을 선택해야 하는데, 선택지는 크게 보아 두 가지이다. 하나는 수학의 논증 체계만을 이용하는 것이다. 다른 하나는 관측해서 얻는 자료로 검증하는 것이다. 이를 위해 먼저 '흄의 포크(Hume's Folk)'라고 불리는 분류 작업을 해야 한다.[3] 데이비드 흄

---

1) 2장은 지은이의 다음 논문을 참고해서 집필함. 홍태희 (2024).

2) 이런 단순한 이분법을 제시했지만, 실제로는 어떤 것이 옳다고 하기 위해 근거를 제시할 때 우리는 '뮌히하우젠 트릴레마(Münchhausen trilemma)'에 빠진다. 가정 없이는 무엇이 옳다는 것을 제시할 수 없다. 트릴레마는 1. A가 옳다면 그것의 근거인 B가 필요하고, B가 옳다면 그것의 근거인 C가 필요하며, 이렇게 논증은 무한히 근거를 제시해야 하는 무한회귀 논증의 어려움이고, 2. A의 증명이 A가 옳다는 것은 전제해야 하는 순환논증의 어려움이고, 3. 증명 없이 옳다고 주장하는 독단적 논증의 어려움이다.

3) 흄이 경제학에 미친 영향은 Schabas and Wennerlind (2020), Reiss (2013: 245).

(David Hume)은 명제에는 사실에 관한 명제와 사상에 관한 명제가 있는데 이것을 구분해야 한다고 했다. 그는 사실에 관한 명제를 추론할 수 있는 수학적 진술과 감각을 통해 알 수 있는 경험적 진술 외의 모든 명제는 무의미하다고 했다. 사실 수학과 경험의 두 가지 논리적 추론 방식은 인류사에서 가장 합리적이고 민주적인 방식으로 꼽힌다. 이와 함께 인류는 자연과학을 발전시켰다. 지금도 이 방법을 주로 사용하고 있다.

근대에 와서 사람들은 자연과학의 발전에 고무되었고, 연구자들은 연역법과 귀납법, 경험론과 합리론의 고전적 이분법 사이를 방황하지 않게 되었다. 18세기와 19세기에 일어난 과학혁명과 자연과학의 발전은 연구자들에게 인간 인식의 합리성을 신뢰하게 했다. 이른바 과학주의의 시대가 열렸다. 그래서 연구자들은 연구 대상에 대해서 자연과학적 방법론을 적용하는 작업에 연구의 대부분 시간을 보내게 되었다. 자연과학 방법론의 핵심에는 실증과 인과율이 있다. 원인과 결과로 사건의 시간적 전개 과정을 설정하고, 증거를 제시하는 것이다.

이런 자연과학 방법론의 성공을 확인한 사회과학, 특히 경제학도 이런 추론 방식을 적극적으로 수용했다. 이 방법은 근대 학문 전반에 채택되었고, 경제학의 핵심 방법론이 되었고, 경제철학의 기본적 배경이 되었다. 지금도 경제학 연구는 자연과학의 방법으로 인과적 작동 방식을 확인하는 것에 집중한다. 그러나 이런 방식을 경제학에 적용할 때는 논리의 비약을 많이 해야 한다. 먼저 논증과 실증을 위해서는 현실을 추상화하는 작업을 해야 한다. 이를 경제학에서는 '모형화한다.'라고 말한다. 이 추상화 과정에서 사실이 왜곡될 가능성이 크다.

물론 이런 추상화 과정은 경제학파마다 경제학자마다 대개 다르게 진행된다. 이에 따른 혼선도 현재의 경제학에서 적지 않게 벌어진다. 여기에다가 경제학은 검증 대상이 사회와 인간이라서 관측이나 실험, 비교 검증하는 것도 제약이 있다. 귀납과 연역의 사이에서 경제학이 채택한 방법은 기본적으로는 귀납이었지만, 연역 없이는 검증을 시작할 수도 없다. 게다가 경제학의 연구 대상은 복잡하게 얽혀 있고, 실험적으로 통제할 수도 없는 것이 대부분이라서 별수 없이 연역에 의존하지 않을 수도 없다. 그래서 결국 밀이 이를 종합해서 처방한 가설연역법으로 돌아가게 된다.

과학주의와 가설연역법은 또 다른 문제를 학계에 던져주었다. 사실 연구자들이 과학적 연구로 확인한 것은 바로 과학주의의 한계이기도 했다. 실증하자 실재(實在, reality)가 사라졌다. 실증하려면 변수를 세워야 하고, 변수를 세우는 것은 현상에 제약을 가해야 한다. 그러나 제약을 두면 실재를 포착할 길이 없다. 그래서 경제학은 실재의 스케치 정도로 연구의 목적을 바꾸었다. 문제는 이 스케치와 실재의 괴리이다. 다시 실재를 확보하는 것, 그것이 현대 경제철학의 최대 과제이다.

2   논리적 추론의 방식

연역(deduction)과 연역주의(deductionism)

여기서 추론의 방식을 좀 더 자세히 살펴보자.[4] 먼저 연역은 인간의 역사에서 아주 익숙한 사고방식이다. 강한 것에 기대고, 복종하는 것은 인류의 전형적인 행동방식이고 생존전략이라서 사고방식에도 각인되어 있다. 연역은 '우두머리로부터(dux)', 막강한 것의 힘을 빌려서 상대적으로 미력한 것의 근거를 확인받는 절차이다. 우두머리는 신이거나 황제일 때도 있고, 수학적 연역 체계나 '공리(公理, axiom)'이기도 하다. 여기서 공리는 증명이 필요치 않은 옳은 진술을 말하는데, 논증의 전제로 사용되지만, 결론은 제공하지 않는다. 분명한 것을 공리체계가 완전하다고 증명하기 위해서는 더 큰 범위의 공리가 필요하다는 점이다.

근대에 와서 인간의 인식은 신의 보증으로부터 독립한다. 이를 위한 경험론과 합리론을 종합하면서 길을 닦던 임마누엘 칸트(Immanuel Kant)는 신을 해체한 후 인간을 중심에 두고 진리를 탐구하려고 했다.[5] 그러나 타력에 기대던 오랜 습성은 정신에 아로새겨져서 신의 흔적을 지우려던 온갖 노력에도 인간은 여전히

---

4) Dow (2002: 78−81), Pheby (1988/1999: 11−42)

5) 독일 철학의 전통에서 칸트를 이은 프리드리히 헤겔에 와서는 인간의 인식뿐 아니라 사회를 이해하는 방식도 경험론과 합리론이 종합됨, 헤겔의 경제학은 Pridat (1990).

특정한 것을 절대, 혹은 공리로 삼고 거기로부터 다른 것의 정당성을 찾는다. 칸트에 앞서 신을 철학적으로 해체한 데카르트도 인간 자신에게라도 대상의 정당성을 부여하는 우두머리 역할을 시켰다. 이렇게 우두머리가 참이면 그에 딸린 부하도 참이라는 논증 방법이 연역이다.

이런 추론은 학문적인 연구뿐 아니라 개인 간의 말싸움에서도 적용된다. 인정할 수밖에 없는 강력한 상황을 제시하고, 이를 통해 인정받으려는 것의 정당성을 확보하는 것은 논쟁의 기본이며, 성공률이 높은 방식이기도 하다. 이런 추론 방식을 연역법 혹은 연역주의라고 한다. 학문 방법론에서 연역은 공리를 배경으로 하든, 수학적 추론에 의한 것이든, 결국 확증하기 쉽게 고안된 것이다.

연역주의를 강조하는 사람들은 사실을 정량적으로 확인하려는 검증의 불완전성을 지적한다. 우리가 가질 수 있는 통계 자료나 경험적 자료는 부분적이라서 전체에 대한 확증을 줄 수가 없다고 한다. 따라서 그나마 연역법만이 대상에 관한 올바른 지식을 얻을 수 있다고 한다.[6] 그러나 이것도 현실에서는 그리 간단하지 않다. 가정한 공리에서 연역하게 되어도 경험적 실증이 있어야 결론을 인정받는 학계의 상황 앞에 연구자는 갈팡질팡하게 된다.

그나마 균형을 잡으려고 연역과 수학을 동시에 사용하면서도 인간을 직시한 근대철학의 개척자는 데카르트이다. 그는 '방법적 회의'라는 과정을 통해 '모든 것을 회의해도 회의하는 자기 자신은 회의할 수 없다.'라는 것을 기본 공리로 내세운다. 그는 '생각하는 나 자신만이 분명하다.'라는 연역을 통해 인간이 진리를 찾을 가능성이 있다고 보여주면서, 인간중심의 세상을 열고, 인간이 이성을 통해 지식을 만들어 가는 과정을 설계한다. 이처럼 연역법은 한계 속에서 살아가는 인간이 가장 흔히 사용하는 설득법이다.

또한, 연역은 고전적 논리학의 삼단논법과 관련된다. 이는 일반법칙을 전제(대전제)로 삼아 개별 명제의 진위를 판단하는 방법이다. 즉 보편 언명에서 특수 사례를 예측하고 설명하는 방식이다. 실제 연구에서는 하나 또는 두 개의 명제를 전제로 한 다음 다른 명제를 성립시키는 논리 전개 방식이다. 그러나 연역법은 편

---

6) Pheby (1988/1999: 32).

리하지만 결국 대전제(일반법칙, 보편 언명)가 참이라는 것을 해명해야 한다. 이러한 연역주의를 방법론으로 정형화한 것이 '연역법칙 모형(deductive‒nomological model)'이다. 이 모형은 과학적 법칙으로부터 확인 받은 현상에서 과학적 지식을 추론한다.

연역주의를 강조하는 사람들은 사실을 정량적으로 확인하려는 귀납적 검증의 불완전성을 지적한다. 그래서 우리가 가질 수 있는 통계 자료나 경험적 자료는 부분적이라서 전체에 대한 확증을 줄 수가 없다고 한다. 따라서 그나마 연역법만이 대상에 대해 올바른 이해를 할 수 있다고 한다.

밀의 가설연역법을 채택한 주류경제학에는 연역주의적 기반도 있다. 이외에도 연역주의를 강조한 경제학파는 오스트리아학파 경제학이다. 이들은 분석의 기초로 증명이 필요하지 않은 공리를 채택한다. 그래서 '인간 행동의 공리'를 정하고 거기에 따라 경제적 현실을 분석한다. 그리고 경제학을 아예 '인간행동학'이라고 명명했다.[7] 오스트리아학파 외에도 신고전파경제학에서도 연역적 추론이 등장한다. 예를 들어 미시경제학의 소비자이론에서 원점에 대해 볼록한 무차별곡선은 소비자의 완전한 합리성, 이행 가능성의 공리를 바탕으로 추론된 이론이다.

귀납(induction)과 귀납주의(inductionism)

근대과학의 학문 정신인 과학주의의 핵심은 귀납이다. 귀납은 인간과 세상 그리고 사물에 대해서 정량화된 검증을 통해 일반적 지식을 만드는 추론 방식이다. 이를 내세운 귀납주의는 17세기에 이르러 물리학의 발전을 이끌었고, 점차 성공적으로 학문과 세상의 패러다임을 바꾸었다. 귀납에는 우두머리(dux)에게로 돌아간다는 뜻이 있다. 귀납에 따라 일단 세상과 사물을 이해하기 위해 타당한 물적 증거를 모으는 것에 힘을 집중했다. 그리고 이를 통해 인간이 이해한 것에 관한 정당성을 확보하면서 인간이 주체가 되어서 객체인 자연과 사회 그리고 인간 자신을 알아갔다.

---

7) 홍태희 (2022: 132).

그림 2-1 연역과 귀납 그리고 가설연역법

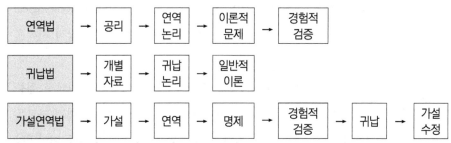

자료: Pheby(1988/1999: 32). Dow(2002: 78−82).

근대세계가 펼쳐지며 세상과 사물의 이치에 대한 지식이 점점 더 늘어나면서 확인하고 인정하는 방식인 귀납이 자연스레 주목받게 되었다. 이는 개개의 사례를 관찰하고 확인해서 이러한 사례들을 포괄하는 일반명제(대전제, 보편 언명)가 참인 것을 확인시키는 방법이다. 따라서 관찰 사실들이 참이면, 이를 바탕으로 도출된 이론은 참이거나 최소한 개연적인 참이라는 논법이다.

귀납법은 다수의 증거가 나오면 이를 참으로 인정하기 때문에 민주적이며 합리적인 측면이 있다. 그래서 민주주의가 정착되어 가던 근대에 잘 어울렸다. 이처럼 귀납주의는 연역주의와 대조되는 추론 방식으로 연역법으로 추론할 수 없는 경우에 등장한다. 대표적인 모형이 '귀납 통계 모형(inductive−statistical model)'이다.

웨슬리 새먼(Wesley C. Salmon)은 설명해야 할 대상과 통계적으로 관련된 인과적 관계를 해명하는 모형을 만들기도 했다. 현재 주류경제학은 가설연역법의 한계를 극복하기 위해 실험경제학, 행동경제학 등을 통해 경험주의로의 확장을 시도하고 있다. 그러나 가설연역적인 틀에서 크게 벗어나지는 못하고 있다.

과학주의를 배경으로 귀납주의는 근대의 학문 세계에서 유행이 되었다. 귀납법은 16세기 초 근대세계의 아이콘인 베이컨과 함께 모습을 분명히 드러내며 세상은 흔든다. 베이컨은 자연을 연구할 때 객관성을 갖기 위해는 '헛된 것'들은 버려야 한다고 했다. 그는 헛된 것으로 네 가지의 우상을 지목하고, 인류에게 이를 극복하라고 했다. 네 가지 우상은 다음과 같다. 첫째, 종족의 우상은 연구 대상에서 그릇된 법칙을 끌어내는 연구자의 성향이며, 둘째, 동굴의 우상은 연구자 개인의 불완전한 특성이 연구를 방해하는 것이다. 셋째, 시장의 우상은 사회적 동물인 연구자 자신에게 사회적으로 길들어진 언어 습관을 버리지 못해서 과학의 진보에 걸림이 되는 결과를 만드는 것이며, 넷째, 극장의 우상은 다른 연구자 연구의 오류를 제대로 걸러내지 못하는 것이다.

이렇게 우상 타파를 주장한 베이컨이 제시한 학문의 전형은 물리학이었다. 이와 함께 근대 학문 세계에는 '물리학처럼 학문하기'라는 유행이 생겼고, 뉴턴의 고전역학은 그 기준이 되었다. 고전역학의 핵심은 우주가 물체로 되어 있다는 것이고, 그 물체는 객관적인 실재라는 것이다.

귀납법은 일반법칙을 찾기 위해 대개 두 개의 단계를 거친다. 먼저 여러 개별 사례들을 편견 없이 관찰하고, 이를 통해 관찰 가설을 세운다. 그리고 이 관찰 사례를 통해 일반 가설을 만든다. 이런 일반 가설을 법칙, 이론, 모형 등으로 부른다. 문제는 누구도 개별 사례를 얼마나 많이 내놓아야 일반화 혹은 결론이 참인지를 확정하기 어렵다는 점이다.

이처럼 귀납적 추론은 모든 사례들을 관찰해야 하는 문제에 봉착한다. 많은 개별 사례가 참임을 확인한다고 해도 이를 가지고 모든 경우에 참이라고 하는 것에는 논리적 오류가 있다. 물론 관찰 사실은 참인가에 대한 확정은 어떻게 하는가 하는 점도 의문이다.

사정이 이러하니 과학자들은 과학적 지식을 틀릴 가능성은 있지만 의미 있는 이야기라고 하며 한발 물러날 수밖에 없다. 이런 논리적 한계를 극복하기 위해 등장한 것이 확률론이다. 확률론은 경제학 연구의 대세로 등극할 만큼 유용하고 유연했다. 그러나 한편으로는 확률론과 함께 과학적 지식의 가설로의 지위를 스스로 용인하게 되는 꼴이 되었다.

학자들은 이 정도의 확률로 참이 될 수 있다고 말하지만, 사실 틀릴 확률도 있어서 '유사 진리'라는 비판에서 벗어날 수는 없다. 확률적으로 참이라는 사실에는 확률적으로 거짓일 수 있다는 것도 포함되기 때문이다. 헴펠은 귀납주의의 오류가 귀납적으로 추론할 때 주제와 연관된 사실을 수집할 때 나타나는 한계 때문

에 발생할 수 있다고 했다.[8]

논리적 추론을 경제학에 적용할 때 미시경제학은 연역적으로, 거시경제학은 귀납적으로 편향되어 있고, 이 두 영역은 지식을 얻는 방법이 다르다. 그래서 미시경제학 연구에는 수리적 논증이 많이 활용되고, 거시경제학은 통계 분석이 계량모형의 개발과 함께 적극적으로 활용된다. 미시경제학과 거시경제학은 분리할 수가 없는데 방법론을 달리하는 것은 사실 모순적인 상황이다.

현실에서 추론이나 설득에는 귀납과 연역이 혼재되어 있다. 왜냐하면 보통 사람은 이를 철저하게 구분해서 논리를 전개하지 못하기 때문이다. 사실 연구자라고 해도 자신의 의식은 완전히 통제하고 추론 과정에 개입하지 않은 것은 어렵다. 그래서 더 나은 논리적 추론 방식은 학계의 과제 중 하나가 되었다.

가추(abduction)와 역행추론(retroduction)

귀납과 연역의 방법은 사회과학 철학이 과학적 방법으로 간주했고, 다수의 사회과학자는 여전히 그 방법을 고수한다. 그러나 이러한 고전적 추론 방식이 가지는 논리적 한계로 현상을 제대로 해명하지 못한다고 보는 학자들에 의해 대안적 추론 방식이 등장하는데, 대표적인 것이 가추와 역행추론이다.

가추는 논리적 추론의 영역은 넓히고 기존 추론의 한계를 극복하기 위해 제시된 방식이다. 이는 구체적인 사례에 적용할 수 있는 법칙을 일단 연구자가 만들고, 이를 기반으로 현실의 연관 관계를 밝혀내는 추론 방식이다. 가추를 통한 추론의 결과는 '이렇게 추측한다.'이다. 즉 연구자의 지적 상상력을 동원하여 경험적 영역에서 실재의 영역으로 창조적인 도약을 하는 방식이다. 연역으로 추론할 수 있는 우두머리가 없을 때, 즉 보편명제를 확보하지 못했을 때 가추 방식이라도 사용한다는 것이다.

이러한 대안적 추론 형식을 제시한 학자는 실용주의 철학자 찰스 샌더스 퍼스(Charles Sanders Peirce)이다. 그는 논리적 추론의 방식으로 연역, 귀납과 함께 가추를 꼽았다. 그는 가추를 연구자가 관찰했으나 심층적 원인을 알 수 없을 때

---

8) Hempel (1966).

과학적 탐구를 통해 지식의 질적 확장을 모색하는 방법이라고 했다. 가추를 통해 연역이 가지는 논리적 완결성을 갖지 못하지만 이를 통해서도 현실적으로 의미 있는 과학적 지식을 얻을 수 있다는 것이다.

사실 가추는 인간만이 할 수 있는 통찰력이 추론을 이끈다는 장점이 있다. 연역의 추론 과정이 전제되는 일반명제(많이 먹으면 인간은 배가 부르다는 법칙)에서 특정 사실(나는 밥을 많이 먹었다는 사례)을 통해 귀결되는 결과(나는 배가 부르다는 결론)를 도출한다. 이는 귀납법과 유사하지만, 개연성 있는 설명을 한다는 점에서 다르다. 귀납은 많이 먹은 사람들(사례)이 배가 부르다는(결과) 것을 충분히 확인한 후에 인간은 많이 먹으면 배가 부르다는 결론을 도출한다. 이에 비해 가추는 어떤 사람이 배가 부르다는 결과를 통해 많이 먹으면 배가 부르다는 일반법칙을 끌어내서 어떤 사람이 배가 부르면 많이 먹었다(사례)를 도출한다.

또 다른 방식은 역행추론이다. 오랫동안 과학의 기본적인 과제는 인과관계를 추론하는 것이었다. 원인이 있으면 필연적으로 어떤 결과가 발생한다는 것이고, 그 경향성을 찾으며 결과의 원인을 알아내는 것이 과학적 탐구의 기본작업이었다. 그러나 역행추론은 인과의 시간적 질서를 흔든다.

과학적 연구에서 얻으려고 하는 사실 사이의 인과적 힘과 사실의 발생 기제에 대한 지식을 산출할 수 없는 과제는 많다. 이런 난제 앞에서 추론의 한계를 극복하려는 학자들은 원인에서 결과로 가는 추론의 순서를 뒤집는 시도를 한다. 이것을 역행추론이라고 한다. 즉 역행추론은 원인과 경험적 결과 사이의 관계를 필연적인 측면과 우연적인 측면을 양방향에서 열어 놓고 검증한다. 그리고 '어떤 내적인 관계가 특정 현상을 또 다른 현상으로 만드냐'를 묻는다.[9]

이처럼 경험적 영역에서 실재적 영역으로 창조적으로 도약함으로써 경험적 결과를 설명하기 위해 가설 형성 과정을 되짚어 보는 가추와 실재적 영역에서 경험적 영역으로 되돌아가는 것을 통해 실재적 원인과 경험적 결과 사이의 필연적이거나 우연적인 관계들을 검증하는 추론 방식인 역행추론은 대안적 추론 방식으로 이해할 수 있다. 경제학방법론의 대안을 찾기 위한 시도로 역행추론 방식을 연

---

9) 역행추론에 대해서는 Downward and Mearman (2007: 77−), Reiss (2013: 73−).

구에 적용 사례도 등장했다(Hoover, 2015).

아래 〈표 2-1〉은 논리적 추론의 종류와 내용 및 장점과 한계를 비교한 것이다. 연역이 전제로부터 결론의 진리성을 보증받고, 귀납이 개별 사례로부터 일반

표 2-1 논리적 추론의 종류와 내용

	연역	귀납	가추	역행추론
기본 구조	• 주어진 전제에서 논리적으로 타당한 결론을 도출 • 보편법칙으로부터 개별 현상에 대한 지식 도출	• 표본 관찰 자료로부터 전체에 대한 보편적으로 타당한 결론 도출 • 관찰된 개별 사례로부터 일반적 법칙 도출	• 맥락적 틀이나 관념 속에서 개별 현상을 해석하고 재맥락화 • 관찰 대상을 새로운 개념틀 속에서 관찰하고 해석함으로써 관찰 대상을 새롭게 이해	• 구체적인 현상에 관한 서술과 분석으로부터 이러한 현상의 배경을 재구성 • 사유 작용과 이에 반하는 사유 작용을 통해 선험적 조건을 논증
형식 논리	예	예	예, 아니오.	아니요
중심 쟁점	• 전제로부터 도출된 논리적 결론은 무엇인가?	• 관찰된 여러 사례의 공통인 요소는 무엇이며, 그것은 모집단에 대해서도 참인가?	• 특정한 개념적 틀 안에서 해석된 어떤 것에는 무슨 의미를 부여할 수 있는가?	• 어떤 것이 실현되려면 무엇이 존재해야 하는가?
장점	• 모든 논증에서 추론의 규칙과 길잡이를 제공 • 추론의 타당성 여부 확인	• 경험을 일반화할 가능성 • 개별 사례를 통한 일반화의 정확도를 계산 가능 • 과학적 추론의 길잡이 제공	• 특정 사건을 더 큰 맥락과의 연관 • 특정 사건을 통해 일반화를 해석적으로 추측할 길잡이 제공	• 경험적 영역에서 직접 관찰될 수 없는 선험적 조건, 구조, 기제에 대한 지식 제공
한계	• 전제 속에 이미 실재하는 것을 논증하므로 새로운 것을 이야기할 수 없음	• 귀납적 추론은 분석적으로나 경험적으로 완전히 확인될 수 없음 (귀납의 내적 한계) • 귀납은 경험적 수준에서 결론이 한정됨 (귀납의 외적 한계)	• 가추를 통한 결론의 타당성을 명확하게 평가하는 고정된 기준이 없음	• 역행추론을 통한 결론의 타당성을 명확하게 평가하는 고정된 기준이 없음
연구 능력	논리적 추리력	통계 분석 능력	창의력과 상상력	추상하는 능력

자료: Danermark *et al.* (2004: 138-139), 홍태희 (2007).

적으로 믿을 만한 결론을 확인받는 것에 비해, 가추는 연관을 살펴보면서, 가장 믿을 만한 추측을 결론으로 제시한다.

〈표 2-1〉에서 보듯이 연역과 귀납의 문제를 해결하기 위해 가추나 역행추론 같은 대안적 추론 방식들이 등장했다. 그러나 이는 어디까지나 절충안이고, 기존 논리적 추론의 한계를 완전히 극복하지는 못했다. 그래서 가추와 역행추론으로 증명한다고 해도 결과가 가설의 지위를 갖게 되어서 사이비 진리라는 비판을 받을 수 있다.

3 자료에 접근하는 방식

과학이 자료에 접근하는 방식에는 '정량적 분석(quantitative analysis)', 혹은 '양적 분석'과 '정성적 분석(qualitative analysis)', 혹은 '질적 분석'이 있다. 사회과학 특히, 경제학의 일반적인 방법은 정량적 분석 방식이다. 이는 연역에 기반해 관찰하여 가설을 세우고, 이를 정량화된 물적 증거를 통해 검증한다. 이 과정을 거치면서 경제 현상의 인과관계를 확정하는 것이다. 이렇게 인과관계 분석을 통해 습득한 '과학적 발견'을 누가 다시 관찰하거나 검증해도 같은 결과를 가져야 '과학적 지식'이 된다.

이런 세계의 보편 언어는 수학이다. 정량적 분석의 뿌리는 고대 시대에는 만물의 근원을 수로 본 피타고라스(Pythagoras)에게 있다. 이후 아리스토텔레스도 세상을 숫자를 통해 해석했다. 이후 중세 아퀴나스의 학풍으로 이어지고, 근대 경험론을 거쳐서 점차 과학적 탐구의 보편적 방법이 되었다. 이에 따른 경제학 연구의 전형은 연구 대상인 경제 현상을 모형화하고, 이를 정량적 자료를 통해 검증하는 것이다. 즉 가설을 두고 이를 수학적으로 형식화해서 통계적 검증 절차를 거치며 과학적 지식을 생산한다.

또 다른 방법은 정성적 분석이다. 인간과 사회에는 정량화될 수 없는 것도 많고, 정량화하는 과정에서 사실이 왜곡되기도 한다. 이런 정량적 연구를 보완하는 방식이 정성적 연구이다. 사실 근대의 과학혁명 이전 시대에는 정성적 방법이 대세였다. 그러나 과학주의의 물결 앞에서 시대에 뒤떨어진 연구 방식으로 취급되었다.

이후 근대과학의 발전으로 정량적 방법의 한계 또한 더 확실히 확인되었다. 그러나 주관과 객관, 인간과 자연, 이성과 감정 등의 근대 이원론이 무너진 현대에 와서는 정량적 방식인 가설검증 방식의 한계가 단선적인 인과관계의 해체와 함께 드러난다. 특히 1980년대 이후 포스트모던의 시대에는 학문적 설명과 설득의 방식이 더욱 다양해졌다. 과학적 연구에서 가설이 가지는 문제, 과학적 발견을 어떻게 설득하느냐는 문제, 반복되지 않는 과학적 발견을 처리하는 문제 등을 해결하기 위해 질적 방법에 대한 요구가 생겼고, 다양한 방법들이 정성적으로 과학적 지식을 설득하는 증거로 제시된다.

또한 관찰의 방법도 연구자가 관찰 현상에 참여하는 방법과 참여하지 않은 방법으로 다양해진다. 민속방법론으로 연구하거나, 사례연구 방법이 등장하고, 구술을 통한 연구도 정성적 방식으로 사용된다. 인터뷰 방법도 구술사적 방법이나 '포코스 그룹 방법(focus groups method)' 등으로 확장된다.[10] 설문조사도 다양한 방식으로 발전했다. 또한, 이차 자료를 이용해서 과학적 지식을 끌어내는 메타 분석의 방법들도 등장한다.

마지막으로 소개하는 것은 '혼합적 방법(mixed methods)'이다. 현대 분과과학, 특히 사회과학은 하나의 방법만을 분석 방법으로 고집하지 않는다. 여러 가지 방법을 다 사용하는 혼합적 방식을 택한다. 특히 대형 연구 프로젝트에서는 정성적 방법으로 가설을 만들고, 정량적 방법으로 이를 검증하는 것이 흔히 사용된다. 최근에는 비판적 실재론을 이용하여 혼합방법 적용하려는 시도도 있다.[11] 이런 혼합적 방법은 질적 방법과 양적 방법의 상호작용을 배경으로 한다. 이는 후기 실증의 시대정신에 따른 학문 방법론의 실용주의적 전향이라고 할 수 있다.

---

10) 정성적 방식으로 그룹 인터뷰나 좌담 방식으로 자료를 모으는 것, 대개 6~8명의 참가자와 진행자로 구성.
11) Cronin (2016).

이를 두고 질적 및 양적 방법의 구분을 넘어선 연구방법이라고 이해하지만, 이런 시도 속에서도 대세는 양적 방법이다. 과학주의가 정량적 방식을 주류로 삼은 측면에서 여전히 정량적 방법을 사용하는 것이 있지만, 학문적 발전에 비해 심각해진 사회 문제의 해결은 정량적 방법의 한계를 보여주기 때문에 혼합적 방법은 필요불가결하다.

특히 최근 경제학에서 등장한 빅데이터 방법 같은 것은 기존의 전형적인 가설이 검증되는 통계 분석이 아니라 데이터 스스로 가설을 만드는 방법을 택한다. 물론 머신러닝(machine learning, ML)이나 빅데이터가 이론 없이 실재를 분석할 수 있다고 설명하는 것은 다소 과장된 것이다. 데이터는 그 자체로 무엇을 말하지 않는다. 사전에 통계적 설정이나 이론 없이는 작동하지 않기 때문이다. 사실 학문

표 2-2 정량적 연구, 정성적 연구, 혼합적 연구방법의 비교

비교	정성적 연구방법	정량적 연구방법	혼합적 연구방법
연구의 초점	• 질(성질, 핵심, 본질)	• 양(크기)	• 둘 다
철학적 뿌리	• 현상학	• 경험주의 • 실증주의	• 둘 다
주된 작업 방식	• 문헌 연구 • 현장 연구 • 사례연구 • 민속방법론 • 근거이론 • 내러티브 연구 • 현상학적 연구	• 실험적 방식 • 통계적 방식 • 경험적 방식 • 조사 연구	• 필요한 것부터 순차적 사용 방식 • 동시적 사용 방식 • 변형적 사용 방식
연구 목적	• 연구 대상에 대한 이해와 설명 • 기술(묘사)	• 예측 • 비교 • 확증	• 모두 다
연구 설계	• 유연성 • 전개 양상	• 엄격하게 구조화 • 예정성	• 모두 다
주된 자료 수집자	• 연구자	• 기관	–
분석 방법	• 귀납적	• 연역적 • 통계적	–
연구 결과	• 종합적 • 포괄적	• 엄밀 • 협소한	–

자료: Merriam (1988: 18), Creswell (2014/2017: 19-22) 참고.

적 추론의 과정에는 인간 자체의 생각하는 능력이 드러난다. 어떤 주의로 설명하든지 그것은 인간 사고 능력의 한 측면이라고 할 수 있다.

제3장

다양한 과학사상에 관한 이해

3장에서 우리는 경제철학의 배경이고, 과학의 기초가 되는 과학사상에 관해서 알아본다. 과학은 세상에 대한 이해를 집약한 것이다. 문제는 집약하는 방식은 물론 연구자의 관점에 따라서 세상이 다르게 보인다는 것이다. 이는 과학의 약점이기도 하지만 매력이기도 하다. 이렇게 만들어진 과학은 나름의 역사성을 가지고 있다. 과학사를 살펴보면 과학사상은 만들어지고, 연구에 개입하고, 폐기된다. 그리고 필요에 따라 새로운 사상이 만들어진다.

그래서 3장에서는 과학이 존재를 확보하는 존재론과 존재를 파악하는 인식론에서 나타나는 다양한 사상을 알아본다. 먼저 과학방법론에 주류를 차지하는 실증주의와 이의 한계를 극복하기 위해 등장하는 반증주의를 살펴보고, 현재 새롭게 등장하고 있는 신실증주의를 설명한다. 그리고 실증의 한계를 넘어서 손쉽게 세상을 설명하려는 시도인 환원주의를 알아본다. 그리고 경제학에서 많이 사용하는 베이즈주의도 살펴본다. 아울러 효율성을 학문의 기준으로 삼은 실용주의와 도구주의도 설명한다.

다음으로 사회적 존재를 파악하는 방식을 개체론과 전체론을 통해 살펴보고, 사회를 보는 관점에 방법론적 개인주의를 비판하며 등장하는 구조주의나 사회구성주의를 살펴본다. 특히 경험론과 존재론적 한계를 극복하려는 실재론, 비판적 실재론, 사회적 실재론을 알아본다.

경제학은 경제적 가치를 중심에 두는 학문이라서 경제적 결정론을 배경으로 한다. 이러한 경제적 결정론의 배경에는 유물론이 있다. 그래서 유물론과 아울러 최근 관심이 받는 신유물론을 중심으로 벌어지는 다양한 논의에 대해서도 알아본다. 이를 통해 다원주의 방법론과 함께 인공지능 시대를 걸맞은 과학사상의 필요성을 강조한다.

제**3**장

다양한 과학사상에 관한 이해[1)

1 과학적 증거를 제시하는 방식

실증주의(positivism)와 반증주의(falsificationism)

14세기부터 시작된 르네상스로 불리는 인간 중심의 세상이 열리면서 사람들은 학문이 규명할 대상이 신이 아니라 자연과 인간의 삶이라고 인식하기 시작했다. 르네상스가 우리에게 준 것은 무엇보다 현실에 바탕을 둔 연구를 하라는 것이었다. 드디어 우두머리부터의 신탁은 사라졌다. 이렇게 펼쳐진 새로운 시대에 인간은 자연과학을 발전시켰고, 이 발전에 고무되었다.

학자들은 더 이상 종교와 과학 사이를 방황하게 하지 않게 되었고, 더 많은 대상에 대해서 자연과학적 방법론을 적용하는데 연구의 대부분 시간을 보내게 되었다. 연구가 가져다주는 과학적 결과를 직접 확인하면서 인간 인식의 합리성에 관한 자신감을 키웠다.

18세기와 19세기를 거치며 과학혁명과 산업혁명이 일어나자, 자연과학의 방법이 학문 전반에 원용되었다. 따라서 수학적·경험적·과학적 증명을 중요시하는 연구 풍토가 대세가 되었다. 철학도 과학의 발전에 동참했다. 그래서 19세기 후반 유럽의 과학철학자들은 고전 논리학의 출구 없는 미로에서 탈출을 시도했다. 이들은 사변철학의 영향으로 분과과학에 남아 있는 형이상학적 주장을 몰아내며,

---

1) 3장은 지은이의 다음 논문을 참고해서 집필함. 홍태희 (2024).

'사실 그 자체'에 관한 과학적 탐구를 강조했다.

이러한 자연과학 방법론의 핵심에 실증과 인과율이 있다. 원인과 결과로 사건의 시간적 카테고리를 정하고, 증거를 제시하는 것이다. 이렇게 과학주의의 시대가 열렸고, 실증주의는 과학사상의 대세가 되었다.

근대의 시대정신 된 과학주의와 실증주의는 관찰이나 실험 등으로 검증할 수 있는 사실만 참된 지식으로 인정하며, 학문의 목표를 객관적으로 '관찰할 수 있는 것(observables)'의 규칙성을 발견으로 삼았다. 이처럼 명료한 연구 방법의 틀을 갖춘 실증주의는 여러 형태로 학계를 포섭했고, 시대에 따라, 주요 사안에 따라 여러 형태로 발전했다.

실증주의에서 대상을 관찰하면서 인과 법칙을 찾는 콩트식의 실증주의는 실증주의의 주류이다. 사회현상을 통계적 분석을 통해 일정한 법칙성을 찾으려는 통계적 실증주의도 있다. 그 외에도 형이상학을 배격하고 엄밀한 자연과학의 실증주의를 사회과학에도 적용할 것을 강조하는 논리실증주의도 이 범주에 속한다. 20세기 초 오스트리아 비엔나에서 주로 활동한 논리실증주의자들은 실증주의를 새 시대에 맞는 과학철학 정신이라고 보았다. 이들은 경험적으로 검증되지 않는 명제는 '사이비명제'라고 치부했다.

이렇게 실증주의는 과학적 엄밀성을 추구하면서 미신, 편견, 독단, 궤변으로부터 과학의 학문성을 지켰다. 그러나 문제는 실증주의도 결국은 귀납주의와 비슷한 문제점을 가지고 있었다는 것이다. '어떻게' 그리고 '얼마만큼' 실증해야 하느냐는 문제에 봉착한다. 실증주의는 귀납적 추론을 선호한다. 가설에 부합하는 사례를 많이 찾아 가설이 참일 개연성을 높이는 방법을 주로 쓰기 때문이다. 그러나 귀납적 추론은 모든 사례를 확인할 수 없다는 특성으로 인해 결국 회의론이나 불가지론으로 연결될 가능성이 있다.[2]

더욱이 사회과학에서 실증주의의 적용은 더 어려움이 컸다. 사회과학의 행위 주체는 인간이고, 인간의 행동은 물질세계가 보여준 규칙성으로 설명할 수 없는

---

2) Caldwell (1991).

특성이 있기 때문이다. 사실 인간의 자유의지는 종종 법칙성을 넘어선다. 또한, 관찰이 아니라 실험을 통해 검증하려고 해도 사회과학에서는 자연과학처럼 실험할 수가 없다.

실증주의의 또 다른 문제점은 연구자가 자신이 선호하는 이론을 관철하기 위해 증거를 자의적으로 제시할 가능성도 있다는 점이다. 이는 연구자가 이론에 현실을 꿰맞출 가능성이 있다는 것을 말한다. 아울러 흔히 발견되는 이론과 현실 사이의 괴리도 실증주의의 문제점이다.

이런 한계에도 학계가 나서서 실증주의를 옹호할 만큼 실증주의는 과학적 분석을 할 때 많은 장점을 가지고 있다. 사실 실증주의를 기반으로 과학을 발전시킬 수 있었다. 이에 대한 고려 없이 비판만 하는 것은 지나치고, 다른 대안도 마련되지 않았다. 그래서 연구자들은 보완책을 찾아 나섰다. 이 상황에서 구원투수로 등장한 것이 반증주의다.

반증주의는 실증주의의 한계를 극복하고, 다시금 과학 정신에 기대서 학문할 수 있게 하려는 사상이다. 가설을 모든 사례로 확인 할 수 없으니, 차라리 가설에 반하는 사례를 찾고, 한 번이라도 반증되면 가설을 기각하면 된다는 효율적인 연구 방식이다. 즉 완전히 실증할 수는 없으나 반증할 수는 있는데 단 하나의 반증 사례라도 나오게 되면 참된 지식으로 받아들여질 수 없다는 것이다.

반증주의를 주장한 칼 포퍼(Karl Popper)는 "실증이 되면 그 이론은 검증을 통과한 셈이 된다. 그 이론을 버릴 이유가 나타나지 않았기 때문이다. 그러나 반증(反證)이 된다면 문제의 명제뿐만 아니라, 그 명제를 논리적으로 파생시킨 이론도 반증된 것이다… 실제로 반증되지 않았다면 그 가설은 일반명제 혹은 과학의 법칙으로 자리 잡을 조건이 된다."라고 했다.[3]

포퍼의 주장에 따르면 아무리 많은 사례가 나와도 확증되지는 않으므로 이것만으로는 일반명제를 도출할 수는 없다. 그러나 단 한 사례만으로도 일반명제가 틀렸다는 것은 충분히 증명된다는 것이다.

---

3) 반증주의 Pheby (1988/1999: 43-67), 포퍼 저술 Popper (1945), Popper (1959), Popper (1963).

포퍼는 과학적 진술은 '실재'에 관한 진술이어야 하며, 반증할 수 있어야 한다고 했다. 그리고 서술에 반증 가능성이 없으면 실재에 관한 서술이 아니라고 했다. 반증 가능성이 클수록 좋은 가설이기 때문에 과학적 가설을 만들 때 잘 반증할 수 있게 만들어야 한다고 했다. 위의 인용문에서처럼 그의 결론은 어떤 이론이 반증되지 않는다면 일단은 과학적 지식으로 인정해도 된다는 것이다.

이는 일종의 절충안이었다. 실증을 통해 완벽한 법칙을 만들지 못하더라도 반증 가능성을 통해 의미있는 과학적 연구를 할 수 있게 했다. 포퍼는 뮌히하우젠 트릴레마를 해결할 수 없는 것으로 받아들이고, 추측과 비판을 통해 과학적 지식을 만들어 내는 중간적 접근법을 채택했다. 그래서 비록 확실한 것을 알 수는 없지만, 불확실하지만 그나마 진리에 근접하는 절충안을 제시할 수 있게 되었다.[4]

이처럼 포퍼는 반증주의적 방법론으로 과학적 연구를 효율적으로 설계하게 했다. 경험주의의 함정에 빠져 지적 상대주의나 회의주의 속에 있던 과학계는 '어떤 이론이 참이다.'라는 것을 완벽하게 증명할 수는 없다는 것을 인정하고, '참이 아니다.'라는 것이 확인되지 않으면 '그 이론이 잠정적으로는 참이다.'라고 인정하는 방식을 채택한다.[5]

하지만 반증주의가 제시한 절충안은 당시 학계를 충분히 만족시키지는 못했다. 사실 반증 또한 사실에 의해서만 가능하다. 그러나 '그 사실은 과연 믿을 수 있는가?'라는 문제는 그대로 있다. 또한, 과학자들은 반증으로 일반명제를 기각할 조건이 무엇인지를 알 수가 없었다. 이는 '반증은 어떻게 가능하며, 어떤 것이 확실히 사실인 것은 어떻게 확정할 수 있는가?'라는 문제로 반증도 오류 가능성을 가지고 있다는 것이다.

게다가 반증주의는 역사적 사실과 일치하지 않는 경우가 많았다. 포퍼는 반증은 한 번으로 충분하다고 했지만, 학문의 역사에서 반증 사례가 나와도 이론이 폐기되지 않는 경우도 많았다.[6] 이런 문제를 반증주의는 해명해야 했다.

---

4) 반증주의에 대해서는 Popper (1959), 이에 대한 경제학적 해석은 Pheby (1988/1999: 43-61).

5) Popper (1945), Popper (1959), Popper (1963), Pheby (1988/1999: 43-67).

당시 이런 논란에도 불구하고 포퍼의 과학철학은 적어도 경제학의 세계는 평정했다. 자본주의 경제가 급격하게 발전하면서 경제 현상에 관한 지식에 대한 요구도 많아졌다. 급한 연구 과제가 많던 경제학계는 실증주의 문제를 깊이 고민할 여유도 없었다. 연구가 과학적으로 얼마나 타당한지에 대한 검토할 겨를도 없이 현실 경제 문제를 진단하고, 해석하며, 경제정책을 제시하기 바빴다. 또한, 경제 문제에 대해 사회를 설득할 방안 중에 실증주의와 반증주의는 매우 효과적이었다. 그래서 반증주의는 경제학계에 유용한 추론 방식으로 채택되었다.

이후 경제학은 실증주의와 반증주의를 배경으로 적절한 가설을 세우고 이를 모형화하여 통계적으로 추론하는 방식을 주된 연구방법으로 삼았다. 또한, 귀무가설과 대립가설을 세우고, 적당한 수준과 통제를 할 수 있는 범위에서 진리성을 검증하는 것이 경제학 연구의 대세가 되었다.

이처럼 경제학계는 실증주의에 대한 진지한 검토 없이 실증주의적 분석 방법을 채택했다. 경제학은 화폐라는 측정 단위를 가진 학문이라서 여타 사회과학보다 정량화된 실증을 하기가 상대적으로 수월한 측면도 있다. 이러한 경제학 연구 방식을 지지한 대표적인 학자는 밀턴 프리드먼(Milton Friedman)이었다.

또 다른 실증주의 경제학자 테렌트 히치슨(Terence W. Hutchison)은 경제학은 경험과학이므로 경험만이 가설검증의 기준이라고 하면서 자연과학의 방법론과 다를 필요가 없다고 했다. 그는 신고전파경제학이 '합리적 경제인의 자기 이익 극대화 가설'을 자명한 것으로 받아들이는 것을 비판했다. 이것도 실증해야 한다는 것이다. 이는 모순적 발상이다. 왜냐하면, 실증하려면 실증할 필요가 없는 공리를 먼저 내세워야 하기 때문이다.[7] 신고전파경제학에서 합리적 경제인은 일종의 공리이다.

이런 가운데 실증주의의 또 다른 방법론적 시도가 '통섭(consilience)'이라는 이름으로 등장했다. 신실증주의(neo-positivism)로 명명되기도 하는 통섭은 기본

---

6) 대표적인 사례로 프톨레마이오스 체계에서 코페르니쿠스 체계로 이해된 천문학 혁명, 뉴턴의 중력 이론과 천왕성 궤도 문제.

7) Friedman (1953), Mäki (2009), Hutchison (1994).

적으로 환원주의를 기반으로 방법론적 대안을 만들려는 시도이다. 이를 주창한 에드워드 윌슨(Edward Wilson)은 진리 탐구에 자연과학과 사회과학의 방법이 다를 이유가 없다고 보면서 학문의 대통합을 주장한다.[8] 만약 학문 간에 통일된 이론을 찾을 수 있다면 사회과학에서도 예측과 통제를 할 수 있고, 그렇게 된다면 사회과학을 가지고도 인간을 바르게 계몽할 수 있다고 했다.[9]

1994년 개리 킹(Gary King), 로버트 코헤인(Robert O. Keohane), 시드니 버바(Sydney Verba)에 의해 사회과학통합론이 제시된다. 이를 계기로 과학연구에서 질적 방법론과 양적 방법론을 통합한 표준화된 방법론에 대한 논의가 제기되었다.[10] 그러나 이 또한 실증주의를 기반으로 한 대안적 제안이었다.[11] 이런 주장은 주류경제학의 방법론에는 큰 영향을 미치지는 못했다.

환원주의(reductionism)

실증주의 방법론은 엄격한 논리적 추론이나 증거의 제시가 연구 방식의 기준이다. 그래서 빈번하게 발생하는 연구 대상 전체를 이 기준에 맞추지 못한 현실을 타개하기 위해서는 또 다른 해결책이 필요했다. 그래서 이미 기준에 맞게 증명이 끝낸 사실을 통해 전체를 확인받으려는 시도가 생겼다. 이것은 일종의 편법이지만 다른 대안이 없기도 하고, 과학의 발전이 사실 알 수 있는 것부터 연구해서 점차 모르는 것으로 지식의 범위와 깊이를 확대해 간 것이기도 해서 학계에서는 큰 거부감 없이 채택되었다. 이렇게 해서 과학적 추론의 방식으로 추상적인 사상(事象)이나 개념을 더 기본적인 요소로부터 설명하는 환원주의가 등장한다.

전체의 모습을 그려보려고 하지만 전체의 모습을 담을 방법을 알지 못한 학계는 전체를 요약한 특징을 찾아 나섰다. 그리고 확인한 특징으로 전체를 이해하는 방식, 즉 부분을 통해 전체를 추측하는 방법을 택한다. 이처럼 환원주의는 전

---

8) Wilson (1998/2005).

9) 이에 대해서는 Trigg (2001: 244). 비트겐슈타인의 언어철학도 논리실증주의와 비교해서 신실증주의로 불리기 때문에 신실증주의를 설명할 때는 역사적 배경을 설명해야 함.

10) 사회과학통합론에 대해서는 King, Keohane and Verba (1994).

11) King *et al.* (1994).

체를 이해하기 위해 내부 요소들의 속성을 분석하는 학문적 방식을 말한다. 그래서 환원주의는 관찰 불가능한 이론적 개념 및 법칙을 직접적으로 관찰할 수 있는 경험 명제의 집합으로부터 치환하려는 추론 방식이라고 할 수 있다. 이는 실증하려는 대상이 복잡하고 추상적인 사상(事象)이나 개념일 경우에 이를 파악 가능하고 실증할 수 있는 단일 레벨의 더 기본적인 요소로부터 설명하려는 방식이다.

사실 환원주의의 내력은 오래되었다. 만물의 근원을 찾던 고대 그리스 학자들의 전통부터 생명체를 DNA의 염기서열로 분류하는 현대 생물학에 이르기까지 과학사의 전개과정은 환원주의에 힘입은 바가 크다. 물리학의 입자물리학 분야는 우주의 최초 단위인 원자를 탐구하여 우주를 이해하려고 하고, 생물학 분야에서 유전자 분석을 통해 생명체 전체에 대한 정보를 파악하려는 시도는 환원주의를 배경으로 한 연구 방식이다.

실증주의가 가지는 인지의 한계를 효과적으로 극복하고 사실을 포착하려는 이러한 환원주의의 시도는 생물학 같은 자연과학을 넘어 사회과학에도 흔히 사용하는 연구방법이 되었다. 환원주의를 사회과학에 응용하면 개인을 통해 사회 전체를 그려낼 수 있기 때문이다. 이는 검증을 선호하는 과학주의가 사회과학에 응용되는 방식 중 하나가 되었다.

이런 환원주의는 분명한 한계를 가진다. '부분과 전체는 동일한 특성을 가지는가?' 또는 '부분의 합은 전체인가?'라는 문제를 해결해야 한다. 사실 전체는 전체만의 자기동일성(self-identity)을 가지고 있다. 부분이 모여 '자기조직화(self-organization)' 하면 새로운 특징과 현상이 창발하기 때문에 부분과 전체는 차이가 날 수밖에 없기 때문이다. 이는 전체가 부분의 특성만을 가지고 있지 않다는 것을 의미한다.

만약 전체에 부분의 특성과는 다른 것이 포함되어 있다면 환원주의적 방식은 애초에 잘못된 시도이다. 그래서 부분과 전체의 동일성 문제는 환원주의의 가장 큰 문제이다. 아울러 환원주의는 여러 부분 중 특정 부분을 전체의 설명을 위해 채택한 이유도 해명해야 한다. 환원주의가 전적으로 받아들여지려면 이런 문제들을 먼저 해명해야 한다.

사정이 이런데도 학계는 이에 대한 해결도 비판도 없이 환원주의적 방식을 수용했다. 특히 경제학은 이러한 문제를 제대로 숙고하지 않고 환원주의를 채택한다. 고전역학에 근거해서 물질을 물질적 입자로 분해하고, 이 입자가 모이면 다시 물질이 되듯이 사회는 개인으로 분해되고, 역으로 개인이 모이면 사회가 된다고 본다.

특히 경제학의 존재론적 측면을 환원주의로 접근하는데 신고전파경제학이 선택한 방법론적 개인주의가 대표적인 사례이다. 미시경제학에서 개별 수요 곡선의 합으로 사회적 수요 곡선을 그리는 시도는 사회를 개인의 합으로 이해해야 지지가 된다. 이는 서울에 사는 A의 감귤 수요함수를 통해서 서울 시민의 감귤 수요함수를 도출할 수 있다는 발상이다. 또한, 왈라스 일반균형의 배경에도 환원주의가 있다. 20세기 후반에 등장한 거시경제를 미시경제적 수준에서 포착하는 '거시경제학의 미시적 기초'도 환원주의적 발상에서 나온 이론 틀이다.[12]

환원된다는 것은 거기에 종속되어 있다고도 해석된다. 당연히 구성주의 오류의 문제에 경제학은 봉착한다. 이런 지적에도 주류경제학은 개체와 전체 사이의 환원적 연결을 수용한다. 거시경제학은 미시경제학으로, 미시경제학은 심리학으로, 심리학은 생물학으로, 생물학은 진화생물학으로, 진화생물학은 화학으로, 화학은 원자 물리학으로 환원하려는, 아니면 적어도 수동적으로 동조하는 구조가 경제학에 장착된다.

이런 환원주의는 경제 현상을 파악할 때 방해가 될 뿐 아니라, 고전역학이 양자역학으로 바뀐 시대에는 폐기될 가능성이 크다. 우주와 존재를 물질로 이해하는 고전역학과는 달리 양자역학은 우주와 존재를 과정으로 본다. 양자역학의 차원은 환원주의로는 증명할 수가 없다. 더욱이 고전역학으로는 당장 미시 세계조차 해명하지 못한다. 확인되지 못하는 암흑물질이 압도적인 크기인 세상을 환원주의로 제대로 설명할 수는 더욱이 없다. 환원주의를 응용한 경제학방법론인 가설연역법이나 무작위대조연구법(Randomized Controlled Trials, RCT)으로도

---

12) 이에 관한 설명과 비판은 Hoover (2015), Colander (2006) 참고.

실재를 제대로 포착할 수가 없다. 왜냐하면 실재는 작은 것을 결합한 그 무엇이
아니라 작은 것을 결합하고 있는 연결고리나 작은 것의 발현구조에 가깝기 때
문이다.

베이즈주의(bayesianism)

20세기 초 확률론이 등장하자 확률을 이용해서 귀납주의의 인식적 합리성
을 확보한 방법론이 등장했는데 이를 베이즈주의라고 한다. 새로운 형태의 실증
주의인 베이즈주의는 20세기에 들어서 통계적 추론과 확률적 추론을 동시에 사
용하며 확률론을 통한 연구방법론을 제시한다. 그리고 확률론적 결정론과 연관
되어 자연과학과 사회과학에 걸쳐 두루 채택된 추론방식으로 현재까지 널리 채
택되고 있다.

기존의 방법론이 귀납주의, 가설연역법, 반증주의 등을 배경으로 주로 정성
적 분석에 집중하는 것에 비해, 베이즈주의는 조건부 확률론에 기반한 정량적 분
석을 제시한다. 그리고 이를 통해 자연과학 법칙에 관한 설명처럼 경제학도 확률
론을 사용하여 설명한다.

베이즈주의는 합리적 행동이 무엇인지를 제시한다. 불확실성이란 조건 속에
경제적 인간이 합리적으로 행동하는 것을 '베이즈 정리(Bayes's Theorem)'를 통해
행동한다고 가정한다. 이렇게 행동하지 않는 사람은 비이성적이라고 본다. 이렇
게 경제학은 합리적 인간을 공리로 만들기 위해 조건부 확률인 베이즈주의를 제
시하며 내적 일관성 문제를 해결했다.[13]

베이즈주의는 엄밀한 추론의 형식적이며 확률적인 조건을 갖추었지만, 합리
적 행위를 확률적 공리체계를 준수하는 것으로 해석하는 문제도 있다. 베이즈주
의에서 확률은 사건이나 명제에 대한 신념의 정도이다. 행위자의 행위를 규제하
는 합리성이다.

---

13) A가 발생할 확률을 $P(A)$, A가 발생한 조건에서 B가 발생할 확률을 $P(B|A)$이면 $P(B|A)$
= $P(B \cap A)/P(A)$, 알고자 하는 확률을 이미 알고 있는 사전적 확률 $P(A)$와 우도(조건부
확률) $P(B|A)$를 활용하여 구함. 사전 정보를 바탕으로 어떤 사건이 일어날 확률을 토대로
의사결정을 할 때 활용됨.

문제는 인간의 행위를 규제하는 것은 합리성 외에도 많다는 점이다. 이 문제를 베이즈주의는 해결해야 한다. 확률적 공리를 따르는 베이즈 정리가 수학적으로 옳다고 하더라도 과학적 연구에 무조건 적용할 수 있는 것이 아니라는 것이다. 또한, 베이즈주의는 적용하기 이상적인 환경에서 주로 성공한다. 그러나 실제로 이런 조건이 주어지지 않은 경우가 많다.

그래서 확률론으로 귀납적 논리를 만들려는 베이즈주의의 시도는 여전히 미완이다. 아울러 확률은 신념을 배경으로 작동하는데 개인의 신념과 사회적 신념이 연결되는 고리가 취약하다. 개인의 차원에서는 베이즈주의로 합리성을 확보하고, 장기적으로는 사전적 확률의 수렴을 활용하여 객관성을 확보할 수 있다고 베이지언들은 주장한다. 그러나 이것으로만 과학적 객관성을 확보하기는 어렵다는 것은 분명하다.[14]

2 객관적 실재가 없는 세상을 이해하는 방식

실존주의(existentialism)

르네상스를 거치면서 등장한 근대 시민은 20세기에 들어서 자기 자신을 자유롭게 인식했다. 2차대전 이후 본격적으로 등장한 철학 사조인 실존주의는 지루하고 결론 없는 사변철학적 논증이 아니라 삶 자체를 주목한다. 그리고 인간을 자신의 삶을 자신의 선택을 통해 만들어 가는 존재로 설정한다. 그래서 실존주의는 참으로 있는 것은 실존뿐이라는 해결책을 통해 경험론과 합리론의 문제를 비튼다. 그리고 실존주의는 인간의 실존 외에 확실한 것은 없다는 사상으로 관념론과 실재론 사이에서 해답을 찾지 못하는 철학계의 현실을 비판한다.

이것이 '실존은 시간 속에 있다.'라는 마틴 하이데거(Martin Heidegger)를 거

---

14) 베이즈주의를 둘러싼 논의는 이영의 (2020) 참고. 전통적 과학관은 과학이 실재에 대한 객관적 이론을 산출하게 하고, 이를 적절히 사용하면 실재를 참된 이해를 얻을 수 있다지만, 이 책에서는 연구자 사이의 '간 주관적 합의'를 객관성으로 봄.

쳐 '실존한다는 것은 없다는 것과 같다.'라는 장 폴 사르트르(Jean-Paul Sartre)에 이르면 자기 결단으로 자기를 창조하는 인간 실존만이 '이유도 없이 있다.'라는 결론에 도달한다.

이처럼 실존주의는 인간의 주체 역할을 주목하며 객관적 실재인 본질보다 실존이 더 앞선다고 강조하며 오랫동안 풀지 못한 존재론이란 숙제를 그냥 실존으로 덮어버렸다. 그래서 '실존은 본질에 앞선다.'라는 실존주의 이념은 본질을 알기 위해 연구하는 전통적인 학문 이념과는 괴리된다.

그런데도 존재론을 확보하지 못한 철학계는 물론 학문 방법론의 세계에도 실존주의는 큰 영향을 미쳤다. 실존주의가 추상적인 것보다 구체적인 것, 보편보다는 개별을 강조하는 사상으로 전개되면서 인간의 주체성과 자유 의지를 강조한 것은 현대 과학주의의 지향과 크게 어긋나지는 않기 때문이다. 또한, 삶이 삶에 대한 각자의 해석이라고 하면서 해석학을 인식의 기반으로 등장시킨 것도 실존주의의 기여로 인정된다.

다만 함께 사는 세상이라서 실존주의의 중요한 개념인 자유와 실제로 사회 속에서 인간이 처한 실존적 현실을 생각하면 실존주의의 의미가 사회과학에서는 제한될 수밖에 없다. 무엇보다 사회과학은 공통으로 인정되는 기준을 마련해야 하는데 실존주의는 주체 밖의 객체를 거부한다. 다만 실존이 존재의 외형을 언어로 한다는 하이데거의 존재론과 에드문트 후설(Edmund Husserl)의 해석학을 통해 그나마 사회와 세계로의 길은 열어둔다. 그래서 실존주의는 점차 언어가 구조화되어 있고, 인간이 이런 구조에서 벗어날 수 없다는 구조주의로 대체된다. 이후 등장하는 포스트모더니즘의 상대주의도 실존주의와 맥을 같이한다고 평가된다.

경제학은 실존주의 철학이 사상계 전 영역에 영향력을 발휘하는 시기에 와서도 경제학의 철학적 기초가 되는 인간존재론을 진지하게 고민하지 않았다. 그리고 '경제적 인간'이라는 '가상의 존재'를 내세우며 인간의 현실이 아닌 가상 세계로 몰입해 버렸다. 그 결과 경제학은 '가상적 실재'를 '실재'로 인식하는 착란에 빠진다. 그러니 사실 어떤 경제적 문제도 제대로 풀 수 없게 되었다.

구조주의(structuralism), 후기구조주의(post-structuralism), 사회구성주의(social constructivism)

인간의 실존은 자유라고 하지만 실제로 인간은 자유롭지 않다는 현실을 직시하며 학자들은 구조주의의 세계를 만든다. 실존주의의 유행 속에서도 대부분 사회과학자는 실존이 공존하는 사회라는 실재를 인정했다. 사실 존재론을 강조하며 합리주의에 반대한 '생철학(Lebensphilosophie)'이나 실존주의가 인간중심주의를 만들었지만, 인간의 자유 의지는 인간을 둘러싼 제도적 환경 앞에 무력했다. 그래서 실존을 사회적 공간으로 확장하는 시도가 1960년대에 구조주의(structuralism)라는 이름으로 등장한다.

여기서 구조는 인간이 생각하고 느끼고 행동하는 모든 것의 기저에 있는 틀을 말한다. 이러한 성격을 가진 구조는 요소를 연결하는 틀이라서 언어, 문화, 사회의 모든 영역의 중심축이 된다. 구조주의는 전체를 파악하기 위해 구조를 먼저 파악해야 한다고 한다. 사회를 이해하기 위해서는 전체의 연결된 작동 원리를 알아야 하는데 이것이 사회적 구조이다. 따라서 파편화된 개인이나 사물을 분석하는 것이 아니라 개인 간의 관계, 사물 간의 관계, 즉 관계의 메커니즘을 파악하려고 한다.

학문방법론으로 구조주의는 개별 요소를 분석하기보다 먼저 이들이 얽힌 기능적 연관, 즉 구조를 파악하라고 주문한다.[15] 사회경제학자 클로드 레비 스트로스(Claude Levi Strauss)는 인간을 체스판 위의 말처럼 구조에 의해 자신의 위치를 부여받은 존재로 이해한다. 그는 인간의 주체성은 각자 만드는 것이 아니라 사회 구조 속에서 만들어진다고 생각했다. 이런 주장을 받아들인 경제학파는 사회경제학이다. 그 외에도 제도경제학이나 맑스경제학도 구조주의의 영향을 받은 경제학파로 분류된다.

구조와 인간을 설명하기 위해 등장한 것이 언어다. 왜냐하면 인간은 이미 사

15) Charusheela (2005).

회적으로 만들어진 언어적 구조에 의해서 구성된다고 보기 때문이다. 자연히 페르디낭 디 소쉬르(Ferdinand de Saussure)가 주장한 언어 이해를 담지한 구조주의가 인간과 사회를 이해하는 잣대가 되었다. 소쉬르는 동일한 대상에 대해서도 지역, 문화, 지적 정도 등에 따라 말이 다르고 문법 체계도 다르다는 것을 주목한다. 사물과 그 사물을 나타내는 언어 사이에는 정확한 대응적 체계가 없다는 것이다.

소쉬르가 이를 설명하기 위해 만든 단어인 '랑그(langue)'는 언어의 체계적 측면으로 구성원 모두가 공유하는 틀로서 보편적 구조이다. 반면 '파롤(parole)'은 언어의 행위적 측면이다. 랑그와 파롤을 구분하며 소쉬르는 파롤은 사람에 따라 달라질 수 있지만, 랑그는 구조이기 때문에 달라질 수 없다며 파롤보다 랑그를 중시했다.16)

구조주의적으로 사회와 개인을 이해하는 것은 사실 실존주의보다는 내용과 사회적 함의가 있다. 그러나 구조주의의 한계는 인간의 자유 의지를 간과한다는 점이다. '과연 우리는 구조에 의해 만들어질 뿐이며 스스로 만들지는 못하는 존재인가?'라는 근본적인 의문이 자연히 따른다.

여기에 대해 구조주의는 전체를 파악하기 위해 구조를 먼저 파악해야 한다고 한다. 사회를 이해하기 위해서는 전체의 연결된 작동 원리를 알아야 하는데, 그것이 바로 구조라고 한다. 따라서 파편화된 개인이나 사물을 분석하지 않고, 개인 간의 관계, 사물 간의 관계 즉 관계의 메커니즘을 파악하려고 한다고 주장한다. 분명한 것은 구조에 묶인 주체에게는 해방의 여지가 없다는 점이다.17)

이런 한계 때문에 1980년대를 지나면서 구조주의는 쇠락하고, 이후 20세기 말과 21세기에는 구조에서 주체가 탈출할 여지를 둔 후기구조주의(post-structuralism)의 시대가 열린다. 구조나 체계를 강조하는 구조주의와는 달리 후기구조주의는 차이를 강조하며 파롤을 주목한다. 그래서 후기구조주의는 지식의 생산과정을 주목한다. 대상을 이해하기 위해서는 대상 자체와 대상을 만드는 지식 체계도 연구해야 한다는 것이다. 그래서 데이비드 블루어(David Bloor)와 배리 반

---

16) Saussure (1916/2022).
17) Charusheela (2005).

즈(Barry Barnes) 같은 학자들은 지식의 생산과정을 사회학적 관점에서 분석했다. 그리고 구성주의와 구조주의에서 해답을 찾아서 지식의 사회적 구성을 강조한다.

이러한 관점은 이후 더 발전하였고, 자크 데리다(Jacques Derrida)로 연결된다. 데리다가 주축이 되어 만든 후기구조주의로 오면 세상은 더 이상 고정된 체계로 존재하지 않는다. 구조는 요소를 연결하는 틀이고, 언어, 문화, 사회 등 모든 영역의 중심축이다. 데리다는 진리가 드러나는 것을 언어, 말이라고 했다. 그리고 글을 말의 대리물로 보았다.

데리다는 전통적인 인식론을 비판하여 인식의 대상보다 문자가 먼저 있었다고 했다. 언어는 있음과 없음이 직조되는 텍스트이며, 텍스트 외에 아무것도 없다고 했다. 즉 고정된 구조, 랑그는 존재하지 않는다는 것이다. 이런 주장과 함께 데리다는 '고정된 틀이나 구조의 해체'를 강조하는 해체주의(deconstructivism)의 길을 연다.[18]

또 다른 틀은 특히 사회과학에서 주목받은 사회구성주의이다. 구성주의는 우리가 인식하는 사회현상은 객관적 실재가 아니라 우리가 스스로 창조한다는 점을 강조한다. 그래서 구성주의는 사회문화적 요인을 강조하며 전체의 구조와 내부 요소들의 상호작용으로 현상이 만들어진다고 본다. 이는 미시적 차원의 행위자와 거시적 구조를 동시에 살피는 것을 말한다. 이들은 연구자 개인이 이론을 만드는 것이 아니라 연구자 집단이 협력하며 만든다고 한다.[19]

또한, 사회구성주의는 현상이 사회 속에서 인간 사이의 상호작용에서 형성된다는 것을 강조한다. 그래서 '행위자 네트워크 이론(Actor network theory)'과도 연관된다. 이는 1992년 존 로우(John Law)가 사례를 통한 연구를 설명하기 위해 만들었다. 행위자 네트워크 이론은 대상의 본질을 찾기보다 대상이 어떻게 구성되는지에 집중한다는 측면에서 구성주의적 특성을 갖는다.

사회구성주의는 사회현상을 설명할 때 구조적·사회적 권력관계로 설명하기

---

18) Rensch (2014). 후기구조주의에서는 제1철학으로 형이상학이 아닌 미학을 제시. 이런 사조의 중심에는 하이트헤드와 데리다가 있음. Shaviro (2009/2024).

19) 홍태희 (2022: 206), Berger and Luckmann (1966).

보다 행위자 사이의 관계로 이해하려고 한다. 그래서 주류경제학의 방법론적 개인주의나 환원주의적 방식과는 분명히 차이가 있다. 그러나 경제학은 타 학문 영역에서의 이러한 철학적 논의를 확인조차 하지 않고 실증이 가능한 영역에 대한 정량적 분석에 집중하면서 실증의 대상인 실재를 확보하지도 못하고, 가상의 세계에 고립된다.

구조주의적으로 사회와 개인을 파악하는 것은 사실 실존주의보다 내용이 있다. 그러나 구조주의적 사고가 가지는 한계는 인간의 자유 의지 문제이다. '과연 우리는 만들어질 뿐 스스로 만들지는 못하는 존재인가?' 하는 근본적인 물음을 제기할 수밖에 없다. 또한, 후기구조주의는 세계에 대한 새로운 통찰의 가능성을 주지만, 사회사상의 사회비판적 기능을 무력하게 하는 측면도 있다.

3 진리 혹은 과학적 지식으로 인정하는 방식

실용주의(pragmatism)

근대에 들어서서 학문이 분화되고 분과과학이 자리를 잡으며 과학적 추론의 방식은 다변화된다. 연역과 경험, 그리고 실재에 대한 논리적 추론이 가지는 허점을 메울 수 없게 된 학계는 명석판명한 진리 탐구의 짐을 내려놓고, 연구의 결과를 활용할 수 있는 연구부터 하기로 한다. 사실 연역법과 귀납법 간의 대립은 뚜렷한 해결책도 없이 오랫동안 연구자들을 무겁게 했던 주제였다.

퍼스가 개척한 실용주의는 20세기 초에 와서는 미국에서 가장 영향력 있는 철학으로 등극한다. 실용주의는 명확한 논리적 추론은 결과의 유용성으로 대체하고, 학문의 목표를 진리 탐구에서 '실용성 확보'로 바꾸었다. 즉 지식의 도구적 성격을 강조하면서, 학문의 용도를 문제해결을 위한 적절한 수단을 찾는 일로 파악한다. 따라서 형이상학을 배격한다. 그리고 과학적 지식이나 법칙이나 이론은 과학계의 약속 정도로 이해했다. 이렇게 학자들은 자신의 학문 영역에서 할 수 있는 일을 하기로 했다.

이후 실용주의 철학은 세계 지성계는 물론이고 문화에도 영향을 주었다. 오랫동안 유럽의 역사와 지적 전통에 열등감을 느끼던 미국은 제2차 세계대전 이후 세계 최강국이 되자 정신적으로도 세계의 중심이 되고자 했다. 할리우드가 세계 문화를 점차 주도했고, 유럽에서 망명한 학자들로 대학의 풍모가 마련되자, 미국은 지적 열등감에서 점차 벗어나게 되었고, 문화적 중심지로 거듭난다.

실용주의는 미국에서 등장했지만, 그 배경은 근대 유럽의 철학자들이 만들었다. 사실 자연과학과 생산성의 발전에 놀란 근대인들은 적당히 넘어가는 것을 배웠다. 흄은 연역적 추론으로 얻는 지식과 귀납적 추론으로 얻은 지식을 비교해서 조화롭게 사용하면 합리적 지식을 습득할 수 있다고 했다. 그 시절에 흄도 두 가지 추론 방식의 절충을 시도했다.[20]

근대철학을 종합한 칸트도 이런 시도를 했다. 칸트는 학문의 역할은 '양심적인 사람'이 사는 세상의 기반을 만드는 일로 보고, 이를 진리 탐구보다 중요하다고 생각했었다. 이렇게 근대철학의 최고봉에서 인간 이성으로 만든 구조물을 해체하는 작업이 시작되었다. 이후 실용주의의 시대가 활짝 열렸다.

그래서 학문은 참과 거짓으로 가려내는 일만이 아니라 인간 생활에 도움 되는 일이며, 믿을 만한 증거를 제시하여 대중을 설득하는 일이 되었다. 아이러니하게도 과학이 정체성을 실용적 용도의 지식 생산으로 방향을 틀자 이렇게 만들어진 과학적 지식에 대한 신뢰가 오히려 더 커졌다. 그 쓰임을 당장 확인할 수 있었기 때문이다. 이러한 실용주의의 영향으로 철학은 분석철학이나 과학철학으로 축소된다.

도구주의(instrumentalism)

도구주의는 현상 배후에 있는 실재를 알 수 없으므로 과학이론의 역할은 관찰가능한 현상을 분석하는 도구나 장치여야 한다는 사상이다. 그래서 도구주의

---

20) 실제 흄에게로 다가가면 지적 상대주의가 가져오는 불가지론을 만나게 된다. 그는 우리는 보지 못하는 것은 알지 못한다며, 우리가 인과관계를 확인할 수 없다는 불가지론을 제시했다.

에서 이론은 과학적 관찰 진술에서 도구나 필요한 연장이나 계산을 위한 장치 같은 지위를 갖는다. 이런 관점에서 과학의 목표는 과학적 현상을 기술하는 역할을 잘하면 된다. 즉 과학은 현상을 예측하는 도구이지 그것이 참인지 아닌지는 중요치 않다고 본다.

그래서 과학적 작업의 목표는 진리 탐구라는 거창한 행위가 아니라 문제해결을 위한 도구를 만드는 것이다. 따라서 과학적 실재론에 반대하며 관측이 불가한 실재에 관한 연구는 형이상학의 대상이라고 한다. 여러 이론이 있을 때 이론의 진리성 정도가 아니라, 현상을 잘 예측하는 유용성에 따라 선택하면 된다고 주장한다.

실재를 올바르게 기술할 수 없으므로 객관성은 확보될 수도 없어서 어차피 결론도 내지 못하는 학문의 본성으로 인해 진리성을 확실하게 인정받기는 불가능하다고 도구주의는 판단한다. 그래서 도구주의는 과학이론이 진리인지 아닌지를 따질 수도 없고 따질 필요도 없다고 하면서, '그것이 사실을 파악하는 도구인가?'가 중요하다고 주장한다. 과학사에서 보면 거짓 이론이나 가설이 현실에서 성공한 예도 많다며 중요한 것은 사람들이 그것을 유용하다고 평가하는 것이고, 그러면 가치를 인정받는 것이 된다고 도구주의는 주장한다.

4 사회적 존재를 파악하는 방식

개체주의(individualism)와 전체주의(holism)

개체론, 개체주의(individualism)와 전체론, 전체주의(holism)는 여러 분야에서 벌어지는 논쟁의 주제이다. 생물학이나 심리학은 물론 기본적으로는 과학철학에서 논리실증주의의 개체주의와 세계관을 강조하는 학자들의 전체론 사이의 논쟁이 있었다. 사회과학 연구에서도 방법론적 전체주의와 방법론적 개체주의는 사회현상을 연구할 때 기본 관점이 된다. 이렇게 개체론적 관점과 전체론의 관점은 단지 과학방법론만이 아니라 사회를 이해하는 방식도 다르고, 정치적 관점이나 윤리적인 견해의 차이도 가지고 있다. 이것으로부터 경제학파의 정체성이 결정된다고 할 만큼 중요한 논점이다.

우주를 과정으로 이해하게 될 때 우리에게 남은 것은 운동과 변화뿐이다. 이런 관점에서 우주는 사건으로 구성된 '관계론적 우주(relational universe)'라고 스몰린은 말한다.[21] 이는 '세상에 존재하는 것은 없다.'는 존재론이다. 이런 현대 과학의 최첨단에서 학문의 근간을 확보하기 위해서는 존재론과 인식론의 혁명적 변화가 필요하다. 그러나 경제학은 여전히 고전역학이 제공하는 상식의 세계에서 머물며 개체론과 전체론을 따지고 있다. 그래서 경제학이 무엇을 해도 그것은 임시방편일 뿐이다.

실재론(realism), 과학적 실재론(scientific realism), 비판적 실재론(critical realism), 사변적 실재론(speculative realism)

임시방편적 기반 위에 있는 경제학에서도 존재론을 확보하려는 여러 가지 시도가 있다. 이런 시도 중에 특히 경제학에 의미가 있는 것은 실재론 계열의 등장이다. 과학은 실재를 확인하는 과정이다. 그래서 과학사상의 중심에는 실재론 계열의 사고방식이 있다. 실재론은 대상이 관념이 아니라 실재한다는 것을 분명히 하기 위해 등장한다.

실재론은 도구주의와는 달리 이론은 참이어야 한다고 생각한다. 그래서 실재론은 성공적인 이론은 참으로 존재하는 것에 기반한다고 본다. 실재론은 경험론이 가져다주는 지적 회의주의를 넘어서 '현존재(Dasein)'와 '세상은 있다.'라는 확신을 통해 '참으로 있는 것이 무엇인가?'라는 존재론적 고민은 접는다. 이들은 실재를 찾아 나섰다가 실재는 없고, 과정만 있다는 것을 발견한 현대 물리학을 보고 다시 실재를 찾아 나섰다.

방법론에서 과학적 실재론은 과학이 진리 탐구의 기능을 해야 한다는 주장

---

21) Smolin (2001/2007). 근대경제학이 뉴턴의 물리학을 기반으로 만들어졌듯이 근대경제학의 한계에서 앞으로 등장할 경제학은 양자역학과 상대성이론을 기반으로 할 가능성이 큼. 스몰린의 관계론적 우주 개념은 불교의 연기론과 유사.

표 3-1 연구방법에서 주체와 객체

연구방법	연역	도구주의	가설연역법	실증주의
연구 내용	사건의 내적 연속성	사건 그리고 혹은 텍스트 사이의 관계	경험적으로 검증된 연역적 사건의 연속성	사건의 경험적 연속성에 대한 탐구
연구 주·객체 관계	주체 → 객체	주체 → 객체	주체 ↔ 객체	주체 ← 객체

자료: Downward and Mearman (2007: 88) 참고.

이다. 검증을 거친 과학적 이론은 진리이거나 사실이라는 관점이다. 과학적 실재
론자는 이론이 진리라면 과학이론으로 실재한다고 한다. 이런 과학적 실재론은
독특한 인식론적 특징을 가지고 있다. 이는 객관적 실체를 확인해야 한다는 것이
아니라 과학적 검증을 거치면 과학적 실재가 된다는 주장에 가깝다.[22]

또 다른 실재론은 사회적 실재론이다. 사회과학에서 실재론은 사회라는 대
상과 사회를 관찰하는 주체의 문제뿐 아니라 사회의 자기동일성 문제도 갖고 있
다. 따라서 학문의 발전 정도에 따라 다른 해석이 나온다. 현대에 와서는 객관성
과 주관성을 통합하고 존재론적 고민과 인식론적 질문에 포괄적으로 답하려고
사회적 실재론은 등장한다. 사회과학에서 실재는 실증주의가 주장하는 관찰할
수 있는 실재도 아니고 구조주의의 실재도 아니다. 이는 오히려 사건들이 모음과
같은 것이고, 변화하는 과정으로 있는 실재이다.

이런 사회적 실재론을 대표하는 사상이 비판적 실재론이다. 비판적 실재론
을 창시한 로이 바스카(Roy Bhaskar)는 실증주의를 강하게 비판한다. 그는 실증
주의를 사회과학에 적용하면 틀린 답을 주는 것이 아니라 엄밀한 의미에서 전혀
답을 제시하지 못한다고 주장한다. 또한 실증주의 과학철학으로는 경제학이 빈
곤이나 불평등 문제의 해결 방안을 제시할 수 없다고 생각했다.

바스카는 세상 자체와 세상에 관한 지식을 혼동하면 안 된다고 강조했다.
그에게 과학의 과제는 정량화된 일반법칙을 찾아내는 것이 아니라 현상을 생산
하는 현상 배후에 있는 메커니즘을 찾는 것이었다. 즉 관찰된 사건 사이의 규칙
성이나 관계성을 찾는 것이 아니고, 관찰된 사건을 만드는 구조나 메커니즘을 찾

---

22) 박영태 (2000).

표 3-2 바스카의 실재의 층위

실재의 층위	경험적 층위	양화된 측정, 데이터	구체적인 현실에 대한 경험
	현실적 층위	사건, 사태의 경향이나 상태	힘이나 메커니즘의 현실화
	심층적 층위	인과관계, 역학관계, 제도적 관계	힘, 메커니즘

자료: 홍태희 (2011b: 4) 재인용.

는 것이라고 했다.

이렇게 대안적 과학철학의 가능성을 그는 비판적 실재론에서 찾았다. 이를 통해 실증주의의 기반이 된 자연주의를 극복하고, 실재론적 사회 존재론을 제시했다. 실재는 존재론적 관점으로 보아 현실적 실재, 경험적 실재, 심층적 실재라는 세 개의 서로 다른 층위를 가졌다고 한다. 여기서 심층적 실재는 경험의 원천이고 현상의 본질이다. 이런 실재는 우리가 경험하지 못해도 존재하는 것이다. 이를 통해 바스카는 이원론을 극복했다.[23]

이를 경제학에 적용하자면 경제 현상은 우리가 경험적으로 인지하지 못한다고 해도 실재한다는 것이다. 비판적 실재론을 적극 수용한 학파는 비주류경제학인 포스트 케인지언 경제학이다.[24]

최근 철학계에서는 사변적 실재론이 주목받고 있다. 사변적 실재론은 포스트모던 시대의 정신인 반실재론적 경향을 비판하는 사조이다. 사변적 실재론을 주장하는 캉탱 메이야쑤(Quentin Meilassoux)는 현대 과학이 연구 대상 사이의 상관관계를 중점적으로 연구하면서 진즉 대상 자체에 대한 물음을 하지 않는다고 비판한다. 그리고 대상 그 자체, 즉 실재를 실제로 복원할 것을 주문한다.[25]

사변적 실재론은 존재한다는 것을 변하는 것으로 파악한다. 만약 시간이 흐르면 연구 대상도 변하기 때문에 대상 사이의 인과적 관계를 확보할 수 없다고 본다. 따라서 우리가 과학적 연구를 통해 과학적 지식을 만들었다고 하더라도 그것도 임시방편적인 것에 불과하다고 본다.

---

23) Bhaskar (1975), Collier (1994), Collier (1998), Yeung (1997).

24) 비판적 실재론의 경제학 응용은 Lawson (1997), Jespersen (2009), 홍태희 (2007), 홍태희 (2011b), 홍태희 (2022: 93).

25) 사변적 실재론에 대해 국내 번역서 Harman (2018/2023).

현재 사변적 실재론이 주목받는 이유 중 하나는 양자역학이나 상대성이론을 배경으로 하기 때문이다. 실재는 없고 과정만 있다는 것을 발견한 현대 물리학을 보고 철학은 다시 실재를 찾아 나섰다.

유물론(materialism), 신유물론(new materialism)

유물론은 세상의 근원을 물질이나 자연으로 본다. 그래서 유물론은 정신이나 관념도 물질의 작용으로 보며 부수적인 것으로 본다. 유물론은 우주는 물질로 구성되어 있고, 실재는 물질이라고 보는 사조이다. 이는 뉴턴의 고전역학을 기반으로 한 사상체계이다.

경제학은 재화와 용역을 대상으로 하는 학문이라서 그 근저에는 유물론이 있다. 왜냐하면, 경제학의 대상은 정신이 아니라 물질이며, 물질적 가치를 만들고 분배하는 상황에서 벌어지는 경제 현상이기 때문이다. 이는 물리학이나 화학 등의 학문 영역에서도 지지받은 자연과학적 유물론이다. 이는 존재하는 것은 모두 물리적 현상이라고 보는 물리주의(physicalism)하고 연관된다. 하지만 맑스경제학이 내세우는 역사적 유물론이나 변증법적 유물론과는 구별된다.

경제학이 채택한 유물론이 가지는 '물질적 대상(객체)'과 '그것을 관찰하는 자(주체)'의 이분법이나 유물론과 관념론의 이분법이 실재의 한 면만을 강조하고 오히려 참모습을 왜곡했다는 비판은 어제오늘의 일이 아니다. 더욱이 현대 물리학은 그렇게 고정된 특징을 가진 물질이 존재하지 않는다고 한다. 양자역학의 등장과 함께 유물론은 기반부터 흔들리게 된다. 여기에서 경제 현상에는 물질적 분석으로 해명되지 않는 일도 많이 발생하니 경제학은 유물론을 넘어선 철학이 필요하다.

이런 문제들을 극복하기 위해 등장한 것이 21세기 현재 대안적 철학으로 떠오르고 있는 신유물론이다. 신유물론은 근대 학문이 이원론을 배경으로 만든 세계에는 주체와 객체가 분리되게 되었다고 본다. 그리고 주체가 동원할 수 있는 증거를 가지고 객체에 대해서 대략 기술하는 것이 근대 학문의 기본적 연구 방식이었다. 그러나 이런 이원론을 가지고 분리하여 해석할 세계가 없다는 것이 신유물

론의 관점이다.[26)]

객체와 얽혀지지 않은 주체는 없다는 것이다. 그래서 신유물론은 주체가 객체의 특정 요소 사이의 인과성을 파악하려고 하는 기존의 학문 방법론은 '몰 현실적'이다고 주장한다. 물질적 대상과 주체가 분리된 것이 아니라 물질적 대상도 인간과 상호작용하고 있고, 스스로 변화한다고 신유물론은 주장한다.[27)]

근대학문의 핵심은 인간중심주의와 이원론적 사고였다. 현재 생태계와 사회의 위기에는 사실 이원론적 근대학문이 만든 문화적 오류와 존재론적 오류가 반영되어 있다. 이를 극복하기 위해 현대철학에서는 해체주의가 등장한다. 신유물론은 여기서 더 나아가서 인간과 비인간 세계, 주체와 객체가 연결되어 있다고 주장한다. 이를 흔히 '21세기 학문의 존재론적 전환'이라고 한다.

신유물론의 패러다임은 다원론과 구성주의적 인식론을 지지하고, 탈인간중심주의의 윤리관을 가진다. 인간의 행위만을 인정하지 않고, 인간과 비인간 모두 행위한다고 본다. 물질적 대상에 인간의 관찰이 개입한다는 신유물론이 경제학에 주는 의미는 클 수 있다. 그러나 아직 경제학에 제대로 소개되지 않았다. 그러나 경제학에 도입한다면 선형적 인과관계 분석을 주로 하는 경제학방법론을 변화시킬 새로운 전기가 마련될 수도 있다. 왜냐하면, 신유물론의 범주에서 인식론과 존재론의 경계가 무너지고 경제적 실재를 확보할 가능성이 있기 때문이다. 그래서 100만여 종의 생명이 멸종 위기에 있는 세상을 구제할 진정한 대안경제학을 신유물론 속에서 찾을 수도 있다.

---

26) Barad (2003), Bennett (2010).

27) 김환석 (2018), 김환석 (2022: 71), 신유물론에 대해서는 Barad (2003), Bennett (2010) 참고.

5 경제학과 과학사상

주류경제학이 선택한 과학사상

학문은 쓸모 있는 것이면 된다는 생각은 자연과학을 넘어 점차 사회과학을 지배했다. 이러한 실용주의와 도구주의의 진리관은 응용과학이며 실용 학문인 경제학에는 잘 맞는다. 경제학은 경제적 인간이라는 허구적 존재라도 만들어서 경제 현상을 분석할 만큼 경제적 가치를 증대시키는 것에 대한 실제적 해답을 요구받는 학문이다. 즉 사회가 경제학에 요구하는 것은 진리 탐구가 아니라 인간의 삶에 도움이 되는 지식의 생산이다. 그러니 경제학은 태생적으로 도구주의적이고 실용주의적인 학문이다. 사실 철학적으로 연약한 지반 위에 있어도 경제학의 지위가 학문 세계에서 나름 공고한 것은 세상살이에 유용한 학문이라는 일반적인 평가에 힘입은 바가 크다.

그래서 경제학의 세계에서는 학문은 진리를 찾는 일이 아니라 필요에 따라 유리한 상황을 선택하기 위한 것으로 받아들여진다. 따라서 인간의 욕망은 무한한데, 가치 있는 것은 유한한 상황 속에서 최선의 선택을 하는 학문으로 경제학을 정의한다. 이는 전형적인 실용주의 노선이다.

이처럼 진위에 대해서 소모적 논쟁보다 현실적 이익을 찾는 경제학은 경험적 연구를 하는 것을 주목표로 한다. 경험론의 한계는 환원주의로, 진리성 같은 근본적인 질문은 실용주의로 방패 삼아 손쉽게 검증할 수 있는 영역에 머문다. 가장 간단한 것은 모형을 만드는 것이다. 현실의 모사해서 모형을 만들고, 검증하기 위해 자료를 가지고 계량화된 추론을 실행한다. 그러나 당장 한 걸음만 나가면 모형이 경제적 실재를 제대로 담을 수 있는가에 대해서 의혹을 받는다. 그래도 대안이 없어서 그대로 사용한다.[28]

세상은 대략적 지식이라도 요구하고, 경제학은 불완전한 지식을 가지고 현재

---

[28] 사회과학에서 통계적 연구방법론을 기본을 알려주고, 이런 통계적 방법과 모형에 대한 평가를 하며, 이런 사회과학 방법이 임시방편적 가정과 근거가 충분하지 않은 통계적 결론을 도출하는 문제와 이에 대한 비판을 제시한 대표적인 저서는 Freedman (2016) 참고.

를 진단하고 미래를 예측한다. 이렇게 경제학은 인간 삶을 위해 도구주의적으로 활용된다.29) 어쨌든 도구주의 관점은 경제학의 방법론으로는 충분히 매력적이다. '얼마나 경제적인가?, 얼마나 효율적인가?, 얼마나 현실을 잘 포착하는가?'라는 척도로 지식의 존립 가치를 측정해야 한다는 메시지는 경제학 연구의 동력이 되고 있다.

현대 주류경제학은 밀턴 프리드먼의 실증주의 경제학에 바탕을 두고 있고, 실증주의의 배경은 도구주의다.30) 프리드먼은 대표적인 도구주의자이다. 실증주의적 방법을 강조하지만 실제로 그가 강조한 경제학 연구에서 가져야 할 기본적 태도는 도구로서 학문을 인식하는 것이었다. 그는 경제학의 근본적인 연구방법은 가설을 관찰하고 검증하는 것이라고 했다. 이를 받아들인 주류경제학에서는 과학적 탐구의 진위보다 연구 결과의 실제적 효용과 연구 과정의 효율성을 더 따진다.

이런 관점은 다음과 같은 장점이 있다. 첫째, 연구방법론과 관련된 지루한 논쟁을 회피할 수 있고, 둘째, 진리 탐구를 연구 목적으로 삼지 않고, 실용적인 용도로 연구하는 것이라고 정리하면서 부담감도 줄이고, 셋째, 통계와 자료 처리 기술과 검증 장치의 개발을 통해 도구주의의 목적인 예측이나 판단을 더 효율적으로 하게 해주고, 넷째, 진위나 타당성을 엄밀하게 따지지 않아서 인과 문제나 귀납적 추론의 한계에서 상대적으로 자유로울 수 있게 해주었다.31)

주류경제학은 이런 장점을 인정하며 경제학 연구의 방향을 잡았다. 그러나 학문의 과제는 진리 탐구이다. 경제학 연구는 진리 탐구의 본령을 포기한 현실적 타협이라는 당연한 비판 앞에 서게 된다. 또한 실용적이거나 도구로의 기능을 어떤 기준을 가지고 판단하는가 하는 문제도 다시 등장한다. 사실 실용성 정도는 상대적이라서 결국은 상대주의의 함정에 빠질 가능성이 있기 때문이다. 무엇보다 큰 문제는 도구주의적 지식이 편파적일 수 있다는 점이다. 사회과학의 당파적 성

---

29) 경제적 실재와 모형의 문제는 경제학방법론에서 중요한 주제, 모형은 메타포, 스케치라는 의견 있음. Sugden (2000).

30) Mäki (2009: 47), Friedman (1953).

31) Pheby (1988/1999: 134), Mäki (2009: 47) 참고.

격을 고려했을 때 도구는 모두를 위한 도구이기보다 누군가를 위한 도구일 가능성이 크기 때문이다.

이처럼 진위에 대해서 소모적 논쟁보다 현실적 이익을 선택한 주류경제학은 경험적 자료를 가지고 현상의 법칙성을 찾아 경제적 선택에 도움이 되는 것을 연구의 주목표로 삼는다. 그래서 이미 말한 것처럼 경험론의 한계는 환원주의로, 진리성 같은 근본적인 질문은 실용주의로 방패 삼아 손쉽게 검증할 수 있는 영역에 머문다. 가장 손쉬운 것은 공리를 배경으로 모형을 만드는 것이다. 그리고 모형을 검증하기 위해 자료를 가지고 계량화된 검증을 실행한다.

문제는 p- 값이나 어떤 유의성 검증을 했다고 해도 실재라고 확증할 수는 없다는 점이다. 그래서 당장 한 걸음만 나가면 모형이 경제적 실재를 제대로 담을 수 있는가에 대해서 의혹을 받는다. 그래도 세상은 대략적 지식이라도 요구하고, 경제학은 불완전한 지식이라도 가지고 현재를 진단하고 미래를 예측한다. 이렇게 경제학의 도구주의적 활용은 경제학을 실재와 괴리된 학문으로 만든다.

학문의 진정한 목표는 진리 탐구이다. 경제학 연구는 진리 탐구의 본령을 포기한 현실적 타협이라는 비판 앞에 서게 된다. 또한, 실용성이나 도구로의 기능을 어떤 기준을 가지고 판단하는가 하는 문제도 등장한다. 이에 따라 실용성에 관한 판단이 상대적이라서 결국은 상대주의의 함정에 빠질 가능성이 있다.

무엇보다 큰 문제는 도구주의적 지식이 편파적일 수 있다는 점이다. 사회과학의 당파적 성격을 고려했을 때 도구는 모두를 위한 도구이기보다 누군가를 위한 도구일 가능성도 있기 때문이다. 가장 큰 위협은 경제학 연구가 특정 기득권을 보호하기 위한 선전의 도구로 사용될 수 있다는 점이다.

열린 체계(open system)와 다원주의(pluralism)

세상과 학문을 이해하려는 다양한 사조는 때로는 대치되고 때로는 서로 보완적 역할을 하면서 사회과학의 발전을 주도했다. 이렇게 우리는 계몽의 19세기와 과학주의의 20세기를 거쳐 21세기에 도달했다. 21세기 현재 인류는 누구도 하나의 잣대로 설명할 수 없는 대혼란 시기를 맞고 있다. 인간을 위한 발전이라고 생각해서 만든 세상이 그 방식으로 인해 인간과 세상을 파괴하고, 점차 지구별 위의 생존 자체를 위협하는 복합위기를 낳았다. 풍요 속에 빈곤하고, 발전 속에 퇴보하는 시대이다. 무엇보다 기후 위기와 생태 위기까지 겹친 복합위기 속에 미래를 내다보기 어려운 시대이다.

존재론 없는 경제학의 과학성에 대한 의문은 그동안 꾸준히 제기되었다. 경제학방법론의 다양성, 특히 질적 연구방법론에 대한 긍정적 검토를 해야 과학성을 확보할 수 있다는 의견도 있었다.[32] 그러나 가설연역법에 근거한 정량적 분석에 대한 경제학의 집착은 변하지 않았다. 20세기 말에 와서 서구의 경제학자들 일부는 경제학이 많은 자료와 통계적 추론 방식의 발전, 더욱 치열하게 자연과학의 방법을 사용, 무엇보다 실험경제학이나 행동경제학 등의 등장으로 신뢰성 혁명에 성공해서 드디어 과학이 되었다고 자축했다.

이들의 주장처럼 과연 경제학이 충분히 과학적인 학문이 되었는가? 그나마 발전했다고는 할 수 있지만 충분하다고 볼 수는 없다. 과학은 이미 뉴턴의 고전역학을 넘어 양자역학과 상대성이론의 세계에 진입했는데 경제학은 여전히 뉴턴의 고전역학에 머물러 있다. 경제는 고정된 구조가 아니라 역동적으로 변화하는 과정인데 현재의 경제학은 여전히 닫힌 세계에 대한 기계론적 추론 과정만을 강조하고 있다. 그러면 경제학은 과학이 될 가능성이 아예 없을 수도 있다.

그런데 이런 작업조차 조만간 인공지능이 경제학자보다 잘할 수 있다. 이것이 경제학이 다시 존재론을 재설정해야 하는 이유이다. 인간과 비인간의 경제적 공존을 위한 경제학은 실증주의에서 다원주의적 관점으로, 수학보다는 윤리학과 역사학으로 한 걸음 더 다가가야 한다. 그것부터 재설정하여야 올바른 학문적 작업을 할 수 있다. 이것이 인간만이 할 수 있는 경제학의 연구 영역이 될 날이 다가오고 있는 것은 분명하기 때문이다.

그래서 수학이나 통계학에 관한 맹신에서 벗어나고, 가설연역법으로 경제 현상의 법칙성을 찾을 수 있다는 환상도 버려야 한다. 이미 1930년대에 쿠루트 괴

---

32) Eichner (1983), King *et al.* (1994).

델(Kurt Gödel)이 '불완전성의 정리(Gödel's incompleteness theorems)'로 밝힌 것처럼 수학적 논리체계는 증명할 수도, 반증할 수도 없는 명제를 만든다. 수학의 진리성은 엄밀히 말해 증명할 수도 없다. 왜냐하면 체계적으로 확증되는 일관된 논리를 수학은 가지지 못했다.

계량경제학은 더 큰 문제를 가지고 있다. 회귀분석과 계량경제 모형이 작동하게 하기 위한 이론적 조건을 충족시킬 방법을 경제학은 충분히 가지지 못했다. 그래서 거듭 강조하지만, 경제학이 진정한 과학이 되려면 제일 먼저 경제적 인간이란 닫힌 체계를 인간이라는 열린 체계로 바꾸는 작업부터 시작해야 한다.[33] 다른 학문 영역 어디에도 '합리적인 것'을 '효율적인 것'으로 이해하지는 않는다. 합리적 인간이라는 닫힌 세계에 갇히는 순간 현실을 포착할 길은 막히게 된다. 그러니 열린 체계로 갈 수밖에 없다.

---

33) 홍태희 (2011a).

제4장

사회과학방법론의 전개과정

4장에서 우리는 사회과학의 분석 방법에 대해서 살펴본다. 사회과학은 사회적 현상을 연구하는 학문 분야이다. 19세기와 20세기에 등장한 사회과학방법론은 경제학방법론의 기반이 된다. 그래서 경제학방법론을 제대로 이해하기 위해서는 먼저 사회과학방법론을 살펴보는 것이 필요하다.

근대 시민사회가 형성되고 등장한 사회과학이라는 신생 학문 분야를 이해하고, 사회과학적 지식의 진리성을 확보하기 위해 사회과학 내에 여러 가지 가능성이 검토되었다. 사회과학이 자연과학처럼 연구할 수 있는 학문인지, 자연과학의 방법론을 따를지, 아니면 독자적 방법론을 개발해야 할지에 대한 논쟁이 늘 있었다. 그래서 사회과학방법론의 전개과정은 사회를 이해하는 학자들이 가진 세계관의 변천 과정이기도 했다.

4장에서는 특히 영국 경험론과 대륙 합리론의 전통이 진리 탐구 방법을 두고 서로 자신들이 방법이 옳다고 주장했지만, 결국 영국 경험론 전통이 학문적 승리를 거둔 과정을 살펴본다. 그리고 이렇게 만들어져서 수용된 방법론인 가설연역법이 가진 의의와 한계를 만나본다. 이를 통해 사회과학이 지식의 확실성과 진리성을 확보하는 참다운 방법이 무엇인지도 살펴본다.

제**4**장

사회과학방법론의 전개과정

1 개체론과 환원주의로의 발걸음

사회과학은 사회에서 일어나는 사건과 사건의 전개 과정 및 발생 구조를 설명하는 학문이다. 그리고 사회과학의 연구 목표는 사회와 그 사회 속에 사는 인간의 삶을 자유롭고 풍요하게 하는 지식을 생산하는 것이다. 사회과학의 분야에서 기본적 지침은 사회적 선택이나 판단은 인간 현존재의 결단에 의한 사회적 행위라는 인식이다. 근대과학의 발전은 선형적 사유와 데카르트적인 기계론적 세계관에 힘입은 바가 크다. 그 과정에서 과학은 객관성을 확보하려는 목표를 버린 적이 없다.

사회과학에도 이런 시대정신이 작동할 수 있는가? 사회적 행위가 인간의 자유로운 선택에 따르는 것인지, 물리적인 법칙의 작동한 것인지에 관한 물음은 '사회과학이 자연과학과 같은 과학의 범주에 있는가?'라는 하는 의문과 연관된다. 이는 또한 '사회과학에서 자연과학 같은 가치중립적 연구가 가능한가?'라는 문제로도 이어진다. 왜냐하면 자연과학의 대상과 다르게 사회과학의 대상은 인간과 사회라서 가치판단과 규범적 기준에서 벗어나기 어렵기 때문이다.

이런 연유로 사회과학 연구에서 가치판단의 문제는 늘 논쟁거리로 등장했다. 연구자의 가치관은 물론이고 사회의 가치관도 연구에 영향을 미치기 때문이다. 또한, 사회를 어떻게 이해하는가에 따라서도 연구 주제의 선택은 물론 연구방법론도 다르게 설정되기 때문이기도 하다.

근대의 과학주의의 시대의 물결에 사회과학도 자연과학의 방법을 사용하는 것에 일단 동조했다. 자연과학의 방법론을 받아들여서 분석하는 방식을 통해 사회과학적 지식을 생산했다. 그래서 자연과학이 표본을 통해 전체를 유추하듯이 사회과학도 전체를 이해하기 위해서 정확하게 확인할 수 있는 부분을 집중해서 연구하는 환원주의적 방식을 채택했다.

이러한 환원주의적 방식을 통해 사회를 좀 더 구체적이고 세부적으로 이해하고, 이런 이해를 수량적으로 제시하기도 했다. 그리고 이런 방식이 과학적 방식이라고 천명했다. 이처럼 환원주의는 과학적 방법론의 가능성을 사회과학에 제시했다. 그러나 이런 시도는 여러 측면에서 비판도 받았다.

환원주의의 개체론적 관점은 결국 '구성의 오류' 문제를 발생시킨다. 게다가 개체가 무엇인지를 먼저 밝혀야 하지만 이것도 그리 간단하지 않다. 분명한 것은 전체는 전체만의 특징이 있다는 것이다. 그래서 사회 문제를 이해하고 해석하기 위해서 전체론이 다시 소환되었다. 전체론으로 보면 사회의 각 부분이나 구성단위는 독립적으로 행동하고 작동하지 않는다. 각 구성단위는 관계로 묶여서 상호 연관되어 있다. 전체론을 구조주의적 관점에서 설명하면 관계의 얼개인 구조가 먼저 있고, 거기서 따라 개체가 규정된다. 개체론과 전체론의 공방은 아직도 결론이 나지 않아서, 사회과학 방법 논쟁에서 여전히 등장한다.

이런 시각 차이는 있지만 대세는 복잡한 사회현상을 일반적 원리나 법칙을 통해 설명하려는 시도였다. 이를 다르게 표현하자면 특정 가정이나 이론을 가지고 사회현상을 해석하는 것이다. 여러 현상에 두루 적용되는 일반적인 이론이 있다고 해도 엄밀히 따지자면 그것으로 그 이론을 수용할 필요는 없다. 대개 가설연역법으로 연구한다. 하지만 이런 환원주의적이고 연역적인 연구를 통해 사회과학 연구는 오히려 실제 현상과 괴리될 여지도 있다.

이런 문제에도 여전히 환원주의나 가설연역법을 사용하는 것에는 사회과학이 충분히 발전하지 않은 탓도 있었다. 그리고 이렇게 조각조각 분리된 개체를 관리하는 것이 전체로 뭉친 것을 관리하기보다 쉽다는 지배 논리도 작동했다고 볼 수 있다.

2 사회과학방법론 논쟁의 전개과정

르네상스를 지나면서 펼쳐진 인간 이성이 중심이 된 세상에서도 대륙의 합리론과 영국의 경험론이라는 세상을 보는 관점이 다른 사상의 조류가 있었다. 그런데 어느 관점이 옳다고 채 확정하기도 전에 세상은 급변했다. 한편에서는 자연과학의 발전과 과학혁명으로 학문의 세계가 다층화되었고, 다른 편에서는 정치적 민주주의와 국민국가의 건립으로 인간 개개인은 개인인 동시에 사회구성원으로 살게 되었다.

이 시대를 거치며 개인이 점점 더 중요하게 되었고, 인권이 강화될수록 개체론이 힘을 받았다. 이렇게 자유와 인권을 탑재하고 개별화된 근대인에게 새로운 비전을 제시할 필요도 있었고, 이들이 모여 사는 사회와 세상을 제대로 해석할 이론도 필요했다.

인간을 세상의 중심에 세웠던 계몽의 시대인 19세기에 와서는 지식의 확실성을 찾는 것이 시대의 화두가 되었다. 자연과학에서 시작된 과학적 탐구 정신은 인권을 가진 개인이 모여 사는 사회에 관한 연구로 이어졌고, 사회과학이라는 학문 분야가 생겼다. 그러나 연구자의 사회관에는 분명한 차이가 있었다.

신의 신탁이 아니라 인간 사이의 진검승부를 통해 어느 관점이 타당한지를 밝힐 필요가 생겼고, 이를 둘러싼 논쟁이 발생했다. 19세기에 시작된 논쟁의 참가자들은 같은 현실을 다르게 보았다. 이런 가운데도 사회과학을 객관적이고 과학적인 학문으로 만들려는 노력은 지속되었다. 이를 위해 일단 자연과학으로부터 방법론을 빌려왔다.

19세기에는 자연과학이 발전하고, 이를 산업에 응용한 산업혁명이 전개되면서 사회는 급속하게 변했다. 변화하는 사회를 이해하기 위한 사회적 지식에 대한 요구가 커졌는데 대중은 자연과학 같은 과학적 사회과학을 요구했다.

이런 요구에도 불구하고 자연과학의 연구 대상과 사회과학의 연구 대상이 다르므로 자연과학적 방법이 대세라고 해도 이를 무조건 받아들이기 어려웠다. 어떤 사회과학도 사회과학방법론 문제에서 완전히 벗어날 수는 없었고, 자연과학의 방법론을 답습할 것인지, 아니면 독자적인 모델을 개발해 나갈 것인지를 고민해야 했다. 그래서 여러 가지 대안적 시도가 등장했다.

이런 가운데 영국의 경험주의적 전통에 서 있던 사회과학자들은 사회과학도 자연과학처럼 연구하여 지식의 과학적 확실성을 추구해야 한다고 주장했다. 경험론 철학자 베이컨에 영향을 받은 경험론자에게 앎의 근원은 경험이다. 경험론만이 진정한 인식론이었다.

이들과는 달리 합리론적 전통에 서 있던 학자들은 인간의 이성과 인간이 만든 역사 및 역사주의를 옹호한다. 경험과 실증을 통해 지식의 확실성을 확보하는 것에 근본적으로 회의적이던 이들은 경험론의 문제점을 지적했다. 사회는 자연과학의 대상인 자연과는 근본적으로 다르다고 하면서, 경험론으로 확실한 지식의 획득이 불가능하다고 했다. 그래서 데카르트의 합리론을 올바른 인식론으로 받아들이고 이성적인 직관을 통해야만 명석판명한 관념과 확실한 지식을 얻을 수 있다고 했다.

이런 사회과학 논쟁의 승자는 영국 경험주의 전통을 따르던 연구방법이었다. 이와 함께 실증주의, 경험주의, 자연주의, 도구주의의 시대가 열렸다. 하지만 경험론적 인식론이 사회현상을 포착하고, 사회의 문제를 해명하는 것에서 한계를 나타낼 때마다 합리론을 비롯한 여타의 학문방법론의 도전을 받았다. 그러나 이런 도전과 비판에도 불구하고 경험론은 과학주의의 비호를 받으며 사회과학연구방법의 '주류적 지위'를 견지했고, 학문 세계 전반에 '수용된 관점(received view)'이 되었다.[1]

19세기에 이어 20세기를 지나고 21세기 현재까지 사회과학의 역사는 이런 수용된 관점을 보완하고 응용하는 노력과 이를 비판하는 관점들이 재결집하는 도전과 응전의 역사였다. 논쟁의 승자는 영국 경험론 전통의 과학방법론인 가설연역법이었다.

---

1) Blaug (1980: 1-9). 논리실증주의자들이 이를 수용된 관점으로 해석함. 논리실증주의는 영국의 경험론 철학자 흄이 제시한 것처럼 세상을 '관찰할 수 있는 대상'과 '관찰 불가능한 대상'으로 양분함. 그리고 관찰할 수 있는 대상에 집중하여 연구하는 방법을 받아들임.

가설연역법은 이론을 이용한 조건절 서술, 대응규칙, 가설검증이라는 세 가지 요소로 구성된다. 이런 가설연역법의 적용 경로는 다음과 같다. 먼저 전제가 되는 기초적인 가설을 설정하고, 이 기초 가설로부터 연역적으로 몇 가지의 명제를 도출한 후, 이를 통해 결과를 예측해 보고, 도출된 명제를 검증한다. 이런 가설연역법을 통한 분석은 사회과학 전 분야로 확장되어 적용되었고, 현재까지도 사회과학 전반에서 주류적 방법으로 사용되고 있다.[2]

3 수용된 관점에 대한 다양한 도전들

제2차 세계대전 이후 수용된 관점이 사회과학의 주류방법론의 이념으로 완전히 자리 잡고 실증주의, 경험주의, 자연주의, 기능주의의 시대가 도래했다. 그러나 일반적 법칙을 찾으려는 학문적 욕구를 완전히 충족시키지 못했다. 그래서 주류방법론를 비판하고 새로운 관점에서 세상을 이해하고 학문의 용도를 제시하는 다양한 사상이 등장한다. 특히 실용주의, 도구주의, 행동주의, 구조주의, 해석학 등이 사회과학방법론에 깊숙이 들어왔다.[3]

이 중 가장 강력한 도전은 실용주의였다. 실용주의는 확실한 지식을 찾는 것이 아니라 지식의 유용성에 집중한다. 그래서 관념이나 사상 같은 손에 잡히지 않는 대상과 언표를 연구에서 제외하고, 행위(pragma), 실용(utility) 등 확실한 잣대로 지식의 타당성을 찾는다.

지난 장에서 설명했듯이 실용주의는 사회과학에서 도구주의의 방법론과도 밀접하게 연관된다. 도구주의의 관점으로 보면 진리는 플라톤의 후예들이 찾아나선 이데아도 아니고, 경험론자들이 만든 모자이크된 구성물도 아니다. 학문은 과학적 검증을 위한 도구이다. 지식은 단지 사는 것에 도움이 되는 도구이거나 수단이다. 따라서 도구의 기능에 학문의 존재 이유가 있다고 한다.

---

2) 흄의 경제학방법론은 Schabas and Wennerlind (2020), Nakano (2005).
3) 실용주의에 대해서는 Peirce (1878: 286–295).

이런 실용주의와 도구주의를 만든 윤리관은 공리주의(utilitarianism)다. 18세기와 19세기 자본주의와 함께 등장한 공리주의는 인간을 자기 행복을 위해 사는 동물로 규정한다. 여기서 행복의 기준은 쾌락의 양이다. 공리주의는 근대인에게 양심의 가책을 받지 않고, 자기 이익을 위해 살아도 된다며 이기심에 면죄부를 주었다.

공리주의는 각자의 행복을 최대화시키는 것이 도덕의 기준이어야 한다고 주장한다. 누구나 행복하고 싶지, 불행하고 싶은 사람은 없다. 이런 인간의 이기적 본성에 기대어 공리주의는 자본주의, 자유주의와 함께 지배적 윤리관으로 등극했다. 문제는 타인의 행복을 침해하지 않으면서, 자기 행복의 추구가 동시에 작동해야 사회가 돌아간다는 점이다. 그래서 근대사회는 이를 법이라는 제도적 수단을 통해 조정했다.

실용주의와 공리주의의 시대정신으로 학문을 통해 인간에게 의미가 있는 지식이 발견될 수도 있고, 이 지식은 두루 사용되기도 하지만, 수정되기도 한다. 또한, 지식이 필요치 않을 때는 폐기될 수도 있는 소모품 정도로 이해하게 되었다.

4 21세기 사회과학방법론의 모색

20세기 후반에 와서 인류는 이성의 힘으로 새로운 사회를 만든다는 근대의 기획들이 성공하지 못했다는 것을 인정해야 했다. 두 차례 세계대전을 겪으며 파탄 난 인간성 앞에 기존의 사회적 가치들에 대한 회의가 시대를 휩쓸었다. 인간 이성으로 이상사회 만들기 기획이 실패한 또 다른 사례는 20세기 말 동유럽 공산주의의 종말이었다. 이는 역사의 종말이라는 기치 아래 학문 전 영역, 특히 사회과학에서 큰 지각변동을 가져왔다.

일단 실패한 기획의 핵심인 이성을 해체해야 했다. 이렇게 등장한 구성주의와 해체주의는 그간 인간을 옥죄던 이원론적 세계관의 폐기를 시도했다. 그러나 한편에서는 사회과학방법론을 경제학방법론이 주도하면서 주류경제학의 학문방법론이 '수용된 관점'으로 받아들여졌고, 점점 사회과학 전반으로 확산되었다. 이렇게 해체주의와 실증주의의 불편한 동거 속에 주류방법론에 대항하여 다양한 논의가 재등장한다.

맑스주의는 언제나 가장 강력한 대항마였다. 1970년대는 전체론적 관점을 가지고, 역사적이며 거시적으로 사회를 분석하는 방식으로 영향력을 발휘했다. 1980년대 이후에는 맑스주의의 영향은 약해졌고, 20세기 말 현실사회주의 몰락으로 큰 타격을 입었다. 그러나 그 학문적 뿌리는 전체론적 접근의 맥을 이었다. 이와 함께 후기구조주의와 사회구성주의도 등장했다.

구조주의를 이은 후기구조주의는 구조와 개체 관계를 밝히려고 했다. 아울러 과학적 지식도 그저 사회적 구성물이라는 사회구성주의는 과학의 객관성을 인정하지 않았고, 진리의 상대성과 방법론의 상대주의적 경향을 대표하며 등장한다. 이런 관점에 따라 진리나 지식은 연구자 사이의 사회적 메커니즘에서 생성되는 사회적 구성물이게 되었다.

이런 가운데 상대적 세상을 인정하며 실재에 대한 해석이 실재라고 파악하는 해석학적 인식론도 사회과학에 등장한다. 이는 20세기 후반부터 전개된 포스트모던적 세계로 이어진다. 그래서 지식의 확실성이나 명석판명한 진리 같은 것을 포기하거나 방기한다. 사실, 실증주의조차도 이른바 후기 실증주의란 이름으로 '확실성 없는 실증주의'를 표방한다. 이런 가운데도 연역보다 경험을 강조해야 한다는 반성으로 행동주의가 등장한다. 행동주의는 객관적으로 관찰할 수 있는 행동을 대상으로 하여 연구하거나, 행동, 행위 자체를 중시한다.

사회과학계 사정이 이렇게 춘추전국시대의 제자백가 같아서 실증주의로도 포스트모던으로도 정리되지 못하자 상황을 추스르기 위해 방법론적 다원주의도 등장한다.[4] 아울러 문화, 언어, 의미, 담론 등을 분석의 새로운 잣대로 제시하면

---

4) Lawson (2006: 483-), Fullbrook (2008), Brown (2009: 499-).

서, 존재론이나 인식론이 아닌 대안적 차원으로 언어적 전환을 시도하는 움직임
도 있다.5)

이런 가운데도 실재에 대한 해석만 있는 것이 아니라 '실재는 있다.'는 주장
으로 새로운 존재론을 표방한 비판적 실재론이 사회과학의 영역을 장식한다. 비
판적 실재론에 이어 다시 사회학 방법론 논쟁을 달군 담론은 신유물론과 사변적
실재론이다. 특히 신유물론은 21세기에 들어서서 새롭게 등장한 사상으로 인간과
비인간(자연, 기계, 기술, 기타 생명체와 무생물)을 함께 사회의 요소로 파악하는 존
재론적(물질적) 전환을 시도한다.

신유물론은 근대과학 정신이 인간에게 각인시킨 데카르트적인 이원론, 주체
와 객체, 정신과 물질, 문명과 야만이 결국 인간 중심 편향을 가져왔다고 본다. 신
유물론은 주체와 객체라는 이원론에 따른 단선적 인과론을 거부하고, 실재를 주
체와 객체의 공동 구성물로 본다. 그래서 기존의 인간 중심 세계관을 비판하고,
이원론을 지양하며, 사회 구성 간의 공진화를 통해 현재 인류가 직면한 위기를 극
복하려 한다.

신유물론의 대표적인 이론으로는 브루노 라투르(Bruno Latour)의 '행위자 연
결망 이론(actor network theory)',6)과 도나 해러웨이(Donna Haraway), 로지 브라
이 도티(Rosi Braidotti) 등의 '여성주의 유물론(feminist matrialism)'이 있다.

21세기 현재 사회철학과 방법론을 대표하는 이런 시도는 공통적으로 근대적
이원론을 거부하고, 사회과학 전체를 재구성해야 한다고 주장한다. 그래서 '관계
적 물질성(reactional materiality)', '일원적 존재론(monistic ontology)', '비인간 행
위성(nonhuman agency)'을 특징으로 한 사회철학을 제시한다.7) 여기서 행동하는
주체의 범위는 인간, 비인간은 물론 무생물까지 확장된다.

그래서 기존의 과학이 생각하던 고정된 연구 대상인 물질의 세계는 더 이상

---

5) 사회과학의 방법론적 시도들에 대해서는 김환석 (2018: 83-84).
6) 모든 존재는 지속해서 변화하는 상호관계 속에 있다는 이론으로 여기서 존재는 사회적 존
   재와 자연적 존재 모두를 지칭.
7) 김환석 (2018).

표 4-1 사회과학 철학의 전개과정

종류	실증주의	사회구성주의	비판적 실재론	신유물론
등장 시기	19세기-	20세기 중·후반-	20세기 후반-	21세기부터-
존재론	방법론적 개인	역사적 산물	층화적 존재론	평등한 존재론
분석 방법	양적 접근	질적 접근	양적·질적 접근	세상 그 자체
인간과 비인간 관계	인간 중심 이원론	인간 중심 이원론	인간 중심 이원론	탈 인간적 일원론
인간과 사회관계	개인의 계약	상호 연결 관계	상호 연결 관계	상호 연결 관계

자료: 김환석 (2018: 87).

고정된 대상이 아니라 변화 과정에 유동적으로 존재한다. 이런 세계관은 사회과학 연구의 새로운 패러다임을 제공했다. 더 이상 인간 중심이 아닌 세상에서 어떤 존재도 고립되어 있지 않고, 서로 깊게 연결되어 있다. 이런 탈인간중심주의 사상은 인간의 특권적 지위를 포기할 것을 요구한다.

현재 우리는 디지털 인지 자본주의의 시대를 살고 있다. 그러나 위에서 제시한 사회철학의 대안적 시도는 여전히 사회과학 내에서 비주류에 머물러 있다. 사회과학은 여전히 계량적 분석을 강조하는 실증주의와 질적 자료에 대한 해석을 중시하는 구성주의 사이에서 헤매고 있다.

따라서 인류세와 포스트 휴머니즘이 고개를 드는 현재를 살아가는 우리에게 어떤 가능성이 있고, 대안적 사회과학의 성격은 무엇인지를 찾는 것이 21세기의 사회과학의 가장 중요한 과제인 것은 분명하다.

제5장

경제학방법론의 전개과정

5장에서 우리는 경제학방법론의 역사를 살펴본다. 아담 스미스가 근대경제학으로 첫걸음을 내딛던 시절에 도덕철학에서 분과과학으로 진화한 근대경제학은 현재 점점 정책기술학으로 변모하는 과정에 있다. 이런 250여 년의 시간 동안 경제학은 어떤 사회과학보다 진지하게 경제학방법론에 관한 고민은 했다.

여기서 생각해 보아야 할 것은 경제학의 현 상황이다. 경제학은 어디에 있고 무엇을 하고 있는가? 과연 경제학파들은 경제학방법론을 서로 비교할 수 있을 만큼 공동의 기반을 가지는가? 물론 경제란 공통의 관심이 있긴 하다. 그러나 한 걸음 더 들어가 살펴보면 차이는 제법 크다. 이들 사이의 차이가 커서 같이 가지는 공통된 개념도 지향점도 없다.

주류경제학이 생각하는 경제 분석은 연구 대상이 시장 경제활동이며, 어떤 선택을 하여야 최선인지를 정량화해서 보여주는 것이다. 그러나 많은 비주류경제학은 이런 분석은 가능하지도 필요하지도 않다고 한다.

다양한 비주류경제학이 등장해서 주류경제학의 문제점을 지적하며 여러 가지 대안을 제시한다. 주류경제학과는 다르게 비주류경제학인 맑스경제학, 제도경제학 등에서는 역사와 제도의 변화와 영향, 사회구성원의 계급적 구조도 살펴야 한다고 주장한다. 그래서 연구방법도 다르다.

5장에서는 경제학방법론의 전개과정을 주류경제학의 방법론 형성 과정을 중심으로 살펴본다. 아울러 주류경제학과 비주류경제학의 방법론을 분석 대상, 분석 전제, 가치 기준, 논리 구조, 진리성 확보 방법을 비교해서 알아본다.

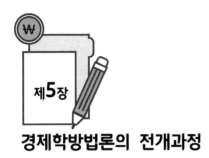

제5장

경제학방법론의 전개과정

1 경제철학과 경제학방법론의 중요성

세계가 겪고 있는 경제적 문제를 해결하려면 분명 이 문제를 만드는 주체인 인간이 바뀌어야 한다. 그리고 인간을 바꾸려면 바꾸어야 하는 이유를 찾아서 설득해야 한다. 누구나 자신의 삶을 스스로 선택해서 살아갈 자유가 있는 세상에서 설득하려면 근거를 제시해야 한다. 그런데 근거를 찾는 것에는 연구자의 세계관이 작용한다. 그래서 세상의 문제를 풀기 위해서는 결국 세계관에 영향을 주는 사상의 문제를 살펴보아야 한다. 그러니 경제의 문제를 풀기 위해서는 경제사상과 경제철학을 살펴보아야 한다.

경제철학은 과학철학으로 경험과학 철학의 영역에 속해 있다. 과학철학은 과학적 발견의 철학적 의미와 과학적 지식을 만드는 것에 사용하는 방법론을 연구한다. 물론 과학의 기본적인 개념에 관한 분석도 과학철학의 과제이다.

이와 연관해서 경제철학을 정의하면 경제학의 존재론과 인식론의 기본 체계를 제시하는 분야이다. 이는 연구 대상으로 삼고 있는 경제라는 현상의 존재론적 특징을 확인하고, 이를 확인하는 방법이 정당한 것인지를 인식론적 측면에서 탐구하는 작업이다. 물론 경제철학에는 경제 윤리의 문제도 포함된다.

이러한 경제철학의 실용적 과제는 올바른 경제적 지식을 얻는 경제학방법론을 세우는 일이다. 경제학방법론은 경제학 연구의 방법과 경제학의 이론과 모형 그리고 이에 따른 연구 과정과 결과를 평가하는 기준을 만드는 분야다. 경제학방법론을 통해 연구 과정의 로드맵을 만들고, 연구자 자신이 주체적으로 연구 과정을 통제할 수 있게 한다. 이렇게 연구방법론에 관한 인식이 있어야 무엇을 연구하고, 왜 연구하며, 연구를 통해 나온 결론의 과학적·윤리적인 의미를 제대로 이해할 수 있다.

따라서 올바른 경제학을 만드는 첫걸음이 경제철학의 정립이다. 대부분 연구자는 자신이 객관적이고 가치중립적으로 연구한다고 여기지만, 이런 생각 자체에도 가치판단이 포함되어 있다. 인간 세상에 대한 어떤 해석도 정도의 차이는 있지만 객관적일 수 없고, 가치의 문제에서 자유롭기 어렵다. 더욱이 사회과학인 경제학은 규범적 성격에서 벗어날 수 없다.

현재 세상은 분명 복합위기 속에 놓여 있다. 지구의 장기적인 지속성조차 위협받는 시대이다. 이런 세기말적 상황 속에 사람들은 생각의 균형을 잃고, 이성과 도덕을 조롱하고 비웃는 막말을 통쾌해하는 시절을 살고 있다. 그리고 인류가 겨우 마련한 사회적 공동선이 어느 나라에서나 쉽게 파괴되는 시대이다. 이런 위기를 통제하지 못했을 때 어떤 비극이 펼쳐지는지 인류는 역사 속에서 수없이 확인했다. 무엇보다도 전쟁이 발발했던 경우가 많았다.

이런 혼란기를 극복하기 위해서는 기존의 생각을 넘어선 새로운 대안이 제시되어야 한다. 먼저 경제학이 변해야 한다. 현재 주류경제학은 현실의 복잡성을 간과하고, 지나치게 단순화된 모형 분석에 의존하고 있다. 그러니 합리적인 인간, 시장균형 등으로 된 가상의 세계에서 나와서 '제한적 합리성(bounded rationality)'을 가진 보통 사람에 관한 경제학을 연구해야 한다.

경제학은 세상을 설명하고, 예측하고 관리할 수 있는 능력을 장착했다고 자부했고, 인류에 대한 헌신과 학문의 과학성을 인정받아 노벨상을 받는 유일한 사회과학이 되었다. 그러나 경제학적 지식의 현실적 타당성을 살피는 것에는 미흡했던 것도 사실이다. 이제라도, 더 늦기 전에 경제학이 제공하는 지식이 옳은지 다시 살피고, 옳다고 확신하게 된 방법론에 대해서 재검토해야 한다.

경제학은 화폐라는 단위를 정량화의 척도로 주로 사용하면서 과학성을 인정받을 부분도 있다. 그러나 세상을 다 화폐로 설명할 수 없다. 정량화했다고 해도 문제가 해결되지 않는다. 경제 현상은 복잡하게 얽혀있어서 선형적 관계로 나타낼 수 없다.[1] 더욱이 21세기 현재 주관과 객관의 경계가 무너진 현대 과학의 시대에 철 지난 과학방법론을 가지고 할 수 있는 것은 매우 제한적이다.

이런 문제를 해결해야 할 경제학계의 현재 사정은 암울하다. 경제학계는 기본적인 개념과 사용하는 언어도 통일하지 못하고, 경제학방법론에 관한 공동의 합의도 없다. 각자 학위 습득 과정에서 배우고 익힌 방법을 주로 사용하면서 경제학 내부의 칸을 치며, 서로 간에 벽을 치고 배타성을 보인다.

경제학 연구의 이데올로기적 특성으로 개별 연구자의 의도와는 상관없이 누군가를 위한 경제학으로 활용되고 있다. 돈과 힘이 있는 계급은 쉽게 연구자와 연구비를 모을 수 있고, 이들 중심으로 주류경제학이 만들어진다. 한번 주류화된 경제이론들은 더 튼튼히 자신들의 아성을 지킨다. 이런 250여 년의 과정을 거치면서 근대경제학이 태동하던 시기에는 도덕철학자이던 경제학자가 의도하든 의도하지 않든 현재 특정 계급의 이익을 위한 정책기술자로 변한 것 또한 사실이다.[2]

2 경제학방법론 논쟁의 배경

경제학 연구에서 사용되는 방법론은 그 시대가 용인하는 시대정신과 무관하지 않다. 철학사에서 보듯이 세상을 이해하는 방식과 인간을 이해하는 방식에서 연역과 귀납으로, 합리론과 경험론으로 시대적 흐름에 따라 대세가 변했다. 근대경제학이 생길 18세기 당시에는 이렇게 대세가 바뀌는 패러다임의 전환기였다. 영국에서 고전파경제학이 태동하던 시기의 주류경제학은 유럽대륙의 역사학파 경제학이었다.

역사학파 경제학은 연구 대상으로 인간 사회에서 실제로 발생하는 사건과 경험을 강조한다. 그러나 자연과학의 발전에 고무된 18세기의 사람들은 경험을

---

1) Schlaudt (2022: 46–50).
2) 경제학자의 정책기술자로의 전환에 대해서는 Blaug (1980), Dow (2002).

넘어 작동하는 구조나 일반법칙을 요구했다. 이런 시대의 요구에 역사학파 경제학은 제대로 대처하지 못했다.

반면에 인간의 합리성과 시장의 효율성을 공리를 세우고 연역적으로 개별 사건이나 사안을 검증하는 영국의 경제학은 시대정신에 들어맞았다. 이는 영국 경험론을 토대로 했지만, 공리에서 가설을 만들어 오는 과정도 거치면서 가설연역법으로 발전했다. 근대경제학의 새로운 패러다임이 된 고전파경제학은 방법론적으로는 태생부터 혼종이었다.

이후 경제학은 다원적 성격을 가지게 되었다. 그래서 경제학 내부에는 합리주의와 비합리주의, 실증주의와 반실증주의, 실증경제학과 규범경제학, 정량적 방법론과 정성적 방법론 등이 공존한다. 이런 연합 속에서도 경제학의 이데올로기적 특성으로 인해 사회적 주류에게 유리한 경제학이 주류가 되었다. 영국 고전파경제학은 주류경제학이 되었고, 실증주의와 정량적 방법론의 시대정신이 대세가 되었다.

이렇게 등장하는 주류경제학은 고전파경제학을 이은 신고전파경제학에 와서 실증주의, 경험론, 정량적 분석이란 기본적 지침을 확실하게 정비했다. 이후 주류경제학은 수학적 추론을 통한 이론 도출, 모형화와 실증분석, 환원주의를 통해 경제학을 발전시켰다. 그러나 주류경제학의 연역적 구조는 현실과의 괴리를 만들었고, 환원주의적 접근도 전체와 부분의 자기동일성 문제에 봉착했다.

그래서 자연과학 방법론적 기준을 통과한 연구 결과라도 기대하는 예측력을 충분히 갖지 못하는 상황이 되었다. 그러나 과학의 옷으로 외형을 갖춘 경제학은 사회를 관리하는 힘을 부여받았다. 하지만 그 힘이 공정하게 사용되었다고 보기는 어렵고, 오히려 특정 세력의 힘을 지키는 기능을 하게 되었다.

이런 사정에 1920년대 대공황은 경제학이 현실로 돌아오는 계기를 마련해주었다. 그래서 경제학은 거시경제학이라는 분야를 만들어 정책 시행 근거 마련을 위해 경제이론을 좀 더 유연하고 현실적으로 사용했다. 그렇지만 경제학 기득권 세력을 완전히 제거할 힘은 없었다. 그래서 연역적인 미시경제학과 귀납적인 거시경제학의 이상한 동거가 이루어졌다.[3]

이후 미시경제학은 수학 사용에 더 집중하고, 거시경제학은 이론에 기반하여 계량모형을 만들고, 이를 컴퓨터의 계산 능력으로 연립방정식을 풀기에 집중했다. 그리고 객관성을 담보하기 위해 점점 더 기계론적으로 연구에 몰두하게 되었다.[4] 모형은 복잡해졌지만 실재를 제대로 담지는 못했다.

연역적 분석을 경제학에 적용할 때 공리적 전제가 참이면 그에 따른 추론도 참이라는 결론이 나오는 것은 연구를 매우 확실하게 하는 장점이 있다. 그러나 이를 현실에서 적용할 때 문제가 발생한다. 이런 연역적 방식을 응용한 주류경제학의 가설연역법은 추론을 통해 이론의 정당성을 검증하지만 그렇다고 '실재(reality)'를 확보하지는 못한다. 즉 전제로 둔 공리가 참이라고 인정하며 지식을 검증할 수는 있지만, 그것이 확실한 과학적 지식을 제공하지는 않는다. 이것이 가설연역법의 큰 문제점이다.

더욱이 수학적 공리조차 '불완전성의 원리'에서 확인되듯이 동일성을 확보할 수 없다. 그래서 가설연역법으로 만든 수학적 모형의 세계는 현실의 실재와 양립할 수 없고, 주류경제학이 만들어 놓은 수학적이며 연역적으로 표현된 원자론적 폐쇄체계는 현실에서는 존재하지 않는다. 그런데 주류경제학은 자체 알고리즘에 빠져 연구할 때 모형의 일관성을 현실보다 우선시하기까지 한다. 이런 인지부조화 상황이 현재 경제학의 현실이다.

3 실증과 규범의 방법론적 문제

경제학은 실증경제학과 규범경제학으로 구분된다. 현재 주류경제학은 실증경제학을 기반으로 한다. 이렇게 실증경제학을 길을 나서기 시작하였을 때는 19세기 말이다. 이전의 시기에는 경제학이 분과학문으로 자리 잡고 있지 않았고, 과학적 검증 방법에 대해서도 무지한 시절이었다. 그러나 고전파경제학 속에 이미

---

3) Pheby (1988: 41).
4) 거시경제학방법론은 Hoover (2001).

실증경제학의 맹아가 싹텄다. 고전학파경제학자 토마스 맬더스(Thomas R. Malthus)는 1798년 출판한 책《인구론(An Essay on the Principle of Population)》에서 인구는 기하급수적으로 증가하는데 식량은 산술급수적으로 증가한다고 했다. 이를 통해 경제학은 자연과학적 검증의 가능성을 보였다. 이것이 대표적인 사례이다.

또 다른 고전학파경제학자 데이비드 리카도(David Ricardo)가 비교우위론과 차액지대론을 통해 수익의 변화를 숫자로 보여주자, 세상은 환호했다. 이와 함께 경제학은 앞으로 가야 할 길을 확실히 정했다. 자연과학적 방법을 경제학에 도입하는 것이었다. 물론, 리카도가 가치를 투하 노동의 총량이라고 하자, 곧 투하 노동의 정량화 가능성을 두고 의문은 생겼다. 그러나 이조차 점차 과학이 발달하면 극복할 수 있는 문제로 여기면서 정량적 방법을 고수했다.

이런 과정을 거쳐 19세기 말에서는 본격적으로 물리학과 수학의 개념들이 경제학에 접목된다. 신고전파경제학을 만든 마셜의 경제학은 이런 가능성을 극대화했다. 그는 가치의 객관적 척도를 찾는 것에서 벗어나서, 경제적 결정을 할 때 주관적 판단의 중요성 내세우며 주관적인 효용의 가치론은 세운다. 이렇게 등장한 신고전파경제학이 수학적 연역과 공리, 과학적 실증을 종합하며 최적의 경제적 선택을 할 수 있는 방법론을 제시했다. 특히 이를 위해 미적분학을 도입해서 도덕철학이던 경제학을 과학의 반열로 올려주었다.

경제는 문제는 생존의 문제와 직결된다. 따라서 생존하기 위한 인간의 본능이 경제 문제에는 첨예하게 나타난다. 근대에 들어서 정치적인 민주주의와 함께 국민국가와 시민사회가 등장하자 이러한 경제의 문제를 인간 이성으로 해명하려는 시도도 있었다. 그러나 이성으로 기획해서 만든 이상사회는 현실에는 실현되지 않았다. 그래서 각자의 이익을 대변하는 경제학을 찾게 되었고, 이 과정에서 경제학의 당파성이 장착된다. 각자의 이익을 지지하는 경제학이 달랐기 때문에 경제학파 사이에는 공동의 개념도, 언어도, 연구방법론도, 학문적 지향점도 없었다.[5]

학파가 아니라 내용으로 분류하면 경제학에는 실증경제학과 규범경제학이

있다. 사실을 사실대로 묘사하려는 실증경제학과 경제적 사실을 재단할 규범을
만들려는 규범경제학은 경제학의 두 가지 축이다. 경제학은 도덕철학에서 분리해
서 분과과학이 될 때 경제학에 있던 규범적 요소를 제거한 경제학을 만들었다. 그
리고 이것이 이후 주류경제학이 되었다.

이렇게 경제학의 주류는 가치판단을 가능한 배제한 실증경제학이 차지한다.
문제는 가치중립적인 경제학은 불가능하다는 점이다. 경제 문제가 인간에게 고통
이나 기쁨을 주는 한 윤리 문제에서 경제학은 자유로울 수가 없다. 사실 연구 주
제 선택에서부터 연구자의 가치판단이 포함된다. 자료의 선택이나 해석도 가치판
단과 무관하지 않다. 이렇게 규범경제학이든 실증경제학이든 결국은 기반에는 가
치판단이 깔려 있다. 이렇게 경제학의 본질 자체에 규범적 요소가 있다. 그런데
이를 무조건 배제한다고 하면 오류가 생기게 된다.

다른 학문과 마찬가지로 주류경제학에 오류가 점점 쌓이면 다른 관점이 힘
을 받게 된다. 이 상황이 지속되는데도 주류와 비주류의 교체가 이루어지지도, 대
안도 제때 등장하지도 않으면 경제학은 위기에 빠지게 된다. 그런데 그 사회 주류
세력의 이해가 기존 경제학의 유지에 있으면 패러다임은 쉽게 교체되지 않고 위
기는 지속된다.

경제학방법론을 둘러싼 핵심 쟁점 중 하나는 '경제학은 왜 자연과학을 모방
하는가?'라는 문제이다. 여기에 대해서는 경제학은 아직 과학이 아니고, 과학이 되
기 위해 자연과학의 방법을 따라야 한다는 주장이 있다. 그리고 경제학이 자연과
학일 수 없기에 자연과학을 무작정 추종하면 안 된다는 주장도 있다. 이런 논의들
은 경제이론을 평가하는 기준에 관한 요구로 이어지고, 올바른 경제학방법론에
관한 관심을 촉발했다.

근대경제학의 발전 과정을 살펴보면 이런저런 경제학방법론 사이의 갈등 양
상이 확인된다. 물론 이런 경제학방법론의 논쟁은 무의미하기도 하다. 같은 경제
현상에 대해서, 같은 처지에서, 같은 문제의식을 가지고, 같은 방법론으로 논쟁하

---

5) Hodgson (2019: 153−), Heilbroner and Millberg (1995), Hoover (1995), Keen (2001),
Keen (2009).

지 않기 때문이다. 논쟁이 되자면 먼저 소통할 언어가 있어야 하는데, 이런 기반을 경제학은 마련하지 못했다.

위에서 이미 확인한 것처럼 근대경제학의 시대정신으로 등극한 것은 실증경제학이다. 이는 사회과학에서도 수용된 관점이었다. 실증경제학은 객관적으로 연구해야 한다는 것을 강조하며, 흄의 과학 정신에 근거해서 연구하는 학풍이다. 근대경제학 태동부터 실증의 시대였지만, 과학적 기반을 가지고 실증경제학이 확실한 대세가 된 것은 1970년대의 경제불황과 관련된다.

케인즈경제학에 반대하며 이를 이끈 학자는 프리드먼이다. 그는 이미 1953년에 쓴 《실증주의 경제학방법론(The Methodology of Positive Economics)》을 통해 실증적 분석을 강조했다. 그는 올바른 방법론을 가지고 연구했다면 올바른 학문적 결과를 얻을 수 있다고 강조했는데 그 올바름의 기준은 '실증'이었다.

이렇게 시작한 통화주의 경제학의 시대를 거치며 실증주의는 경제학을 장악했다. 자연과학 방법론을 모방하며, 모형을 만들어 기계론적으로 현실을 재구성하는 연구방법은 당연시되었다. 비록 프리드먼의 방법론은 실증주의라고 불리지만 핵심은 오히려 도구주의에 가깝다.

실증경제학의 방법론은 현실 경제 현상을 모형으로 만드는 것에서 시작한다. 이 과정에서 모형에 담을 수 없거나 자료가 없는 현실의 일부분은 제거하고, 단순화하고 추상화하는 과정을 거친다. 그 전형적인 내용은 특정 원인 변수의 변화에 결과 변수가 어떤 반응을 하는지 살피는 것이다.

예를 들어서 최저임금 인상이 경제성장에 어떤 영향을 주는지에 대해서 검증하는 것이다. 검증하는 과정은 대개 통계적 추론이므로 결과가 나와도 가설적 성격에서 완전히 벗어나지 못한다. 그래서 통계적 검증을 거쳐 이론으로 인정된 것이라도 반증이 제시되면 폐기해야 한다. 그러나 현실에서는 바로 폐기되지 않고, 사회적 이해집단의 이해에 따라 명맥을 유지한다.

규범경제학은 바람직한 경제 상황인지를 판단하고, 이를 위해 정책적인 조언을 목표로 삼는다. 앞에서 경제철학에는 윤리학적 범주도 포함된다고 했다. 규범경제학은 윤리적 기반을 강조하며, 가치판단을 포함한 경제학이다. 가령 최저임금 인상이 저소득층의 복지를 위해 필요하다고 주장하거나 사회의 안정적 발전을 위해 누진소득세를 도입해야 한다고 하면 이는 규범경제학의 언명이다.

통계적 추정도 인간이 판단해야 하고, 규범적 선택도 인간이 선택해야 한다. 그래서 정도의 차이가 있지만 연구의 과정과 결과의 해석은 인간의 선택과 판단에 달린다. 그래서 경제학은 다원적으로 접근한다. 경제사 연구에는 역사학파의 방법론을 사용하기도 하고, 경제 현상을 수학적 공리체계로 추론하기도 하고, 모형을 만들고 통계 데이터를 활용하여 실증분석도 한다. 필요하면 사회학에서 쓰이는 질적연구방법을 이용하기도 한다. 하지만 수리적 추론이나 실증분석 방법만을 학문적 엄밀성의 기준으로 보는 것이 주류경제학계의 현재 상황이다.

4 경제학사에 등장한 방법론 논쟁

근대 사회과학의 형성 과정에서의 태동하고 성장한 경제학은 이 과정에서 대략 크고 작은 방법론 관련 논쟁을 치렀다. 사실 근대경제학은 시작부터 고전파경제학과 역사학파 경제학 사이의 갈등이 있었다. 유럽의 주류적 경제학이던 역사학파 경제학은 새로운 주류로 등장한 영국 고전파경제학에 패배했다고 평가된다. 그러나 사실 제대로 된 학문적 논쟁은 없었다고 한다.

물론 역사학파는 고전파경제학을 백안시했다. 그렇지만 구역사학파 경제학의 경우 제대로 된 고유한 방법론을 제시하지 못했다. 그나마 역사학파 경제학자 구스타프 폰 슈몰러(Gustav von Schmoller)가 역사학파의 관점을 지키기 위해 경제학은 경험적 방법에 따라서 연구되어야 한다고 주장했다. 그러나 이것으로는 당시 시대정신인 과학주의에 대항하기는 어려웠다.

1880년대에는 칼 멩거(Karl Menger)와 슈몰러 사이의 방법론 논쟁, 혹은 '역사주의 논쟁(Äterer Methodenstreit der Nationalökonomie)'이 있었다. 1883년 멩거와 슈몰러 사이에 촉발된 논쟁은 멩거의 책《사회학, 특히 정치경제학 방법에 관한 연구(Untersuchung Über die Methode der Socialwissenschften und Politischen

Ökonomie)》가 발단이 되었다.

이 논쟁에서는 경제적 진보를 위한 역사학파 방법론의 중요성이 쟁점이 되었다.6) 역사학파 경제학은 보편타당한 일반법칙을 찾으려는 고전파경제학에 동의할 수 없었다. 슈몰러는 경험으로부터 추론되지 않는 경제이론을 비판하며, 귀납적 방법을 옹호했다. 그는 경제 현상은 전통, 역사, 심리, 지리적 특성 등 여러 요소가 상호작용해서 발생하므로, 개개의 사건을 조사하고 비슷한 사건을 관찰한 후, 어느 정도 확신하고 추론할 수 있다고 했다. 그리고 이런 과정을 거쳐야 학문적 결론을 제대로 내릴 수 있다고 했다. 이는 고전파경제학과 신고전파경제학의 연역적 방법론을 비판한 것이다. 그는 특히 한계효용이론의 연역적 성격을 비판했다.

이에 대해 멩거는 경제학이 기본 원리나 공리에서 보편타당한 경제법칙을 추론할 수 있다고 주장했다. 멩거는 추상적이고 이론적인 기본 원칙을 제시하고, 이를 토대로 보편법칙을 만들어 내야 한다고 했다. 이에 대해 슈몰러는 그의 책《정치학과 사회학 방법론(Zur Methodologie der Staats－und Sozialwissenschaften)》에서 올바른 정책을 선택하게 하는 것에 경제학의 중요성이 있다고 했다.

슈몰러가 경제 현상의 역사적이고 사회적인 성격을 강조했다면, 멩거는 분석적 논리를 강조했다. 만약 슈몰러가 옳다면 경제법칙은 역사성을 갖는 것이므로 제도나 정치가 경제를 제약할 수 있어야 한다. 그러나 멩거가 옳다면 제도나 정치적인 규제가 경제에 장기적인 영향은 미칠 수 없게 된다.

슈몰러는 합리적이고 자기 이익 극대화하는 인간을 내세우고, 수학적 추론으로 보편법칙을 만들려는 멩거의 방법론이 비현실적이라고 비판했다. 학문의 목표는 일반법칙을 도출하는 것이지만, 이를 위해서는 그 이전에 경험적 규칙성을 발견해야 한다고 했다. 그래서 법칙을 만들기 전에 경제 현상을 관찰하고, 이를 기술하고 분류하는 작업을 해야 한다고 했다.

이에 대해 멩거는 그의 책《독일 국민경제학의 오류(Die Irtümer des Historismus

---

6) Menger (1883), Schlaudt (2022: 3－6). 역사주의 논쟁에 대해서는 Szpiro (2022: 194－202).

in Deutschen Nationalökonomie)에서 재반박한다. 멩거에게 법칙은 관찰가능한 경험으로부터 도출된 틀이라기보다는 현상을 단순화시킨 전제로부터 논리적으로 추론되는 틀이었다. 맹거는 역사와 이론은 분리되어야 하는데 슈몰러가 이를 혼용한다고 지적하면서, 그렇게 하면 현실을 제대로 해명할 수 없다고 했다.

이런 멩거의 재반박에 슈몰러는 정식으로 대응하지 않았고, 그냥 무시했다. 그리고 멩거가 활동하던 비엔나의 경제학파를 오스트리아학파라고 칭하며 폄훼했다. 그러나 멩거의 과학 정신은 그의 제자들의 활약과 함께 점차 자유주의자들의 마음을 사로잡았고, 주류경제학계에도 받아들여졌다.

또 다른 방법론 논쟁은 1,900년경에 있었던 슈몰러와 막스 베버(Marx Weber), 베르너 좀바르트(Werner Sombart) 사이의 '가치판단논쟁(Werturteilstreit)'이다. 첫 번째 가치판단논쟁이라고 불리는 이 논쟁에서는 사회과학 연구에서 사회현상 측정의 정당성 문제와 사회과학 연구를 통한 정치·사회적 정책 결정의 법적 정당성 확보 가능성 문제가 쟁점이었다. 베버는 흄처럼 가치판단과 사실 판단이 구분되어야 하면서, 가치판단이 포함된 언표와 사실에 대한 언표를 분리해야 한다고 주장했다. 그는 사회과학도 객관성을 가져야 한다고 보았다.[7] 슈몰러는 현실을 변화시키기 위해 사회과학이 가치판단을 통해 기여해야 한다고 주장했고, 이에 대해 베버는 비판했다. 이에 대한 슈몰러 측의 재비판에도 불구하고 일반적으로 베버의 관점이 타당하다고 평가되었다.

사실 역사학파 경제학은 내부적 요인으로 한계를 가질 수밖에 없었다. 역사주의는 사회나 개인이 시간 속에 존재하는 역사적 사실에 집중했다. 그래서 연구는 과거에 대한 수동적인 해석 위주로 이루어졌다. 그러나 이런 수동적 태도는 당시 사회의 분위기에 맞지 않았다. 사회는 빠르게 변화하는 환경을 능동적이고 과학적으로 해석할 학문을 기대했기 때문이다.

이처럼 민주화, 산업화, 자본주의화의 급격한 변화 과정을 겪고 있었던 당시 사회는 사회적 현상을 정량화해서 분석하고, 미래를 예측해 주는 경제학을 요구

---

7) Reiss (2013: 96–97).

했다. 역사학파 경제학은 이런 시대적 요구에 부응하지 못했고, 결국 역사의 뒤안 길로 사라졌다.

이외에도 18세기에는 '개인주의 논쟁(Individualismusstreit)'논쟁이 있었다. 개인을 통해 사회를 설명해야 하는지, 사회를 통해 개인을 설명해야 하는지를 두고 학자들은 논쟁을 벌였다. 사실 이는 개체론과 전체론으로 이어져서 사회과학에 중요한 논점이었다. 이때 제기되었던 루소의 홉스 비판은 현재까지도 중요한 논쟁거리이다.[8]

두 번째 가치판단 논쟁은 1960년대 중반 비판철학자 테오도르 아도르노 (Theodor L. W. Adorno)와 실증주의 철학자 칼 포퍼 사이에 벌어진 '실증주의 논쟁 (Positivismusstreit)'이다. 이는 객관과 주관, 이론과 실재 사이의 관계에 대한 가치판단 문제와 경험적 데이터 해석을 둘러싼 논쟁이었다. 그러나 이 논쟁은 제대로 이루어지지 않았다. 세계관이 너무 다른 학자 사이라서 학문적 토론은 불가능에 가까웠다. 이렇게 경제학은 시대의 변화에 대응하며 학자와 학파 간의 논점의 차이를 보이며 오늘에 이른다.

5 주류 경제학방법론의 정립과 비주류경제학의 등장

경제학의 역사에서 시대의 대세가 된 경제학은 그 시대의 주류경제학이 되고, 다른 관점을 가진 학파는 비주류경제학이 되었다. 17세기를 지나고 18세기에 와서 계몽주의 철학과 자유주의 이념과 영국의 산업혁명을 현실적 힘을 근간으로 근대경제학이 탄생한다.[9] 1776년 출판된 아담 스미스의 《국부론》으로 근대경제학은 시작된다. 그는 자본주의 경제의 작동 원리로 가격기구, 보이지 않는 손의 조화와 균형의 경제학을 제시하며 고전파경제학을 정립했다.[10]

---

8) 개인주의 논쟁에 대해서는 Schlaudt (2022: 4).
9) 계몽주의의 핵심은 뉴턴의 고전역학을 사람들이 이해하는 것임.
10) 1776년은 인류사에서 매우 특별한 해임. 스미스가 《국부론》을 통해 근대 경제체제를 디자

이렇게 만들어진 고전파경제학이 주류경제학이 되었고, 주류경제학의 득세와 함께 보수의 길을 열었다. 이는 당시 새롭게 등장하는 자본주의라는 경제체제에 시장기구를 통한 자연스러운 조정 과정이 존재하며, 경제 내 구성원의 이해 조화가 사유재산권 폐기 없이도 도달할 수 있다고 보는 관점이었다. 필요한 제도적 조건은 사유재산 제도와 시장경제였다. 이러한 관점은 당시 보수계급의 이해와 바로 맞물려 있었다. 자신들의 자산을 지키고 키울 최선의 제도라고 판단했다.

비주류경제학은 주류경제학과는 세계관, 사회관 그리고 경제학방법론이 달랐다. 이들 중 대표적인 학파인 맑스경제학은 자본주의의 근간인 사유재산권 폐기를 통한 제도적 변화를 주장했다. 왜냐하면, 자본주의 체제의 변화 없이는 사회 구성원의 경제적 갈등의 해결이 어렵다고 보았기 때문이다. 이렇게 비주류는 주류와 경제 문제를 보는 관점이 달랐다.

인류의 경제사에서 유례없이 큰 변화를 불러온 영국 산업혁명은 영국이 경제적 패권을 쟁취할 수 있게 했고, 그 이전 시대의 주류였던 유럽 중심의 역사학파 경제학을 제치고 새로운 주류가 되게 했다. 이것이 가능했던 이유는 고전파경제학의 시대정신인 자본주의와 과학주의가 서로 보완하며 시너지를 발생시키기도 했지만, 자본주의가 가져온 계급 갈등이나 빈부 격차, 환경문제 등에도 불구하고 자본주의 경제가 순조로이 발전했고, 자본주의를 옹호하는 사람의 사회적 힘이 더 컸기 때문이다.

이리하여 서구의 주류 세력이던 유럽대륙의 나라들도 산업혁명과 자본주의의 막강한 힘을 인식하고, 자본주의로 체제를 정비하고, 후발 산업 국가의 대열에 합류했다. 이렇게 영국이 선택한 경제 운영 방식과 경제학이 주류가 되었고, 유럽의 역사학파 경제학은 몰락했다.

이후 고전파경제학은 더욱 발전하여 신고전파경제학으로 진화했다. 1870년대의 한계혁명(marginal revolution)은 경제학을 자연과학처럼 연구할 계기를 마련

인했다면, 같은 해 벤자민 프랭클린(Benjamin Franklin)은 독립선언 기초위원으로 활동하며 《독립선언서》를 써서 근대 시민사회를 디자인했음. 또한, 같은 해 제임스 와트(James Watt)는 증기 기관을 발명하여 물리력의 한계를 극복하고, 산업혁명을 일으킴. 사회적 발전은 생산력의 발전으로 가능했음.

해주었고, 공리주의는 이익 극대화라는 경제행위 목표의 배경이 되었다. 이에 따라 경제학 연구도 자연과학처럼 하면 되었다. 인간의 경제행위를 정량화해서 효용 분석과 효율성 분석을 하는 것이 경제학의 과제가 되었다. 연구방법은 실증에 무게를 두고, 가설을 세우고 이를 경험적 연구를 통해 검증하여 법칙을 만들려는 시도로 요약된다.

경제학은 경제재를 생산하고 분배하고 소비하는 일을 연구하는 것이었다. 그리고 오랫동안 경제학의 연구방법은 서술하고, 묘사하고 사례를 들고 비유하는 방식이었다. 19세기 말에 한계혁명을 계기로 수학이 경제학의 영역으로 들어오고 이후 수학적 추론은 경제학이 용인하는 과학적 탐구 방식이 되었다. 신고전파경제학은 경제학의 과학적 표준을 세우고 싶었다. 이는 아래의 라이오넬 로빈슨 (Lionel C. Robbins)의 글에 잘 나타나 있다.

"모든 과학이론과 마찬가지로 경제이론의 명제는 분명히 일련의 전제에서 추론한 것입니다…. 가치 이론의 주요 전제는 개인이 자신의 선호도를 순서대로 배열할 수 있고 실제로 그렇게 할 수 있다는 사실입니다. 생산 이론의 주요 전제는 하나 이상의 생산 요소가 있다는 사실입니다. 역학 이론의 주요 전제는 우리가 미래의 희소성에 대해 확신할 수 없다는 사실입니다. 이것들은 그들의 본질이 완전히 실현되면 실제로 상대방이 광범위한 논쟁을 인정하는 존재의 존재함을 전제하지 않습니다. 우리는 그것들의 타당성을 확립하기 위해 통제된 실험이 필요하지 않습니다. 그것들은 우리의 일상적인 경험의 재료이기 때문에 그것들이 명백한 것으로 인식되도록 진술되기만 하면 됩니다."

Robbins (1945: 79)

근대경제학에서 신고전파 주류경제학의 방법론은 다음과 같이 요약된다. 개인주의와 공리주의로 존재론과 윤리관을 정리하고, 공리주의를 배경으로 분석 대상은 합리적 경제인의 시장에서의 경제행위로 국한한다. 자율적이고 독립적으로

표 5-1 주류경제학과 비주류경제학

	분석 대상	경제 주체 특성	변수 설정	가치 기준	가치 판단	논리 구조	분석 유의성
주류 경제학	시장에서의 경제행위	• 합리적 • 이기적	• 경제외적 요인을 가능한 배제 • ceteris paribus	효율성	중립	• 일정한 조건 아래 논리적인 일관성 유지 하면 결론 도출	• 자료를 통계학적으로 검증 • 수학적 연역 논리로 검증
비주류 경제학	사회에서의 경제행위	• 보통 사람	• 모든 변수를 고려	실재성	중립 불가능	• 경제학파마다 다름	• 경험적 사실에 비추어 확인 • 수학적 연역 논리로 검증

살아가는 경제인에게는 역사가 없다. 그래서 자신의 이익을 극대화하는 경제인에 대해 통계적 추정으로 진리성을 확보하면 된다.

그래서 연구과제에 대한 모형을 만들고, 논리적 연역 과정을 거치고, 귀납적 검증자료를 확인하며 일반적으로 받아들일 수 있는 결론을 도출한다. 그러나 이러한 통계적 추정은 모집단에서 표본을 추출하여 추정할 수밖에 없으므로 가설적 지위를 가진 결론을 도출할 수밖에 없다. 그래서 결국 신뢰 가능성에 대해 연구자끼리 기준을 정해서 판단해야 하는 아이러니가 발생한다.[11] 그리고 경제 외적 요인에 대해서는 '세터리스 파리부스(ceteris paribus), 다른 조건이 일정하다면'으로 처리하며 가치의 기준은 효율성으로 두고 형평성, 자율성 등의 가치는 묵과한다.

추론 과정은 다음과 같다. 가설을 제시하고 조건 부분과 결론 부분을 두어서 일정한 조건을 가지고 논리적인 일관성을 유지하면서 결론을 도출한다. 이를 뒷받침하는 현실적 유의성으로는 수집할 수 있는 자료에 의하여 통계학적 검증 과정을 거친다.

이런 주류경제학 방법론의 배경은 방법론적 개인주의와 최적화를 위한 '합리적 행동 가설'이다. 그리고 이는 '효율적 시장 가설'로 결론을 짓는다. 이런 결론은 신고전파경제학의 핵심 이론이기도 하다. 시장이 완전하다면 안정적인 균형이 존

---

11) Becker *et al.* (2009), Hands (2001b: 49−), Bigo (2008).

재하고, 균형은 파레토 효율을 보장하니, 공익을 실현한다는 것이다. 그러나 어떻게 수학적으로 표현해도 전제를 만족할 상황이 펼쳐지지 않는 한 공염불에 지나지 않을 수 있다.

주류경제학은 합리적 경제인을 핵심적 가정으로 삼고, 일련의 보조 가정을 세우고 경제모형을 만든다. 문제는 경험적으로 검증하기 어렵다는 점이다. 그래서 형식적으로 과학적 추론의 과정을 거쳤다고 하더라도 타당하거나 신뢰를 갖춘 지식이 되지 못한다.

이런 가운데도 사회과학인 경제학을 자연과학처럼 연구하면 안 되고 연구할 수도 없다고 생각하는 학자들은 비주류경제학 방법론으로의 길을 열어갔다.[12] 특히 다윈의 진화론이나 헤겔의 시대정신, 스펜서의 사회진화론은 경제 문제를 이해할 때 역사성과 사회성을 강조하게 했다. 비주류의 대표적인 경제학파는 맑스경제학과 제도경제학이다. 이들 학파는 역사적 제 조건과 경제외적 제 요인을 포괄적으로 고려한 방법론을 제시했다.

이렇게 주류와 비주류의 경제학은 경쟁하고 견제하며 경제학을 발전시켰다. 주류경제학의 과학주의는 이런 발전을 이끈 동력이었다. 그러나 자연과학적 방법론으로 편향되게 경제를 연구하면서 점점 인간 사회의 문화적이고 사회적인 맥락을 간과하게 되었다. 문제는 경제가 열린 체계라서 닫힌 체계의 방법으로는 충분히 해명되기 어렵다는 점이다.

주류경제학의 방법론이 겉보기에는 그럴듯하지만 이미 과거의 관찰로 미래를 예측할 수 없다는 '블랙스완 가설'에 붙잡힐 수밖에 없다. 이런 주류 경제학방법론의 한계들을 극복하고, 대안을 제시하는 것이 경제학의 중요한 과제인 것은 분명하다.

---

12) 비주류경제학의 역사는 Lee (2009), 일반적 내용은 홍태희 (2022).

6 형식주의(관념론)와 현실주의(실재론)의 긴 투쟁

경제가 위기에 빠지면 경제학도 위기에 빠지고, 사람들은 학계에 대안을 요구한다. 이런 상황은 20세기에도 경제학계에서 여러 차례 발생했다. 먼저 신고전파 주류경제학의 고비는 1930년대의 대공황이 가져왔다. 신고전파경제학의 환원주의적 이해는 인간 사회의 역사성이나 사회의 총체성 및 상호 연결성을 배제한 세계관이다. 이런 사상을 가지고는 당시 현실 경제 문제의 해결이 어려웠다. 보이지 않은 손이 작동하지 않은 시대였다.

이렇게 고전파적 조화론이 현실에 맞지 않는 상황이 전개되자, 케인즈경제학이 대안으로 등장했다. 물론 케인즈의 경제학방법론은 밀의 방법론과 크게 다르지 않다. 단지 케인즈는 신고전파의 연역적 분석보다 경험적이고 정량적 분석이나 통계학적 접근을 더 많이 강조하였다. 그리고 거시경제를 하나의 독립된 실재로서 파악하고, 이를 정부라는 경제주체가 관리하는 방식을 통해 환원주의적 방식과는 거리를 두었다. 그러나 이를 과학적 분석이라고 하기는 어려울 정도로 이론 틀이 정립되지 않았다. 다만 불확실성과 불안정성이라는 현상의 본질을 인정하면서 실재론적 접근을 모색했다.

케인즈경제학이 보여준 미완의 구조 때문에 신고전파 주류경제학을 배제한 경제학은 당시 경제학의 세계에서는 불가능했다. 이후 현대 경제학으로 자리 잡은 신고전파종합은 미시경제학은 신고전파경제학, 거시경제학은 케인즈경제학으로 역할 분담을 했다. 이런 통합적 시도 속에서도 여전히 형식논리와 균형분석을 강조하는 경제학방법론이 주도권을 잡고 있었다.

이차세계대전과 전후 번영기가 끝나자, 경제학은 다시금 위기를 맞았다. 70년대에 들어서 자본주의 경제의 동력이 떨어지고, 오일 쇼크가 발생하고, 이후 70대와 80년대를 걸친 장기침체가 발생했다. 선진 자본주의 국가는 재정적자와 저성장을 동반한 스태그플레이션이 발생했고, 저개발 국가는 반복되는 외채위기로 피폐해졌다. 따라서 케인즈경제학의 위기가 도래했다.

이에 대한 대안으로 자유주의 경제학은 다시 호출되었고, 신자유주의의 시대가 열렸다. 그리고 잘 설득하기 위해 좀 더 자연과학적 방법론을 채택했다. 이렇게 통화주의 경제학과 함께 실증주의 방법론의 시대가 왔다.

그 중심에서 변화를 이끈 경제학자는 프리드먼이었다. 그는 앞에서 이미 설명한 《실증주의 경제학방법론》으로 새로운 주류경제학의 방법론을 천명한다. 그는 경제학의 도구주의적 성격을 강조한다. 도구주의에서 이론이란 현상을 묘사하거나 설명하려는 것이 아니고, 알고 싶은 것을 예측하게 해주는 도구이다. 따라서 연구의 목적은 예측에 있으며, 이론의 진과 위가 중요하지 않다고 했다. 그러니 예측이 맞으면 배경이 되는 이론을 채택하면 된다.

그는 가정이나 전제도 검토하지 않아도 된다는 '가정 무관계 명제(the irrelevance of assumption thesis)'를 내세우며, 실증적 방식으로 연구해야 한다고 주장했다. 이에 따라 실증주의는 주류적 관점으로 이해되었고, 실증주의 경제학방법론의 기법이 발전을 거듭하면서, 확실한 입지를 차지했다.

이런 연관에서 20세기 경제학방법론에서 루트비히 폰 미세스(Ludwig von Mises)와 라이오넬 로빈스의 방법론은 자주 비교된다. 이들 방법론의 철학적 기반은 공통으로 '선험주의'였다. 그래서 이들은 경제이론은 경험적 검토 없이 연역적으로 도출될 수 있다고 했었다. 전제가 참이면 이로부터 추론되는 가설도 참이라는 것이다. 그러나 이들 사이의 차이도 분명하다.

미세스는 인간을 자신의 불만을 해소하고, 욕구를 해결하려고 행동하는 존재로 보았다. 이렇게 해결하려는 행위는 보편적이라서 인간의 '행동 원칙'이 될 수 있다고 했다. 이런 행동 원칙에서 가치, 희소성, 이익 극대화의 개념을 논리적으로 추론할 수 있다고 미세스는 주장했다. 즉 논리적 추론의 결과는 선험성을 가진 행동 원칙을 전제로 한다. 이런 의미에서 그의 방법은 연역적이었다. 하지만 경제학 연구에 수학을 사용하는 것에는 부정적이었다. 왜냐하면, 경제학은 양이 아니라 질에 관한 학문이라서, 양적 학문인 수학을 사용할 수 없기 때문이라고 했다.

로빈스는 미세스와는 다르게 생각했다. 그는 '희소한 것에 대한 인간의 선호' 같은 것은 자명한 전제이고, 이런 전제를 기반으로 선험성을 가진 경제학에는 구태여 경험적 검증이 필요하지 않다고 보았다.

이러한 경제학계는 1970년대 말에 이르러서 경제학의 위기와 경제학방법론의 한계 앞에 서게 되었다. 경제학의 예측력의 한계는 분명해져서, 계량경제학자조차 주류경제학의 예측력을 비판했다. 따라서 새로운 방법론에 대한 요구가 생겨났다.

이런 시대적 요구에 따라 이 시기에 경제학방법론이라는 분야가 고유한 연구 영역으로 경제학 내에 자리를 굳혔다. 1980년대에는 라카토슈와 쿤의 아이디어를 경제학에 적용하는 시도도 이루어졌다. 경제학방법론 연구가 활발히 이루어지면서 1985년부터 《경제학과 철학(Economics and Philosophy)》이라는 전문 학술지도 발간되었다. 이런 과정을 통해 경제학은 기존의 연역적 방법에서 경험적 방법으로 한 걸음 더 다가가는 듯 보였다. 그러나 오랫동안 군림하던 기존의 방식을 완전히 깨지는 못했다.

여기서 새로운 사회인식론인 구조주의와 사회구성주의가 등장하며 경제학방법론에 관한 새로운 해석을 이끌었다. 물론 주류경제학은 20세기 후반에도 보편적 경제학으로 군림했지만, 폴 로젠슈타인 로단(Paul Rosenstein-Rodin) 같은 개발경제학자들은 이런 보편경제학의 학문적이며 사회적인 정당성에 대해 비판했다.[13]

이들 개발경제학자들은 주류경제학은 물론 서구 중심의 비주류경제학의 보편 경제학으로의 한계를 지적했다. 이들이 보기에 이런 종류의 경제학으로는 저개발 국가의 경제를 해명할 수 없었다. 이는 선진자본주의 국가 중심의 경제학의 지식이나 방법론이 후진국의 경제 현실에는 적합하지 않기 때문이었다.[14] 그래서 이들은 저개발 국가의 상황을 보고 경제이론을 만들라고 경제학의 주류에게 주문했다.

사실 흔히 말하는 경제주체의 자유로운 선택의 학문으로의 경제학은 현실 세계에는 특정 국가나 특정 문화를 배경으로 하는 이론이다. 주류적 세계관이 백

---

13) Rosenstein-Rodan (1961), Pheby (1988: 131-).
14) Berger and Luckmann (1966), Charusheela (2005).

인 서구 문화 중심으로 되어 있고, 그들의 자유로운 선택 가능성을 중심으로 짜여 있다. 그러나 한 걸음 더 들어간 세상의 현실 속에는 지역과 국가, 인종과 문화, 계급과 성별의 차이에 따라 자유로운 선택을 제약받는 삶이 펼쳐진다. 이런 세계에서 경제행위의 기준은 이익극대화만이 아니었다. 먼저 이윤극대화를 추구할 자유가 있는지부터 살펴야 한다. 그래서 과학적 탐구를 시작할 때는 먼저 과학이 누구를 대상으로 하는지도 살펴야 한다.

이런 사정으로 경제학도 변했다. 가치중립적이고, 보편적인 결과를 가져온다는 과학에 관한 환상에 제동거는 작업이 경제학에도 등장한다. 그리고 연구를 통해 과학적 진보를 이룬다는 학문적 목표 자체도 의심받게 되었다. 이런 한계를 알지만, 뚜렷한 대안도 없었다. 이후 신자유주의 시대를 대변하는 새고전파경제학이 주류경제학으로 등극하자 경제학은 경제학방법론에 대한 고민은 일단 접었다. 다시 실증주의의 끈을 강하게 잡았다.

다만 경제학 연구는 이론적 탐구보다 경험적 연구로 방향을 틀었다. 그래서 대부분 경제학자는 응용 미시 분야를 연구했다. 1980년대 이후 IT 혁명과 함께 연구 기법은 큰 발전을 이루었다. 다양한 계량경제 기법의 개발, 컴퓨터의 계산 능력의 활용, 통계 패키지의 개발, 데이터 세트 등은 물론 빅데이터를 사용한 분석까지 경제학에 등장하고 있다.

여기서 중요한 것은 이 시기에 주류경제학 방법론에 대한 회의가 주류경제학 내부에서도 생겼다는 사실이다. 전통적인 수학 모형을 사용하여 경제적 인간이 자신의 이익을 극대화 과정을 찾는 연구가 현실을 살아가는 사람들이 경제적 의사결정을 설명하지 못한다는 비판이 등장했다. 이런 비판에 힘입어 현실적 경제학으로 방향이 설정된다. 이런 움직임의 중심에 있던 학자는 허버트 사이먼(Herbert A. Simon)이다.

기존의 주류경제학은 몇 사람이 공리에 어긋나게 행동해도 평균을 통해 이런 예외적 상황이 상쇄된다고 보았다. 그러나 사이먼 같은 학자들은 그렇게 보지 않았다. 인간에 관한 수학적 모형이 아니라 인간 자체를 중심에 두고 경제학을 만들려는 이런 시도는 수학에서 심리학으로 경제학의 기지를 옮기면서 시작되었다.

이렇게 등장한 학문 분야가 행동경제학이다.

사이먼이 제한된 합리성을 가진 인간의 효용 극대화가 아니라, 만족화로 경제학을 설정했다면 심리학자 다니엘 카네먼과 아모스 트버스키(Daniel Kahneman and Amos Tversky)는 여기서 한발 더 나아간다. 이들은 주류경제학에서 가정한 합리적 행위자의 최적 행위가 아니라 보통 사람들의 체계적인 편향을 탐색했다. 그리고 실제 경제활동에서 인간이 겪는 제한이 무엇인지를 실험을 배경으로 밝혔다. 여기서 또 다른 주요 학자인 탈러는 카이먼과 트버스키의 실험을 배경으로 인간의 실제적 의사결정 과정을 심리학을 동원해 살펴보고, 행동경제학의 세계를 구축했다.[15]

행동경제학이 제시한 대안에도 불구하고 경제학은 여전히 효용 극대화가 인간 행동을 잘 설명한다고 우긴다. 실험을 통해 효용 극대화에 반하는 결과를 제시하면 조금은 수정한다고는 하지만, 효용 극대화라는 공리를 포기하지 않고 있다. 물론 행동경제학의 다양한 시도도 자세히 살펴보면 더 정교한 수학을 동원했을 뿐이기도 했다. 그래서 큰 틀에서 보자면 행동경제학은 주류경제학으로 편입되었다고 할 수 있다. 주류경제학의 문제점은 분명했지만, 무엇으로 실증주의를 대신할지는 몰랐다.

여기에 20세기 후반 현실사회주의의 몰락은 다른 방법론을 사용하던 비주류경제학, 특히 맑스경제학의 한계를 드러냈다. 이후 시장주의와 자유주의의 배경 아래 신자유주의 경제학의 시대가 되었다. 빈부 격차, 환경 오염 등 이 시대의 첨예화된 경제 문제와 시대의 문제와 함께 다양한 비주류경제학이 주류경제학에 대항해서 등장했다.

비주류의 방법론적 시도 중에 경제학계에 큰 영향을 준 것은 1970~80년대 등장한 비판적 실재론이다. 비판적 실재론자들은 기존의 경제학이 존재론 없이 연구한다고 지적하며, 경제학의 '존재론적 전환(ontological turn)'을 시도했다. 그러나 이런 실재론은 비주류의 세계를 벗어나지 못했다.

---

15) Thaler (2015).

다양한 비주류경제학이 등장하여 새로운 경제학의 필요성을 지적했지만, 적어도 2008년 경제위기까지는 더욱 강력해진 주류경제학의 시대였다. 전 세계적으로 경제 문제가 증가하고, 환경문제나 빈부 격차 문제 등이 발생했지만, 이 문제를 풀 수는 없을 만큼 경제학은 대안 제시 능력을 상실했다. 경제학도 위기에 빠졌다.16)

이 과정을 거치면서 경제학은 더욱 기형적인 모습으로 변했다. 복잡한 현실의 알고리즘을 풀리기 위해서도 더 정교한 수학적, 통계학적 기법을 사용했지만, 현실에서 더 멀어지는 결과를 초래했다. 이런 경제학을 비판하며 일각에서는 '자폐적 경제학(Autistic Economics)'이라는 비판이 등장했다. 경제학이 자기 세계에만 몰두하고, 자연과학처럼 엄밀한 학문이 되려고 수학능력 등 특정 언어 능력은 발달했지만, 오히려 외부 세계와 단절했다면서, 이것은 학문적 자폐 증세를 보인 것이라고 비판했다.17)

이렇게 해서 등장한 '후 자폐적 경제학(Post-Autistic Economics)'의 요구는 무엇보다 분석 방법의 다양성에 맞추어 있다. 경제교육을 다양화시키고, 분석 대상을 확대하며, 타 학문 간 교류를 해야 한다는 지적이다. 이러한 비판과 시도가 주류경제학과 경제학방법론에 어떤 영향을 주었는지는 현재로는 가름하기 어렵다. 다만 경제학과 경제학방법론의 변화를 시도하면서 현실 경제를 제대로 설명하는 경제학으로 새로운 도약을 시도하고 있는 것은 분명하다.18)

도약의 시작은 생각의 전환이다. 사실 시장에서의 교환만큼인 인간 세상에서는 호혜적 경제행위도 발생한다. 대가를 매개로 하는 관계만이 아니라 관계 자체만으로 효용도 생기고 만족도 생긴다. 이런 인간 세상에 대한 고려 없는 경제학은 무엇을 이야기할 수 있는가? 경제학은 여전히 무지의 숲속에서 길을 찾지 못하고 있다.

마르셀 모스(Marcel Mauss)가 《증여론(The Gift)》에서 말하는 것처럼 현재의

---

16) Lawson (2003), Beker (2011), 홍태희 (2011), Colander *et al.* (2008).
17) Dürmeier, Egan-Krieger and Peukert (2006).
18) Reardon (ed.) (2009).

표 5-2 주류경제학과 대안경제학

	주류경제학	대안경제학
경제의 영역	• 시장	• 복잡계 • 연결망과 공진화된 우주
경제 문제 해결 방식	• 교환	• 교환 • 증여
경제 분석 방법	• 한계 개념 • 화폐화 • 비용편익분석, 계량분석	• 혼합방식
경제적 결정 기준	• 효율성 • 이익 극대화	• 삶의 안정과 복원 • 생태계의 지속가능성
생산	• 자원의 배분	• 생태물리학적 생산
인간관계	• 경쟁	• 경쟁과 연대

자료: Gowdy and Erikson (2005: 213) 참고.

주류경제학이 대상으로 하는 것은 자본주의 경제, 즉 증여가 없는 세상이다. 그러나 증여하고 대가를 바라지 않고 선물하는 세상을 없앨 수가 없다. 그래서 경제행위를 단지 대가를 주고받는 행위로 보고, 과학이라는 잣대로 분석하려는 시도는 절반의 성공이거나 결국 경제 자체를 파괴하는 것으로 사용될 수도 있다. 자기 분열을 일으키기 때문이다.

　　우리가 경제학방법론에 대해 고민하는 것은 경제학을 자연과학처럼 연구하는 것이 과연 옳은가 하는 문제에 대한 답을 해야 함은 물론 경제 문제해결을 위한 대안 경제철학을 만들기 위해서다. 그러면 제일 먼저 경제학이 대면하고 있는 경제가 단지 시장에서의 교환의 원리로만 작동하는 것이 아니라 증여라는 또 다른 의미의 경제행위가 있다는 것을 확인하는 것부터 시작해야 한다.

　　그래서 이를 통합하여 분석하는 것이 필요하다. 그러면 우리는 정량화된 실증분석만이 아니라, 선물을 주고받으며 사랑하고 보살피는 행위를 어떻게 다룰 수 있는지도 고민해야 한다.

　　물리학에서조차 빛을 내지 않아 보이지 않고, 정체가 아직 알려지지 않아 측정할 수 없는 암흑물질이 이미 알려진 물질보다 압도적으로 많다고 한다. 거기에 대해서는 물리학이 알지 못한다고 한다. 물리학에도 이렇게 공백이 많은데 물리학을 표본으로 삼은 경제학이 엄격히 추론하고, 진리성을 따지는 것은 불가능하다.

경제학이 먼저 해결할 것은 행위 주체에 관한 비현실적인 규정과 대상을 고정하고 대상 간의 인과성 찾으려는 방식을 넘어서는 일이다. 이를 통해 현실에 맞는 경제학을 만들어야 한다. 여기에다가 '인류세[19]'를 넘어선 시간과 공간의 범위까지 포함해서 세상을 이해하고, 에너지뿐 아니라 엔트로피도 포함해서 문제에 접근해야 비로소 경제의 문제를 풀어나갈 수 있다. 그래서 필요하다면 '반(反)한계혁명(anti marginal revolution)'을 일으켜야 할 수도 있다. 조건을 가지고 참인 것은 어떤 경우에도 일반법칙이 될 수 없고, 이성적 계산만으로는 결코 굶주림의 문제를 해결할 수 없다.

---

19) 인류세(Anthropocene)는 2000년 네덜란드의 화학자 파울 요제프 크뤼천(Paul Jozef Crutzen)이 기후 위기를 설명하기 위해 사용한 개념으로 새로운 지질학적 시대. 이는 산업혁명 이후부터 현재까지 인간이 만든 물질문명에 의해 인간의 조건이 위협받는 시대를 말함.

II부

경제학방법론의 과학철학적 기초

"과학은 자유로운 탐구 정신에서 자생적으로 성장했으며, 자유로운 탐구가 과학의 목적이다. 어떤 가설이든 그것이 이상하더라도 그 가설이 지니는 장점을 잘 따져주어야 한다."

Carl Sagan (1981/2006: 195)

'경제학은 어떻게 연구해야 하는가?' 이런 질문에 답을 하기 위해서 Ⅱ부에는 다양한 과학철학에 대해서 알아본다. 인간 스스로 세상을 이해하려고 시도한 근대세계는 바쁘게 돌아갔고, 학계도 세상의 빠른 변화를 애써 뒤쫓았다. 이렇게 인간 스스로 세상을 이해하려는 노력과 함께 자연과학의 발전은 과학주의 시대를 열었다.

사회과학이나 인문과학의 영역도 과학주의 광풍에서 벗어날 수 없었다. 특히 경제학은 사회과학의 최전선에서 과학적 학문이 되기 위해 노력했다. 그러나 20세기에 들어서서 과학의 한계에 대한 고민이 시작되었다. 아울러 자연과학에서도 대세이던 이론이 새로운 이론으로 뒤집히는 상황도 늘었다.

이런 상황 속에 사람들은 멈추어서 생각하게 되었다. 그리고 과연 과학이 무엇이고, 과학이론의 진리성은 어떻게 확보할 수 있는지를 고민하기 시작했다. 그래서 과학철학이 등장했다.

Ⅱ부에서는 경제철학과 연관되는 20세기 이후 과학철학을 소개한다. 이를 통해 과학에 대한 철학적 사고의 유형을 살펴보고, 올바른 과학철학과 경제철학의 가능성을 타진한다.

제6장

칼 포퍼(Karl Popper)의
비판적 합리주의(Critical Rationalism)와
반증주의(Falsificationism)

6장에서 우리는 칼 포퍼의 과학철학을 살펴본다. 대부분 과학자가 받아들인 '수용된 관점'을 거부하는 것은 쉽지 않은 일이다. 그러나 누군가는 이러한 관점에 반기를 들거나 적어도 '비판적'으로 다시 살펴보아야 과학은 발전한다. 이렇게 비판적으로 자기 시대의 수용된 관점을 살펴본 사람이 포퍼이다. 그리고 포퍼는 학문을 하는 사람이면 대부분 동의하는 대안적 진리 탐구 방식을 제시했다.

경제학의 방법론적인 기반은 포퍼의 과학철학에 있다. 20세기 과학주의의 시대에 과학적 지식이 가져야 할 조건과 진리를 검증받는 방법을 현대화시킨 포퍼의 과학철학을 기반으로 현대 주류경제학 방법론의 기본 구조가 세워졌다. 포퍼가 근대경제학에 미친 영향은 강력하다. 그래서 경제학에 경제학방법론을 공부하려면 포퍼의 과학철학에서 시작해야 한다는 것이 거의 정설이다.

6장에서는 이렇게 경제학의 과학철학적 기둥인 포퍼의 과학철학에 대해서 살펴본다. 귀납주의를 거부한 포퍼는 그 대안으로 비판적 합리주의와 반증주의로 자신의 철학을 제시한다. 무엇보다 중요한 그의 기여는 과학과 사이비 과학을 구분할 기준을 제시한 점에 있다. 가설을 제시하고, 이를 증명하고, 증명되지 않으면 반증하는 과정을 통해서 학문은 성장한다는 그의 비판적 합리주의는 지금의 학문 세계에서는 상식에 가깝다. 그러나 그의 시대로 돌아가서 생각하면 아직 누구도 가지 않던 새로운 길이었다.

제6장

칼 포퍼(Karl Popper)의 비판적 합리주의(Critical Rationalism)와 반증주의(Falsificationism)

1 포퍼의 삶과 철학적 배경

'훌륭한 과학자는 용감하게 생각하고, 스스로에게도 비판적일 수 있는 사람'이라고 한 포퍼는 20세기 과학철학의 중심에 있던 인물이다. 1902년 오스트리아 비엔나에서 태어난 포퍼는 30대 중반까지는 비엔나에서 공부했고, 이후 교사로 활동했다. 그는 유럽에서 나치의 폭정이 점차 심해지자, 이를 피해 뉴질랜드로 망명을 가서 대학교수로 지냈다. 이후 그는 제2차 세계대전이 끝난 1945년 경제학자 하이에크의 도움을 받아 영국 런던대학교로 옮겼다. 런던에서 교수로 재직하며 왕성한 학문 활동을 했었고, 1994년에 사망했다.

포퍼는 인간 이성을 간판으로 건 시대인 20세기를 유럽에서 살면서 이성의 가면 뒤에 숨겨진 몰이성과 야만이 만든 참혹한 현실을 실제 경험했다. 그는 나치즘과 전체주의의 폭력과 횡포를 처절하게 겪으며 누구보다 고난에 찬 삶을 살았다. 그리고 이런 그의 삶은 그의 학문에 고스란히 담겼다.

포퍼는 벤덤식 공리주의가 가져온 '최대다수의 최대행복'이라는 편리한 시대정신에 동의하기 어려웠다. 그는 '최대 소수의 최소 불행'을 한 사회가 지켜나가야 할 덕목으로 보았다. 이렇게 '행복의 양적 극대화'를 추구하는 것보다 '불행을 최소화'하자는 것이 그의 정의론의 핵심이었다. 이는 20세기 후반기에 등장한 존

롤스(John Rawls)의 사회정의론과도 맥이 닿아 있다.

그는 혁명보다는 개혁을 옹호하는 점진주의자였다. 나치와 스탈린의 독재를 겪으면서 그는 사회혁명의 실효성을 불신하게 되었다. 그래서 더 나은 사회를 만들기 위해서는 혁명과 같은 급진적 방안보다는 사회 문제를 제대로 인지하고 이를 점진적으로 개혁하는 것이 옳다고 보았다.

시대에 대한 이와 같은 그의 사상은 그의 책《열린 사회와 그 적들(The Open Society and Its Enemies)》로 집대성된다.[1] 이 책에서 그는 모든 형태의 전체주의는 결국 독재가 된다고 주장했다. 이는 그의 오랜 지적 편력의 결론이었다.

사실 젊은 시절 맑스주의에 심취했던 포퍼는 맑스주의의 이상을 실현할 방법을 모색했었다. 그래서 그는 맑스주의가 맑스의 주장처럼 올바른 과학인지를 분석했다. 그러나 긍정적인 결론을 내릴 수가 없었다. 포퍼는 맑스주의에 관한 자신의 신념이 지적 성실성 유지에 방해된다고 생각했고, 결국 맑스주의에서 전향했다.

이렇게 오랜 신념도 진리의 재단에 제물로 기꺼이 바친 포퍼는 다른 학자들의 사상과 연구방법에도 비판의 날을 세웠다. 경제학 중에는 특히 역사학파 경제학의 방법론을 비판했다. 아울러 당시 비엔나에서 대세였던 논리실증주의의 검증 가능성에도 이의를 제기한다. 그는 논리실증주의의 귀납적 방법으로는 진리성을 확보할 수 없다고 비판한다.

이렇게 그는 다수가 참된 지식이라고 생각하는 것이라도 오류일 수도 있다고 주장하면서, '비판적인' 관점을 가지고 '합리적으로' 학문해야 한다는 자신의 소신을 피력했다. 이렇게 해서 비판적 합리주의의 길을 연다. 그는 순수한 과학이나 객관적인 과학은 만들 수도 없다면서, 과학은 그저 학자들의 열정이 만든 생산물이라고 했다.

---

1) Popper (1945), Pheby (1988/1999: 43-67).

2 포퍼의 반증주의와 비판적 합리주의

포퍼가 과학철학 분야에서 특히 관심을 보인 것은 과학과 비과학의 경계였다. 흔히 '구획의 문제(demarcation problem)'라고 불리는 이 문제를 해명하려고 포퍼는 무엇이 진짜 과학이고, 무엇이 사이비 과학인지를 구분하는 기준을 세우려고 했다. 이는 아래의 글에 잘 나타난다.

> "나는 과학과 사이비 과학을 구분하기를 원했습니다. 나는 과학적 지식도 종종 오류를 범할 수 있고, 사이비 과학도 우연히 진리를 말할 수도 있다는 것을 잘 알고 있습니다."
>
> Popper (1963: 33 – 39)

포퍼는 개인적인 신념이나 독단은 진정한 과학이 될 수 없고, 되어서도 안 된다고 생각했다. 그래서 과학의 기준을 실증주의로 삼는다. 특히 포퍼 당시 유행한 논리실증주의는 그의 과학철학의 배경이 되었다. 하지만 논리실증주의의 한계를 넘어서려고 자신의 과학철학을 제시했다. 논리실증주의는 관측할 수 있고, 검증할 수 있으면 과학이고, 그렇지 않으면 과학이 아니라는 주장을 핵심으로 한다.

문제는 검증 방법이었다. 검증을 내세우기는 쉽지만, 실제 검증은 쉽지만 않다. 검증은 바로 귀납법의 한계에 직면한다. 그래서 그는 귀납을 통한 진리성의 확보가 불가능하므로 귀납법을 과학적으로 정당한 추론 방식으로 생각하지 않았고, 귀납주의가 주장하는 지식의 확실성을 인정하지 않았다. 포퍼 당시는 귀납법이 경험과학을 탐구하는 방법의 전형으로 알려진 때였다. 그러나 포퍼는 아무리 많은 관찰 사례가 있다고 하더라도 보편진술을 끌어낼 수 없다고 귀납법을 비판했다.

이런 귀납의 문제점을 어떻게든 해결하기 위해 포퍼는 귀납을 보편적 귀납과 수치적 귀납으로 나눈다. 그리고 보편적 귀납만이 확실한 법칙성을 확보할 수 있다고 주장했다. 그리고 그는 과학의 특성을 '반증(falsification)'에서 찾고, '반증

가능성(falsifiability)'을 통해 자신의 반증주의 과학철학을 제시했다.[2]

그는 반증가능성을 가지고 있고, 이를 통한 검증 과정을 거칠 수 있는 가설만이 과학적 연구의 대상으로 채택될 수 있다고 했다. 모든 사례를 검증할 수는 없지만, 하나의 반증 사례만 발견해도 가설을 기각시킬 수 있다. 이렇게 포퍼는 '검증될 수 없어도 반증될 수는 있다.'라는 '반증주의 과학관'을 제시한다.

이는 놀라운 절충안이었다. 어떤 가설이 과학적이라는 것이 완전한 참은 아니어도 된다는 말이었다. 과학적인 가설은 경험적 자료에 의해서 반증가능성을 두었지만, 아직 반증되지는 않은 가설을 말했다. 이렇게 포퍼는 과학적 지식이나 가설, 이론이 자료로부터 귀납이 아니라 연역으로 만들어진다고 보았다. 이런 의미에서 그의 반증주의에는 사실 규범적 언명이 포함되었다. 왜냐하면 과학이면 이렇게 되어야 한다고 주장하기 때문이다.

자신의 과학철학을 확실하게 만들기 위해 포퍼는 흄과 칸트의 인식론을 융합하여 자신의 비판적 합리주의를 만든다. 특정한 인식을 갖기 위해 마음의 편견을 몽땅 제거해야 한다는 비현실적인 가설을 전제로 하는 근대의 경험론과 합리론을 모두 비판한다. '참으로 존재하는 것은 나 자신'이라는 데카르트의 합리론도 비판하고, 백지상태에서 경험을 통한 인식을 주장하는 영국의 경험론도 비판했다. 그리고 칸트 철학에서 경험을 넘어서 실재하는 선험성을 확보한다. 흄의 철학에서는 경험적 규칙성에 근거한 반증가능성을 가져온다.

> "진실에 대한 사심 없는 탐색이라는 이상을 포함하여 우리의 동기
> 와 순전히 과학적인 이상조차도 비과학적이고 부분적으로는 종교적 평
> 가에 깊이 뿌리박고 있다. 따라서 '객관적인' 또는 '가치중립적인' 학자
> 는 이상적인 학자가 아니다. 열정 없이는 아무것도 달성할 수 없다. 확
> 실히 순수과학은 불가능하다. 진리에 대한 열정이라는 말은 단순한 은
> 유가 아니다."
>
> Popper (1959: 97)

---

2) 경제학적 해설은 Pheby (1988: 43−67).

위의 그의 글에서 보듯이 그의 인식론은 "인간의 이성은 언제든 틀릴 수 있다."라는 지극히 상식적인 명제로부터 출발한다. 그리고 그는 "실수나 오류는 인간 이성이 가지는 지극히 정상적인 모습"이며, "인간은 실수하고 이를 고쳐가는 과정에서 더 나은 지식을 가지게 된다."라고 했다(Popper 1983: 35). 이는 그의 계몽적 인식론을 잘 보여주는 대목이다. 그는 인간은 불완전하므로 틀릴 수 있으므로 인간의 인식 행위를 합리적인 관점에서 비판할 필요가 있다고 주장한다.[3]

이렇게 기존의 인식론을 비판한 포퍼의 선택은 비판적 합리주의이다. 그리고 이를 위해 포퍼가 선택한 논리적 추론 방식은 연역이었다. 연역은 예측 가능성을 주지만 오류 가능성도 가지고 있다. 그는 오류 가능성이 높을수록 더 과학적일 수 있다고 보았다. 그리고 과학이 할 일은 반증할 수 있는 가설을 만드는 것이지 가설을 확증하는 것이 아니라고 했다.

이렇듯 포퍼는 논리실증주의를 받아들였지만, 옳음을 그저 철저히 증명하려고만 하는 논리실증주의의 한계를 알고 있었다. 그리고 완벽한 검증을 통해 가설이 참이라는 것을 증명할 수는 없는 인식의 한계도 인정했다. 그러나 실증과 경험에 대해 회의가 인간 이성에 대한 회의로 발전하는 것을 막기 위해 실수를 통해 점진적으로 개선하고 발전하는 인간 인식을 상정했다. 그리고 그는 이러한 인식 방법론을 여타의 대상에도 적용했다. 그래서 사회에서도 역사에서도 오류를 발견하고, 이런 오류를 고쳐가면서 인류는 진보한다는 비판적 합리주의적 사회관과 역사관을 내놓았다.

그의 과학철학을 좀 더 자세히 살펴보자. 그는 과학적 연구는 문제를 제기 단계에서 시작해서 잠정적 결론을 내리는 단계를 거친 후에 오류 제거 단계를 통과하면 새로운 과학적 결론에 이른다고 했다.[4] 여기서 포퍼가 이런 연구 과정에서 오류를 제거하는 방식인 '반증주의 과학관'으로 연구자가 지적 회의주의에서 빠져나올 퇴로를 확보해 준다. 그리고 완전한 지식에 당장 도달하지 못할 수는 있지만, 꾸준히 이를 위해 노력해야 한다는 점진주의를 채택했다. 끊임없이

---

3) 비판적 합리론에 대해서는 Boland (2003) 참고.
4) 여기에 대한 포퍼의 주장은 Popper (1976a: 132).

가설을 제기하고, 이를 증명하는 과정을 통해서 학문은 성장한다고 했다.[5]

아울러 그는 《추측과 논박(Conjectures and Refutations)》에서 과학의 진보는 "우리가 오류에서 배울 수 있기 때문"이라고 했다. 이를 통해 이것만이 진리라는 우기는 독단론도 피하고, 진리를 포착하는 것이 아예 불가능하다는 회의론에서도 벗어날 가능성을 만든다고 했다. 물론 이런 과정에서도 과학적 추측과 가설은 엄정한 검증과 반박을 통과해야 진정한 과학적 지식이 될 수 있다는 관점에 대해서는 물러서지 않았다.

과학과 사이비 과학의 엄격한 구분을 강력하게 주장한 포퍼는 자연과학은 물론 경제학 같은 사회과학도 이런 연구 과정을 거쳐야 한다고 주장한다. 존 페비(John Pheby)는 그의 책에서 포퍼가 제시한 경험과학 방법론이 가져야 할 규칙을 다음과 같이 요약했다.[6]

- 과학적 이론의 진리성은 반증 가능성으로 결정
- 이론이 반박당해도 보호하지 않기
- 새로운 이론은 종전의 이론보다 더 많은 경험적 내용을 가져야 함
- 수용된 새 이론은 기존의 이론을 다 설명해야 함
- 이론은 엄격히 검증되어야 함
- 검증으로 반박되면 이론은 기각됨
- 기각된 이론은 재생시키기 어려움
- 비일관적 이론은 거부되어야 함
- 공리의 수는 최소화 함
- 새 이론은 독립적 검증이 필요함

이처럼 포퍼의 과학철학은 연구자들에게 불완전한 지식 세계에 대해 인내하며 좀 더 나은 지식을 만들 가능성을 열었다. 이는 분명한 그의 기여이다. 그러나

---

5) Popper (1959).
6) Pheby (1988: 56).

이런 포퍼의 과학관은 많은 비판 앞에 놓이게 된다. 특히 쿤, 파이어아벤트, 요한슨 같은 과학철학자는 그의 과학방법론이 과학의 진보가 아니라 퇴보를 가져올 수 있다고 비판했다.

라카토슈와 맥스웰은 포퍼가 제시한 과학적 검증의 규칙이 너무 엄격하다고 비판했다. 설령 새로운 이론이 올바른 이론이라도 포퍼가 제시한 엄격한 검증 과정을 통과하기는 어려울 수도 있다고 지적했다. 여기에다가 반증 또한 올바른 반증인지를 확인해야 한다는 비판도 등장했다. 반증이 나올 때 추가되는 '애드 혹(Ad hoc) 가설'[7] 문제의 발생 가능성도 지적되었다.

3 포퍼의 과학철학과 경제학

포퍼의 과학철학과 경제학은 깊은 연관이 있다. 위에서 이미 밝힌 것처럼 포퍼는 당시 유럽 내의 주류였던 역사주의 경제학방법론을 비판하면서 등장했다. 그리고 비판적 합리주의로 자신의 과학방법론을 제시했다.[8] 이런 포퍼의 과학철학에 당시의 경제학계에는 긍정적으로 보였다. 포퍼의 과학철학에서 경제학을 물리학 같은 학문으로 만들 가능성을 찾았기 때문이었다.

포퍼의 과학철학을 적극적으로 경제학에 적용한 학자는 T. W. 허치슨(Terence Wilmot Hutchison)이다. 허치슨은 1938년 《경제이론의 의미와 기초명제(The Significance and Basic Postulates of Economic Theory)》를 쓴다. 여기서 그는 포퍼에게 받은 감명을 밝히며, 포퍼의 과학 검증의 원칙을 경제학에 적용할 것을 주장했다. 이를 통해 허치슨은 연역 논리와 수학적 공리체계로 경제학을 만드는 신고전파경제학의 약점을 지적하며, 합리적 경제인 가정이나 '다른 전제가 일정하다면'이라는 전제를 둔 경제학의 논증 방식을 비판했으며, 경험적 검증의 필요성

---

7) 애드 혹은 '즉석에서 마련한'이란 뜻으로 임시방편으로 가정을 덧붙이거나 가지고 있는 이론을 어느 정도 변형시키는 것을 말함. 과학철학에서 애드 혹 가설은 기존이론에 배치되는 증거가 나왔을 때 기존이론을 보완하기 위해 추가되는 가설을 말함.

8) Pheby (1988: 43 -), Boland (2003).

을 강조한다. 허치슨은 경제학은 경험과학이므로 경험적 검증 외의 다른 추론 방
식을 택할 수 없다고 했다.

실증주의 경제학방법론을 제시한 프리드먼도 포퍼에게 영향을 받아서 자신
의 방법론을 세웠다고 알려져 있다. 블라우도 반증주의적 경제학방법론을 지지하
는 학자였다. 그는 프리드먼의 경제학방법론이 포퍼의 방법론을 원용한 것이라고
해석했다. 아래 블라우의 글에는 그의 과학적 연구 방식에 끼친 포퍼의 영향이 잘
확인된다.

> "모든 연구프로그램에 대해 제기할 수 있고, 제기해야 하는 궁극
> 적인 질문은 이미 포퍼에 의해 잘 알려져 있다. 만약 어떤 사건이 반증
> 되면 해당 연구프로그램을 폐기할 수 있을까? 이 같은 질문에 답할 수
> 없는 프로그램은 과학적 지식의 최고봉이 될 수 없다."
>
> Blaug (1980: 264)

사실 블라우는 현대 경제학의 핵심 문제를 반증주의를 적용해서 경제이론과
연구 방식을 만들지 않아서 발생한다고 보았다. 그는 대부분 경제학자는 경제이론
을 만들 때 반증가능성을 배제한다고 비판하며, 포퍼 철학의 중요성을 강조했다.

이런저런 긍정적이거나 부정적인 평가가 있지만 실제 포퍼의 방법론이 경제
학 연구에 잘 맞지는 않았다는 것이 일반적 평가이다. 사실 현재까지 이루어진 경
제학 연구에서 이론이나 모형에 반증가능성을 엄격하게 적용하는 연구는 거의 없
었다. 대부분 경제학 연구는 이론이나 모형을 확증하려고 시도한다.

여기서 마지막으로 살펴볼 것은 포퍼와 과학지상주의의 관계이다. 사실 포퍼
자신에게 가장 뼈아픈 비판은 '과학지상주의자'라는 지적이었다. 과학주의의 다른
표현인 과학지상주의는 과학만능주의를 배경으로 과학 외의 사고방식이나 의식
구조를 인정하지 않는다. 이는 사실 포퍼 철학을 왜곡한 것이다. 물론 포퍼가 과
학의 발전을 염원하고 이를 위해 자신의 과학철학을 제시한 것은 맞다. 그러나 그
는 과학만이 세상에 대한 바른 이해라고 생각하지는 않았다. 포퍼의 과학에 대한

신뢰는 분명한 사실이지만, 그렇다고 과학지상주의자는 아니었다.

그는 연구자를 논리적 검증을 하는 주체가 아니라 먼저 상상하고 추측하고 직관하며 자유롭게 연구 주제를 선정하는 주체로 그렸다. 인간을 과학에 결박된 존재가 아니라 과학은 그저 인간에게 유용한 도구 정도로 생각했다. 그리고 마음껏 비판할 자유도 연구자 사이에 허락되어야 한다고 생각했다.

여러 가지 논란에도 포퍼가 과학철학에 남긴 족적은 분명하다.9) 반증가능성을 두고 상상하고, 논증하고, 비판하며 과학을 발전해 간다고 보았던 포퍼는 무엇보다 이 연구 과정을 끌고 가는 인간의 자유 의지를 인정했다. 그래서 적어도 칸트 철학의 후예로 인정받기 충분한 과학철학을 남겼다.

---

9) 포퍼에 관해서는 Popper (1959), 포퍼의 과학철학에 대한 평가는 Boumans and Davis (2010).

제7장

토마스 쿤(Thomas Kuhn)의
과학혁명론(Scientific Revolution)

7장에서는 우리는 20세기에 가장 영향력 있는 과학철학자인 쿤의 과학철학에 관해서 이야기
한다. 쿤은 포퍼가 시작한 과학혁명(scientific revolution)의 길을 이어 달려 완주한 사람이
다. 그는 '모든 의미 있는 혁신은 낡은 사고방식에서 벗어나는 것이다'라고 하면서 구시대의
문제를 새로운 시대의 새로운 철학을 통해 해결하려고 했다.

포퍼 등장 이후 과학철학자들은 학문의 진보를 믿었고, 과학자가 연구하는 과정에서 배우고
익히며 더 나은 지식을 만드는 것이 학문하는 것이라고 보았다. 그리고 포퍼가 개척한 과학철
학의 시대를 이어 나가던 과학철학자들은 나름의 과학철학을 제시하기 시작했다. 그 선두에
서서 과학혁명을 지휘한 학자가 쿤이다.

쿤은 라카토슈와 함께 포퍼의 반증주의의 문제점을 지적했다. 그리고 패러다임론(paradigm)과
정상과학론(normal science)을 제시하면서 자신의 철학을 만든다. 그는 과학의 발전이 포퍼
의 주장처럼 점진적으로 이루어지지 않고, 혁명적으로 이루어진다고 보았다. 이런 혁명적 전
환 과정에서 과학계 패러다임의 교체가 이루어진다는 것이다.

경제학의 역사에서도 새로운 이론이 등장해서 주류화되면서 구주류에서 신주류로 패러다임이
교체되는 상황이 종종 있었다. 그래서 쿤의 과학혁명론으로 경제학사를 이해하는 것은 의미있
는 작업으로 여겨졌고, 이에 따른 연구가 많이 있었다.

토마스 쿤(Thomas Kuhn)의 과학혁명론(Scientific Revolution)

1 쿤의 삶과 철학적 배경

토마스 쿤은 과학철학 분야에서 한 획을 그은 학자이다. 그는 1922년 미국 신시내티에서 태어나서 1996년 사망할 때까지 누구보다 열심히 연구하면서, 과학 철학을 철학의 분과 분야로 만드는 것에 기여했다. 그는 귀납주의를 비판했지만, 포퍼의 점진주의도 비판했다. 그리고 1962년 쓴 《과학혁명의 구조(The Structure of Scientific Revolutions)》에서 자신의 과학철학을 제시했다. 여기에서 그는 과학 이 검증을 거치며 오류를 개선하고, 이 과정을 반복하며 과학적 지식을 축적한다 는 포퍼의 점진주의적 과학관에 의문을 던졌다.

그는 이에 대한 대안으로 귀납주의, 반증주의 같은 과학철학과 실제 과학 역 사의 괴리를 좁히려고 했다. 그리고 특정 현상에 대해 합리적이고 통합적 해석이 학계에 형성될 때 과학은 발전한다고 했다. 그리고 패러다임(paradigm)이라는 용 어를 통해 이 과정을 설명한다.

학문 세계에서 기존의 정상과학이 새로운 정상과학으로 바뀌는 것이 패러다 임 교체가 이루어지는 상황이고, 이는 혁명적 과정이라고 쿤은 주장했다. 그래서 쿤의 과학철학에는 절대적으로 참인 것도, 점진적으로 참으로 다가가는 것도 없 다. 시대의 대세 패러다임이 있을 뿐이었다.

그는 이렇게 상대주의적 세계관을 가지고 학문 세계를 평가했다. 이런 태도 는 근대 이후 세상을 지배한 과학주의와 과학적 합리성으로 만들어진 세계를 인정하지 않는 것이기도 했다. 포퍼는 이런 쿤을 비판하며, 정상과학이란 말은 과학을 모독하는 것이라고 했다.

이러한 지적에도 쿤의 패러다임론은 과학계를 흔들어 놓았다. 왜냐하면 이러한 상대주의적 진리관은 인간의 합리성에 한계를 절감한 제2차 세계대전 이후의 시대상과 잘 맞았기 때문이다. 과학 문명이 인간을 파괴하는 전쟁을 경험하며 과학의 발전과 함께 점점 더 절대적이거나 확실한 무엇을 찾아간다는 신념은 흔들렸고, 과학 문명에 대한 회의도 증가했기 때문이다. 이런 상대주의적 세계관은 이후 20세기 후반에는 포스트모더니즘, 해체주의, 구조주의, 해석학 등으로 나타났다.

2 쿤의 과학혁명론과 정상과학론

쿤은 학문 분야에서 한 시대를 총괄하는 개념, 문제의식, 사례 등의 종합을 패러다임이라고 정의했다. 즉 패러다임은 어떤 집단이 공통으로 인정하고 받아들이는 가정, 규칙, 연구방법을 총칭하는 개념이다. 패러다임의 특징은 첫째, 경쟁하는 과학자 집단이 있고, 둘째, 패러다임의 추종자가 풀어야 할 연구 과제들이 있고, 셋째, 같은 패러다임에 속한 학자 집단은 패러다임이 정한 연구방법으로 연구한다는 것이다.[1]

쿤은 학자들이 기존이론을 거부하고, 근본적으로 새로운 이론을 제시하면서 과학이 발전한다고 주장했다. 즉 과학은 전 과학(前 科學)이론 시기에서 정상과학이론 시기를 거치고 나서, 혁명적 과학이론 시기를 맞는다. 이 과정을 반복하면서 과학은 발전한다고 했다. 이렇게 특정 시대에는 그 시대의 대세인 정상과학(normal science)이 있고, 그 정상과학의 패러다임은 그 시대의 패러다임이 된다. 이런 정상과학이 현실을 제대로 설명하지 못하는 상황이 생겨나면, 자연히 비판이 제기되고, 정상과학은 점차 위기를 맞게 된다. 이런 위기 상황이 회복 불가능

---

1) Kuhn (1970). 이에 대한 평가와 해석으로는 Boumans and Davis (2010: 93-108), Pheby (1988/1999: 68-92).

할 정도로 심각해지면 과학혁명의 단계를 맞게 된다.

좀 더 구체적으로 살펴보자. 과학혁명 과정은 크게 나누어 총 네 단계를 거친다. 첫째 단계는 전 과학의 시기이다. 전 과학 시기는 특정 주제에 관하여 여러 학파가 경쟁적으로 이론을 내놓는 시기이다. 이 시기에는 학자 간에 의견 일치를 보지 못하여 논란이 계속되며, 과학적 지식이 체계적으로 정리되지 못한다.

둘째 단계는 정상과학의 시기이다. 정상과학은 특정 시기에 성공적으로 진행되는 과학적 발견에 기반한 연구 활동 전체를 말한다. 정상과학 시기는 이들 경쟁하는 학파 중 특정 학파가 확실한 이론이나 해법을 내놓고, 다른 학파는 이에 동조하는 시기이다. 특정 패러다임에 속한 이론이 확립되어 패러다임이 정립된 단계이다. 같은 패러다임 내에서 제기된 문제에 대해서는 패러다임 내에서 해결하며 패러다임 자체에는 비판이 없는 단계이다. 만약 문제해결을 패러다임이 하지 못하면 패러다임의 문제가 아니라 개별 연구자의 실수이거나 변칙 사례로 간주하는 단계이다.

셋째 단계는 위기의 시기이다. 패러다임이 해명하지 못하는 변칙 사례의 빈도가 증가하고, 경쟁하는 패러다임 등장하는 시기이다. 넷째 단계는 과학혁명의 시기이다. 혁명적 과학이론의 시기는 기존 정상과학에 이의를 제기하는 학파가 대안적 이론체계를 제시하며 혁명을 시도하는 시기이다. 이들의 혁명이 성공하면 과학혁명이 일어나고 패러다임이 교체된다. 점진적 개량이 아닌 혁명적 전환으로 새로운 패러다임이 정상과학이 되는 단계이다. 기존이론이 논리적으로도 실증적으로도 문제를 해결하지 못하고, 위기감이 커져서, 결국 새 이론이 수용되는 단계이다. 이런 과학혁명은 다음과 같은 상황이 전개되면 발생한다.[2]

- 기존이론과 양립 불가능한 대안적 이론이 존재
- 기존이론이 기각될 필요가 있는 상황이 발생
- 기존이론이 대안적 이론으로 대체되는 혁명의 과정이 진행

---

2) Kuhn (1987: 7−22), Blaug (1976).

- 이론의 추가적 보완이 유도됨
- 패러다임 변경으로 과학적 세계관이 변함

이렇게 과학혁명은 정상과학에 대항하는 대안적 과학이 등장하고, 두 과학 사이에 패러다임 경쟁에서 대안적 과학이 이기게 되면 발생한다. 등장한 새로운 과학에 관한 평가의 기준은 예측의 정확성, 전문적 문제와 일상적 주제 사이의 균형 있는 설명력, 대안적 과학으로 해결된 문제 수의 증가이다.

물론 이런 패러다임 교체는 순순히 이루어지지 않는다. 학파 간 치열한 공방을 치른 후에 성사된다. 이렇게 과학혁명이 성공하면 대안적 과학이 새로운 정상과학으로 등극한다. 이 혁명 과정은 과학자 개인이 아니라 과학자 사회 전체에 의해 수행된다. 이후 이 정상과학도 새로운 위기에 노출되고, 노출의 빈도가 높아지면 다시 교체 과정이 진행된다.

이처럼 정상과학이 위기를 맞아서 과학혁명이 일어나고, 새로운 정상과학이 등장하는 과정을 반복하면서 과학이 발전한다. 그러나 이 과정은 연속적인 과정이 아니라 불연속적인 과정이라고 쿤은 설명했다. 그는 과학혁명을 왕정이 무너지고, 공화정이 세워지던 근대의 사회혁명과 흡사하게 보았다.

쿤의 이런 과학관은 과학적 연구가 진리를 탐구하는 작업이고, 인간 이성의 빛을 가지고 연구하며 점점 진리로 다가간다는 학문의 진보를 부정한 것이다. 그저 연구를 연구자 집단 사이의 패거리 싸움 정도로 이해했다. 그래서 서로 다른 과학이론과 추종자 사이의 패권 싸움이 일어나며, 과학적 증명이나 검증 여부와는 별개로 특정 패러다임이 싸움에서 진다면 위기를 맞게 되고, 싸움에서 이긴 패러다임이 득세한다고 주장했다.

학계의 속사정을 살펴보면 과학자들 사이에 과학적 주제에 관한 합리적 논쟁은 애초에 불가능하며, 서로 다른 패러다임 사이에는 학문적 소통도 불가능하다고 쿤은 주장했다. 이렇듯 그의 과학철학 근간에 놓여 있는 상대주의적 관점은 쿤 과학철학의 매력인 동시에 한계였다.

3 쿤의 패러다임론과 경제학

쿤의 과학철학은 인문과학, 사회과학, 자연과학 등 20세기 학문 전반에 걸쳐 광범위하고 심도 있는 영향력을 미쳤다.3) 이를 좀 과장해서 말하면 과학철학의 역사를 쿤 이전과 이후로 나눌 만큼 큰 영향을 주었다. 특히 경제학 연구에서도 큰 영향을 미쳤다.

경제학사 속에 등장하는 경제학파 간의 갈등이나 특정 이론의 주류화와 비주류 이론의 반격 등은 쿤의 패러다임론으로 설명하면 이해하기 쉽다. 특히 쿤의 과학철학에는 기본적으로 사회적 배경이나 권력관계에 대한 이해가 연구 과정에 녹아 있다. 그래서 경제학파 간의 판단의 차이와 유효 경제정책을 두고 벌이는 현실적인 논쟁의 이해에 유용했다. 패러다임의 경쟁론을 통하면 경제적 문제를 이해하고, 정책을 제시하는 과정에 미치는 특정 경제학파의 역할을 잘 이해할 수 있었다.

또한, 대안적 이론체계가 경쟁에서 이기고, 새로운 주류이론이 되어 패러다임이 교체되는 상황은 경제학에 발생한 케인즈 혁명, 한계혁명 등과 잘 맞아떨어졌다.4) 그래서 많은 경제학자가 쿤의 과학혁명으로 경제학계의 사정을 잘 설명할 수 있다고 보았다. 이렇게 생각한 학자로는 잠세트 메타(Jamshed Kaikhusro Mehta), 론 스탠필드(Ron Stanfield) 등이 있다. 이들은 케인즈 혁명을 그 대표적인 사례로 들었다.

쿤의 과학철학을 경제학에 적용하는 것에 이의를 제기하는 학자도 있었다. 이들은 물리학이나 생물학에서 정상과학이라고 인정받은 과학을 경제학이 지금까지 가진 적이 없으므로 쿤의 과학철학을 적용하는 것은 오류라고 주장했다. 예를 들어 마틴 브로펜브래너(Martin Bronfenbrenner)는 경제학사에서 패러다임이 완전히 교체된 적이 없었다고 주장했다.5) 경제학사에는 다양한 패러다임이 혼재

---

3) 쿤에 대한 평가는 Pheby (1988: 68−92), Boumans and Davis (2010: 93−108).
4) Kuhn (1987: 7−22).

해 있고, 이런 여러 갈래의 패러다임이 종합되어 경제학을 만든다는 것이다.

사실 경제학사를 살펴보면 정상과학이라는 주류경제학이 있었지만 언제나 비주류경제학의 견제 속에 있었고, 비주류경제학을 전적으로 통제한 주류경제학은 없었다. 그러니 자연과학에서의 천동설에서 지동설로의 패러다임 교체 같은 변화는 경제학에서는 없었다는 것이 설득력은 있다.

게다가 자세히 살펴보면 경제학에서의 패러다임 교체나 변화는 자연과학과는 달리 복잡하다. 왜냐하면 경제학에서의 혁명이라고 하는 한계혁명이나 케인즈혁명도 쿤의 말하는 과학혁명이 아니다. 대개 경제학에서는 과거와 전적으로 다른 혁명적 경제학이 등장하기보다 과거의 유산을 수용하면서 시대에 맞게 새로운 특성을 가미한 경제학이 등장했다.

이처럼 막상 쿤의 과학철학을 경제학에 도입하면 많은 허점이 드러난다. 경제학에는 특정 시기에도 다양한 학파가 존재했고, 경제학자들은 별 제약 없이 자신이 판단하기에 더 설명력 있는 학파의 추종자가 되었다. 그리고 경향적으로 실증적 방법을 고집하기는 하지만, 실제 현실 적용에서 틀린 경우를 많이 경험해서 실증의 한계에 대해서도 인지한다. 그래서 비교적 새로운 아이디어에도 긍정적인 태도를 보인다. 물론 이데올로기적 성향을 드러내는 연구에서는 학파 간 배타성이 있다. 그러나 경제학은 아직도 과학으로 충분히 발전하지 못해서 특정 학파나 이론이 정상과학으로 확고한 입지를 가질 처지에 있지 않다.

따라서 쿤의 과학철학은 자연과학과는 달리 사회과학인 경제학에는 설명력의 한계를 가질 수 있다. 또 다른 이유로는 경제학의 연구 대상은 물리적 시스템만이 아니라 정치적이며 문화적인 시스템과도 강하게 상호작용한다는 점을 들 수 있다. 결국 찬찬히 살펴보면 자연과학과는 달리 사회와 정치에 영향을 받는 인간사회를 연구하는 경제학에서 정상과학을 만드는 것은 불가능에 가깝다.

사정이 이렇지만 1960년대와 70년대에 쿤의 과학철학을 경제학에 적용하려

---

5) 패러다임론 적용에 대한 프로펜브래더의 비판은 Bronfenbrenner (1971).

는 시도들이 있다. 특히 쿤의 과학철학은 행동경제학의 태동에 큰 영향을 미쳤다고 한다.6) 쿤은 과학계를 보편타당한 진리 따위는 염두에도 없고, 자신들의 신념과 이익을 관철하기 위해 패싸움을 하는 집단이라고 이해했다. 이는 한편으로는 현실을 과장 없이 바라보게 한다고 평가할 수 있지만, 다른 한편으로는 과학자의 연구 작업을 진영논리에 따른 행위라고 조롱한 것이다.

쿤의 과학철학은 많은 영감을 주었지만, 여러 가지 비판도 받고 있다. 무엇보다 과학자 집단의 의사결정 방식 비판이 쿤에게는 부재하다는 점을 들 수 있다. 만약 과학이 합의에 따라서 결정된다면 선택의 기준이 없다는 맹점이 드러난다.

실제로 패러다임론을 분과과학에 적용할 때 쿤의 패러다임론은 너무 단순한 설명틀이라서 연구자의 상상력이 동원되어야 어느 정도 모습을 만들 수 있다. 이런 의미에서 쿤의 과학철학은 논리적 추론의 과정과 이미지와 상상력이 종합된 것이라고 평가할 여지도 있다.

어쨌든 패러다임이라는 신조어에 대중은 마치 팝가수의 공연처럼 관심을 보였고, 학계는 그의 과학철학을 인용하기에 바빴다. 드러난 여러 한계에도 불구하고 쿤의 과학철학 덕분에 현대인은 학문의 권위라는 무거운 굴레에서 좀 더 자유롭게 되었다.

---

6) 행동경제학과의 연관은 Kahneman and Tversky (1979).

제8장

임레 라카토슈(Imre Lakatos)의
과학적 연구프로그램론(Methodology of Scientific
Research Programs)

8장에서 우리는 또 한 명의 걸출한 과학철학자이며 포퍼와 쿤 사이의 제3의 길을 연 과학철학자인 임레 라카토슈를 만난다. 라카토슈는 과학이론에 대한 평가는 이론 자체가 아니라 그 이론과 다른 이론의 역사적 변화 양상에서 결정된다고 했다. 이러한 라카토슈는 쿤보다 더 상대주의적 관점을 가졌다고 평가된다.

라카토슈는 과학적 연구 활동은 연구자가 자신이 속한 학문 분야의 여러 연구프로그램 중 하나를 선택하면서 시작된다고 했다. 이런 연구프로그램은 고유의 핵(core)과 보호대(protective belt)로 구성된다. 그리고 그는 과학과 사이비 과학을 나누어 보고, 이론적으로 진보적인 것이 과학이고, 그렇지 못하면 사이비 과학이라고 했다.

라카토슈는 경제학을 자신의 과학철학을 잘 설명하는 분과학문이라고 했다. 그래서 경제학방법론을 살펴볼 때 라카토슈의 방법론을 알아보는 것은 의미가 있다. 그의 과학철학과 연구방법론을 8장에서 살펴보자.

제8장

임레 라카토슈(Imre Lakatos)의 과학적 연구프로그램론
(Methodology of Scientific Research Programs)

1 라카토슈의 삶과 철학적 배경

　　혁명과 전쟁의 20세기를 유대인으로 파란만장하게 산 라카토슈는 1922년 헝가리 데브레첸에서 태어나서 1974년 사망했다. 제2차 세계대전 당시 나치에 저항하기도 한 그는 한때 공산주의자였지만, 이후 공산주의에 실망하고 전향했다. 그래서 공산화된 조국 헝가리에서 수정주의자로 몰려서 3년간 감옥살이도 했다. 이후 1956년 서방으로 망명했고, 런던 정치경제대학교(LSE)에서 재직했다.

　　이런 삶을 통해 다양한 세상을 경험한 라카토슈는 혁명이 일어나도 사라지지 않는 인간 세상의 문제를 직시하며 사회혁명을 포기한다. 그리고 점진주의적 관점을 가지게 되었다. 그는 서방으로 망명 후 영국에서 포퍼를 만나 학문적 교류를 하면서 과학철학에 관심을 두게 되었다. 그리고 과학사 연구과 과학철학 연구를 접목하여 자신의 과학철학을 세웠다.

　　그는 과학이론의 역사적 발전 양상에 대한 비교 연구를 중요하게 생각했다. 세상에는 과학으로 보이지만 사이비 과학인 것도 많으므로, 사이비 과학의 무리 속에서 진짜 과학을 골라내야 한다고 했다. 이를 위해 그는 과학적 현상의 검증가능성과 진리성 확보 방법을 연구했다. 그리고 귀납적 연구 방식도, 포퍼의 반증주의 연구방법론도, 쿤의 패러다임론도 비판했다. 몇 번의 실증을 통해 과학이론이 반증되지도 않았고, 과학적 지식은 혁명적이기보다는 진화적 변천 과정을 겪으며 발전한다고 보았다. 그래서 라카토슈는 이들 사이의 '제3의 길'을 찾아 나섰다. 이렇게 해서 포퍼와 쿤의 한계를 극복하기 위한 그의 과학철학인 '과학적 연구프로그램'이 등장했다.[1]

그는 경험과 선험을 동시에 인정했다. 과학에는 검증할 수 있는 경험의 영역이 있고, 검증할 수는 없지만 분명히 존재하는 선험적 영역이 있다고 했다. 이렇게 경험과 선험의 영역을 절충하면서 그는 자신의 과학철학을 제시했다. 그리고 과학이론 자체보다 과학적 연구프로그램이 변하면서 과학이 발전했다고 보았다.

물론 그는 과학이 합리적 연구 과정을 통해 발전했다고 보지만, 하나만 옳다는 절대적 진리관이나 이것만이 올바른 연구방법론이라고 주장하는 독단을 비판하면서 상대주의적 관점에 선다. 그러나 이는 파이어아벤트의 급진적 상대주의보다 약한 상대주의였다고 평가된다. 이렇게 그가 상대주의적 진리관과 절충주의를 택한 배후에는 그의 삶의 쾌적이 영향을 미쳤다고 본다.[2] 온갖 풍파에 시달린 그의 삶은 세상에는 하나의 답만 있지 않다는 사실을 분명히 알게 했다.

2 라카토슈의 과학적 연구프로그램론

라카토스는 과학적 연구프로그램론에서 특정 과학이론에 대한 평가는 그 이론 자체가 아니라 그 이론과 경쟁하는 다른 이론의 역사적 발전 양상을 비교하면서 판단되어야 한다고 했다. 즉 과학이론 A 자체를 평가하기보다 이론 A에 이르는 이론 계열을 다른 이론의 계열과 비교하여 이론 A를 평가해야 한다고 보았다. 그리고 연구자는 독립적으로 자신의 연구를 하는 것이 아니고, 의식하든 못하든 특정 관점과 연구 방식을 공유하는 집단의 일원으로 연구한다는 것을 강조한다. 이렇게 같은 관점을 공유하는 이론 계열 전체를 이론이라는 용어 대신에 라카토

---

1) 라카토슈에 대해서 Pheby (1988/1999: 93－112), Blaug (1976), Blaug (1980).

2) 라카토슈가 제3의 길을 모색한 것에 대해서는 Backhouse (1994: 479－). 라카토슈가 경험과 선험 사이의 절충안을 제시한다는 것은 홍기현 (2022).

슈는 과학적 연구프로그램으로 불렀다.

그가 주장한 연구프로그램은 견고한 핵과 보호대 그리고 발견법(heuristic)으로 구성되어 있다. 프로그램의 핵심 부분은 핵이다. 핵은 검증될 필요가 없으며, 연구 작업을 추동하는 원리이다. 견고한 핵이 가지는 특징은 첫째, 매우 일반적이며 이론적인 가설의 형태를 취하고 있으며, 연구프로그램이 전개되어 나갈 때 기본 원리 기능을 하고, 둘째, 프로그램 지지자들의 결단으로 반증 불가능한 것으로 받아들여진다. 보호대를 가지고 있는 견고한 핵은 거부되거나 수정될 수 없는 성격을 띤다.

코페르니쿠스의 지동설과 기존 천동설의 연구프로그램이 각각 있다면 지동설의 연구프로그램은 다음과 같은 반증 불가능한 핵을 가지고 있다. '행성은 고정된 태양을 중심으로 회전하고, 지구는 지축을 중심으로 하루에 한 번 자전한다.' 이에 비해 천동설의 연구프로그램의 핵은 '지구가 우주의 중심에 있으며 지구 주위를 천체가 움직인다.'이다.

연구프로그램을 구성하는 다음 요소인 보호대는 반증과 같은 검증 과정을 치르면서 수정이나 보완될 수 있다고 했다. 보호대는 다음과 같은 성격을 띤다. 첫째, 핵이 가진 본질적 구조가 관찰된 사실에 의해 반증되지 않게 보호하고, 둘째, 다양한 보조 가설이나 미지의 초기 조건 상정 등을 통해 핵을 보호하는 기능을 한다. 따라서 보호대는 핵을 보호하는 보조 가설이나 이론의 특성을 드러내는 초기 조건, 혹은 검증이나 관찰 대상에 대한 가정 등의 형태를 띤다.

보호대와 핵 이외에 연구프로그램을 구성하는 것은 발견법이다. 발견법은 일종의 문제해결을 위한 장치를 말한다. 대개 발견법은 핵보다는 덜 단단하지만, 연구프로그램을 추진하기 위해 도움이 되는 부분이다. 강력한 형태의 문제해결 방식인 발견법은 핵의 논리가 적용되지 않는 사례들을 핵에 맞게 바꾸는 역할을 한다. 여러 가지 난제나 이론 등이 발견법이 될 수 있다. 발견법에는 적극적인(긍정적) 발견법(positive heuristic)과 소극적인(부정적) 발견법(negative heuristic)이 있다. 긍정적 발견법은 연구가 추구할 것이라면 부정적 발견법은 연구에서 피해야 할 것이라고 보면 된다. 라카토슈는 긍정적 발견법을 보유한 연구프로그램이 진보적인 연구프로그램이 된다고 보았다. 아랫글에는 라카토스의 발견법에 관한 설명이 있다.

> "긍정적인 발견법은 연구프로그램의 변경할 보호대를 수정하거나
> 정교하게 만들거나 할 수 있는 확실한 제안이나 아이디어를 주는 것들
> 로 된다."
>
> Lakatos (1978: 50)

라카토슈는 연구프로그램의 존망은 새로운 관찰 사실이 연구프로그램에 의해 얼마나 잘 설명되느냐에 달렸다고 했다. 즉 보호대가 새롭게 등장한 불일치되는 현상에 얼마나 적절히 대응하느냐에 따라 결정된다. 보호대가 잘 대응하면 연구프로그램은 발전하고 진보한다. 그러나 보호대가 새로운 사실에 적절히 대응하지 못하면 연구프로그램은 퇴행한다고 했다. 다시 말해 어느 연구프로그램이 발전하느냐, 퇴행하느냐는 새로운 사실들에 보호대들이 대처하는 과정에서 결정된다는 것이다.[3] 이처럼 라카토슈는 연구프로그램이 서로 견제하고, 경쟁하면서 과학은 점진적으로 발전한다고 했다.

쿤과 라카토슈를 비교하면 라카토슈의 견고한 핵은 쿤의 패러다임, 적극적 발견법은 정상과학과 비슷한 점이 있다. 차이점은 라카토슈는 견고한 핵은 확정된 것으로 간주하나 쿤의 패러다임은 훨씬 더 유연해서 이를 확정하려면 추가적인 작업이 필요하다는 점이다.[4]

---

3) 라카토슈의 연구프로그램론에 대해서는 Lakatos (1978), Lakatos (1986: 4-5) 참고. 과학의 발전에 대한 점진론에 대해서는 Eichner (1983: 221-), Boumans and Davis (2010: 108-111), 쿤과의 비교는 Pheby (1988: 97), 진보적 프로그램에 관한 국내 연구는 김웅진 (2013: 3).

4) Blaug (1976).

3 연구프로그램론과 경제학

라카토슈는 처음에는 자신의 연구프로그램론의 사례로 수학이나 물리학을 생각했고, 사회과학에는 잘 맞지 않을 수도 있다고 했다. 그러나 1974년 스피로 라치스(Spiro Latsis)가 경제학에 그의 과학철학을 적용하자 기뻐했다고 한다. 이후 경제학계도 이에 수긍하여 그의 과학철학을 적극적으로 수용했다.5) 그의 연구프로그램론을 적극적으로 받아들인 학자는 블라우와 라치스였다.

라치스는 신고전파경제학을 연구프로그램론으로 분석했다. 그리고 신고전파경제학의 견고한 핵은 완전한 지식과 정보, 최선의 결정 가능성, 내부 논리에 따른 합리적 선택, 안정적인 작동으로 보았다. 그리고 적극적 발견법으로 정태적 모형 구성, 모형에서 경제외적 요인 가능한 제거, 균형 도출 가능성 확보, 미적분 방정식으로 함수 관계 설정, 모형을 만들지 못하면 전제를 바꾸어 재시도, 균형이 형성될 때까지 가정과 전제를 조정하는 과정 등을 제시했다.

블라우는 신고전파경제학의 견고한 핵을 합리적 선택, 선호의 일관성, 완전한 정보, 생산 요소의 대체 가능성으로 보았다.6) 이들 외에도 여러 경제학파에 관해 라카토슈의 과학철학을 응용하는 연구들도 있었다.

라카토슈의 과학철학에 관한 평가는 다양하다. 부정적으로 평가하는 학자들은 라카토슈의 과학철학에서 핵심 개념의 정의가 불확실하고, 그의 과학철학이 비체계적으로 구성되어서 혼돈이 생긴다는 점을 든다. 특히 적극적 발견법과 과학자들이 반박에 대비해서 장기적인 관점을 가지고 전략적으로 연구한다는 것에 대해서는 현실적으로 동의하기 어렵다고 한다.

이런 비판에도 불구하고 그의 과학철학에는 다음과 같은 장점이 있다. 그의 과학철학은 경험과학인 경제학이 현실 경제 현상을 설명하기에 급급해 파악하지 못한 경제학 연구 풍토 전체를 조망하게 해준다. 그래서 경제학파에 관한 연구를 할 때 객관적이고 효율적으로 접근할 수 있게 한다. 동시에 연구프로그램이라는

---

5) 이에 대한 국내 연구는 홍태희 (2009: 185 -).
6) Blaug (1976: 161), 신고전파경제학에 대한 적용은 Latsis (1976: 22).

잣대를 가지고 다양한 경제학파를 비교할 수 있는 장점도 있다. 그래서 여러 한계에도 불구하고 라카토슈의 과학철학은 현재에도 끊임없이 소환되고 있다.

제9장

폴 파이어아벤트(Faul Feyerabend)의
반(反)방법론(Against Method)

9장에서 우리는 폴 파이어아벤트의 과학철학을 살펴본다. 상대주의적이고 아나키스트적 세계관을 가진 파이어아벤트는 자유로운 영혼의 소유자였다. 세상의 이런저런 모습을 경험한 파이어아벤트는 용감하게 절대주의적 진리관을 접고, 상대주의적 진리관의 세계로 들어간다. 그리고 잘난척하는 연구자 집단의 위선을 성토한다. 그는 과학자들의 자부심인 상아탑이 그렇게 대단한 것도 아니고, 학자들이 진리 탐구를 그렇게 열심히 하지도 않는다고 생각했다. 이런 학계 사정이 뻔한데도 학자들이 괜한 우월주의에 빠져있다고 학계를 비판하고 조롱했다.

그는 특정 과학방법론만으로는 보편타당한 진리를 확보하지 못한다고 보았다. 그래서 그가 제시한 과학철학은 '방법론적 아나키즘'이다. 이는 이것저것 가리지 말고, 사용할 수 있는 방법이 있다면 써 보자는 것이다. 학문의 세계에서 확실하게 진리를 찾을 수 있는 보편적 과학방법론이 없는데도 계속 특정 방법론만 강조하면 오히려 학문 발전을 저해할 수 있다고 그는 생각했다. 9장에서는 현대사상과 학문에 큰 영향을 준 파이어아벤트를 만나보자.

제9장

폴 파이어아벤트(Faul Feyerabend)의 반(反)방법론(Against Method)

1 파이어아벤트의 삶과 철학적 배경

파이어아벤트는 1924년 오스트리아 비엔나에서 태어나, 1994년 스위스 제놀리에 바우드에서 사망했다. 칼 포퍼의 제자였던 그는 포퍼로부터 반증주의를 배웠고, 분석철학과 양자역학 그리고 비트겐슈타인의 철학에도 심취했었다. 장애인이었던 파이어아벤트는 군인으로, 학자로, 한때는 가수를 꿈꾸기도 하면서 파란만장한 삶을 살았다. 이런 그의 삶은 그의 철학에 영향을 주었다. 그래서 삶이 사람마다 다르게 펼쳐지지만 존중해야 하듯이, 과학에도 일반적으로 적용될 방법은 없으므로 모든 방법의 사용이 허용되어야 한다고 생각했다.

대부분 과학자는 과학을 신뢰한다. 과학이 인류가 가질 수 있는 좋은 지식이라고 판단한다. 그래서 전 생애를 거쳐 과학에 복무한다. 이렇게 생애를 바칠 수 있는 것은 과학이 비과학보다 우월하다고 생각하기 때문이다. 이런 신념을 과학주의라고 한다. 여기서 더 극단적으로 나가면 과학만이 올바른 지식이라고 보는 '과학지상주의'나 '과학만능주의'로 발전된다.

근대와 현대의 대세는 과학주의이다. 이런 과학주의가 득세한 배경에는 근대 세계를 연 데카르트의 합리론과 근대 물리학을 완성한 뉴턴이 있다. 데카르트가 전수한 것은 이성에 대한 신뢰이고, 뉴턴의 고전역학 중심에는 인과율이 있다. 그래서 근대 이후의 학문의 목표는 인간 이성으로 인과율을 파악하여 미래를 예측하는 것이었다.

이런 과학주의는 사실 20세기 후반에 와서 과학 내부로부터 무너졌다. 양자역학을 적용하면 미시의 세계에서는 인과율이 작동하지 않는다. 그래서 미래를 예측할 수 없다. 왜냐하면 대상이 고전역학이 전제한 것처럼 고정되지 않고 변화하고 있기 때문이다. 그래서 자연과학계에서도 과학주의를 비판하는 목소리가 나왔다.

이러한 비판 중에는 근대과학의 한계를 인정하고 다양한 연구방법을 허용하려는 관점도 있다. 또한, 과학 자체의 허점을 지적하며, 과학의 우월성을 인정하지 않는 학자들도 있다. 과학주의의 깃발을 든 자연과학의 발전이 환경문제는 물론 많은 사회적 문제를 일으키고 있다고 비판하는 학자들도 있다. 이런 반과학주의를 주창하는 학자 중 맨 앞줄에 서 있던 학자가 파이어아벤트이다.

파이어아벤트 과학철학의 배경에는 상대주의, 반(反)과학주의와 반(反) 실증주의가 있다. 그는 자신이 살던 시대의 대표적인 과학철학자이지만, 과학주의에 대항했다. 그는 포퍼보다는 더 유연하게 상대주의적 관점을 제시한 쿤도 미온적이라며 비판했다.[7] 이런 그의 과학주의 비판은 실증주의 비판으로 이어졌다.

인간이 불완전하고, 불안정한 존재인 것처럼 과학도 불완전하고 불확실하다. 과학 중에 특히 인간이 모여 사는 사회에 관한 연구, 즉 사회과학 연구로 만든 지식은 더욱더 불완전하고, 불확실하며, 불안정적이다. 이런 사회과학의 특성을 알면서도 수학적 공리체계나 전제로부터의 논리적 추론을 하려는 과학계의 연구 풍토를 무신경과 반지성의 결과라고 보았다. 그래서 과학주의자들이 과학의 발전을 통해 비과학적 연구 전통이 가지고 있다는 맹목성이나 열등성을 제거했고, 비과학적인 것들이 점차 사라졌다는 주장을 받아들이지 않았다.

이런 과학주의에 대한 반성과 우려는 파이어아벤트만 한 것이 아니었다. 이런 이들이 중심이 되어서 당시 과학 만능의 시대 분위기 속에 '과학을 과학하는' 노력이 모아졌다. 이는 '일관성'이나 '균질성'을 잣대로 삼아 과학적 검증을 하고,

---

7) Pheby (1988: 100-101).

과학적 근거를 찾으려는 노력으로 이어졌다. 그 결과로 윌러드 밴 오먼 콰인 (Willard Van Orman Quine)이나 스티븐 제이 굴드(Stephen Jay Gould) 같은 학자가 자신의 과학철학을 제시할 공간이 생겼다.

이런 반동의 공간 속에서 등장한 파이어아벤트는 과학이 우월하다고 판단할 결정적인 근거가 없다고 주장했다. 그리고 검증되었다는 과학적 방법이나 이론 중에 완전한 것도 없고, 확증된 적도 지금껏 없었다고 했다. 따라서 과학의 한계를 직시하며, 진리 탐구를 위해서는 과학적 방법 외의 비과학적 방법까지 포함한 다양한 방법이 허용되어야 한다고 주장했다.

또한 그는 서로 다른 패러다임은 서로 비교할 수 없다고 주장하며, 과학의 '공약불가능성(incommensurability)' 명제를 제시했다. 이는 경쟁하는 이론은 공동의 기준으로 평가할 수 없으므로 비교할 수 없다는 것이었다. 이런 자신의 과학철학을 1975년 출판된 《방법에의 도전(Against Method)》에 밝힌다.

이를 통해 그가 진정으로 하고 싶었던 것은 과학이라는 또 다른 형태의 우상을 부수는 작업이었다. 그래서 과학의 특권의식을 비판한다. 그가 보기에 과학은 여전히 '충분히 과학적'이지 않았다. 그러니 과학 우월주의에 빠지지 말라고 했다. 다른 것에 비해 우월하다고 할 만한 과학을 인류가 아직 만들지 못했다고 보았다.

그래서 그는 과학과 신화 중에서 어느 것이 더 낫다는 것을 쉽게 판단해서는 안 된다고 주장했다. 과학은 우리가 의심 없이 믿을 수 있는 것의 집합이고, 신화는 공상 속의 사건이라서 믿지 말아야 한다는 주장은 우리 시대의 편견이라고 그는 생각했다. 따라서 종교나 신화 등을 과학적 논의에서 배제할 근거가 없다고 했다.

이 같은 파이어아벤트의 과학철학의 배경에는 학문적 아나키즘이 있다. 그는 과학의 힘을 폭력성에서 찾았다. 과학과 비과학의 경쟁에서 비과학적 전통이 패배한 것은 과학을 주도한 서구사회의 폭력성과 다른 전통에 대한 불공정한 행패 때문이라고 했다. 그는 과학의 힘은 더 강력한 살상 무기의 만드는 것으로 담보되며, 군사적 유용성이 과학과 비과학의 확실한 구획 기준이라고 보았다. 그래서 비과학이라고 폄하되는 것은 사실 군사적으로 유용하지 않은 것이라고 주장

했다. 파이어아벤트의 이런 주장은 '학문적 다다이즘' 혹은 '학문적 아나키즘'이었다.[8]

2 파이어아벤트의 반(反)방법론과 학문적 아나키즘

파이어아벤트는 학문적 아나키즘에 따른 연구방식을 제시했다. 그래서 과학적 연구는 정해진 방법론적 규정만을 따르지 않고, 연구자 자신의 가치판단이나 직관 그리고 개인이 처한 상황에 따라 달리 채택할 수도 있다고 했다. 이렇게 연구도 연구 주체가 개입할 여지를 두는 한 예술 행위와도 무관하지 않다고 했다.

상대주의와 반과학주의로 종합된 그의 학문적 아나키즘은 그의 말 "어떻게 해도 좋다(anything goes)."로 요약된다.[9] 모두가 지지할 '과학적' 방법이란 존재하지 않으니 연구자 각자가 해결하려는 문제에 적합한 방법을 그때그때 방편적으로 찾아 연구하라는 것이었다. 그가 비판한 것은 당시의 대세였던 논리실증주의의 '수용된 관점'이었다. 그는 수용된 관점이 강조하는 보편적으로 타당한 그 무엇을 찾는 방법은 존재하지 않는다고 했다. 그리고 여러 방법 중 어떤 방법이 더 타당한지 알 수도 없다고 했다.

이러한 그의 방법론적 아나키즘에는 수용된 관점은 물론이고, 과학의 특권의식에 대한 비판이 담겨있다. 그는 어떤 방법만이 옳다는 태도 자체가 인식을 제약하고 특정 인식을 강요한다고 했다. 그런 그가 제시한 그나마 좋은 연구방법은 '사례연구'였다.

그는 과학자의 주관이 개입되는 연구 현실을 지적했다. 과학적 지식도 연구자의 주관적 인식이 작용하기 때문에 순수한 이성에 의한 작업이 아니라는 것이다.[10] 또한, 물리적 시간의 단선적인 흐름에 좌우되는 선형적인 진보관을 거부하고, 시간

---

8) 파이어아벤트에 대해서는 Feyerabend (2016), Feyerabend (1975).
9) 방법론적 아나키즘에 대해서는 Feyerabend (2016).
10) Feyerabend (1975).

의 흐름과 함께 과학이 점진적으로 발전한다는 포퍼의 주장에 반기를 든다.

이런 그의 과학철학도 한계는 있다. 가장 큰 한계는 그가 기존의 과학철학을 비판했지만, 비판할 뿐 이를 대신할 대안을 구체적으로 제시하지 못했다는 점이다. 그런데도 그가 특정 방법론의 독재를 견제하고, 보편적 과학방법론이 없다고 주장하며, 다양한 방법의 가능성을 보여준 것은 과학철학 발전의 기초를 닦은 것이라고 할 수 있다. 그래서 이후 등장하는 포스트모더니즘의 학문방법론의 기반이 되었다. 이런 과학철학을 통해 특정 학문방법론이 독점한 학문 세계를 민주적으로 변화시키는 것은 진정한 과학을 위한 첫걸음임이 분명하기 때문이다. 그래서 그의 과학철학은 비판의 기능은 충분히 했다고 평가된다.[11]

3 파이어아벤트의 반(反)방법론과 경제학

경제학은 사회과학 중에도 경제적 유용성을 목적으로 한다는 점에서 구획 문제에 민감한 분과 분야이다. 이에 따라 흔히 경제학적인 것은 '쓸모 있는 것'으로 이해되는 것이다. 특히 주류경제학은 공리주의를 배경으로 한 최소의 노력으로 최대한 많은 이익을 얻는 것을 목표로 하는 공부라서 경제학 연구의 본질에 잘 맞는 측면이 있다. 사회과학의 여왕이라고 자부하는 경제학이 채택한 전략이 합리성을 배경으로 하는 이익 극대화 가설을 수학적 논증과 통계학의 검증을 도구로 확인하는 작업으로 정한 것은 이에 따른 귀결이다.

그런데도 여전히 남은 문제는 효용과 같은 경제적 척도가 만인에게 동등하지는 않다는 인간 사회의 진실이다. 객관적이고 공평한 척도가 있어야 과학이 될 수 있다. 그러나 이렇게 공평하고 객관적인 척도가 경제학에 없다는 것이 문제이다. 이런 의미에서 경제학의 '쓸모가 있음'이나 실증과학적 연구방법론의 우월성은 사회적 관계 측면에서도 재검토하는 작업이 필요하다.

---

11) Pheby (1988: 100－101).

여기서 파이어아벤트가 서구 과학과 과학방법론의 우위가 서구 군사력 우위에서 왔다고 이해한 것은 큰 함의를 가진다. 과학의 발전을 추동한 것은 바로 무기 개발이고, 인간을 얼마나 효율적으로 죽일 수 있느냐는 과학적 성취의 성패가 달렸다는 것이다. 그러니 어떤 과학적 방법이나 법칙으로 치장한다고 해도 과학적 지식은 지배 이데올로기적 성격을 가진다는 것이다. 그는 바로 이런 점을 폭로한 것이다.[12]

경험과학이고 사회과학인 경제학에는 다양한 연구방법이 존재할 수 있다. 이런 경제학의 상황은 파이어아벤트의 방법론적 아나키즘이 작동할 배경이 된다. 실증주의 경제학의 시대를 지나고, 앞으로 경제학이 어떤 방법론을 대세로 사용할지는 미지수이다. 현재로서는 다양한 방법론이 있기는 하지만 주류경제학의 방법론이 주류 연구방법론으로 사용되고 있는 것은 분명하다. 그리고 주류방법론이 만드는 지식이 사회의 지배 이데올로기로 작동하고 있다는 것도 분명하다. 그래서 주류적 세계관을 비판한 파이어아벤트의 반방법론은 세상을 다르게 해석하고, 세상을 바꾸어 갈 비주류경제학에 큰 힘이 되고 있다.

---

12) 경제학과 이데올로기, 특히 비주류경제학과 이데올로기에 대해서는 Jo (2022: 204–251), Söderbaum (2008b).

제10장

래리 라우든(Larry Laudan)과
연구전통(Research Traditions)

10장에서 우리는 래리 라우든은 과학철학을 살펴본다. 그는 학문의 기능을 문제해결 능력에서 찾았다. 그리고 과학적 연구를 통해 한편으로는 이론적 법칙성을 추구하고, 다른 편에서는 경험적 검증을 축적하면서 과학적 지식이 점점 더 진화된다고 생각했다. 이렇게 그는 과학의 복합적 기능을 강조했다.

라우든 과학철학의 시작은 선배 과학철학자들의 과학방법론이었다. 그는 포퍼의 경험주의를 비판했고, 비판적 합리주의도 비판했다. 쿤의 패러다임론과 과학혁명론도 비판했다. 아울러 라카토슈의 비합리주의도 비판하면서 라카토슈 연구프로그램의 대안으로 새로운 합리주의로 자칭한 자신의 과학철학을 제시했다. 그리고 자신의 과학철학을 '연구전통'으로 명명했다. 그런데 현시점에서 확인해 보면 라우든의 과학철학은 쿤의 패러다임과 비슷해서 패러다임을 연구전통으로 말만 바꾼 것으로도 이해할 수도 있다.

그는 학문의 역사를 살펴보면 오랫동안 경험적으로 검증되어도 여전히 심층 구조에 관한 거짓 가설이 참으로 받아들여지는 것도 많고, 참인데도 관심을 받지 못하는 가설도 많다고 했다. 그리고 통틀어 본다면 성공한 이론이 거짓일 가능성이 높다는 비관론을 제시했다. 이런 그의 비관론적 과학철학을 10장에서 살펴본다.

제10장

래리 라우든(Larry Laudan)과 연구전통(Research Traditions)

1 라우든의 삶과 철학적 배경

1941년 미국 텍사스주 오스틴에서 태어나 2022년 사망한 라우든은 미국 실용주의 철학의 전통을 잇는 학자였다. 그는 밤하늘의 별을 관측하다가 천문학에 관심을 가지게 되었고, 과학적 질문을 마음에 품게 되었다. 그는 프톨레마이오스나 뉴턴 같은 학자의 이론처럼 처음에는 잘 정립되었다고 인정받았으나 이후 수정되거나 폐기되는 것이 반복되는 과학사를 살펴보며 과학적 근거가 이론의 확증에 어떻게 작동하는지를 탐구했다.

라루든의 철학적 배경은 실용주의이다. 다른 과학철학자보다 미국의 실용주의 철학의 영향을 많이 받은 라우든은 실용주의적 과학철학을 제시했다. 그래서 그는 학문의 문제해결 기능을 강조했다. 그는 학문의 목표를 진리 탐구로 삼는 것은 지나치게 이상적이라고 했다. 우리가 진리를 알지 못하므로 어떤 것이 진리에 얼마나 접근했는지도 알 수 없다고 생각했기 때문이다.

1977년에 쓴 《진보와 문제점들(Progress and Its Problems)》에서 "과학은 근본적으로 문제해결을 위한 행위였다."라며 "해결된 문제의 영역을 최대로 만들고, 이변이나 개념적 문제의 범위를 최소화하는 것"이 과학적 연구의 목표라고 했다(Laudan, 1977: 66). 이는 그의 과학에 대한 이해를 나타낸다. 그는 자신의 학문방법론은 모든 과학에 응용 가능하다고 했다. 아래의 글에는 라우든이 이해한 과학의 목적과 과학적 지식의 기능이 잘 나타난다.

> "이론의 기능은 모호성을 해결하는 것, 불규칙성을 동질성으로 귀
> 결시키는 것, 발생한 현상에 관한 이해를 어쨌든 돕고, 예측도 가능하
> 게 하는 것이다. 내가 이론을 문제의 해결책으로 언급할 때 염두에 두
> 는 것은 이론의 이와 같은 복합적 기능이다."
>
> Laudan (1977: 13)

위의 인용문에서 보듯이 그는 과학적 연구의 목적은 문제의 해결에 있고, 연구 결과는 문제해결의 효율성과 과학 발전에 대한 기여 정도로 평가되어야 한다고 했다. 따라서 과학은 개념적 문제들도 연구해야지만, 더 중요한 것은 경험적 검증이며, 이를 통해 문제의 구체적인 해결을 위한 지식을 축적해야 한다고 보았다.

이런 연관에서 라우든 연구전통의 철학적 배경은 분명히 실용주의와 도구주의다. 따라서 라우든의 과학철학에는 기존의 과학철학보다 현실적인 측면이 많다는 평가를 받는다.

또 다른 철학적 배경은 학문진화론이었다. 그는 학문을 이론적인 법칙성을 찾고, 경험적 검증 자료를 축적하는 진화과정으로 이해했다. 그는 과학적 활동을 더 나은 세상을 만드는 진보적 행위로 생각했고, 그 과정을 학문의 진화과정으로 이해했다.

2 라우든의 연구전통과 진화과정

라우든은 실증주의, 실재론, 상대주의적 연구방법론을 비판했다. 그는 포퍼를 경험주의자라고 비판했고, 쿤은 혁명주의자라고 비판했다. 그리고 쿤과 라카토슈를 종합한 후 패러다임론이나 연구프로그램과 일맥상통하는 연구전통이란 과학철학을 제시한다.

그는 연구전통을 다음과 같이 정의한다. '연구전통은 특정한 학파나 학문적 울타리 안에 속한 학자들이 동일하게 가지는 인식론이며, 연구방법의 규범이다.'

그는 연구전통은 특정 이론들로 구성되어 있는데 이런 이론들이 여러 번 공식화되는 과정을 거치면서 점차 장기적으로 안정적인 연구 풍토의 배경이 된다고 했다. 즉 특정 연구전통은 여러 이론으로 구성되는데, 이런 이론들은 그 연구전통 안에서 동일한 방법론으로 검증되고 평가된다고 했다.

그는 연구전통은 특정 연구전통이 할 수 있는 것과 할 수 없는 것을 구분하기 위해 연구전통 범위를 제시해야 하고, 정상적으로 사용하는 방법론과 여타의 방법론도 가져야 한다고 했다.[1] 이를 통해 연구전통은 연구의 대상이나 검증 방식, 자료 수집 방식을 결정하고, 연구자의 연구에 관한 신념도 결정한다.

이처럼 연구전통은 특정 연구전통에 속한 학자들에게 '반박 불가한 전제(assumptions)'를 제공하고, 자료를 수집하고 검증하는 방법을 제시한다. 이를 가지고 학자들은 자신들의 연구전통에 부합하지 않는 이론을 찾아낸다. 그리고 자신들의 연구전통에 반하는 이론에 대해서는 이의를 제기한다.[2]

이런 그의 과학철학은 포퍼의 비판적 합리주의가 제시하는 경험주의나 쿤의 과학혁명론을 넘어선 것이었다. 그는 실증주의가 제시한 엄격한 기준으로 과학적 합리성을 확보하는 것보다 중요한 것은 합리성의 개념을 더 확장해서 현실 문제를 파악하고 해결할 수 있어야 한다고 생각했다. 따라서 그에게 합리성은 진리를 확보하기 위한 명확한 기준이 아니라 인간의 문제를 해결하는 과학의 지식을 최대화하는 것이었다. 아울러 라우든에게 과학은 세상에 대한 통속적인 평가가 아닌 권위 있는 해석이어야 했다.

이처럼 라우든은 '경험적 문제'라는 표현과 함께 '개념적인 문제'라는 범주를 강조한다. 그는 쿤과 라카토슈가 지나치게 경험적인 문제에 집중한다고 하면서 개념적 범주의 중요성을 강조한다. 이런 라우든의 연구전통 개념은 쿤과 라카토슈와 비슷한 점도 많다. 그러나 라우든은 방법론적 측면에서 이들보다 훨씬 유연하고 융통성 있게 접근한다고 평가된다. 그는 중요한 문제에 '가중치'를 주면 과학의 발전을 더 효율적으로 할 수 있다고 보았다. 그는 연구전통을 간판으로 내세

---

1) Laudan (1977: 78-79).

2) 라우든의 과학철학에 대해서는 Pheby (1988/1999: 113-131), Laudan (1977).

운 자신의 과학철학이 완전하지 않으므로, 더 보완해야 한다고 했다.

3 라우든의 연구전통과 경제학

라우든은 학문의 기능을 모호한 것을 분명하게 하고, 불규칙한 것에서 규칙을 찾아 미래를 예측하는 것으로 보았다. 위에서 이미 설명한 것처럼 특히 학문의 문제해결 기능을 강조했다. 그래서 연구하는 일은 문제해결을 잘하는 이론을 찾는 것이고, 문제해결을 잘하는 학문을 진보적인 학문이라고 했다. 그러나 문제해결 능력은 단지 수량적으로 파악하지 않고, 역사적 맥락에서 이해해야 한다고 했다.

이런 실용주의적이고 응용 가능성을 가진 라우든의 과학철학은 구체적인 영향을 경제학계에 미쳤다. 응용과학인 경제학 연구에서 실용과 응용은 일반적인 기준이기 때문이다. 게다가 라우든 스스로 경제학을 자신의 과학철학에 적합한 학문이라고 했다.

사실 경제학은 절대 진리를 찾은 학문이 아니라 실용주의적이면서도 도구주의적 경향을 띤다. 경제학은 인간의 웰빙을 위한 학문이기 때문이다. 라우든에게 과학의 진보는 인간의 문제를 해결하는 것으로 이해했다. 이런 라우든의 이해는 경제학이 태생부터 경제 문제해결을 위한 학문이라는 측면에서 보자면 쉽게 수용될 가능성이 있는 과학철학이라고 볼 수 있다.

라우든은 쿤의 과학철학을 비판하며, 특정 패러다임의 우월성이 확실하게 유지된 것은 과학사에서 유례를 찾기 어렵다고 했다. 대부분 서로 다른 연구전통이 공존하고 경쟁하는 상황이라고 했다. 그래서 라우든은 쿤과 라카토슈 방법의 종합을 시도했다. 특정 패러다임에서 제기된 문제는 다른 경쟁 패러다임에서도 문제가 될 수 있다고 했다. 경험적인 문제에는 해결되지 못한 것과 해결된 것이 혼재해 있으므로 한 이론에서는 해결되지 못한다면, 다른 경쟁 이론에서는 해결하려고 시도해야 한다고 했다. 그리고 그는 과학은 이렇게 문제를 해결해 나가려는 과정을 통해 진보한다고 했다. 이런 의미에서 라우든의 과학철학은 다원주의적 방법론이라고 할 수 있다.

따라서 현재 여러 경제학파로 나뉘어 개념의 통일도 안 되고, 방법론적으로나 과학적 지식의 기준이나 지향성에서도 차이가 나는 경제학을 라우든의 연구전통으로 이해한다면 결국 인간의 경제생활에 가장 도움이 되는 경제학파가 가장 나은 연구전통이라고 할 수 있다.

아울러 그는 한 학파가 풀지 못하는 경제적 문제는 다른 학파가 풀면 된다고 했다. 이런 조정이 현실에서 어떻게 가능한지는 모르지만, 적어도 다원주의 경제학의 과학철학적 배경으로 라우든의 연구전통은 충분히 설득력이 있다.

제11장

로이 바스카(Roy Bhaskar)의
비판적 실재론(Critical Realism)

11장에서 우리는 사회적 존재론의 과학철학인 로이 바스카의 비판적 실재론을 살펴본다. 비
판적 실재론은 기본적으로는 과학철학이지만 이론을 넘어선 학문 운동이기도 하다. 그러나 사
회적 관심을 받은 것에 비해 지금까지 일반적으로 합의된 정의조차 마련되지 않았다. 비판적
실재론이라는 대안적 과학철학의 중심에는 바스카가 있다. 긴 머리를 검은색으로 염색하고,
사회적 인습에 반하며 살았던 바스카는 친절하면서 이타적인 성품을 가진 사람이었다고 한다.
바스카가 창시한 비판적 실재론은 선험적 실재론 혹은 사회적 존재론으로 이해된다. 비판적
실재론은 세상이 실제로 존재하며, 과학의 연구 대상이 경험으로 확인되지 않아도 실재한다고
주장한다. 즉 경험적으로 감지되지 않더라도 실재하는 세계를 연구 대상으로 파악한다.

이러한 새로운 인식론을 제시한 비판적 실재론은 주류경제학의 연구방법론의 한계와 주류경
제학의 문제점을 극복할 가능성을 제시하며 경제학에 큰 영향을 미쳤다. 토니 로손(Tony
Lawson)은 비판적 실재론을 경제학에 응용한 대표적인 학자이고, 포스트 케인지언 경제학은
비판적 실재론을 적극 수용한 학파이다. 11장에서는 과학적 형이상학자이던 바스카의 비판적
실재론을 통해 21세기를 해명하고, 경제문제를 해결할 가능성이 있는지를 알아보자.

로이 바스카(Roy Bhaskar)의 비판적 실재론(Critical Realism)

1 로이 바스카의 삶과 철학적 배경

존재론적 질문은 철학의 중요한 문제이지만 과학주의에 밀려 과학이 만들어준 존재의 외피 속에 한동안 숨죽이고 있었다. 과학주의 광풍은 실증할 수 없는 것은 존재 자체를 부정했기 때문이다. 그러다 1970년대에 들어서서 과학적 연구에서 부딪힐 수밖에 없는 존재론적 질문이 등장했다. 이를 대표하는 철학이 바스카에 의해 영국에서 만들어진 과학철학인 '비판적 실재론'이다.

바스카는 1944년 영국 테딩턴에서 인도인과 영국인 혼혈아로 출생했고, 2014년 영국 리즈에서 사망했다. 그는 사회적 존재론의 장을 연 과학철학자이다. 그는 원래 경제학을 공부했었고, 옥스퍼드 대학에서 경제학 강사로 일했으나 이후 철학으로 전향했다. 왜냐하면 경제학이 가난과 같은 실제적인 경제 문제를 해결해 주지 못한다고 생각했기 때문이다.

바스카는 철학을 통해서 사회 문제를 더 근본적으로 이해하고 해결할 도구를 마련하려고 했다. 그리고 1975년에 《실재론적 과학론(A Realist Theory of Science)》과 1979년에 《자연주의의 가능성(Possibility of Natruralism)》을 출판하며 과학철학계에 비판적 실재론이라는 도전장을 제출한다.[1]

그의 철학 기저에는 '반(反)이원론'이 있다. 그는 학문을 개체론과 전체론, 실

---

[1] Bhaskar (1975), Bhaskar (1989), Bhaskar (1998).

증적 분석과 규범적 분석 등으로 나눈 것을 인식론적 오류로 보았다. 그리고 '세계가 존재하는가?'와 '세계가 존재한다는 것을 증명할 수 있는가?'라는 질문을 동일하게 취급하는 서양 학문 전통을 비판한다. 증명하지 못해도 존재하는 것이 세상에는 많다는 것이었다.

    그래서 무엇인가를 실증해서 정확하게 이해하고 예측도 한다는 실증주의와 우리가 본질에 대해서 말할 수 없고, 확실한 지식도 가질 수 없다는 포스트모더니즘도 동시에 비판한다. 그는 실증주의를 비판하면서 무엇을 참이라고 하거나 자연법칙을 검증하기 위해 왜 과학적 실험이 필요한가에 답해야 한다고 했다. 물론 그런 실험이 도대체 가능하기는 한지도 물어야 한다고 했다.

    바스카는 자연과학의 실험을 통해 메커니즘을 알아냈다고 하더라도 의미가 있으려면 그것이 실험실 밖에서도 작동해야 한다고 보았다. 그는 과학이 할 일이 연구 대상을 정량화시켜 법칙을 만드는 것이 아니라, 현실을 만드는 메커니즘을 찾는 것으로 보았다. 즉 과학의 과제는 관찰된 사실의 규칙성을 발견하는 것이 아니고, 관찰된 사실을 만드는 구조와 힘을 식별하는 것으로 보았다.

    그래서 그는 사회과학은 특히 실험실 밖의 현상에 관한 메커니즘을 연구해야 한다고 했다. 사회과학의 대상인 사회적 실재의 본성을 타진하고, 사회과학의 연구 대상에 존재론적 층위를 매기며 자신의 과학철학을 만든다. 이를 통해 사회과학적 지식을 만들어 낼 가능성을 실재론적 사회존재론으로 현실화시킨다.[2]

    이런 바스카 과학철학의 배경은 실재론이다. 그리고 실재론으로 사회과학에 뿌리내려 있는 이원론을 극복하려고 했다. 그는 자신의 사회적 형이상학을 초기 철학에서는 비판적 실재론으로, 후기 철학에서는 변증법적 비판적 실재론과 메타리얼리티 철학으로 완성했다.

---

2) 바스카의 비판적 실재론은 Archer, Bhaskar, Collier, Lawson and Norrie (1998), Fleetwood (ed.) (1999), 홍태희 (2007: 285−), 홍태희 (2011b: 1−7, 17−18), Buch−Hansen and Nielsen (2020: 129−140, 145−146), 홍태희 (2010: 53−), 고창택 (1995), 김기홍 (2003), 이덕재 (2002).

2 바스카의 비판적 실재론

비판적 실재론은 당시에 통용되던 여러 인식 방법을 비판하며 등장한다. 먼저 당시에 대세였던 실증주의 과학방법론을 실재와 경험적인 현상을 혼동한다고 비판한다. 아울러 구조를 무시한 채 만들어진 현상만을 받아들이는 주체들의 상대적 인식을 강조하는 구조주의도 비판한다. 또한 지식의 상대주의적 속성을 과도하게 강조한다고 사회구성주의도 비판한다.

아울러 비판적 실재론은 실재를 부정하고 실재에 대한 해석만을 강조하는 해석학적이며 관념론적인 사회과학 연구도 반대한다. 그리고 상대주의를 넘어선 그 무엇이 '실재한다.'라는 것을 분명히 하기 위해 실재론적 접근을 한다.

이렇게 해서 대안으로 비판적 실재론을 제시한다. 비판적 실재론은 드러난 현상이 본질일 수 없다고 인식하고, 이런 현상의 외형적인 면을 강조하는 주류방법론을 거부한다는 점에서 '비판적'이며, 현상을 발현시키는 구조와 기제가 단지 이론적 구성물이 아니라 객관적 실재로 존재한다고 보는 까닭에 '실재론'이다. 이렇게 비판적 자연주의와 선험적 실재론이 합해져서 비판적 실재론의 기초가 세워진다.

이와 함께 비판적 실재론은 존재론과 인식론을 혼동하는 현대 사회과학방법론을 비판하며, 실재론적 사회과학방법론의 정립을 시도한다. 이를 통해 비판적 실재론은 실재를 이론적으로나 경험적으로 완벽하게 검증할 수 없다는 점 때문에 등장하는 지적 허무주의나 불가지론, 상대주의를 극복하고 '실재는 있다.'라는 점을 강조한다. 실재가 있다면 연구해서 실재에 대한 올바른 지식을 얻을 수 있다. 그러니 결국 '아무것도 알 수 없다.'는 불가지론에 빠질 염려가 없다.

바스카는 이런 실재론을 가지고 20세기 후반 유행했던 포스트모더니즘과 해체주의의 물결 속에서도 인간 이성을 통해 사회라는 존재를 포착하고, 사회적 문제를 이해하며, 사회를 변화시키는 것이 가능하다는 것을 확인시키려고 했다.

비판적 실재론의 관점에서는 세상에는 우연도 없고, 이유 없음도 없다. 사건의 배후에는 그것을 발생시키는 기제가 우리가 인지하든 못하든 존재한다. 이 발

표 11-1 실재의 존재론적 층위

실재의 층위	경험적 층위	• 양화된 측정 • 데이터	• 구체적인 현실에 대한 경험
	현실적 층위	• 사건과 사태의 경향이나 상태	• 힘 • 메커니즘의 현실화
	심층적 층위	• 인과관계 • 역학관계 • 제도적 관계	• 힘 • 메커니즘

자료: Bhaskar (1997: 13), 홍태희 (2007).

생 기제는 실재 속에서 인과적 힘으로 작동한다. 과학의 기본 임무는 바로 이런 기제, 메커니즘을 찾아내는 것이다.

이처럼 바스카는 과학적 탐구는 실재의 메커니즘을 발견하려는 노력이고, 이런 노력을 통해 과학적 물음에 답을 할 수 있다고 했다. 특히 사회과학 연구에서 이런 메커니즘을 발견하는 것은 사회적 현상을 이해하고 이를 통제하기 위한 필요조건이라고 했다.

그래서 비판적 실재론의 경제학을 보는 관점은 주류 경제학방법론과 다르다. 주류경제학의 방법론적 개인주의나 환원주의가 제시한 사회 구성단위의 집합으로 사회를 보지 않는다. 비판적 실재론은 '사회와 개인은 서로 환원될 수 없다.'라며 환원주의와 거리를 둔다. 그리고 '사회는 개인으로 구성된 것이 아니라 관계로 구성되어 있다.'라고 이해한다.

바스카의 실재론은 존재론으로 연결되어 사회과학의 대상이 실재한다는 사회적 존재론이 된다.[3] 세계가 서로 독립적인 구조와 메커니즘으로 되어 있고, 이런 세계는 실재한다. 그리고 이런 실재에는 층위가 있다. 구체적인 현실로 경험한 것을 양화된 측정 단위로 확인할 수 있는 것은 경험적 층위이다. 그러나 경험적 층위의 실재만이 아니라 힘과 메커니즘이 현실화한 사건이나 사태의 경향이나 상태로 표현되는 현실적 층위도 있다. 그러나 근본적이며 심층적 층위에 존재하는 실재는 힘이나 메커니즘이다. 이런 실재는 경험적 층위에서 양화된 데이터로 확

---

3) Buch-Hansen and Nielsen (2020: 129-140), Davidsen (2005), Hodgson (2004).

인하지 못해도 실재한다. 특히 심층적 실재는 경험적이며 현실적인 실재를 존재하게 하는 실재인데 인과관계, 역학관계, 제도적 관계로 존재한다.

이처럼 비판적 실재론은 인간 행위가 모여져 사회적 현상이 만들어진다는 막스 베버의 이해도, 사회가 그 자체로 고유성을 가지고 개인을 규정한다는 에밀 뒤르켐의 이해도, 피터 버거와 같은 학자들이 주장하는 사회와 개인의 상호작용 속에서 변증법적으로 사회와 개인이 만들어진다는 이해도 부정한다.

사람과 사회는 변증법적 관계가 될 수 없다는 바스카의 사회 이해는 사회는 개인보다 먼저 존재하므로 개인이 모여서 만들 수 없고, 개인들이 재생산하며 변혁시켜 가는 구조이며, 관습의 총체로 이해한다. 따라서 역사성과 변혁의 대상이 될 수 있다는 것이다.

이런 의미에서 비판적 실재론은 경험론과 관념론, 상대주의와 객관주의 사이에서 제3의 길을 모색했다고 볼 수 있다. 다만 존재론적으로는 분명한 태도를 보이지만 방법론에서는 신중한 태도를 보인다. 상대주의나 관념론과는 달리 이론과 독립된 실재의 세계를 인정하고, 인간이 이 세계를 알 수 있다는 것이다. 경험주의와 객관주의와는 달리 사건에 대한 관찰을 할 때 환원주의를 사용하는 것을 거부한다. 경험적 사실은 실재를 일부분만 포함하기 때문이다. 따라서 사건을 발생시키는 기제를 파악하기 위해서 비판적 실재론은 귀납이나 연역뿐 아니라 가추와 역행추론도 사용해야 한다고 본다.

이런 사정에서 대안으로 등장하는 것이 '혼합형 연구방법(mixed methods research)'이다. 스콧 헤렐(Scott A. Hurrell)이 제시했던 혼합형 방법은 비판적 실재론과 실증주의로 사회과학을 연구하자는 주장이다. 일부에서는 비판적 실재론의 방법론을 비판적인 방법론적 다원주의라고도 한다.[4]

비판적 실재론은 사회의 심층적 존재에 구조가 실재하고 사회과학은 이 구조의 존재에 집중해야 한다고 주장하는 측면에서 포스트모더니즘을 주장하는 사람들과 어느 정도 거리가 있다. 물론 후기구조주의자나 해체주의자도 실재론자이

---

4) 이 문제에 대해서는 Danermark *et al.* (2004: 332–336), Hurrell에 대해서는 Hurrell (2014).

기는 하지만 비판적 실재론자로 보기에는 무리가 있다. 후기구조주의나 해체주의는 문화나 언어 등에 지나치게 몰입하면서 객관적인 지식을 포기하고 상대주의로 가는 경향이 있기 때문이다.5)

　　1970년대의 장기 불황과 반전 운동 등의 사회적 위기 속에 등장한 비판적 실재론은 20세기 후반에 와서 사회적 관심을 더 많이 받았다. 그리고 포스트모더니즘과 사회구성주의가 대세인 비주류 사회과학의 분위기 속에서 어느 정도 설득력을 얻어 갔다. 그러나 21세기 현재는 여전한 과학주의 세상에 점차 이론 자체가 필요 없는 빅데이터의 시대가 열리면서 영향력의 한계에 직면한 상황에 있다.6)

3　비판적 실재론과 경제학

　　20세기 말에 와서 비판적 실재론은 근거이론과 함께 대안적 사회과학방법론으로 등장하며 사회과학 전반에 영향을 주었다. 특히 경제학에도 비주류경제학의 대표 이론으로 부상되며 근거이론보다 광범위하게 받아들여졌다. 사실 비판적 실재론은 자연과학과 사회과학을 다르게 이해한다. 자연과학과는 달리 사회과학은 사회적으로 정의된 실재에 관한 연구가 아니라 '사회적으로 생산된 실재'에 관한 연구라는 차이가 있다.

　　그래서 비판적 실재론은 사회과학에 관한 연구는 고정되지 않고 변화하는 인간 사회에 관한 연구이므로 자연과학의 연구와는 달라야 한다고 주장한다. 따라서 사회과학 연구에 자연과학 연구방법을 사용하는 것에 동의하지 않는다.

　　그래서 비판적 실재론은 경제학을 자연과학의 방법을 사용해서 자연과학 같은 학문으로 만들려는 시도부터 비판한다. 사회과학인 경제학은 자연과학과는 다른 대상, 인간을 연구하는 학문이므로 자연과학의 방법론 사용은 한계가 있다는

---

5) 비판적 실재론의 상대주의적 성격에 대해서는 Buch-Hansen and Nielsen (2020, 120-127).
6) 최신 논의로는 Buch-Hansen and Nielsen (2020:1-4).

것이다. 특히 주류경제학이 주로 사용하는 환원주의적 방법론으로는 경제적 실재를 파악할 수 없다는 것이다. 따라서 개인주의를 바탕으로 하는 신고전파경제학을 비판한다. 왜냐하면 사회를 개인으로 환원시킬 수 없다면 신고전파경제학이 사회를 이해하고 '설명하는 힘(explanatory power)'은 근본적인 한계를 가지기 때문이다.[7]

바스카의 과학철학을 사회과학에 접목한 마거릿 아처(Margaret Archer)는 1995년 《실재론적 사회이론 ─ 형태유전학적 접근(Realist Social Theory ─ The morphogenetic approach)》을 출판한다. 여기서 그는 방법론적 개인주의도 전체론도 동시에 비판하며 권력관계의 구성과 구조 그리고 주체 문제를 집중적으로 재해석한다.

비판적 실재론을 경제학에 적용한 학자 로손은 비판적 실재론을 방법론적 기조로 삼아 경제학을 재해석하였다. 이런 시도에 동조하는 비주류경제학자가 모여 일명 '케임브리지 사회적 존재론 그룹(Cambridge Social Ontology Group)'이라는 연구 동아리를 만든다.[8] 1997년 로손의 책 《경제학과 실재(Economics and Reality)》가 출판된다.[9] 여기에서 로손은 비판적 실재론을 통해 경제학적 존재론을 구축한다. 이런 로손의 시도는 케임브리지 대학교를 중심으로 활동하는 포스트 케인지언들에게 영향을 주었고, 비판적 실재론은 포스트 케인지언 경제학 존재론의 기틀이 된다.

비판적 실재론은 우리가 앎을 통해 만들어 놓은 지식과 존재를 구분한다. 그러나 신고전파경제학을 중심으로 한 주류경제학은 실증주의적 방법을 통해 만든 지식과 존재를 혼동한다. 만들어 놓은 지식은 많은 전제를 두고 추론한 논리적 산물인데 이를 실재라고 혼돈하고 있고, 이를 보편적 지식이나 일반이론으로 제시하는 오류를 범했다고 비판적 실재론은 비판한다. 〈표 11-2〉는 주류경제학과 비판적 실재론을 비교한 것이다. 둘 사이에는 큰 차이가 있다는 것이 확인된다.

---

7) Fleetwood (2002).

8) '케임브리지 사회적 존재론'에 대해서는 Martins (2022: 149).

9) 비판적 실재론에 대한 로손의 사상에 대해서는 Lawson (1996), Lawson (1997), Dunn (2009), 로손의 주류경제학 비판은 Lawson (2003), Lawson (2009a), Lawson (2009b).

표 11-2 주류경제학과 비판적 실재론의 방법론

	주류경제학의 방법론	비판적 실재론의 방법론
진리 인식 방법	연역적(deductive)	경제적 실재 중심 (economic realities)
측정 기준	양적(quantitative)	양적/질적 복합(quantitative/ qualitative)
분석 시각	인식론적(epistemological)	존재론적(ontological)
이론의 외연	폐쇄체계(closed system)	개방체계(open system)
사실 파악 방법	양화된 사실로 이루어진 사건 중심 (events orientated measured through facts)	사건, 구조, 역학관계 중심 (events plus structures and powers matter)
관점	관찰과 증거에 기초해서 (observation and evidence based)	관찰될 수 없더라도 실재의 측면에서 (aspects of reality may not be observable)
이론의 핵심	균형으로 향하는 경향 (tendency to equilibrium)	실재(reality out of phase)
인과관계	단선적 인과관계 (unidirectional transitive relationships)	복합 원인적 관계 (complex causal relationships)
관계성의 정도	정체된 관계 (relationships stable)	변화하는 관계 (relationships variable)

자료: 홍태희 (2007) 재인용.

　　현재 실증주의를 일정 정도 포기하지 않으면 경제학의 미래를 꾀하기 어렵다. 이는 실증주의적 방법론이 틀린 답을 주어서가 아니라 답을 아예 줄 수 없기 때문이다. 이런 상황에서 비판적 실재론은 실증주의 경제학이 가지는 한계와 사회구성주의가 가져오는 한계를 실재의 존재론적 층위의 다양성을 제시하면서 극복하려고 시도한다. 두 가지 과학철학 사이에서 제3의 길을 만들려고 한 점에서 경제학방법론의 바람직한 대안이라고 볼 수 있다. 아울러 경제 문제를 제대로 해명하기 위해서는 심층적 구조, 발생 기제, 메커니즘의 실재를 파악하고, 이 관계성을 중심에 두고 경제문제의 해결을 시도하는 것은 매우 적절한 시도이다.

　　한계 또한 분명하다. 비판적 실재론의 심층 구조가 가령 자본주의라면 이해가 쉽기는 하다. 그러나 자본주의 외에도 발생 기제로 작용하는 메커니즘이 실재하는 현실 세계를 해명하지 못하고 있다. 경제사상 측면에서 비판적 실재론이 비판하고 대안을 제시하려는 것은 신자유주의 경제사상이다. 신자유주의 경제사상은 많은 이론적이고 현실적인 문제가 있지만, 그 해결책을 비판적 실재론이 제시했다고 보기 어렵다.

또한 비판적 실재론이 인간 중심의 이분법에 묶여서 경제의 여러 문제에 설명력의 한계를 보이는 부분이 있다. 현재 인간 이외의 다양한 존재를 고려하지 않고는 인간의 경제 문제는 이해될 수도, 해결될 수도 없다. 이것이 21세기 현재 기후 위기를 비롯한 복합위기 앞에 있는 세상의 현실이다. 마지막으로 실재를 확인해도 여전히 남아 있는 계량의 문제도 비판적 실재론이 과학철학으로 풀어야 할 과제이다.[10]

이런 한계에도 불구하고 비판적 실재론의 경제학방법론적 기여는 분명하다. 무엇보다 경제 현상 배후의 기제, 심층적 실재를 찾아내는 것에 방법론적 로드맵을 제공한다. 특히 심층적 실재의 존재를 파악했다는 것은 비판적 실재론이 세상을 관계로 이해하는 최첨단 과학이론과 결을 같이 하는 과학철학인 것은 인정해야 한다.

또한 실재가 여러 객체로 구성되고 각 객체도 서로 다른 기제와 힘을 보유한다는 것은 매우 적절한 해석이다. 자연과학은 상대적으로 낮은 층위의 기제에 관한 연구이지만, 사회과학은 사회적 층위로 인해 층위의 속성에 인간의 의도, 생각, 말, 자기 개선 노력 등이 포함되어 있어서 자연과학처럼 폐쇄적일 수 없다. 따라서 사회과학에 관한 연구는 자연과학처럼 폐쇄적 체계를 만들 수 없고, 개방체계를 가져야 한다는 것을 비판적 실재론은 인지시켰다.[11]

---

10) Finch and Ramsay (2002).
11) 비판적 실재론의 학문적 기여에 대해서는 홍태희 (2010; 53-), 홍태희 (2011b: 1-), Danermark *et al.* (2004: 334).

Ⅲ부

다양한 경제학파의 경제학방법론

"유한한 세상에서 무한한 성장이 가능할 것이라 믿는 사람은 미치광이거나 경제학자다."

Kenneth E. Boulding (1973: 248)

III부에서 다양한 경제학파의 경제학방법론을 알아본다. 경제학은 살림살이를 연구하는 학문이다. 개인의 살림살이뿐 아니라 나라의 살림살이도 연구한다. 세상을 살아가는 인간의 모습은 천태만상이다. 아울러 삶에 대한 인간의 이해도 천태만상이다. 그러니 살림살이도 천태만상이다. 이런 다양성은 자연히 다양한 경제학파를 만들었다. 사실 경제학의 세계도 다른 학문영역 마찬가지로 끼리끼리 말 통하는 사람끼리 모여서 공부하고 토론하며 세상일을 논한다. 그래서 여러 경제학파가 등장했다. 세상을 다르게 보고 세상 문제를 연구하는 방식이 다르면 같은 학파에 속할 수가 없다.

III부에서는 경제학파들의 경제철학을 알아본다. 경제학파의 철학적 배경과 경제학방법론을 살펴보면 이들이 경제학의 연구방법과 연구목표가 다르다는 것도 확인한다. 이를 통해 바람직한 경제철학을 그려본다.

제12장

고전파경제학과 신고전파경제학의 경제학방법론
(Methodology of Classical Economics
and Neoclassical Economics)

12장에서 우리는 주류경제학의 방법론인 고전학파경제학과 신고전학파경제학의 방법론을 살펴본다. 1970년대 과학철학 부흥기를 지난 후, 1990년대에 들어서 경제학방법론은 경제학 내에 하나의 분과 분야로 자리 잡았다.

경제학은 사회과학이다. 사회 속에 사는 인간의 경제 문제를 다루는 학문이라서 학문의 정체성은 사회를 어떻게 바라보는가에 따라 달라진다. 그리고 관점에 따라 방법론도 달라진다. 근대사회를 배경으로 등장한 근대경제학은 근대인이 사회를 이해하는 갈래에 따라 다른 경제학으로 등장한다. 사회를 바라보는 관점은 크게 두 가지로 나뉜다. 사회가 개인 이전에 이미 존재한다는 관점과 개인이 모여 계약을 통해 사회를 만든다는 관점이다. 서로 다른 사회에 대한 이해는 경제에 대한 이해는 물론 경제이론의 성격에까지 영향을 미쳤다. 거기에 따라 다른 특징을 가진 경제학파로 발전했고, 학파에 따라 경제학방법론도 달라졌다. 그래서 이들 사이의 공통 영역을 찾는 것은 현재의 학문 수준에서는 한계가 있다.

이런 과정에서 주류경제학으로 자리 잡은 학파는 고전파경제학과 이를 이어서 19세기 한계혁명을 거치며 등장한 신고전파경제학이었다. 이들이 채택한 방법론도 주류 경제학방법론으로 등극했다. 주류경제학의 사회관은 개체론적 관점인 사회계약론 위에 서 있다. 이런 사회관은 자본주의 경제체제의 발전과 함께 형성된 인간관, 세계관, 인식론과 결합하여 확고하게 자리 잡아간다. 12장에서 우리는 고전파경제학과 신고전파경제학의 방법론이 주류경제학의 방법론이 되는 과정과 주류경제학 방법론의 특징을 살펴본다.

제12장

고전파경제학과 신고전파경제학의 경제학방법론
(Methodology of Classical Economics and Neoclassical Economics)

1 고전파경제학과 주류경제학의 철학적 배경

14세기에서 16세기에 일어난 르네상스를 거치고, 17세기와 18세기의 계몽시대로 들어선 세상에서 사람들은 인신적 구속에서 벗어났고, 곳곳에 국민국가가 세워졌다. 이렇게 열린 세상은 새 시대를 이끌어 갈 새로운 질서가 필요했다. 이렇게 해서 등장한 새로운 질서는 정치적으로는 민주주의이고, 경제적으로는 자본주의였다.

이후 자본주의는 산업혁명과 함께 급격히 변화한 경제 환경을 대변했다. 사회적 권력관계로 설명하자면 자본을 가진 계급이 중심이 되는 사회가 되었다. 사유재산제도를 장착한 자본주의는 보통 사람들에게도 장사할 자유, 이익을 추구할 자유를 허락했다. 이전 시대의 상거래는 왕권이나 황제권 그리고 교회권에 의해 통제되었고, 사람들을 이윤추구는 죄악이라는 종교적 신념에 묶여 있었다.

사실 고대 이래 중세를 거쳐 오랫동안 이익을 추구하는 행위를 죄악시하던 시대적 환경은 근대에 와서 변했다. 사람들이 옛날에는 이윤추구를 하지 않았다는 것은 물론 아니다. 그때에는 이윤추구가 소수에게 주어지는 특권이었다. 나머지 다수를 통제하기 위해 현실의 권력과 종교의 힘을 가지고 이를 죄악시하며 금기시했다. 근대에 들어서 인간의 이윤추구 행위는 더 이상 죄악이 아니게 되었다. 이는 종교개혁을 통해 형성된 근대사회의 특성이었다. 소수의 돈 벌 특권이 모두의 권리로 바뀐 것이다.

이런 근대사회를 도덕적으로 정당화시키고, 사회적 갈등과 반발을 봉합하는 방법을 제시한 사람은 근대경제학의 아버지인 아담 스미스였다. 신학자이며 도덕철학자였던 스미스가 가졌던 사회에 대한 비전은 1759년 출판된 《도덕감성론(The Theory of Moral Sentiments)》에서 확인된다. 그는 칸트가 제시한 인간의 천부적인 도덕률을 긍정했고, 양심적인 사람들이 사는 사회의 조화로운 작동을 믿었다. 그러나 스미스 당시 도덕철학의 한 갈래이던 경제학이 스미스가 강조한 도덕을 버리고, 과학적 학문으로 가는 길을 선택한 것은 아이러니였다.

또한, 스미스는 1776년 출판된 책 《국부론》에서 사회구성원 각자의 이윤추구는 전체 사회의 부를 극대화한다고 천명한다. 경제적 동기에서 자신의 이익을 위해 복무하는 것은 정당하다고 했다. 왜냐하면 잘사는 나라를 만들 추진력이 인간의 이기심에 따른 이윤추구에서 오는 것이기 때문이었다. 여기서 각자의 이기심이 만나서 조화를 이루는 곳은 바로 시장이다. 그리고 보이지 않는 손이라고 표현된 가격기구가 시장에서의 조화와 균형을 유도한다는 것이다.

스미스는 생산성을 증대를 위해서는 분업해야 한다고 했다. 그리고 국가 간에도 자유무역을 하면 더 큰 편익을 구할 수 있다고 했다. 이런 사상으로부터 주류경제학의 배경인 자유주의 경제사상이 만들어졌다. 그리고 이를 근간으로 스미스와 그를 이은 학자들에 의해 고전파경제학이 만들어졌다.

고전파경제학은 경제주체를 세상 속을 살아가는 사람으로 현실화하는 작업을 했다. 그리고 이들의 이해관계를 조정하는 제도로 시장을 선택했다. 경제 현상을 만드는 주체인 경제인, 호모 에코노미쿠스는 합리성의 결정체이다. 이 합리성을 가지고 자신의 경제행위 결과를 파악하고 있다. 그리고 이 호모 에코노미쿠스의 욕망과 행위의 관리를 위해 필요한 제도가 바로 시장이다.

이런 고전파경제학은 사상적으로는 자유주의, 공리주의, 기능주의, 도구주의를 대변했다. 그리고 가능한 권력의 통제를 받지 않아야 한다는 점에서는 이들의 자유주의는 자유방임주의(laissez-faire)와도 연이 닿아 있다. 시장에서 각자 최선의 결과를 가지려고 노력하는 과정에서 국민경제의 최선이 이루어진다는 것은 밴

덤식 공리주의의 '최대다수의 최대행복'의 경제학적 재해석이다. 그리고 인간을 각자 경제활동에서의 역할에 따라 자본가, 노동가, 전업주부 등으로 나누는 기능주의를 표방했다.

또한, 학문방법론으로는 도구주의를 채택했다. 따라서 경제학 연구의 기능은 진리 탐구가 아니라 경제적 복지를 위한 도구로 설정된다. 고전파경제학의 이러한 도구주의적 성격은 고전파경제학자 토마스 맬더스의 경제학에서는 더욱 강화된다. 가난한 사람들을 구제하면 아이를 더 많이 낳아 결국 더 가난해지므로 빈민구호를 반대하는 맬더스의 경제학은 인권의 보편적 가치와는 거리가 있는 것이었다. 그가 《인구론(An Essay on the Principle of Population)》에서 인구 적극적 억제법으로 구민법 폐지를 주장하는 것에는 그의 도구주의로 편향된 사상이 잘 드러났다.

이런 고전파경제학의 주장은 모든 사람은 잘 살 권한이 있다는 근대의 인권 개념과는 거리가 먼 것이다. 앞으로 발생할 더 큰 불행을 막기 위해서 현재 불행한 이들을 돕지 말아야 한다는 것은 사실 다윈이 주장한 '적자생존론'의 경제학적 버전이었다. 이렇게 맬더스의 경제학은 오랫동안 규범경제학적 성격을 가졌던 경제학의 특성을 변질시켰다.

이처럼 고전파경제학은 사회구성원들을 각자의 역할에 따라 행동하지만, 본성이 이기적이라는 점을 강조한다. 그리고 여기서 한발 더 나아가 자신의 이익을 위해 살아가는 것은 인류의 공통적 특징이므로 한 사람만 잘 파악하면 그들이 모여 있는 사회 전체를 알 수가 있다고 본다. 이는 분명 환원주의적 관점이다. 여기서 신고전파경제학의 방법론적 개인주의라는 존재론과 사회인식론, 그리고 학문방법론의 맹아가 싹튼다.[1]

이렇게 형성된 주류경제학의 철학적 배경은 진리론은 도구주의이고, 사회존재론은 개인이 모인 사회계약설을 근거로 삼는다. 이를 바탕으로 완전한 합리성을 가진 개인이 주체가 된다. 사회적 관리의 방안은 자유시장 경제이며, 이에 따

---

1) 방법론적 개인주의에 관해서는 Basu (2008).

른 경제학 연구의 핵심 주제는 교환과 희소성이다. 그리고 경제학 연구의 핵심 분
야는 생산 증대와 경제성장에 있었고, 경제정책의 핵심 상황은 적절한 국가 개입
의 정도였다. 그리고 그 결론은 작은 정부이다.[2]

이런 특징은 다른 비주류경제학과 비교하면 확실히 차이가 났다. 보통 비주
류경제학은 인식론으로는 실재론, 사회존재론은 사회유기체론 그리고 인간을 제
한적 합리성을 가진 보통 사람으로 보았기 때문이다. 이렇게 고전파경제학과 함
께 경제학은 현실을 벗어나 가상의 세계를 만들고, 그리로 들어갔다.

2 고전파경제학의 경제학방법론

고전파경제학의 태동 당시는 경제학이 아직 분과과학으로 독립하지 않은 상
태였다. 학파가 영국에서 태동했으므로 전체적으로 영국 경험론 전통의 학문적
인 분위기 속에 있다고는 할 수 있다. 그러나 연구방법론이 채 정립된 상태는 아
니었다.

스미스는 인간의 오류 가능성을 인정하면서, 경험적 현상을 정리한 법칙과
이 법칙에 따른 결과, 그리고 연구자의 추측이 모아져서 이론이 만들어진다고 했
다. 그러나 이론의 타당성을 보증하는 조건에 관해서는 언급하지 않았었다. 그는
도덕철학자답게 경제행위 설명에서 수학의 사용에 신중론을 펼쳤고, 심리학적 접
근을 옹호하기도 했다. 이 문제에 관해서는 맬더스의 생각은 달랐다. 그가 제시한
인구의 기하급수적 증가와 식량의 산술급수적 증가는 경제학에 수학의 적절한 사
용이 도움이 된다는 것을 예시한다.

또 다른 고전파 경제학자 리카도는 비교우위론이나 생산 측면에서의 분배이
론을 통해 경제학 연구에 수학 사용을 더욱 구체화한다. 특히 스미스가 노동을 가
치의 척도로 제시한 후 리카도가 가치를 투하 노동 총량이라고 하자 가치를 노동

---

2) Lavoie (2006: 7 – 12).

시간으로 정량화하는 문제 앞에 서게 되었다. 자연히 경제학 연구에서 수학의 사용이 더욱 필요하게 되었다.

이후 밀에 의해 고전파경제학의 방법론은 가설연역법으로 정리된다. 로크나 흄의 경험론 철학의 영향을 받은 밀은 진리의 검증 방법으로 귀납법을 채택했다. 흄의 인식론에서 무엇보다 중요한 것은 인과관계였다. 흄은 우연적이지 않은 두 사상 간의 불변의 연속적 관계를 인과관계로 보았다. 이는 16세기와 17세기의 과학혁명을 이끌었던 뉴턴식의 기계론적이고 인과론적인 물리학의 세계관이었다. 인과관계를 중심으로 연구한다는 것은 고전 물리학을 표준으로 삼는 연구방법론이 경제학방법론이 된다는 것을 의미했다.[3]

현재의 시점에서 살펴보면 인간 사회를 연구하는 경제학이 고전 물리학의 방법론을 모방한 것은 좋은 선택만은 아니었다. 그러나 당시에 이렇게 물리학처럼 연구하는 것은 유행이었다. 근대경제학은 과학주의와 기계론적 세계관을 가지고, 자본주의의 각종 경제 현상을 자연 현상처럼 보고, 객관적으로 연구하는 방법을 선택했다.[4]

물론 당시 학자들도 귀납적 추론이 법칙의 발견에는 유효하지만, 원인이 복합적일 경우 결론을 내릴 수 없는 한계를 가진다는 것을 알았다. 그래서 인과관계를 제대로 해명하기 위해는 연역도 받아들여야 한다고 생각했다. 이렇게 해서 탄생한 것이 이론이나 가설을 세우고 이를 검증하는 가설연역법이다.

이후 가설연역법은 경제학의 주요 방법론이 되었다. 이를 경제학에 정착시킨 사람이 위에서 이미 설명했듯이 밀이었다. 가설연역법은 연역 과정을 거쳐 가설을 세우고, 이를 통계적으로 검증하여 '경제 현상(economic phenomena)'에 두루 관철되는 일반법칙을 도출하는 방식이다. 이는 현상을 관찰하고, 가설을 설정하며 이 가설의 결과를 예측하는 과정에서는 연역적 추론이 사용되고 이후 이 가설을 검증하여 법칙을 도출하는 과정에는 귀납적 추론이 사용된다. 이 방법에 따라 경제학은 인과 법칙에 따라 이론을 도출하는 학문이 된다.

---

3) Schabas and Wennerlind (2020).
4) Schlaut (2022: 2).

밀의 가설연역법은 다음과 같다. 과학적 연구의 제1단계는 기본적 가설 발견의 단계이다. 이 단계에서 연구자는 법칙의 체계를 제시한다. 가령 인간의 삶 속에서 상식으로 입증된 경향성을 가져와서 전제로 설정한다. 그 사례로는 '사람은 돈을 더 많이 가지고 싶다.' '사람은 일하기를 싫어한다.' '재화에 대해서는 효용체감의 법칙이 작동한다.'가 있다.

제2단계에서는 연구 결과에 대한 언표를 제시하고, 실증해야 하는 가설을 설정한다. 전제나 법칙과 관련된 현상에 관한 가설을 이들 전제로부터 연역적으로 도출한다. 가설을 세우기 위해서는 현상을 관찰하고 이를 연구한다.

마지막 제3단계는 이를 증명하는 단계이다. 가설이 검증을 통과하면 확증시킨다. 검증을 통과하지 못하면 간섭 요인이 발생했는지 살펴보거나, 전제와 법칙의 범위를 확대 또는 축소하여 재검증한다. 가설을 정당화시키는 과정에서는 귀납적 논증이 사용되며 가설로부터 실증 방법을 설계하고 예측할 때는 연역적 추론이 동원된다.[5]

가설연역법은 이 과정을 반복하며 과학적 지식을 얻는다. 그리고 경제적 사실을 이해하는 것에 도움이 되는 요소라도 이 과정을 진행하는 것에 방해가 되거나, 모형화하기 어려운 요소는 가능한 이 과정에서 제외한다.

3 신고전파경제학의 경제학방법론

1871년 칼 멩거가 《국민경제학 원리(Grundsätze der Volkswirtschaftslehre)》, 1874년 레옹 왈라스가 《순수경제요론(Éléments d'économie politique pure, ou théorie de la richesse sociale)》을 출판하자 세상은 경제학과 수학의 만남을 기대하게 되었다. 경제학 연구에 수학을 사용해야 한다고 누구보다 강력하게 주장하던 경제학자 윌리엄 스탠리 제번스(William Stanley Jevons)와 함께 이들 세 명의

5) Hausman (1992: 147-148).

학자는 한계혁명을 일으켰다.

이후 혁명이 성공하면서 고전파경제학에서 신고전파 시대로 전환이 이루어졌고, 도덕철학에서 자유로운 경제학이 탄생했다. 신고전파경제학은 자유로운 시장과 완전한 계약의 가정, 규모에 대한 수익 체증의 불가능성, 경제주체의 이익 극대화 행위를 통한 사회 이익의 최대화라는 가정을 기반으로 주류경제학으로의 정체성을 뚜렷이 나타낸다. 이렇게 시작한 신고전파경제학의 첫 번째 시기는 대략 20세기 중반까지 이어진다.

신고전파경제학의 두 번째 시기는 20세기 후반에서 오늘날까지이다. 1950년대와 70년대 사이에는 미시경제학을 중점적으로 연구했다. 그러나 이후 신고전파의 성장론이 제시되는 등 거시경제학 분야로도 확장된다. 이후로 신고전파경제학은 주류경제학과 구분되지 않고, 시장주의 경제학 전체를 대변하는 경제학으로 명명된다.

경제학방법론에서 신고전파경제학은 고전파경제학의 역사적 접근보다는 수학적 접근을 채택한다. 그래서 고전파경제학보다 더 자연과학적 방법론으로 다가간다. 이런 신고전파경제학의 방법론은 당시 사회과학의 주류 사조인 과학주의라는 시대정신과 잘 맞았다. 이렇게 해서 채택한 경제학방법론은 밀의 방법론이었다.[6] 이런 밀의 경제학방법론은 이후 신고전학파 경제학자 제본스를 거치며 정식으로 자리를 잡았다. "경제학은 '양'에 관한 내용을 다루는 학문이다."라고 규정한 제본스는 "경제학이 과학이 되려면 수학적 학문이 되어야 한다는 것은 틀림없는 사실이다."고 했다.

이렇게 수학을 강조한 제본스가 경제학에 가져온 것은 미분학이었다. 물론 제번스도 경제학에서의 정량화 작업이 간단하지 않고, 사용할 자료도 정확하지 않다는 것을 알았다. 그러나 그는 경제학의 연구 결과로 나온 값이 진리가 아니라 '진리의 근사치'라고 하더라도 이런 정량적 연구를 계속해야 경제학이 발전할 수 있다고 했다. 현재 이런 제본스의 생각은 경제학계에서는 상식에 가깝다.

---

6) Mill (2000).

이런 방법은 이후 거시경제학에도 승계되었고, 방법론적으로는 경제학계 전체를 평정했다.

신고전파의 경제학방법론의 중심에는 합리성을 장착한 개인, 호모에코노미쿠스가 있었다. 그리고 이런 특징을 가진 개인은 수요와 공급에 대해서 합리적인 판단을 내릴 수 있고, 희소한 자원을 가지고 최대한의 경제적 효과를 끌어낼 방법도 알고 있다. 그리고 이런 개인이 모인 시장에서 왈라스식의 일반균형이 이루어진다고 설정되어 있다. 신고전파경제학의 이런 이해는 전형적인 뉴턴식 세계관을 배경으로 한다.

이렇게 신고전파경제학자들이 한계혁명을 통해 인간의 행위와 행위의 결과를 수량화할 가능성을 만들자, 경제학을 자연과학처럼 연구하는 방법과 풍토는 정착된다. 경제 현상과 행위의 배경에 인간의 가치판단의 척도로 '효용(utility)'을 두고, 이를 수량적 단위로 측정하게 설계했다. 개인의 가치판단은 개인의 주관에 달린 것으로 설정하면서 이들은 객관적 가치론의 질곡을 피한다.7) 한 걸음 더 들어가서 신고전파경제학을 그럴듯하게 만드는 일이 수학적 조건과 한계효용체감의 법칙, 확률론과 믿음이 통합하면서 이루어졌다. 그 일을 한 학자는 프랭크 램지(Frank Ramsey)다.8)

이런 과정을 거치며 근대경제학 태동 이후 지루하게 이어지던 가치론 논쟁을 접고, 교환가치를 계량화시키는 것이 당연시되는 양적 연구방법론의 시대를 열었다. 이런 신고전파의 양적 방법론은 마셜에 이르러서는 물리학의 언어까지 경제학에 이식하는 것에 성공하면서 주류방법론으로 확고하게 자리 잡게 되었다.

이런 연구방법론의 철학적 배경은 경험주의를 배경으로 연역주의와 실증주의이다. 실증주의는 가설연역적 연구방법론을 주류방법론으로 만들기도 했지만, 자신이 가진 한계를 경제학에 이식시키기도 했다. 대표적인 것이 논리실증주의의

---

7) 이 전체 과정은 수학, 경제학, 심리학의 결합으로 이루어짐. 행동경제학이나 심리경제학의 기원이 여기에 있음. 이들은 비주류경제학이지만 주류경제학으로 흡수되고 있음.

8) 26세에 요절한 천재 프랭크 램지는 20세기 전반을 대표하는 수학자이고 철학자이며 경제학자임. 케인즈의 제자이며 비트겐슈타인의 친구였음. 램지의 경제학은 20세기 후반 사무엘슨이 재조명하면서 재평가됨.

고질적인 문제인 '비대칭의 문제'이다. 이에 따라 경제학도 예외 없이 비대칭의 문제에 봉착한다.

그래서 신고전파경제학자들은 마셜처럼 절충적인 방법을 사용한다. 기본적으로는 자연과학의 방법론을 채택하지만, 수학적 논증 체계 외에도 진화적 변화나 역사적 연구 같은 귀납적 방법도 인정한다.[9]

신고전파경제학의 두 번째 시기인 20세기 후반부터는 '선호(preference)'라는 주관적 척도가 의사결정의 결정요소로 등장한다. 선호의 순위는 선택에 달려있다고 하면서 경제학은 일단 심리학과 거리를 둔다. 이렇게 해서 신고전파경제학은 20세기 후반에 절충적인 주류경제학의 방법론을 통해 미시경제의 일반균형을 도출하고, 수학으로 된 추상의 세계를 현실화시킨다.

이를 위해 경제적 인간을 인간 보편으로 내세운다. 경제적 인간을 통해 인간이 이기적인 동물이라는 점과 인간은 계산할 줄 안다는 두 가지 특성에서 인간이 경제행위를 할 때 '이익 극대화(axiom of maximization)'를 추구한다는 공리를 세우는 것에 성공한다. 그리고 이 공리를 따라 이런저런 사회적 상황 속에서도 모두의 이익이 최적화되는 일반균형이 형성될 수 있다는 결론을 내린다. 이렇게 해서 미분값이 0이 되는 지점에서 경제학의 많은 역사가 이루어지게 되었다.

그리고 이런 개인을 집계하여 만든 전체를 추상하여 사회를 만든다. 아울러 수리적으로 안정적인 상태를 만들어 내고, 이를 전체 경제의 만족이 최대치로 실현되는 상태로 규정하며, 이를 일반균형(general equilibrium)이라고 한다.[10] 이를 통해 '보이지 않은 손'을 수학을 이용해서 보이게 했다.

이런 논리 전개는 얼핏 보기에는 그럴듯하다. 그러나 곰곰이 따져보면 가상의 세계이지 현실이 아니라는 것을 알 수 있었다. 현실 세계와 무관한 방법을 쓰면 거기에서 나온 이론도 공허하다. 그래서 신고전파경제학은 경제 현실을 제대로 설명할 수 없다. 일반균형은 공상 과학소설 같은 이야기였지만 경제학은 과학성을 인정받으려는 마음이 앞서 이를 받아들였다. 이렇게 주류경제학은 위태로운

---

9) 홍기현 (2022: 27).
10) 박만섭 (2005: 27-56).

기반 위에 경제학의 세계를 세웠다.

경제학의 내용을 채우기 위해서는 여러 장치가 필요했다. 사회 속의 공리들의 연결은 인과관계로 구현되어 있다고 신고전파경제학은 이해했고, 인과관계를 분명히 설명하려고 했다. 그러나 실제로 신고전파경제학도 단선적인 인과관계의 한계를 인식하고, 복합적인 원인과 결과인 현실을 인정하지 않을 수 없었다.

따라서 물리학에서 진공의 공간을 만들 듯이 그 많은 원인 중에 하나의 원인만을 분리해서 보면서도 과학 정신에 어긋나지 않는 방법을 찾아야 했다. 그래서 내놓은 장치가 '다른 조건이 일정할 경우(certris parbus, 세터리스 파리부스)'라는 전제였다.[11] 이 절충안과 함께 경제학에서는 논리적으로 추론하지만, 실재와는 멀어지는 상황이 다시 발생한다.

신고전파경제학은 이와 함께 다양한 방법론적 절충을 시도했다. 주류경제학의 핵심 연구프로그램인 신고전파경제학은 학파가 가진 한계에 대한 지적도 적극적으로 수용하며 보호대 역할로 시카고학파, 공공선택학파, 게임이론, 행동경제학 등을 받아들인다. 또한 방법론적인 개인주의를 거시 영역에서도 확장하여 '거시경제학의 미시적 기초'로 주류경제학을 보강했다.[12] 이를 뒷받침하는 것은 실증주의이다. 프리드먼의 주장처럼 객관적인 학문으로 경제학을 만들기 위해 실증주의를 채택한다. 이는 아래에 인용한 프리드먼의 글에서 확인된다. 프리드먼은 실증경제학만이 객관적이고 과학적인 경제학이라고 한다.

> "실증경제학은 원칙적으로 특정한 윤리적 입장이나 규범적 판단과 무관하다. 케인스가 말했듯이, 실증경제학은 "무엇이 되어야 하는가?"가 하는 것이 아니라 "무엇인가?"를 다루는 학문이다. 이런 작업은 환경 변화에 따라 결과의 정확한 예측에 사용되는 일반화된 시스템을 제공한다. 이 시스템의 능력은 이를 통해 산출한 예측의 정확성, 범위

---

11) Cartwright (2001).

12) 여전히 주류거시경제학자 중에 동조하는 학자들이 많지만, 이것의 문제점에 대한 지적도 많음. 부분으로 전체를 분석할 수 있는지가 가장 큰 문제점. Hoover (2001), Hoover (2015: 699).

및 경험과의 적합성으로 판단된다. 요컨대, 실증경제학은 자연과학과 정확히 같은 의미에서 "객관적" 과학이거나 과학일 수 있다."

Friedman (1953: 3)

이처럼 자연과학적 방법론을 경제 현상 분석의 방법론적 가능성으로 삼은 신고전파경제학이 주류경제학이 되면서 과학적 학문을 만든다는 경제학의 목표와 현실 경제 현상에서 발생하는 실재 사이의 간극이 생겼다. 이런 간극을 주류경제학은 계량경제학과 확률론으로 메우려고 했다.

20세기에 들어서 계량경제학의 발전과 함께 급속히 발전한 통계적 검증 방법과 다양한 통계 패키지의 개발은 경제 현상을 정량적으로 검증할 가능성을 보여주었다. 그러나 통계적 방법으로 검증하여 경제 현상에서 일반법칙을 도출하는 방식은 여전히 여러 문제점을 가지고 있었다. 수량적 가치측정, 계량화 문제를 극복하려는 학계의 노력과 주류경제학자 사이에 연구방법에 관한 합의도 했지만, 현실과 모형의 괴리를 극복하기는 어려웠다.[13]

사실 계량경제학에 대한 기대와 그에 부응한 눈부신 발전에도 불구하고 계량적 회귀 모형을 구축할 때 늘 변수가 누락되는 문제의 해결책은 물론 변수의 관계를 올바르게 지정하는 방법을 계량경제학은 아직 모른다. 그래서 이러한 구조주의적 계량경제학에서 실험주의적 계량경제학으로의 이동이 발생하기도 했다. 한 걸음 더 나가 이론 배경의 분석에서 데이터 배경의 분석을 시도하기도 하고 있다.

이런 시도에도 문제는 해결되지 않고 있다. 합리적으로 행동한다는 인간에 대한 설정은 역사의식을 가지고 사회 속을 살아가는 보통 사람의 현실을 대변하지 못할 수밖에 없었다. 사실 방법론적 개인주의로 설명할 수 있는 경제 현상은 매우 제한적이다. 오스트리아학파까지도 지적하듯이 신고전파경제학은 방법론적

---

13) Davis (2006: 1-20), Colander (2000). 특히 킨은 신고전파경제학이 과학으로도 지배 이데올로기 수호 기능도 실패했다고 보며, 환경문제를 간과하게 하고, 현실의 복잡성을 알면서도 선형성을 강조하고, 화폐, 신용, 부채가 거시경제에 미치는 영향을 간과하는 문제를 발생시켜서 루터의 종교개혁 같은 경제학의 개혁이 필요하다고 주장함. Keen (2022).

표 12-1 경제학파의 연구방법론 분류

사회관	귀납주의	연역주의
방법론적 개인주의	오스트리아학파	신고전파
방법론적 전체주의	역사학파, 제도학파	맑스경제학

자료: 홍기현(2010: 145).

전제 설정과 함께 경제 현상은 닫힌 체계 속으로 넣어버린다. 그러나 일상에서 발생하는 경제 현상은 열린 체계 속에 있다.

　신고전파경제학이 설정한 가정인 방법론적 개인주의와 합리적 선택 이론이 가지는 문제점은 구성의 오류가 발생한다는 것이다. 사회에 대한 설명을 개인의 특성으로 환원한 것이다. 역사 이래로 사회와 개인은 환원된 적이 없다. 그래서 분석적으로 환원해보았자 그럴듯하지만, 현실적으로 의미가 없다.

　이러한 신고전파경제학의 가장 큰 문제점은 경제적 법칙성을 자연적 법칙성으로 이해한다는 점이다. 경제학은 경제행위에 대한 학문이지만 인간의 경제행위에 대한 학문이기도 하다. 인간과 자연은 동일 범주의 대상이 아니다. 이러한 이해는 얼핏 보면 제법 그럴듯하지만, 구체적으로는 인식론상의 패러독스를 유발한다. 경제를 자연이라고 하는 것은 경제와 자연 모두에 대한 오해를 낳는다.

　주류경제학의 공리로 내세우는 장기적 시장청산, 우하향하는 수요곡선, 총생산함수 등이 제시하는 명제 또한 사실 경험적 근거를 가지지 못했다. 더욱이 주류경제학 내부에서 규범경제학의 문제가 완전히 제거된 것도 아니다. 가치, 자유, 평등, 행복, 형평 등은 경제의 기본 목적이기 때문에 제거할 수가 없다.

　주류경제학에서도 이에 대응하기 위해 후생경제학이란 분야를 만들었다. 그러면서 발생한 문제는 '이것을 어떻게 측정하느냐?'이다. 측정의 어려움에 봉착해서는 선호의 순서 정도로 얼버무리고 한발 물러서지만 그래도 문제는 그대로 있었다. '어떻게 주관을 객관화하느냐?'는 문제였다. 이는 주류방법론이 가지고 있는 가장 해결하기 어려운, 그러나 반드시 해결해야만 하는 문제이다.

　신고전파경제학이 미시경제학을 넘어 거시경제학으로까지 확장된 후에 등장하는 이론에서도 한계는 드러난다. 주류거시경제학의 대표적인 가설인 합리적 기대 가설을 살펴보면 경제주체는 기본적으로 관련한 모든 확률분포함수에 대해서

표 12-2 주류경제학과 대안경제학

	대안경제학	주류경제학
경제학이 상정한 인간 이념	보통사람, 시민	기능적 인간 (소비자, 생산자)
경제학의 연구 영역	공공의 영역, 시장	시장
경제적 의사결정의 지침	사회적 합의	파레토 최적
경제적 의사결정의 방법	인간의 판단	계산
인간을 제어하는 방식	법, 정치, 제도	이익
경제행위 의사소통 방식	언어	돈
경제학 연구의 방식	필요한 모든 방식	가설연역법
사람과의 관계	연대	경쟁

자료: Schlaudt (2022: 40) 참고.

완전히 알고 있어야 한다. 그리고 인간이 지속적인 오류는 저지르지 않는다고 가정해야 한다. 그러나 현실에서 우리는 실수를 지속적으로 반복하기도 하는 존재이다.

주류경제학이 경제학이 과학이 되었다고 하는 주장 뒤에는 '에르고딕 가설(ergodic hypothesis)'이 있다.[14] 시간 평균과 상태평균이 같을 때 에르고딕성이 가진다고 열역학에서 말한다. 주류경제학은 경제학의 연구 대상이 에르고딕성을 가지고 있다는 전제 위에 서 있다. 신고전파종합을 이룬 경제학자 사무엘슨은 경제학이 과학일 수 있는 기반으로 '에르고딕 가설'을 들었다. 과학적 탐구의 대상은 고정되어 있고, 자기동일성을 가져야 한다. 그러나 '에르고딕하다'는 것은 고정될 수는 있다고 해도, 동일할 수 없다. 그리고 분명한 것은 경제학의 대상인 세상은 에르고딕하지 않다는 것이다. 세상이 에르고딕하다면 역사란 있을 수 없다. 그러나 세상에는 역사가 있고, 경제 현상에도 역사가 중요하다. 그러니 신고전파 주류경제학은 여전히 과학이 아니며, 인간 현실을 제대로 해명하지 못한다.

한 시대의 주류경제학이 대부분 그 시대의 주류적 경제 권력이나 기득권의

---

14) 에르고드성(ergodicity)은 19세기 물리학자 루드비히 볼트만이 제시한 개념으로 확률과정에서 확률변수의 장기평균이 무조건부 평균(앙상블 평균)과 같으면 이를 '에르고딕하다'라고 표현함. $\frac{1}{T}\sum X_t = EX_t$. 이는 시간평균과 상태 평균이 일치한다는 것인데 에르고딕성을 가져야 통계적 분석을 통해 실증할 수 있음.

이익을 뒷받침하는 용도로 사용되었던 경제학의 역사를 고려할 때 신고전파경제학의 방법론은 결국 과학적이기보다 정치적이라고 볼 여지가 있다. 신고전파경제학은 스스로 객관적인 학문이라고 자부한다. 그러나 사실은 가상의 세계를 만들어 놓고, 수학을 동원하여 혹세무민하면서, 누군가 쉽게 경제적 편익을 누리는 것을 정당화하는 장치일 수도 있다.

20세기 후반에 와서 주류경제학 내에서도 가상의 세계에서 경험적 세계로 가려는 다양한 시도가 계속되었다. 그러나 주류경제학은 여전히 현실에 맞지 않은 시장주의로 편향된 가정을 고수하고, 그에 따라 이론을 세우고, 그에 관한 모형을 만들고, 통계적 검증을 한다.

물론 게임이론이나 데이터 기반의 검증 등으로 보완하며 경험으로 다가가려고 하지만 본질을 포기하지는 않았다. 이는 신념이나 이데올로기를 고수하려는 목적을 가졌다고 보지 않으면 이해하기 어려운 주류경제학의 태도이다.15) 이런 지적에도 현실에서는 여전히 이런 명제들에 기대어 경제학적 지식이 계속 창조되고 있다. 이렇게 필요도 없는 것을 계속 연구하는 것으로 보아, 경제학을 연구하는 것은 진리의 탐구가 아니라 경제학자 일거리 확보하기 정도로 볼 수도 있다.

---

15) 주류경제학의 형식적이며 연역적인 모델링 중심의 방법론 비판과 이에 대한 대안에 대한 구체적인 논의는 Syll (2016) 참고.

제13장

역사학파 경제학의 방법론
(Methodology of Historical School of Economics)

13장에서 우리는 유럽에서 한 때 주류경제학의 자리를 차지하던 역사학파 경제학의 방법론을 살펴본다. 인간종의 고유한 특징은 역사성을 가진다는 것이다. 사실을 기록해서 역사를 만들면 후대 사람은 남은 역사적 자료를 해석하고 정리해서 역사적 맥락을 이해하는 방식으로 문화를 보존하고 해석하고 재창조했다. 이런 작업 방식은 인류가 학문을 하면서 늘 사용한 방법이다.

역사학파 경제학은 19세기와 20세기 유럽대륙을 중심으로 등장했고, 발전하다가 소멸했다. 역사학파 경제학은 인류의 전통적인 연구방법을 경제학에 사용한 학파이다. 그래서 역사적으로 나타난 인간 경제행위의 맥락을 찾으며 경험학으로 경제학을 만들었고, 규범적 성격을 가진 경제학을 제시했다.

이후 역사학파 경제학은 신고전파경제학이 주류경제학으로 자리 잡으면서 주류 자리를 빼앗겼고, 결국 역사 속으로 사라졌다. 현재 역사학파의 실체는 사라졌지만, 역사주의는 질서자유주의 경제학, 오스트리아학파 경제학, 행동경제학 등에 큰 영향을 미쳤다. 13장에서는 역사학파 경제학의 연구방법론과 의의와 한계를 설명한다.

제13장

역사학파 경제학의 방법론
(Methodology of Historical School of Economics)

1 역사학파 경제학의 철학적 배경

근대 학문과 근대경제학이 등장하기 전에 유럽에서 경제학 연구의 전통을 이은 학파는 15세기와 16세기에 활동한 스페인의 살라망카학파(School of Salamanca)와 16세기 중엽부터 18세기 말까지 활동한 프로이센과 오스트리아의 관방학파(Camerism)였다. 이후 이들을 이은 유럽대륙의 경제학파가 역사학파 경제학이었다. 이론을 제시할 때 현실의 경험 세계와 역사성을 반영한다고 해서 역사학파 경제학이다.

19세기 중엽 독일을 중심으로 등장해서 '독일 경제학'이라고도 불렸던 역사학파 경제학은 영국 고전파경제학이 등장하기 전에 유럽 경제학계의 주류였다. 그러나 영국 경제학의 등장으로 큰 도전을 받았다. 역사학파 경제학자들은 이에 대응하는 방법론을 제대로 만들지 못했고, 쇠락의 길을 걷게 되었다.

역사학파는 당시 새롭게 등장한 영국의 고전파경제학과 이어 등장한 한계주의 경제학을 비판하며 자신들의 정체성을 지켜내려고 했다.[1] 영국과는 다른 당시의 유럽의 경제적 여건을 고려할 때 영국의 경제학을 유럽에 적용하는 것이 당장은 어려웠다. 이후 영국의 고전파경제학을 이은 신고전파경제학이 주류경제학의

---

1) Yuichi (2005).

자리를 굳히게 되자 역사학파 경제학은 더욱 시대에 뒤떨어진 학문으로 인식되었
고, 패망의 길을 걸었다.

역사학파 경제학의 철학적 배경에는 역사주의(historicism)가 있다. 역사주의
는 모든 현상은 역사성을 가지고 있다는 사상으로 역사적 제약을 벗어난 현상은
있을 수 없다는 것을 강조한다. 따라서 '역사적 사실'을 진리성의 척도로 본다. 세
상에는 다양한 역사적 사실이 발생한다는 것을 인정한다는 측면에서 역사주의는
상대주의적 관점을 가진다.[2] 이런 역사주의를 주장하는 배경에는 19세기 느슨한
연방체제인 독일을 통일된 민족 국가로 만들기 위한 정치적 목적도 포함되어 있
었다고 한다.

역사주의의 이런 관점은 역사학파 경제학에 수용되었다. 경제이론을 수학적
논증을 통해 합리적으로 추론해도 시간과 공간의 제약을 받을 수밖에 없다는 것
이 역사학파 경제학자들의 관점이다. 그래서 경제 현상을 분석할 때 연역적 추론
보다 역사적 사실을 중시한다. 이들에게 경제 현상은 실증의 대상이 아니다. 인간
세상에서 벌어지는 역사가 사실에 근거하고, 이런 사실은 규범의 대상이라서 경
제학은 윤리적 특성을 가질 수밖에 없다고 했다.

또한 역사학파 경제학은 자연주의 사상을 배경으로 하는 학파이다. 경제 현
상을 인간이 자유의지를 가지고 인위적으로 만든 것으로만 보지 않고, 자연과 인
간의 상호작용 속에서 만들어진 것으로 보았다. 그래서 공동체의 번영을 위해 자
연법칙과 사회 법칙을 찾아내어서 이를 총체적으로 파악하는 경제학을 목표로 했
다. 그리고 이런 경제 현상을 조정하는 주체로서 국가의 기능을 강조했다. 따라서
역사학파 경제학은 시장자유주의가 아니라 국가의 개입주의를 지지했다.

---

2) Cardoso and Psalidopoulos (2015), 홍기현 (2010: 147-149).

2 역사학파 경제학의 방법론

역사학파 경제학의 연구방법은 주류경제학과 달랐다. 역사주의적 전통은 경제학방법론이나 과학철학에서 과학적 지식의 발생 맥락과 전개과정에 중요성을 둔다. 역사학파 경제학은 역사적으로 나타난 경제적 행위와 그 행위의 동기에 관한 서술들을 연구하고 설명하는 방식으로 연구했다.[3]

이는 사실 유럽에서는 오랫동안 사용했던 학문 방법론이었다. 무엇보다 역사학파 경제학에서 경제주체는 이기적인 개인이 아니라 사회 속에서 상호작용하는 '사회적 존재(Soziales Wesen)'인 인간이다. 따라서 가설연역의 방법이 아니라 구체적이며 역사적 사실에 대한 경험적 분석으로 경제 현상을 설명하려고 했다.

이들은 역사적 사실과 제도에 관한 경험적 자료에 관한 연구만 참다운 이론이라고 주장한다. 예를 들어 특정 민족이나 국민경제의 전체적인 변화 과정을 살펴본 후 개인이 여기에 맞추어서 어떻게 행동하는가를 분석 방법으로 삼는다. 그리고 귀납법을 주로 사용하여 논리를 전개한다. 특정 역사적 사실을 분석해서 얻는 결론이 다른 사례에도 반복해서 나타날 때 이런 반복적 규칙성을 가설로 세운다. 그리고 이 가설이 다른 사례에도 확인될 때 유의미한 이론으로 채택한다.

역사학파 경제학은 전기와 후기로 나누어진다. 전기 역사학파의 대표학자 프리드리히 리스트(Friedrich List)는 '역사는 과거의 현실이므로 진리'라고 생각했다. 그는 과거의 사실에 근거해서 귀납적 접근을 쓰는 것이 비현실적인 연역법보다 낫다고 주장했다. 그리고 각국의 경제 발전 사례에 관한 역사적 고찰을 통해 경제정책을 수립하기 위한 기초를 마련해야 한다고 했다.

빌헬름 로셔(Wilhelm Roscher)는 국민경제는 나라마다 고유한 특징을 가지므로 일반론을 제시하기 어렵다고 하면서 영국 고전파경제학의 일반론은 타당하지 않다고 주장했다. 그는 경제학 연구에서 진화론적 관점을 강조했다. 로셔의 이런 관점을 계승한 경제학자 부르노 힐더브란트(Bruno Hilderand)는 인간도 사회

---

3) Cardoso and Psalidopoulos (2015), 홍기현 (2010: 147-149).

도 변하기 때문에 각 발전 단계에 따른 이론이 각각 따로 있다고 했다. 이를 고려
하지 않고 일반법칙을 만드는 것은 잘못이라고 했다. 그는 인간이란 역사적 상황
에 따라 행동하며, 자신의 결정을 통제할 자유의지가 있는 존재인데, 인간을 단지
이기적인 존재로 보는 신고전파경제학의 가정은 비현실적이라고 비판했다.

1880년대에 역사학파 방법론을 집대성한 학자는 독일의 슈몰러였다. 그는
후기 역사학파 경제학의 대표학자이다. 슈몰러는 고전파경제학의 연역적 추론이
현실 경제를 이해하는 데 별 도움이 되지 않는다고 생각했다. 왜냐하면 경제는 고
전파경제학이 가정한 것처럼 기계적으로 작동하지 않기 때문이다. 그래서 귀납적
연구방법론을 강조했다.

그는 과거에서 현재에 이르는 사실에 관한 연구에서 도출된 결과만이 참다
운 이론이라고 하면서 역사주의적 방법이 최선이라고 했다. 그리고 이 방법론에
따라 경제 현상이 가진 다양한 측면과 역사에서 드러난 행동의 동기도 고려한 전
체론적 접근이 필요하다고 했다.

슈몰러는 경제학 연구에서 경제외적 사실, 가령 관습, 공동체 의식, 윤리 등
의 요인을 강조했다. 그는 정량적 분석법은 경제적 변화의 크기는 말해줄 수 있지
만, 인과관계를 설명할 수는 없다고 보았다.

이처럼 후기 역사학파는 전기 역사학파에 비해 경제주체가 제도적 환경에
영향을 받는 존재라는 점을 강조했다. 그리고 고전파경제학과는 달리 실증보다는
규범적 가치판단을 포함한 정책 개발이 중요하다고 했다. 전기와 후기 역사학파
는 이런 차이점도 있지만 공통점은 더 많다. 무엇보다 경험적인 방법으로 연구해
야 한다고 강조한 점이 같다.[4]

이렇게 영국의 경제학과 유럽의 경제학이 다르게 전개되자 학계는 혼돈에 빠
졌고, 다양한 방법론 논쟁이 생겨났다. 역사와 가설연역법을 둘러싼 방법론의 갈등
은 1880년대에 있었던 멩거와 슈몰러 사이에 '역사주의 논쟁(Historismusstreit)',
1890년경의 슈몰러와 베버 사이의 '가치판단 논쟁(Werturteilstreit)'으로 표면화되

---

4) Preby (1988: 27).

었다. 1960년대 중반에 있던 테오도르 아도르노(Theodor W. Adorno)와 포퍼 사이의 '실증주의 논쟁(Positivismusstreit)'도 광의로 보면 이 범주에 속한다. 이런 논쟁은 대부분 귀납과 연역, 실증과 역사, 객관과 주관의 문제를 두고 벌린 것이다. 이것은 사실 지금까지도 과학철학의 핵심 주제이다.[5]

여기서 특히 멩거와 슈몰러 사이의 논쟁은 상당히 중요한 내용을 담고 있다. 만약 슈몰러가 옳다면 경제법칙은 역사의 진행 과정에 달린 것이고, 정치나 제도, 경제정책 등이 경제 현상에 영향을 미친다고 볼 수 있다. 만약 멩거의 주장이 옳다면 이기적이고 합리적인 경제인의 이윤추구는 모든 정치나 제도를 넘어 작동하는 유일한 기제가 된다. 논쟁의 결과 멩거의 주장이 더 설득력을 얻었고, 당시 유행하던 자유주의 사상에도 부합해서 결국 대세가 되었다.

이처럼 경제 현상의 역사성을 강조하는 역사학파 경제학은 신고전파경제학이 경제를 실제 현실과 분리해 분석하는 것을 잘못된 접근이라고 비판했다. 이렇게 연역적 경제학인 영국의 경제학과 역사적 방법을 강조하는 독일의 경제학 사이에 대립 양상이 펼쳐졌다. 이 과정에서 영국의 고전파경제학과 이를 이은 신고전파경제학이 승리했고, 주류경제학이 되었다. 반면에 역사학파 경제학은 쇠락한다. 이는 엄밀한 학을 만들려는 과학주의 시대정신에 부합한 경제학을 만들지 못한 것이 핵심 패인이었다.

경제학파의 존폐는 단지 학문적인 영역에서의 경쟁으로 결정되는 것이 아니다. 유럽과 영국의 현실에서의 경제 패권 싸움에서 영국이 승리한 것도 배경으로 작용했다. 과학주의와 실증주의의 경제학을 가지고 해가 지지 않는 대영제국을 만든 영국의 경제력 앞에서 독일의 후진적 경제와 경제학이 패배했다.

역사학파 경제학은 독일 경제학의 또 다른 갈래인 맑스경제학과 역사적 분석을 중시한다는 유사한 점이 있다. 하지만 나름의 객관적 가치론, 화폐이론 그리고 많은 지지 세력을 가진 맑스경제학과의 경쟁에서도 패배했다. 이렇게 역사학파 경제학은 독일 경제의 후진성이 만든 후진적 경제학이라고 폄하될 정도로 대

---

5) 18세기에 토마스 홉스(Thomas Hobbs)에 대한 장 자크 루소(Jean-Jacques Rousseau)의 비판으로 '개인주의 논쟁(Individualismusstreit)'이 발화됨. Schlaudt (2022: 4).

중의 지지도 얻지 못했고, 근대경제학의 면모를 갖추는 것에도 실패했다.

현재 경제학에서 역사학파 경제학의 존재는 지워졌지만, 역사학파의 영향력은 여전히 남아 있다. 역사적 맥락의 이해와 귀납적 분석의 중요성을 강조하는 학문적 전통은 살아남아 유럽에서 19세기와 20세기에 등장한 질서자유주의 경제학, 오스트리아학파 경제학 등에 영향을 주었다. 아울러 주류경제학의 한계가 드러날 때마다 등장하는 규범경제학의 기반으로도 사용된다.[6] 특히 이들의 경제발전단계설은 경제발전론으로 이어져서 제2차 세계대전 이후 경제발전을 시작한 후진국에 영감을 주었다. 아울러 미국의 소스타인 베블렌(Thorstein Veblen)이나 웨슬리 미첼(Wesley Mitchel) 등의 제도학파 경제학자에게 영향을 주었고, 현대의 행동경제학에도 깊은 인상을 남겼다.

만약 경제학의 규범적인 역할이 다시 필요하게 되고, 경제학의 위기와 경제의 위기에 직면하여 대안을 찾고자 한다면 역사학파 경제학을 다시 꺼내 들어야 할 수도 있다. 현실의 복잡성을 간과하고 지나치게 모형에 의존하는 주류경제학의 오류를 교정하기 위해서는 경제학이 제도와 역사를 고려한 연구를 해야 하기 때문이다. 또한, 환경문제로 자연의 한계에 직면한 세상을 구원하려면 자연법칙에서 경제법칙으로 유도하려던 역사학파 경제학의 선구적 작업을 찾아보아야 하기 때문이다.

6) Yuichi (2005).

제14장

맑스경제학의 방법론
(Methodology of Marxian Economics)

14장에서 우리는 맑스경제학의 방법론을 살펴본다. 중세의 봉건적 질서가 무너지고 시민혁명과 함께 등장한 근대사회는 새로운 사회적 질서가 필요했다. 전근대적 계급 사회가 무너지고, 산업혁명과 과학혁명이 발생하고, 생산성이 높아지자, 이전 시대와는 다른 구조가 사회체계가 요구되었다. 이런 필요에 부응하여 정치적으로는 민주주의, 경제적으로는 자본주의가 근대사회를 이끄는 쌍두마차가 되었다.

이렇게 등장한 경제체제인 자본주의는 자본가와 노동자라는 두 가지 계급을 새로 만들었다. 이 두 계급이 함께 만든 자본주의적 발전은 사회에 양가적 결과를 가져왔다. 한편에서는 생산성의 향상과 전체 사회의 부를 증가시켰으나 다른 한편에서는 사회적 불평등, 인간 소외, 환경 오염 등을 일으켰다.

경제학자이면서 철학자이며 혁명가였던 칼 맑스(Karl Marx)는 자본주의의 효율성을 설득하는 경제학에 대항하여 자본주의가 가지는 문제점을 분석하기 위한 경제학을 연구했다. 그래서 맑스경제학은 세상을 바라보는 관점은 물론 방법론과 경제학 연구의 목적 자체가 당시 주류 경제학과는 달랐다. 14장에서는 맑스경제학 방법론의 특징을 사적 유물론과 변증법을 통해 알아보며, 경제결정론의 방법론적 의의와 한계를 설명한다. 아울러 주류적 경제학과 진리성 확보 방식의 차이를 설명한다.

맑스경제학의 방법론
(Methodology of Marxian Economics)

1 맑스경제학의 철학적 배경

맑스경제학을 이해하려면 맑스가 철학을 '세상을 해석하는 도구'가 아니라 '세상을 변화시키는 도구'로 파악했다는 점에서 출발해야 한다. 맑스에게 세상을 변화시키기 위한 사상적 도구는 유물론, 변증법, 그리고 공상적 사회주의였다. 그리고 이를 구체적으로 실현하기 위해 그는 영국 대영박물관 도서관에 앉아 고전파경제학의 저작들을 읽으며 경제학의 세계로 들어섰다. 그리고 주류경제학에서 상정하는 일반적 경제법칙이 아니라 노동가치론을 중심으로 역사적 현실을 경제학 분석의 기초로 삼는다. 그리고 자본주의를 비판하기 위한 자본주의 분석을 경제학 연구의 실질적 과제로 삼는다.[1]

맑스는 프리드리히 헤겔(Friedrich Hegel)에게서 변증법은 가져왔지만, 헤겔의 독일 관념론은 거부했다.[2] 맑스가 이해한 세상은 관념의 산물이 아닌 물질로 구성된 곳이었다. 동시에 그는 인류 역사가 점점 진보의 방향으로 나아간다는 계몽주의의 낙관적 역사관도 비판했다. 물론 역사가 방향성을 가지고 변화하는 것

---

1) 맑스경제학에 대해서는 홍태희 (2022: 29-50), 맑스경제학 방법론은 Sherman (1994: 77-95), Pheby (1988/1999: 183-201).

2) 헤겔 변증법의 세 가지 법칙은 1. 양(量)에서 질(質)으로 변화, 질에서 양으로 변화, 2. 모순에 찬 대립물의 통일 3. 다른 단계의 정(正)-반(反)-합(合).

은 인정했지만, 정반합의 변증법적 과정을 거치며 변화하지, 일관되게 특정 방향으로만 나아가지 않는다고 보았다. 그래서 그는 유물론과 변증법을 결합한 변증법적 유물론의 렌즈로 세상을 보면서 물질적 관계, 현대적 해석으로는 경제적 관계가 인간의 의식까지 결정한다고 주장했다.3)

맑스경제학의 존재론적 특징은 '계급을 가진 인간'이다. 그는 사회 속에 살아가는 구체적인 인간을 분석의 대상으로 내세운다. 이 경제주체는 주류경제학이 주장하는 합리성을 가진 것이 아니라, 계급을 가지고 있었다. 그래서 자본주의라는 제도적 조건 속을 사는 구체적인 인간은 자산의 유무에 따른 계급적 질서 속에 묶여있다고 보았다. 따라서 자본가나 노동자로 계급 지어진 사람이었다. 이런 연유로 맑스경제학의 배경에는 구조주의와 전체주의가 있다.

그는 자본주의 경제를 설명하기 위해 본인의 평가로는 최초의 '객관적이고 과학적인 학문'을 제시했다. 그리고 주관적으로 결정되는 주관적 효용론이 아니라 객관적 가치론으로 노동가치론을 상정하고, 이 가치론을 가지고 경제를 분석했다. 물론 맑스도 주류경제학처럼 분업이나 협업의 사회적 관계를 인정한다. 주류경제학과 차이점은 주류경제학이 사회와 제도를 교환을 통해 개인의 효용을 증대시키는 도구 정도로 이해하는 것에 비해, 맑스에게 사회와 제도는 인간을 만들어 내고, 인간성을 구현하는 공간이며 시간이었다. 이런 인간관과 사회관은 주류경제학의 원자론적 개인주의와는 차이가 있는 전체론이었다.4)

이렇게 맑스경제학 전체의 기초로는 영국의 고전파경제학, 프랑스의 공상적 사회주의, 독일의 변증법을 들 수 있다. 따라서 맑스경제학에는 변증법, 유물론, 객관주의, 구조주의 그리고 전체주의 등의 철학이 녹아 있다. 맑스는 역사의 전개 과정은 유물사관으로 해석했고, 특정 사회의 변화는 변증법적 과정으로 이해했다.

---

3) Lebowitz (2009), Sinha and Thomas (2019: 58).

4) Palermo (2007: 539−), Sherman (1994: 79).

2 맑스경제학의 방법론

맑스경제학 방법론의 제일 큰 특징은 현상과 본질의 구분이다. 맑스는 현상과 본질 사이에는 차이가 존재하고, 학문의 사명은 바로 본질을 파악하는 것이라고 했다. 그는 기존의 경제학이 본질을 파악하지 않고 현상을 분석하기 때문에 과학적이지 않다고 비판하면서, 자신의 경제학만이 과학적 분석이라고 한다. 그리고 경제를 역사적 대상으로 보고 접근해야 하고, 사회적 역학관계를 통해 분석해야 한다고 주장했다.

이렇게 맑스가 연구 대상으로 삼은 것은 역사적 인간이었다. 인간의 경제행위를 분석하면서 경제와 인간을 초역사적인 대상으로 보고 분석하는 주류경제학과는 달리 사회적 제약 속에 있는 인간을 대상으로 한 경제학을 설계했다. 이 인간은 계급과 성별, 종교와 국적을 가지며, 거기에 따라 가지는 사회적 권력의 크기가 다르며, 생산과 분배의 결과가 다르다고 했다. 이처럼 맑스는 사회구조에서 현상의 원인을 밝히는 방법을 사용했고, 이 과정을 변증법을 가지고 해석했다.

이를 밝히기 위해 맑스는 헤겔과 루드비히 포에르바하(Ludwig Feuerbach)의 철학에서 변증법적 유물론을 가지고 와서 현실 경제의 작동 양식인 자본주의를 분석한다. 그리고 유물사관이라고 불리는 세계관을 가지고 역사적 자본주의의 생산양식을 기본틀(framework)과 틀 속에서 속한 사람들의 경제 상황을 통해 분석한다.

그는 자본주의라는 경제체제는 '이윤율 저하 법칙'과 '노동자 궁핍화 법칙'에서 벗어날 수 없다고 했다. 이런 그의 분석 방식은 연역주의적 구조를 가졌다고 할 수 있다. 동시에 전체 맥락에서는 역사적 사실을 주목하는 경험적 관점도 갖추었다. 이런 복합적인 접근을 통해 경제에 대한 역사적이고 전체적 시각을 만들었다.[5]

물론 맑스경제학의 범위를 어떻게 상정하는가에 따라 연구방법론이 달라진

---

5) 홍태희 (2022: 44), Fine, Saad−Filho and Boffo (2017: 53−54).

다. 여기서 맑스경제학을 맑스 자신이 만든 경제학에 집중해서 보면 사회가 가지는 구조를 이해하고, 그 구조 속에 놓인 인간이 겪게 될 경제적 상황을 분석했다고 할 수 있다. 그 구조가 본질이고 역사적으로 나타난 형태는 자본주의이다. 이 구조가 근본 문제이므로 구조를 바꿀 가능성을 찾아야 하는데, 구조를 바꾸는 것이 바로 혁명이다. 그래서 구조를 바꾸는 혁명의 현실적 가능성을 타진하는 것이 그의 학문적 목적이었다.

주류경제학은 구조 속에 개인의 경제행위를 시장에서의 이윤극대화로 정리하면서 연구방법에서 가설연역법을 사용하면서도 경험적 사실에도 집착하는 모순적 상황에 있다. 이에 비해 맑스의 방법론은 구조를 바꾸는 인간의 결단을 인정하고, 역사적 변증법으로 변화의 방향을 제시한다. 동시에 맑스는 힘의 작동, 권력관계의 배경이 되는 자본에 대해서 인지하였고, 이 힘이 작동하는 근원으로 유물론을 선택했다.

인간이면 누구도 이런 울타리 밖에서 삶을 영위할 수 없으나, 인간은 종종 울타리를 새로 세우는 사실이 역사 속에는 있었다고 맑스는 주장한다. 이렇게 맑스경제학은 구조를 바꿀 동력을 제공하는 기능을 위해 만들어졌다. 이렇게 사적 유물론과 변증법 그리고 경제결정론을 방법론적 기본틀로 장착한 맑스경제학의 방법론은 주류경제학과는 차이가 확연히 난다.6)

또한, 맑스경제학의 방법론은 개별적 경험적 사실로 전체의 모습을 확인할 수는 없다고 본다. 따라서 구조적 분석을 통해 개별 현상을 설명해야 한다는 것이다. 그리고 생산력과 생산관계로 된 생산양식이 사회구조의 중요한 경제적 틀이다. 이 틀에 따라서 전체적인 관점에서 자본주의 체제를 확인하고, 그의 모순 구조를 밝혀서 변화의 동력으로 사용하여 변혁의 기제로 삼으려 했다.7)

이런 맑스경제학이 특정 계급의 이해관계를 중심에 두고 학문을 이해하고 변화하기 위해 학문적 작업을 했다는 점에서 도구주의적 관점에서 학문했다고 할 수 있다. 따라서 가치중립을 주장하며 객관적 과학을 고집하는 주류경제학과의

---

6) Lebowitz (2009), Sinha and Thomas (2019: 58), Palermo (2007: 539-).
7) Fischer *et al.* (2017:19-32), Pheby (1988: 183-201).

방법론적 차이는 당연하다.

맑스는 당시의 주류 경제학자를 '자본주의의 변호인'이라고 조롱하며, 이들의 경제학을 '천박한 부르주아 경제학'이라고 깎아내렸다. 그리고 이들의 경제학이 자신들의 주장과는 달리 과학적 엄밀성을 가지지 못했다고 비판했다. 그리고 이러한 부르주아 경제학이 자본주의를 보편적인 것으로, 인간의 본성에 맞는 자연스러운 것으로 보는 것은 역사에 대한 무지라고 비판했다. 맑스경제학에서 자본주의는 인류가 만든 경제체제 중의 특정 단계이고, 이는 인간의 결단을 통해 해체하거나 변화시킬 수 있는 대상이었다.

사회과학은 자연과학적 탐구의 대상인 사물 간의 인과관계의 분석을 넘어서야 한다. 인간과 인간 간의 관계를 규정하는 것에는 고려해야 할 많은 요소가 있기 때문이다. 단선적인 원인과 결과 사이의 인과관계에 개입하는 여러 요소의 등장은 역사적 관점에서 현상을 해석할 때 비일비재하게 발생한다. 따라서 기존의 인과관계 분석으로는 인간과 인간 사이의 관계를 파악하기 어렵다. 이를 해결하기 위해 채택한 변증법은 시간적 방향성을 두고 인과관계를 파악하는 것이 아니라 현상과 현상의 변화를 규정하는 보편적이고 본질적인 연관을 찾는 것이다. 이런 분석 방법은 사회와 그 사회구성원 간의 역사를 유기체로 보는 것에서 출발했다.[8] 이처럼 역사적 과정을 추정하고 여기서 관통하는 논리를 찾는 것이 맑스경제학의 방법론이다.

이를 통해 역사와 사회에 대한 비전을 제시하고, 노동가치론을 통해 인간 사회의 가치 원천을 인간으로 확정하며, 인간을 물신화하는 것을 막는 역할을 하려고 했다. 아울러 역사적 방법론으로 착취와 사회적 불평등을 가시화하고, 그 해결책을 제시하려고 했다. 이러한 연구방법과 목적은 전체주의고 동학적이고 학제적 접근의 좋은 사례이기도 하다.[9]

이런 기여에도 불구하고 맑스경제학의 방법론적 한계는 분명하다. 특정 사회

---

8) 귀납주의와 귀납적 일반화는 특정 사실에 대한 해석을 비판 없이 수용한 결과, 경험주의는 사실 지식의 형태보다 지식의 원천이나 근거에 관심을 둠.

9) Fischer *et al.* (2017: 19-32), Pheby (1988: 183-201), Sherman (1994: 93).

에서 어떤 이론이 대세가 되지 못하는 것을 그만큼 설명력의 한계가 있거나 현실적인 힘을 가지지 못하고 있다는 방증이기도 하다. 학문 세계도 현실적 힘의 논리가 작용하는 곳이다. 맑스경제학이 주류가 되지 못하면서 맑스경제학의 방법론도 주류가 되지 못했다. 이는 맑스경제학을 반대하는 힘이 너무 막강한 탓이기도 하지만, 맑스경제학이 시대의 학문적 수준에 부합하는 정교한 지식체계를 생산하지 못한 탓이기도 했다.

사실 변증법은 유용하지만 아이러니하게도 지나치게 관념적이며, 개념적으로도 느슨하고, 추상적이다. 대략 보면 정−반−합의 변증법은 상황을 잘 설명하는 듯도 하지만, 구체적으로 적용하면 상황을 엄밀하게 설명하지는 못한다. 아울러 경제적 결정론도 현실을 설명하는 것에 한계를 지닌다. 경제 문제는 중요하지만, 그것만으로 인간과 사회를 다 설명하지는 못한다. 그래서 역사와 사회를 지나치게 경제중심주의, 경제적 결정론으로 해석하려는 결정론적 시각도 비판되고 있다. 물론 이런 결정론은 주류경제학에서도 나타나지만, 주류경제학은 이를 통해 인류 역사 전체를 해석하지는 않는다.

맑스경제학의 연구방법론은 맑스 이후 시대상과 함께 맑스경제학 내부에서 주류경제학으로 귀속되기도 했다. 사실 신고전파경제학과는 고전파경제학이라는 공통의 분모가 있어서 한계혁명 시기에는 교류가 있었다. 맑스경제학자 중에서 신고전파경제학이 계급 없는 사회를 그린 사회주의 경제학이고, 맑스경제학은 계급 있는 사회를 그린 자본주의경제학이라는 조롱이 섞인 주장도 나왔다.

이외에도 맑스의 사상을 따르나 과학적 검증은 주류경제학을 따르고 주류경제학의 언어를 사용하려는 시도가 지속되고 있다. 수학적 논증을 통해 자연과학의 연구방법론을 모사한 연구방법으로 학문적 엄밀성을 확보한 주류의 연구방법이 대세가 된 이후로 시대적 요구에 맞게 주류경제학의 논의 수준에 맞는 맑스경제학을 만들려는 시도는 분석적 맑스경제학(Analytical Marxian Economics)이나 수리 맑스경제학(Mathematical Marxian Economics)으로도 등장한다.

아울러 맑스경제학의 거시경제적 연구방법도 주류경제학과 별반 다르지 않게 계량적 실증연구를 정량적 자료에 대한 통계적 작업을 통해 연구하는 것이다.

표 14-1 다양한 경제학파의 경제학방법론(Methodology of Contempary Economics)

경제학파		학파 강조점	주요 학자	연구방법론
주류 경제학	새케인지언 경제학	• 시장은 효율적이지만 시장 실패를 개선하고 더 효율적으로 하기 위해 정부 개입 필요	Paul Krugman Joseph Stiglitz	• 경제 현상과 경제주체에 대해 단순화시키고 전제함 • 경제 현상을 이해하고, 예측하기 위한 수학적 모델링 • 통계 분석으로 모형을 검증 • 형식논리: 공리와 연역 → 합리성과 균형 모형 → 실험적 검증에 따른 분석적 결과
	새고전학파 경제학	• 개인의 합리적 선택이 시장을 어떻게 변화시키는지 경제에 어떤 영향을 주는지 예측	Robert Lucas Eugene Fama	
	통화주의 경제학	• 통화 공급이 인플레이션과 국민소득에 중요한 역할	Milton Friedman	
	공급주의 경제학	• 조세율과 정부 시장 개입이 개인과 경제 일반에 어떤 영향을 주는지 확인	Martin Feldstein	
비주류 경제학	맑스경제학	• 부를 향한 계급 투쟁에 초점을 두고 노동으로 생산되는 잉여 가치와 이런 경제활동의 동학 연구 • 착취적이고 불안정한 시장의 본성과 자본주의가 노동 일반과 사회에 미치는 영향 연구	Karl Marx Frichdrich Engels	• 변증법적 유물론 • 유물론적 실재론: 세계가 실재하고 그것을 연구 • 실증주의: 분석적 맑스주의는 실증주의도 채택
	포스트 케인지언 경제학	• 유효수요 • 불안정성과 화폐 내생성 • 수요가 어떻게 거시경제에 영향을 미치고 어떻게 불안정성과 불확실성이 타자에 영향을 미치는지 연구함	Hyman Minsky Paul Davidson	• 전체주의적 관점 • 역행추론의 방법: 경제 현상 → 인과관계와 실증 → 경로의존적 실재 도출
	제도경제학	• 경제가 근본적으로 제도, 특히 문화, 사회적 규범, 기업, 정부, 법으로 규정됨	Thorstein Veblen John Kenneth Galbraith	• 인간 사회의 제도나 집단 행동, 기술, 문화에 집중
	오스트리아학파 경제학	• 시장의 효율성을 강조하고 공공 정책의 비효율성과 부패를 강조	Friedrich Hayek Ludwig von Mises	• 개인의 선택과 그들이 경제에 주는 영향에 집중, 모형과 통계, 집단행동을 사용하는 것을 거부
	사회경제학	• 윤리적 사회적 원인과 경제행위, 제도, 조직, 이론과 정책의 사회적 결과 강조	Edward O'Boyle John B. Davis	• 윤리와 경제행위와 정치에 미치는 사회의 영향
	여성주의 경제학	• 가계경제 연구와 젠더가 경제에 미치는 영향 분석	Marlin Waring Nancy Foblre	• 차별, 불평등, 사회적 구성 등에 관한 연구로 남성 중심 편견 극복

자료: 홍태희 (2022), Schneider (2019: 16).

대부분 이윤율의 경향적 저하 법칙 같은 맑스경제학의 가설을 주류경제학의 검증 방법으로 확인하려는 시도이다.

이렇게 맑스경제학의 역사적·사회적·제도적 측면을 수식화시키는 것은 한편으로는 중요한 작업이지만, 자연과학처럼 연구하려는 정량적 작업을 통해 인간의 주체성을 허물고, 맑스주의의 전체적 관점을 오류로 보이게 할 여지도 준다. 분명한 것은 맑스경제학의 본질은 고전파경제학과 신고전파경제학을 비판하는 비판경제학이라는 점이다.

제15장

케인즈의 경제학방법론
(Keynes's Methodology of Economics)

15장에서 우리는 케인즈경제학의 방법론을 알아본다. 1929년 뉴욕 주식시장의 붕괴는 한 영국인 경제학자를 세계적인 슈퍼스타로 만들었다. 그는 바로 존 메이너드 케인즈(John Maynard Keynes)였다. 1차 세계대전 이후의 호황이 끝나고 세계 경제가 긴 대공황에 빠졌지만, 기존의 경제학으로는 해결할 방법이 없어 보였다. 케인즈는 이런 어려움에 빠진 세상에 구세주같이 등장해서 현실 경제만이 아니라 경제학도 변화시켰다. 그렇게 해서 '케인즈 혁명(Keynesian Revolution)'이 일어났다.

케인즈는 유효수요이론과 승수효과로 당시의 공급 중심의 경제학을 수요중심의 경제학으로 바꾸었고, 야경국가가 아니라 대공황을 해결할 경제주체로 국가의 역할을 주문했다. 1936년 《일반이론》을 출판하면서 거시경제학이라는 새로운 경제학의 장을 열었다.

이런 케인즈경제학을 이야기할 때 발생하는 문제는 케인즈 자신의 경제학과 케인지언의 경제학을 구별하는 것이다. 케인즈 자신이 자신은 케인지언이 아니라고 할 만큼 두 경제학 사이에는 차이가 크다. 그래서 15장에서는 케인즈 자신의 경제학에 집중해서 그의 경제철학과 경제학방법론을 설명한다.

케인즈의 경제학방법론
(Keynes's Methodology of Economics)

1 케인즈 경제학의 철학적 배경

20세기의 위대한 경제학자인 케인스는 맑스가 죽은 해인 1883년 영국 케임브리지에서 태어났다. 그리고 1946년 영국 필리에서 사망했다. 그는 정치가이며, 철학자였으며 경제학자였다. 그는 경제학자 아버지의 꿈나무로 자라 케임브리지 대학교에 진학했다. 처음에는 수학을 전공했지만, 철학에 관심이 있었고, 졸업 후에 마셜의 《경제학 원리(Principles of Economics)》를 읽고 감명을 받아 그의 제자로 경제학을 공부했다.

그는 대학 시절 '사도회(Apostles)'라는 클럽 회원이 되어 버트런트 러셀(Bertrand Russel), 조지 에드워드 무어(George Edward Moore), 앨프리드 노스 화이트헤드(Alfred North Whitehead) 등 당대의 지성인과 교류했다. 졸업 후 인도성(印度省)에서 공무원으로 재직하다가 1919년 케임브리지 대학교의 교수로 돌아왔다.

그는 영국의 대표 경제학 학술지인 《이코노믹 저널(The Economic Journal)》의 훌륭한 편집자였고, 1929년에는 철학자 비트겐슈타인을 케임브리지로 데려오기도 했고, 피에르 스라파와도 교류했고, 프랑크 램지의 지도교수이기도 했다. 그는 1936년 출판한 《고용, 이자 및 화폐의 일반이론(The General Theory of Employment, Interest and Money)》으로 케인스 혁명을 일으켰다. 그리고 삶의 여

정의 곳곳에서 사회적 현안에 참여하여 자신의 의견을 피력하면서 자신의 시대를 디자인했다.

케인즈는 경제학자로는 드물게 철학을 전문적으로 공부했다.[1] 특히 대학 시절 무어의 철학에 영향을 받았다. 케인즈는 마음공부를 통해 마음의 평화를 얻고, 착하게 살 수 있다고 생각한 무어의 철학에 감명받았다. 그렇지만 세상살이에 소극적이었던 무어와는 달리 케인즈는 적극적으로 사는 길을 택했다.

그의 철학적 관심은 1921년 출판된 《확률론(The Treatise on Probability)》에 구체적으로 나타난다. 케인즈는 당대 최고의 철학자였던 러셀에게 철학적 능력을 칭찬받았지만, 러셀의 절대주의 철학에 동의하지 않았다. '측정' 문제에 관해 케인즈는 크기가 상대적이라는 입장을 가졌다. 그의 삶은 물론 그의 경제학에 가장 많이 등장하는 개념은 불확실성(uncertainty)이다. 이는 현상을 고정적인 것으로 파악하지 않았다는 것을 의미한다. 그래서 그가 확률의 세계로 들어간 것은 어쩌면 자연스러운 과정이었다.

이런 케인즈경제학의 철학적 배경을 요약하는 것은 쉽지 않은 일이다. 무엇보다 왜곡될 가능성이 크다. 왜냐하면 그가 한마디로 표현할 수 없는 사상을 가지고 살았기 때문이다. 그래서 케인즈 전문가 사이에서도 그의 철학이나 경제학적 작업에 관한 이견과 논쟁이 늘 있었다.

그의 철학관에 관해서도 어떤 사람들은 케인즈의 철학은 초기와 후기가 다르다고 주장한다. 초기의 케인즈는 현학적이고, 더 이성적이며 합리성을 강조했는데, 후기에는 그의 학문 세계가 덜 모나고 더 둥글어졌다고도 한다.

이에 대해 또 다른 사람들은 그의 학문 전체에는 일관성이 있고, 그의 사상이 변하지 않았다고 한다. 경제철학의 경우 그의 학문을 통해 확인하려고 해도 사실 자신의 경제학방법론이나 경제철학에 관한 구체적이고 일관된 주장을 남겨두지 않았다.

---

1) 케인즈의 철학에 관한 국내 연구로는 김균 (2001), 권기철 (2003), 박만섭 (편) (2002) 참고.

따라서 자연히 따르는 왜곡의 가능성을 두고 그의 사상을 정리하면 다음과 같다. 먼저 삶의 태도와 관련해서 설명해 보자. 케인즈는 낙관론자였다. 그는 유쾌하게 인생을 살았다. 아직도 해가 지지 않은 나라 영국에서 엘리트 영국인으로 살면서 자신만만하고 거리낌 없이 이것저것 하고 싶은 것은 하며 살았다. 그리고 이런 그의 자신감은 학문에도 나타나서 기존의 질서를 무시하고, 케인즈 혁명을 일으켰다.

케인즈경제학의 철학적 배경에는 자유주의가 있다. 그는 정치적 입장에서는 보수정당을 싫어하고, 경제체제로는 자본주의를 싫어했다. 이런 자유주의는 자유로운 삶을 추구했던 케인즈의 성품과 가장 관련이 깊다. 물론 케인즈는 자유가 소수의 특권층에 주어지는 것에 반대했다. 하지만 자유주의자답게 사회의 변혁에는 한계를 보였고, 개인주의적 성향도 나타냈다. 학문적으로는 신고전파경제학의 방법론적 개인주의를 비현실적 전제라고 비판도 했지만, 삶 자체에서는 개인을 전체보다 중시했다.

케인즈경제학의 사상적 배경에는 계몽주의와 인본주의가 있다. 그는 세상을 더 살기 좋은 곳으로 변화시키려는 사회개량주의자였다. 경제학자였던 아버지와 사회개혁가였던 어머니의 영향을 받았고, 무어의 선한 삶 철학에 감동한 케인즈는 사회, 혹은 국가를 더 좋게 해야 한다고 생각했다. 그러나 혁명과 같은 급진적인 체제의 변화는 바라지 않았다. 그가 더 좋은 세상을 만드는 방법으로 선택한 것이 학문이다.

그의 인본주의에는 마셜 경제학의 영향도 있다. 빈민가를 거닐며 경제학을 연구하던 스승처럼 케인즈도 세상을 구해야 한다고 생각한 휴머니스트였다. 그 방법에서도 고전파경제학자 맬더스가 경제적 복지를 위해 구민법을 반대하는 것과 달리 케인즈는 당장 빵을 실업자에게 지급해야 한다고 생각했다. 그래서 케인즈경제학에는 규범경제학적 속성도 있다. 도덕철학에서 출발한 근대경제학이 도덕을 제거하고 엄밀한 과학으로 거듭난 신고전파경제학의 환호 속에서도 그는 경제학은 가치중립적 학문이 될 수도 없고, 되어서도 안 된다고 생각했다.

그의 학문 전반에는 민족주의적 특징이 있다. 그는 제2차 세계대전 이후의 세계를 디자인한 케인즈에게는 세계시민 같은 이미지가 있다. 그러나 그의 경제학 전반을 살펴보면 그가 자신의 조국 영국을 위한 경제학을 했다는 것을 알 수 있다. 케인즈는 세계사 변혁의 기간에 세계 패권국가의 지위가 사라져가는 영국을 위해 경제학을 이용했다. 그리고 직접 공무원 생활을 한 케인즈는 정부 조직이 신뢰할 수 있는 집단이라고 생각했고, 국가 번영을 위한 적극적인 경제정책을 지지했다.

케인즈경제학의 사상적 배경에는 역사주의와 반(反)맑스주의가 있다. 그는 연구할 때 현상의 배경이 되는 역사적 관점과 맥락을 중요시했다. 이런 태도는 역사주의적 관점이다. 아울러 자본주의를 비판했지만, 자본주의가 가진 문제점을 보완하면 다른 체제보다는 낫다고 생각했다. 맑스의 《자본론》을 진지하게 받아들이지 않은 케인즈는 사회주의를 대안으로 생각하지 않았다. 그는 사회주의 체제는 전혀 설득력이 없는 체제라고 하면서 국가가 할 일은 생산도구를 소유하는 일이 아니라고 했다.

또한, 케인즈경제학의 배경에는 실용주의와 도구주의가 있다. 실용주의적 관점에서 경제 문제의 구체적 해결을 위해 연구했다. 그는 경제학을 인간의 행복을 위한 수단으로 보았고, 경제학 연구를 통해 세상을 좀 더 편하게 해야 한다고 했다. 그는 연구 그 자체를 목적으로 보지 않았다. 그에게 경제학은 인간 경제생활에 도움이 되는 도구이며, 경제생활을 좋게 할 도구였다. 《일반이론》의 마지막 구절에는 세상을 바꿀 도구적 기능으로 사상과 학문의 중요성을 강조하는 그의 뜻이 잘 적혀있다.

"경제학자나 정치철학자의 사상의 힘은 그 사상이 옳고 그름을 떠나 흔히 생각하는 것보다도 훨씬 강하다. 세상은 그 사상들에 의해 움직여 간다. 어떤 지적 영향력도 받고 있지 않는다고 믿는 현실적 사람도 사실 이미 죽은 경제학자의 노예이기 십상이다. 권력을 손에 쥔 미치광이가 신의 계시를 들었다고 주장할 때도 이미 잊혀 버린 삼류학자 한 명의 사상을 재탕해서 새로운 광기를 생산했다는 것이다. … 늦게

나타나든 당장 나타나든 간에 선의로 사용되든 악용되든 간에 궁극적
으로 위험한 것은 사상이지 사사로운 이익이 아니다."

Keynes (1936: 383–384)

또한 케인즈는 반(反)공리주의자였다. 신고전파경제학에서 완전히 벗어나지
는 않았지만, 밴덤식 공리주의에는 동조하지 않았다. 개인 이윤의 극대화가 사회
의 전체 경제적 복지의 극대화라는 공리주의를 수용하지 않았다. 그래서 정부라
는 제3의 경제주체가 개입해서 개인의 행복과 사회의 행복을 조정해야 한다고 보
았다.

또한 케인즈경제학의 배경에는 반(反)과학주의가 있다. 그는 신고전파경제학
의 연역 논리를 반대하며, 사회가 원자론적 개인주의로만 설명될 수 없다고 보았
다. 그는 경제학이 자연과학처럼 되는 것을 막아야 한다고 보았으며, 경제학은 자
연과학처럼 연구할 수 없다고 했다. 그는 경제이론을 경제모형으로 만드는 예술
로 생각했다. 또한, 경제학에 수학을 사용하는 것을 어리석다고 본 케인즈는 뉴턴
의 고전역학을 경제학에 도입하는 것도 반대했다.

케인즈경제학의 또 다른 철학적 배경은 중도주의와 다원주의이다. 그는 여러
가지 철학적 입장을 포용하였다. 원론적 흑백 논리나 이분법이나 독단을 받아들
이지 않았다. 이런 의미에서 그는 중도주의자이다. 또한 그의 사회관에 대해서도
전체론을 썼다는 주장도 있지만, 유기체론이라는 주장도 있고, 방법론적 개체론
으로 해석될 여지도 있다. 그러므로 하나의 방법론으로 그의 학문 세계를 단정시
키기 어렵다. 그래서 케인즈경제학의 배경에는 다원주의가 있다고 볼 수 있다.

물론 케인즈경제학의 철학적 배경에 다원주의가 내재한다는 것은 방법론적
으로나 경제사상적으로 일관성이 없다는 것과도 일맥상통한다. 사실 그는 언제나
자신의 의견을 변경할 수 있는 학자였고, 현상을 이해할 때도 다원주의자였고, 방
법론적으로도 다원주의자였다.

그의 이런 다원성은 한편으로는 그가 처한 시대의 탓이라고 할 수 있다. 당
시의 경제학계는 패러다임의 전환이 이루어지던 과도기였다. 대공황으로 터졌는

데 그걸 해결할 주류경제학은 무력했다. 그러나 새로운 경제학의 윤곽은 제대로 나타나지 않았다. 그래서 그의 경제철학은 애매모호한 구석이 있었고, 다양한 해석이 가능했다.

다들 케인즈가 신고전파경제학과 다른 경제학을 만들었다고 하지만, 그는 한 번도 제대로 신고전파경제학을 떠난 적이 없었다. 고전파와 신고전파경제학을 비판하며 시장의 자기조절 기능이 없다고 비판했지만, 한계생산성에 따른 분배와 시장에서 배분의 효율성 등에 관해서는 신고전파경제학파와 같은 신념을 가졌다. 그는 사회구조의 변화를 바라지 않았고, 다만 사회의 경제 문제가 심각한 경우에 개입할 것을 주장했다. 《일반이론》에는 주류경제학과 사상적 연대를 한다는 그의 의견이 분명히 적혀있다. 이는 그의 성향을 잘 보여준다.[2]

"만약 정부가 중앙 통제에 성공하여 총생산량을 완전고용 수준으로 가능한 한 같게 만든다면 고전파 이론은 그 시점부터 다시 제자리를 찾게 될 것이다."

Keynes (1936: 378)

2 케인즈의 경제학방법론

케인즈는 고전파경제학과 신고전파경제학의 문제점을 알고 있었다. 그리고 당시 발생한 경제 문제를 해결하기 위한 새로운 경제학을 기획했다. 케인즈 경제학의 요지는 보이지 않은 손의 균형이 이루어지지 않는 노동시장에 정부가 개입하여 실업의 문제를 해결해야 한다는 것이다. 그가 파악한 경제 현상의 특징은 불균형, 불확실성, 그리고 불안정성이었다. 이런 특징 때문에 자본주의는 물가안정과 완전고용을 이룰 수 없다. 즉 보이지 않는 손은 작동하지 않는다는 것이다.

---

2) Hunt and Lautzenheiser (2011/2015: 852−857).

이에 관한 처방은 간단명료했다. 불균형이 지속되면 누군가 나서 균형을 맞추면 된다. 그래서 그는 물건이 남아돌고, 일자리가 없어서 불황이면 정부가 나서서 해결하면 된다고 했다. 이를 위해 화폐의 역할을 재정립하고, 유효수요의 원칙을 제시했다. 이런 경제정책을 설득할 경제학방법론을 세워야 했다.

그런데 여기서 먼저 확인할 것은 '케인즈에게 고유한 방법론이 있었는가?'이다. 그래서 마셜리언(Marshallian)[3]과 케인지의 관계와 경험론과의 관계를 해명해야 한다. 사실 이들 두고도 많이 논란이 있었고, 아직도 논쟁의 결론은 내려져 있지는 않다.

마셜과 케인즈의 관계는 복잡하다. 마셜은 그의 책 《경제학 원리》에서 경제학의 목표를 경제 현상과는 독립적인 지식을 만드는 것이라고 했다.[4] 이는 경제학이 당장의 경제 문제를 해결해야 한다는 케인즈 생각과 다른 것이다. 이런 의미에 케인즈는 마셜리언이 아니다. 그러나 그는 많은 점에서 마셜리언이다. 그는 경제학을 사고를 위한 도구라고 했다. 그리고 직접 경제학은 유사 과학이라기보다 논리학의 한 분야이고 사고의 방식이라고 했다. 이는 학문을 현상에 대한 설명이 아니라 객관적 논리체계로 이해했다는 것으로 볼 수 있는 점이다. 이 점에서는 그는 마셜리언이다. 오히려 이 둘 사이의 차이점은 마셜이 작은 정부를 지양하는 고전파와 신고전파경제학의 법통을 이은 것에 비해 케인즈는 큰 정부를 주장한 이단인 점이다.

다음으로 그의 방법론이 연역적인가 귀납적인가 하는 점이다. 이는 케인즈가 현상을 어떻게 인식했는가 하는 그의 인식론과도 연관된다. 이 주제에 대해서도 여러 가지 논란이 있다. 케인즈가 '역사적 연역법'을 방법론으로 사용했다는 학자도 있고, 귀납법을 썼다는 학자도 있으며, 연역법도 사용한다는 주장도 있다.

그의 유효수요론이나 승수이론은 명제 간의 관계로 논리적 타당성을 찾는다는 측면에서 연역적이다. 그러나 분명한 점은 영국인 케인즈는 귀납법과 경험론이 시대정신인 시대를 영국에서 살았다. 그리고 그는 학문 작업 초기부터 귀납법

---

3) 마셜의 경제학에 영향을 받은 학자들로 피구, 에지워드는 물론 대부분은 신고전파경제학자임. 비주류경제학인 포스트 케인지언 중에도 마셜리언 포스트 케인지언이 있음.

4) Marshall (1920: 20).

을 연구했다. 그리고 그는 지식을 획득하는 과정을 이렇게 이해했다. 먼저 주변 상황을 파악하고, 감각을 사용하여 경제 현상을 직관적으로 파악한다. 그리고 현상의 의미를 이해하고 나서 실재에서 나온 자료를 통해 상황을 파악하며 지식을 얻는다고 했다. 이는 밀의 가설연역법과 크게 다르지 않다.

그리고 그는 개인은 직접 경험을 통해 직접적인 지식을 얻고, 이 지식으로부터 다른 지식을 추론할 수 있다고 했다. 케인즈는 이를 간접 지식이라고 불렀다. 그는 "나는 직접 지식과 간접 지식, 직접적인 지식에 기초한 우리의 합리적 믿음의 부분과 논증에 기초한 부분을 구별한다."라고 했다.[5] 그리고 과거와 현재의 자료에 근거하여 믿을만하게 미래를 예측할 수 없다고 했다. 이는 그의 방법론이 귀납법을 따른다는 것을 알 수 있게 한다.

특히 후기의 케인즈의 철학은 경험론에 좀 더 경도되었다고 한다. 그는 형식 논리와 인간의 논리를 구분해서 사용했는데, 이는 그가 형식논리에 얽매이는 것을 거부했다고 보아도 된다. 이런 측면은 오스트리아학파와도 연관이 된다.

하지만 그의 경제학방법론에는 신고전파경제학의 방법론도 포함된 것이 사실이다. 사실 경제학은 시대의 산물이다. 그 시대의 언어를 쓰지 않고 당시의 경제학계를 설득할 방법은 없다. 그래서 현재의 잣대가 아니라 당시의 상황으로 마셜의 경제학과 케인즈의 경제학을 비교하면 케인즈는 연역보다는 귀납, 수학보다는 이야기를 중시했다고 할 수 있다. 케인즈도 신고전파경제학처럼 경제모형을 썼지만, 이를 예측의 도구로 사용한 것이 아니라 사고의 양식으로 보았다.

이렇게 케인즈가 귀납법을 채택했다고 보는 것은 그의 인식론의 핵심인 인식의 불확실성이 있기 때문이다. 그가 판단한 자본주의는 불안정성과 불확실성을 가진 체제이다. 이렇게 불확실한 대상에 관해서 논리적으로 추론하여 인과관계를 찾는 것은 무의미하다고 보았다. 그래서 그는 확률로 이런 불확실성을 가능한 한 제거하려고 했다. 《확률론》에 나오는 아래 글에는 그의 이런 관점이 잘 나타난다.

---

5) Keynes (1921: 13).

"대부분 삼단논법이나 이상적인 공간의 기하학과 같은 학문적 논리나 모든 주장은 확증이 목표이다. 이는 결정적이라고 주장한다. 그러나 다른 많은 주장은 다음과 같은 내용이다. 이는 합리적이거나 확실하지 않고 약간 기울어져 있다고 주장한다. 거기에는 형이상학, 과학, 그리고 행동학이 있는데 우리가 근거로 삼는 대부분의 논증이란 습관적으로 우리의 이성적 신념에 기초를 두고 있으며, 어떤 결론이 나지 않는 것이 인정된다."

Keynes (1921: 2)

이렇게 그는 확률론으로 귀납적 추론의 정당성을 확보하려고 했고, 이를 위해 논리적 확률 이론을 세웠다. 그래서 그는 방법론적으로 확률빈도이론과 결정론적 논리학을 포괄한 방법론을 제시한다. 이처럼 케인즈는 신고전파의 연역적 경제학을 반대하고 귀납적 경제학을 옹호했다. 그는 또한 귀납에 관해서 다음과 같이 썼다.

"귀납적 과정은, 물론, 항상 마음의 작동 체계의 중요하고 습관적인 부분을 형성해 왔다. 경험을 통해 배울 때마다 우리는 그것들을 사용하고 있다."

Keynes (1921: 250)

따라서 그의 경제학방법론의 핵심을 귀납법으로 보아도 무리가 없다. 귀납법으로 과학방법론과 지식 획득 경로로 확인했다. 확률론을 연구하면서 확률로는 전제와 결론의 관계에 관한 진리를 파악하지는 못해도 합리적인 결과물을 주기 때문에 과학적 연구에 사용 가능하다고 보았다. 이렇게 기존의 연역적 경제학에서 귀납법의 역할을 강조한 것이 케인즈 혁명의 한 축이다.[6]

---

6) Ferrari Filho and Terra (2016).

케인즈의 경제학방법에는 실재론이 있다. 불확실성, 불합리성, 비가역성으로 세계를 이해한 케인즈는 특정 전제를 공리로 사용하지 않고 현실을 포착하기 위해 역행추론의 논리를 이용한다. 그가 생각한 방법은 경제 현상의 본질을 직관하는 것이다. 경험으로 확인되지 않아도 경험이 경험이게 하는 메커니즘을 찾는 것이다. 그가 거시경제를 처음 모형화한 소득－지출 모형도 직관적 모형이었다. 그가 제시한 이런 시도는 뒤에 포스트케인지언에게 전달되면서 비판적 실재론으로 발전했다.

케인즈경제학은 거시경제학을 조망했듯이 전체론적 방법을 쓴다. 《일반이론》에서 그는 사회유기체론으로 채택하면서 원자론적 가정을 하면 설득력도 권위도 잃는다고 했다. 그래서 그는 유기체적 관점에서 분석 목적에 따라 변수를 융통성 있게 설정하려 했다. 사실 케인즈경제학은 거시경제학을 만든 학파이고, 그 자체 거시경제학으로 불리기도 할 만큼 방법론적 개인주의가 아니라 유기체론으로 보고 총생산, 화폐공급, 실업, 인플레이션 등을 다룬다. 이는 신고전파경제학과는 다른 방식이다.

케인즈경제학은 다원주의 방법론을 채택했다. 그리고 기존이론의 배경을 검토한 후에 이 가정의 제한된 성격을 강조하고, 덜 제한적인 가정에 기초한 일반적 이론을 기존이론에 포함하는 작업을 주로 했다.[7] 독단을 싫어하고 융통성 있게 학문한 케인즈에 관하여 신고전파에 반대한 것만 강조되지만 실제로 케인즈경제학은 마셜이나 피구의 연구방법과 크게 다르지도 않았다. 잘 알다시피 그는 고전파경제학이나 신고전파경제학을 비판만 한 것이 아니다. 그는 단지 그것을 보완하여 일반적인 이론을 제시하려 했던 것이었다. 그렇지만 차이도 분명히 있다. 과학은 인과관계 해명을 주로 하는데 정보도 충분치 않은데 논리적 추론을 하면 오히려 사이비 과학이 된다고 생각했다. 이는 주류 경제학방법론에 관한 케인즈의 비판을 요약해 준다.

그래서 케인즈경제학에는 정량적 분석뿐 아니라 정성적 분석도 작동한다. 여

---

7) 권기철 (2003: 5).

기에는 방법론적으로 연역과 귀납이 모두 있고, 형식적 추론과 비형식적 추론도 있다. 케인즈경제학의 이런 특징 때문에 거스 오도넬(Gus O'Donnell)은 케인즈를 중도주의자라고 했다.[8]

그래서 현재의 관점에서 다시 보자면 어쨌든 파이어아벤트의 반(反)방법론을 다원론자 케인즈가 썼다고 할 만큼 케인즈 경제철학은 복합적이다. 그를 이해하자면 학문적 일관성이나 소신을 갖기보다는 그냥 현실을 직관하고 필요한 일을 하면 된다고 생각한 것 같다. 또한 당시로는 달리 어떻게 해야 할 방법론을 가질 수 없었다고도 볼 수 있다.

1970년대 경제위기로 케인즈경제학은 마치 끝난 것 같았지만 2008년 글로벌 금융위기로 케인즈는 다시 소환되었다. 이처럼 케인즈경제학과 그의 처방은 여전히 경제학에 영향을 미치고 있다. 그가 다양하게 경제 현상에 접근했기 때문에 후대 경제학자의 해석의 여지는 더 다양해졌다. 그래서 그의 제자들은 케인지언(Keynesian), 뉴케인지언(New-Keynesian), 네오케인지언(Neo-Keynesian), 포스트케인지언(Post-Keynesian)으로 갈라졌다. 각 갈래 속에도 여러 갈래가 생겨났다. 이런 모든 학파의 뿌리는 케인즈이다. 그가 위대하고 매력적인 경제학자인 것에는 이론의 여지가 없다.

---

8) O'Donnell (1989: 327). 그러나 여기서도 마셜의 영향을 볼 수 있음.

제16장

오스트리아학파 경제학의 방법론
(Methodology of Austrian School of Economics)

16장에서 우리는 오스트리아학파의 경제학을 만난다. 20세기 초 논리실증주의와 언어철학이 태동한 비엔나에서 시작된 오스트리아학파 경제학은 인간의 이성으로 세상을 정확하게 파악하려는 엄격한 과학주의를 지향했다. 그러나 오스트리아학파가 이후 경험한 세상은 나치라는 정치적 광기 앞에 무참하게 무너지는 인간 이성이었다. 그래서 오스트리아학파 경제학은 멩거의 연역적 체계로 시작했지만, 연역적 세계만으로는 경제학의 세상을 해석할 수 없다고 생각했다. 그리고 인간을 자유롭게 하는 경제학을 만들었다. 이렇게 독창적인 학파를 만들었으나 시간이 흐를수록 학파 내부의 일관성이 모호해지면서 오스트리아학파 경제학은 정체성을 잃었고 필요에 따라 다양하게 설정되었다.

오스트리아학파 경제학방법론의 특징은 경제를 열린 체계로 이해하는 것이다. 인간의 경제적 행위는 닫힌 체계가 아니라 바로 열린 체계 속에서의 행동이라서 수학적 논증 구조로는 이를 다 설명할 수 없다고 했다. 그래서 방법론적 개인주의는 동의하지만, 인간 행동의 공리를 전면에 두는 학파이다.

16장에서 우리는 신고전파경제학과도 다르고, 역사학파 경제학과도 다르며, 어느 측면에서는 맑스경제학보다 더 강하게 주류경제학을 비판했던 오스트리아학파를 알아본다.

오스트리아학파 경제학의 방법론
(Methodology of Austrian School of Economics)

1 오스트리아학파 경제학의 철학적 배경

오스트리아학파 경제학은 유럽 내에서 변방인 오스트리아 비엔나에서 19세기에 태동한다. 당시 비엔나에는 논리실증주의라는 과학철학이 유행이었다. 논리실증주의는 형이상학 같은 사변적인 학문을 배격하고 '엄밀한 학문으로 철학'을 추구하며 분석철학과 과학철학을 세웠다. 이런 시대적 배경 속에서 오스트리아학파 경제학은 멩거를 중심으로 당시 유럽 내의 대세였던 역사학파 경제학을 비판하며 등장한다.

오스트리아학파가 경제학계에 각인된 것은 이들이 방법론 논쟁을 벌였던 것과 무관하지 않다. 오스트리아학파는 여타 학파와 경제학방법론 논쟁을 벌였다.[1] 이들이 보기에 역사학파 경제학은 지나치게 사변적이었다. 이들은 영국 경제학의 발전을 지켜보며 유럽식으로 과학적인 경제학을 만들려고 등장했다.

오스트리아학파 경제학은 자유주의 철학을 배경으로 한다. 사상적 스펙트럼으로는 신고전파경제학과 공통되게 방법론적 개인주의를 기반으로 하며 자유주의를 지향하는 경제학이지만 주장이나 방법론은 신고전파경제학과는 다르다. 먼저 이들은 실증주의적 연구 풍토를 비판한다. 신고전파경제학의 기본적 연구 방

---

1) 방법론 논쟁에 대해서는 Fischer *et al.* (2017), Hagemann, Nishizawa and Ikeda (2010: 311-), Coyne and Boettke (2020), 홍기현 (2010), Hülsmann (1999).

식인 실증주의를 적용하려면 연구 대상이 닫힌 체계여야 하는데 실제 경제학의 대상인 사회는 열린 체계이다. 이런 열린 대상에 대해서 정량적 방식으로 검증하는 것이 올바른 방법이 아니라고 생각했다. 그래서 이들은 열린 체계로 경제 현상을 인식하고, 이에 맞는 방법으로 연구해야 한다고 주장한다.

또한 오스트리아학파의 철학적 배경에는 반(反)역사주의와 반(反)맑스주의가 있다. 이들은 역사주의의 한계를 지적하며 인간 이성으로 연역적인 체계를 만들어서 역사주의 경제학을 견제했다. 멩거 이후 프리드리히 폰 비저(Friedrich von Wieser)와 오이겐 뵘바베르크(Eugen von Böhm-Bawerk)의 시대에는 특히 반맑스주의를 학파의 기본 노선으로 잡았다. 따라서 전체주의적 관점을 비판하고, 방법론적 개인주의를 기반으로 경제 현상을 파악하려고 했다.

무엇보다 오스트리아학파 경제학은 인간 주체에 대한 인식을 중요하게 생각한다. 그래서 '경제적 사건(economic event)'은 관련된 개별 '행위자(actor)'의 '가치판단(value-judgement)'과 '합리적인(rational)' 선택 및 처한 상황이 주는 제약속에서 발생한다고 주장한다. 따라서 이들에게 경제주체는 신고전파의 합리적 경제인이 아니라 현실을 살아가는 합리적이지만 가치판단을 하며 처한 환경에 영향을 받는 행위자이다.[2]

이런 의미에서 오스트리아학파의 배경에는 실존이 본질에 앞선다는 실존주의 철학이 있다는 것을 확인할 수 있다. 객관적 가치나 본질이 있다는 객관주의나 본질론을 부정하고, 인간의 가치판단에 따라 가치가 결정된다는 주관주의를 옹호한다. 또한 주류경제학의 자연주의와 과학주의도 반대한다.

오스트리아학파 경제학의 철학적 배경 중의 하나는 다원주의이다. 이들 내부에는 같은 학파에 속하는 학자들이 맞는지 의문이 생길 만큼 방법론이나 기본 개념에 이질적 요소가 많다. 이들은 기본적으로는 연역주의를 지지한다고 알려졌지만, 연역주의에 반대하는 학자들도 있다. 아울러 방법론적 개인주의에 대해서도 학자마다 관점이 다르다.

미제스 같은 학자들은 수학의 제한적 사용을 주장하지만, 다른 학자들은 수

---

2) Agafonow (2012: 273-280).

학 사용을 권장하기도 한다. 그러나 이런 이질성에도 오스트리아학파라는 큰 틀에 함께 묶여있다. 이런 점에서 이들의 철학적 배경에는 다원주의가 내재했다고 할 수 있다. 그리고 이들 학파의 발전 과정 전체를 두고 볼 때 학문공동체이기보다 자유주의 경제학을 지향하는 정치적 신념 공동체의 성격도 있다.

2 오스트리아학파 경제학의 방법론

오스트리아학파의 창시자 멩거는 학문할 때 역사와 이론을 분리해야 한다고 주장하며 경제학의 목표는 보편법칙을 찾는 것이라고 했다. 이를 위해 '선험－연역의 방법(a priori－deductive method)'을 사용했다. 그는 경제 현상을 개별적 현상과 일반적 현상으로 나누었다. 개별적 현상은 경제사나 통계학의 연구 대상이지만, 경제학 연구의 목표는 일반적 현상을 통해 보편법칙을 발견하는 것이라고 보았다. 그리고 보편을 찾기 위한 방법으로 관찰, 기술, 분류 등을 제시했다.

이후 학파의 전개 과정에서 오스트리아학파의 연구방법론에 대한 통일된 관점은 없다. 시간이 지날수록 학파 내부의 분열이 심해지고, 정체성 문제가 불거져서 일반적인 특징을 제시하기 어렵다.3) 그래도 오스트리아학파 경제학의 방법론을 정리하면 다음과 같다.

첫째로는 선험적 합리주의라고 지칭되는 선험－연역 연구방법이다. 오스트리아학파는 경제학을 인간행동학이라고 부르며 이에 관한 연구가 자연과학을 방법과는 구별되어야 한다고 했다. 그리고 인간의 행동에는 보편적으로 인정되는 원인과 그에 따른 결과가 있다고 이들은 생각했다. 인간의 행동에서 검증이 필요 없이 참인 이러한 '행동의 공리(axiom of action)'에서 연역적으로 진리성을 확보 받는다. 즉 '인간은 자신의 행복을 추구한다.'라는 공리로부터 인간 행동의 정리를 끌어낸다.

---

3) 오스트리아학파 경제학에 대해서는 홍태희 (2022: 135－160), 방법론에 대해서는 Pheby (1988/1999: 154－182), 전용덕 (2014).

둘째로는 반(反)과학주의이다. 신고전파경제학 이후 과학주의에 따라 자연과학의 방법론을 채택하려는 주류경제학과는 달리 실증주의와 경험주의를 반대한다. 이는 분명 당시 유행하던 과학주의에 반대하는 태도였다. 그리고 공리주의적 연역적 논증을 방법론으로 내세운다.

셋째로는 주관주의이다. 오스트리아학파는 경제 현상이 개개인의 주관적 결정으로부터 만들어진다고 보는 방법론적 개인주의를 지지한다. 이 점에서 주류경제학과 비슷하다. 하지만 오스트리아학파는 좀 더 엄격한 개인주의를 지향한다. 이는 특히 미제스가 강조하는 관점이라고 할 수 있으나, 오스트리아학파의 정체성이 일관되지 않아서 이런 특징이 반드시 나타나는 것은 아니다.[4]

멩거 이후 오스트리아학파 경제학의 정체성을 가장 잘 드러낸 학자가 미제스라는 점에 대해서는 이의를 제기하기 어렵다. 미제스는 자연과학의 방법론과 사회과학의 방법론은 달라야 한다고 주장했다. 그래서 그는 실증주의, 도구주의, 반증주의, 수리경제학, 계량경제학을 비판한다. 그리고 자신의 경제철학으로 '선험주의'를 제시한다. 그는 계량경제학을 "경제적 실재에 관한 설명에 도움이 되지 못하는 어린이 그림 놀이"라고 비판한다.[5] 또한 경제학에서 수학 사용의 문제점을 아래 글에서 보는 것처럼 다음과 같이 평가한다.

> "수리적 추론 방법은 쓸모가 없어서 기각되어야 하는 것만 아니다. 이 방법이 잘못된 가정에서 출발하여 불합리한 추론을 유도하는 잘못된 방법이기 때문에 기각되어야 한다. 이런 삼단논법은 쓸모가 없고, 연구자가 실제 문제에 관해 연구하는 것에 방해가 되며, 여러 현상 간의 관계를 왜곡시키고 있으므로 잘못되었다."
>
> Mises (1966: 350)

---

4) 오스트리아학파의 경제적 방법론에 대해서는 전용덕 (2014), 홍태희 (2022: 150-153), Méra and Hülsmann (2017), 홍기현 (2010), D'Amico and Martin (2021), 김이석 (2005).

5) Mises (1962: 63).

이렇게 수학 사용에 반대한다는 점에서는 역사학파 경제학과 유사성도 있다. 그러나 선험주의를 강조하는 오스트리아학파는 실증주의와 마찬가지로 역사주의도 비판한다. 또한 역사학파의 방법론은 전체주의적 관점을 거부하고 경제학에 대한 분석도 개인에서 출발해야 한다는 점에서 역사학파 경제학과 차이가 난다. 이점은 오히려 신고전파경제학의 방법론적 개인주의와 유사하다. 사회적 변화와 연구자들의 개인적 선택에 따라 학파는 오히려 다원주의적 방법론을 갖고 있다고도 할 수 있다.

현재 자신을 오스트리아학파라고 주장하는 학자에게 개인의 자유는 절대선이며, 국가나 집단, 사회는 개인을 옥죄는 굴레다. 그렇지만 이들은 신고전파경제학의 실증주의와 방법론적 개인주의를 비판한다. 오스트리아학파를 창시한 멩거는 신고전파경제학이 주춧돌인 한계혁명을 일으킨 사람이다. 따라서 주류경제학 방법론과 완전히 다른 오스트리아학파 방법론을 일반화하는 것은 쉽지 않다.[6]

오스트리아학파는 멩거로부터 시작했지만, 이후 학파의 정통성을 만들어 가고 지킨 사람은 미제스라고 학계는 정리했다. 미제스는 행동의 공리와 '수학적 방법론 근본적 거부(fundamental rejection of mathematical methods in economics)'를 배경으로 인간 중심의 사회과학적 지식을 만들 가능성을 열어 보였다.[7]

비저의 제자였던 미제스는 오스트리아학파 경제학의 성격을 규정하는 대표적 학자이고, 그의 방법론은 오스트리아학파 경제학방법론의 핵심이다. 그는 '개인 세미나'를 정기적으로 열며 많은 학자와 교류했다. 이후 나치를 피해 미국으로 망명을 와서 봉급도 받지 못하는 초빙교수 생활을 하면서 비주류의 삶을 살게 된다.

1949년에 쓴 《인간의 행동(Human Action)》과 1933년에 출판된 경제학방법론 책인 《경제학의 인식론적 문제들(Epistemological Problems of Economics)》에는 미제스의 경제철학이 잘 담겨있다. 그는 신고전파경제학이 주류경제학으로 대세를 굳힌 상황에서도 경제학방법론의 논쟁이 끝나지 않았고, 올바른 결론도 나

---

6) 김이석 (2005: 193-), Charusheela (2005), 홍훈 (2000).

7) 홍기현 (2010: 145).

지 않았다고 주장했다.

미제스는 경제학의 순수 연역적 성격을 강조했다. 그는 경제학자에게도 이론적 검토가 중요하다고 생각했다. 그래서 연역을 강조했다. 이를 통해 경제학이 자연과학처럼 되는 것을 막아야 한다고 보았다. 미제스는 사회과학의 개념적 기초로 '인간행동학(프렉세올로기, praxeology)'을 채택했다. 그리고 이를 통해 경제학에 대한 방법론적 접근 방식을 제시했다. 그는 경제학을 바로 프렉세올로기, 즉 인간행동학이라고 칭하며 다음과 같이 설명한다.

> "프렉세올로기는 행위의 궁극적인 목적과는 무관하다. 프렉세올로기에 대한 탐구의 결과는 추구하는 목적에 상관없이 모두에게 타당하다. 프렉세올로기는 수단에 관한 학문이지 목적에 관한 학문이 아니다."
>
> Mises (1966: 15)

따라서 그가 제시한 방법론은 기본 공리로부터 현실적인 명제를 도출하는 것이다. 여기서 기본 공리는 선험적이라서 경험적으로 논증될 필요가 없다고 했다. 미세스 자신은 대수와 기하학을 경제 현상을 설명하는 방식으로 채택하는 것에 부정적이었다. 아울러 인간의 경제행위, 특히 시장에서 벌어지는 일들은 복합적 원인으로 발생하므로 자연과학적 방식으로 해명될 수 없다고 보고, 수리경제학이 실재와 구체적인 연관이 없이 복합적인 상황을 단순히 추상화하는 한계를 드러낸다고 했다.

이에 따라 미세스는 계량경제학, 수학, 실증주의, 도구주의, 반증주의 전반을 비판했다. 이러한 미세스의 경제철학은 흔히 선험주의 철학이라고도 한다. 이에 대해 형이상학적인 선험주의를 경제학 연구에 도입하는 것이 바람직한가는 비판도 있었다. 무엇보다도 큰 결함은 그가 선험성이 무엇인지 충분히 설명해 주지는 않았다는 점에 있다.

이런 가운데 미세스를 잇는 머리 N. 로스바드(Murray Newton Rothbard)는 1976년에 '플렉세올로기의 공리'는 순수하게 선험적이기보다는 넓은 의미에서는 경험적이라고 정리한다. 루드비히 라크만(Ludwig Lachmann)은 미세스의 경제철학을 주관주의라고 비판한다. 이처럼 미세스는 오스트리아학파의 정통성을 잇는 학자이지만 그의 방법론에 대해 모든 오스트리아학파 경제학자가 동의하는 것은 아니었다.

또 다른 오스트리아학파의 경제학자는 하이에크이다. 물론 하이에크는 일부 오스트리아학파로부터 오스트리아학파가 아니라고 비판받을 만큼 복합적인 경제사상을 가지고 있다. 하이에크는 미세스의 제자라고 할 수 있는데, 누구보다도 미세스의 방법론을 강하게 비판했다. 그는 포퍼의 과학철학은 받아들였다. 이에 대해 허치슨은 하이에크의 방법론을 하이에크 1(미세스적 방법), 하이에크 2(탈 미세스적 방법)로 나누어 표현했다. 그러나 이는 허치슨의 오류이다. 사실 하이에크는 포퍼와 오랜 친구였고, 포퍼의 학문을 잘 이해하고 있으며, 그의 과학철학에 대해 호의적이었다. 아래의 하이에크의 글에는 포퍼적 방법론이 잘 나타나 있다.

> "이론은 반증 가능성을 높이는 방향으로 만드는 것이 바람직하지만, 과학의 진보와 함께 반증이 필연적으로 증가하는 것에도 대비해야 한다고 주장한다. 이것이 복합한 사회현상을 분석할 때 흔히 벌어지는 일이다."
>
> Hayek (1967: 29)

그래도 하이에크가 반증주의를 옹호하기보다는 비판적 합리주의를 긍정적으로 생각했다고 학계는 평가한다. 이런 판단은 하이에크를 미세스로 회귀시킬 가능성도 열어둔다. 사실 하이에크도 미세스처럼 수학적 분석을 비판했고, 자연과학처럼 경제학을 하는 것을 과학적 오류라고 이해했다. 그래도 미세스처럼 선험을 옹호하지는 않았고, 수리경제학이나 계량경제학에 대해 미세스보다는 후하게 평가했다.

오늘날 오스트리아학파 경제학은 비주류경제학의 우측 날개를 지키며 자유주의 경제학의 교두보 역할을 하고 있다. 외르크 귀도 휠스만(Jörg Guido Hülsmann)은

표 16-1 오스트리아학파 경제학과 주류경제학

	오스트리아학파 경제학	주류경제학
경제학에 대한 이해	프렉세올로기(인간행동학)	경제학
개인과 사회 인식	방법론적 개인주의	방법론적 개인주의
인식론	선험적 합리주의	실증주의
가치론	주관적 가치론	주관적 가치론
자연과학에 대한 태도	반과학주의	과학주의
경제학방법론	인과론적 실재론	가설연역법

자료: 홍태희 (2022: 153).

경제학의 미래는 실재론에 있으며, 오스트리아학파 경제학은 실재론적 관점을 가지고 있는 유일한 학파라고 했다. 그리고 물리학자들이 아인슈타인의 물리학을 추종하듯이 미래의 경제학자들은 미세스를 따르게 될 것이라고 학파의 미래를 낙관했다.

이처럼 오스트리아학파 경제학의 방법론은 현재에도 여전히 경제학에 영향을 미치고 있다. 하지만 학파 내부의 통일된 입장이 없고, 학문적 일관성을 보이지 못하는 측면은 확실히 있다. 한편으로는 역사학파처럼 경제학을 자연과학처럼 하는 것에 반대하는 것에 동의하지만, 한편에서는 신고전파경제학처럼 모든 분석의 시작은 개인이라고 주장하는 오스트리아학파의 이중성은 학파가 풀어야 할 최대 과제이다.

제17장

포스트 케인지언 경제학의 방법론
(Methodology of Post Keynesian Economics)

17장에서 우리는 포스트 케인지언 연구방법론을 설명한다. 특히 비판적 실재론을 바탕으로 한 연구방법에 관해 알아본다. 포스트 케인지언 경제학은 '케인즈 이후'라는 말에서 출발했다. 케인즈 혁명 이후에 재편된 경제학의 세상에서 케인즈를 비판적으로 계승한 학자들은 케인즈 이전으로 다시 돌아가서 경제학을 다시 만들어야 한다고 생각했다. 이들이 포스트 케인지언이다. 경제이론과 현실 사이의 괴리를 고민했던 이들이 비판한 경제학에는 신고전파경제학은 물론 IS/LM 곡선을 제시한 케인지언 경제학도 있었다.

이런 비판적 관점에서 현실을 제대로 설명할 경제학방법론을 고민한 포스트 케인지언은 현실 경제를 강조하면서 실재론을 받아들인다. 그리고 실재론으로 사회적 존재론을 만들어 경제학과 실재 문제를 해결하면서 주류경제학의 한계를 극복하려고 한다.

17장에서 우리는 포스트 케인지언 연구방법론을 설명하고, 포스트 케인지언 경제학의 방법론을 통해 주류 거시경제학방법론을 극복할 가능성도 찾아본다. 아울러 케인지언 경제학의 불확실성, 비선형성의 처리 방식 소개하면서 환원주의 문제의 극복 가능성을 살펴본다.

제17장

포스트 케인지언 경제학의 방법론
(Methodology of Post Keynesian Economics)

1 포스트 케인지언 경제학의 철학적 배경

포스트 케인지언 경제학은 20세기 후반 신고전파경제학과 케인지언 경제학의 양대 구조로 재편된 현대 경제학을 비판하며 등장했다. 사실 포스트 케인지언 경제학의 이념적 스펙트럼이 상당히 넓어서 학파를 단적으로 정의하기는 어렵다. 그러나 대략 정의하면 케인즈의 유효수요 이론과 역사적이고 동태적이며 비가역적인 시간 개념을 중심축으로 화폐와 금융이 생산에 영향을 미치는 영향을 주목하고, 계급 갈등이 있는 사회 속에서 불확실한 미래를 살아가는 사람과 사회의 경제 현상을 연구하는 경제학이다.[1]

이들 포스트 케인지언은 케인즈의 경제학에는 동의하지만 이를 응용하고 확장한 케인지언 경제학에는 동의할 수 없었다. 그래서 이후 20세기 후반부터 현재까지 많은 학자가 포스트 케인지언이란 울타리 내에서 기존 경제학의 한계에 대해서 여러 측면에서 비판했다. 그러나 이들 사이에 개념이나 지향점은 합의되지 않았고, 학파가 현재에도 만들어지고 있어서 그 특징을 일반화하기는 어렵다.

그런데도 공통으로 확인되는 철학적 배경은 실재론(realism), '반(反)환원주의', 다원주의이다. 이들은 존재론적 관점에서 경제적 메커니즘 혹은 경제 현상이

---

1) Lavoie (2002), Lavoie (2014), 홍태희 (2022: 77－106).

17-1 포스트 케인지언 경제학과 주류경제학의 방법론

	포스트 케인지언 경제학	주류경제학
인식론	• 실재론	• 환원주의 • 도구주의
사회관	• 사회유기체론	• 개인의 집합
개인과 사회	• 방법론적 전체주의	• 방법론적 개인주의
경제학방법론	• 다원주의 • 혼합적 방법	• 실증주의 • 가설연역법
시간 개념	• 역사적이며 동학적 시간	• 논리적이며 정태적 시간
연구와 정책	• 실재(reality) → 분석 → 정책적 제안	• 공리(axioms) → 분석 → 정책적 제안

자료: 홍태희 (2022: 92-93), Lavoie (2014: 12).

실재한다고 본다. 이를 통해 경험주의의 마지막에 등장할 수밖에 없는 지적 회의
주의에서 벗어난다. 실재는 우리가 경험적 자료로 확증할 수 없다고 해도 실재한
다고 파악한다. 왜냐하면 실재가 없이는 경험 자체가 불가능하기 때문이다.[2] 이
처럼 포스트 케인지언 경제학의 철학적 배경에는 실재론이 있다. 이는 사회적 선
험주의와 비판적 실재론으로 연결된다.

포스트 케인지언 경제학의 또 다른 배경은 케인즈가 강조했던 불확실성이
다. 현실 세계는 불확실성으로 차 있고, 앞으로 어떻게 전개될지도 가늠하기 어
렵다. 물론 이를 확인하는 인간 인식도 불완전하기는 마찬가지이다. 여기서 이야
기하는 불확실성은 원인과 결과라는 인과관계에서 결과가 확정적인 것을 인정하
지 않는 것이다. 이러한 관점에서 포스트 케인지언 경제학은 인과관계를 확정하
고, 그에 따라 미래의 변화를 예측하는 주류경제학을 비판했다. 그래서 반(反)에
르고딕한 현실을 대상으로 한 경제학을 기획한다.

이를 위해 주류경제학 방법론의 문제점을 지적하고, 특히 주류거시경제학의
한계 극복을 여러 방면에서 시도한다. 이런 연유에서 포스트 케인지언 경제학의
철학적 배경에는 다원주의적 관점이 녹아 있다.[3] 이는 물론 포스트 케인지언 경

---

2) 홍태희 (2016: 31-).

3) Jespersen (2009), Lawson (2009b).

그림 17-1 현대 경제학의 추론 방법

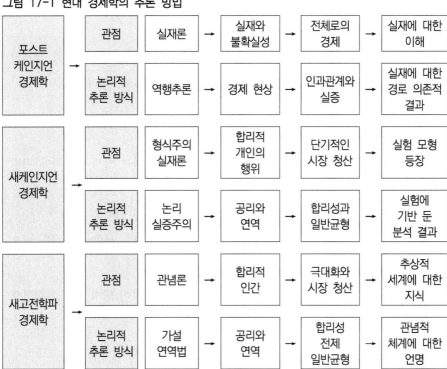

자료: Jespersen (2009: 219－224).

제학이 하나로 통일되지 않아서 생기는 일이기도 하다. 또한 원인을 하나로 보는 것이 아니라 여러 원인을 인정하며, 여러 과학적 연구방법도 인정한다는 점에서 다원주의가 배경으로 자리 잡고 있다.

2 포스트 케인지언 경제학의 방법론

포스트 케인지언 경제학의 연구방법론은 가상적 현실 속의 추상적인 경제인의 이윤극대화가 아니라 구체적 인간이 제약 속에서 어떻게 경제행위를 하고 이것이 경제에 어떤 결과를 가져오는지를 확인하려고 한다. 이에 따른 논리 추론 방식은 다양하게 사용한다. 연역과 귀납 외에도 역행추론이나 가추를 사용하기도

한다.[4] 물론 새케인지언 경제학이나 새고전학파 경제학이 여전히 고집하는 가설
연역법이나 실증주의와는 다른 방식이다.

아래의 인용은 포스트 케인지언 경제학이 경제를 바로 보는 관점과 경제학
연구에 사용하는 기본 전제를 폴 데비이슨(Paul Davidson)이 정리한 것이다.[5]

- 경제는 역사적 과정이다.
- 세상의 불확실성은 피할 수 없고, 미래에 대한 기대는 경제적 결과에 피할
  수 없는 큰 영향을 미친다.
- 경제적 사건에 경제 정도와 정치 제도들이 중요한 역할을 한다.
- 경제적 과정에 관한 연구에서 소득분배와 권력관계는 연관이 있다는 것을
  고려해야 한다.
- 실물자본은 늘어날 수 없고, 그 속에는 역사적 결정이 담겨있다. 본질적으
  로 금융자본과 다르다.
- 경제 문제를 해결에 있어서 소득효과가 대체효과보다 크다.

포스트 케인지언 경제학은 신고전파경제학의 환원주의와 가설연역법을 넘
어서 세계의 불확실성과 비선형 관계를 과학적으로 접근하는 방식을 추구한다.
이를 위해 경제학의 존재론으로 비판적 실재론을 현실 세계와 연관된 검증 방법
을 채택한다. 특히 포스트 케인지언 경제학은 미시경제학에서 나타나는 환원주
의 문제를 해결하려고 한다.[6]

포스트 케인지언 경제학은 경제학 방법으로도 경제철학과 마찬가지로 다원
주의를 받아들인다. 인식론적으로 실재론을 제시하고 현실의 불확실성을 인정하
면서 실재가 여러 형태로 경험되는 경제 현상에 대한 접근은 방법론과 이론의 다

---

4) Jespersen (2009: 221-222), Archer (1995).

5) Davison (1982-3: 9-18).

6) Brock and Mirman (1972: 479), Jespersen (2009: 19-48), Archer (1995), Fischer *et al.*
   (2017).

표 17-3 경제학파의 거시경제학방법론 비교

	포스트 케인지언 경제학	새고전학파 경제학	새케인지언 경제학
과학철학	• 비판적 실재론	• 관념론	• 논리실증주의
분석틀	• 경로의존성 • 인과분석	• 일반균형	• 일반균형
경제행위	• 거시경제적 인간관계	• 합리적 경제인 • 시장 청산	• 대표적인 미시적 대리인
예측 모형	• 모든 가능한 정보	• 합리적 기대 가설	• 합리적 기대 과정
지식의 수준	• 제한된 정보 • 불확실성	• 완전한 정보	• 완전한 정보에 대한 부진한 접수
분석 주제 영역의 실증적 확정	• 거시경제 현상 • 입증과 반증	• 완전경쟁 체계	• 실험적 모형 • 보정
공급정책	• 제도 • 불확실성 줄이기	• 시장친화적 • 유연한 가격	• 정보의 확신을 추진
수요정책	• 치료 효과	• 비효율적	• 단기적으로 유용

자료: Jespersen (2009: 232).

양성을 받아들이면서 해결한다. 무엇보다 경제주체는 제한적으로 합리성을 가지고 서로에게 종속된 존재로 설정한다.[7]

이렇게 분석할 때 중요하게 파악하는 것은 인간 행위의 특성으로 경제행위의 경로의존성을 받아들이는 것이다. 그리고 역사적 맥락에서 경제 현상을 이해하는 방법을 사용한다. 이렇게 제한된 합리성을 가진 경제주체가 제한된 정보를 가지며 역사와 사회 속에 각인된 행동 방식에 맞추어 경제행위를 한다고 본다. 이를 비판적 실재론으로 분석하는 것이 포스트 케인지언 경제학의 방법론이다.

포스트 케인지언 경제학은 20세기 후반부터 지속해서 자신들의 대안적 해석을 경제학계에 제시했지만 맑스경제학보다 더 관심을 받지 못했었고, 비주류의 비주류에 머물렀다. 그러나 20세기 말 동구권 몰락 이후 맑스경제학이 동력을 상실하자 포스트 케인지언 경제학은 그 틈을 타고 점차 세력을 키워왔다. 2008년 글로벌 금융위기와 함께 경제학의 위기가 발생하자 포스트 케인지언 경제학은 대

7) Lavoie (2006: 18), 홍태희 (2016).

안경제학으로 관심을 받기 시작했다.

　　문제는 혹독한 경제위기와 그에 따른 경제학의 위기에도 불구하고 주류경제학의 영향력이 사그라지지 않고 있다는 점이다. 주류경제학은 여전히 경제학계와 경제학 출판계 및 일자리에 과도한 영향력을 미치고 있다. 그래서 포스트 케인지언 경제학의 시도들은 찻잔 안의 태풍 같은 처지이다. 또한, 주류경제학 비슷하게 외향의 결과물을 내놓을 때만 그나마 사회적 관심을 받고 있어서 향후 학파의 정체성 문제가 등장할 수 있다. 분명한 것은 독창적인 주장이 없이 주류경제학의 흉내만 낼 바에는 포스트 케인지언의 울타리 안에 머무를 필요가 없다는 점이다.

제18장

여성주의 경제학의 방법론
(Methodology of Feminist Economics)

18장에서 우리는 비주류경제학인 여성주의 경제학을 설명한다. 여성주의 경제학은 경제학의 세계에서 양성평등이 지켜지지 않는다는 문제의식에서 출발한다. 그리고 여성주의를 배경으로 여성의 경제 문제를 경제 이론적으로나 현실적으로 해결하려고 한다.

여성주의 경제학은 여성 문제를 연구한다는 측면에서 학파의 정체성은 있지만 좀 더 자세히 살펴보면 다양한 학파의 영향 아래 여성 문제를 해결하거나, 여성 문제를 드러내는 다양한 연구 흐름이 존재한다는 것을 알 수 있다. 이런 측면에서 여성주의 경제학방법론의 배경에는 다원주의가 있다.

여성주의 경제학은 등장한 후 현재까지 큰 발전을 하였다. 그러나 어느 나라 어느 지역을 막론하고 여성은 경제적으로 여전히 차별받고 있다. 그래서 이를 해결하려는 여성주의 경제학의 길은 여전히 멀다. 17장에서는 여성주의 경제학의 방법론에 대해서 살펴보며, 학파의 기여와 한계 및 과제에 대해서 알아본다.

여성주의 경제학의 방법론
(Methodology of Feminist Economics)

1 여성주의 경제학의 철학적 배경

　'여성은 만들어지는가?' 아니면 '여성으로 태어나는가?' 하는 문제가 여성주의라는 간판을 달고 세상을 뒤흔든 것은 20세기에 들어서서야 생긴 일이다. 긴긴 세월 동안 여성 문제를 구체적으로 거론하는 움직임은 없었다. 이런 여성주의의 움직임은 경제학에도 전달되었다. 사회는 여성 저임금, 성별 임금 격차, 여성 이중 노동 등에 대한 해명을 경제학에 요구했고, 이는 여성주의 경제학 태동의 계기가 되었다.

　성별 혹은 젠더가 사회적으로 구성되는지, 생물학적이나 자연적으로 주어진 것인지 하는 문제를 기존의 경제학이 해명하지 못했다는 비판과 반성은 여성주의 경제학의 길을 열었다.[1] 이렇게 등장한 여성주의 경제학의 철학적 배경은 여성주의, 즉 페미니즘이다. 여성주의는 세상이 성별에 따라 다른 규범과 현실을 설정하고 있고, 그 결과 여성 차별이 발생한다고 본다. 그리고 이를 극복하려는 학문적, 실천적 운동이 여성주의다. 이처럼 여성주의 경제학이 등장한 배경은 여성의 경제적 현실을 담지 못하는 기존 경제학에 대한 여성주의적 관점에서의 비판이 사회적 정당성을 얻었기 때문이다.[2]

---

1) 홍태희 (2016), 홍태희 (2022: 163-191).
2) Barker and Kuiper (2003), Bigo (2008).

다른 측면에서 여성주의 경제학은 성별이라는 기제가 개인의 삶의 내용을 결정하며 이 기제의 해체 없이는 양성평등이 가능하지 않다고 보기 때문에 구조주의도 배경으로 한다. 젠더의 사회적·역사적 구성은 늘 관계 속에서 이루어지므로 성별 관계를 제대로 구성하려는 노력은 결국 구조주의적 관점을 가지지 않을 수 없다.

또한 여성주의 경제학의 학문적 배경에는 평등주의 정의관이 있다. 학파 자체가 불평등을 비판하며 등장했기 때문이다. 세상사에는 여성성이나 여성 영역은 은폐되는 반면, 남성성이나 남성 영역은 보편적이며 일반적인 것으로 드러나는 편향이 나타난다. 가치판단을 멈추고 현실을 객관적으로 본다면 여성에게만 유독 불공평한 경제현실이 확인되는데, 이를 객관적 관점에서 시정해야 한다는 발상이다.

또한, 성별이라는 기준으로 경제 현상을 나누어 보는 것을 반대한다는 측면에서 경제학방법론의 현상 인식, 개념 설정, 검증 방법, 분석 결과 해석의 근저에 작동하는 데카르트적인 이원론을 반대한다는 것도 철학적 배경으로 작동한다.[3]

현재 철학에서 고민하는 지점처럼 인식론과 존재론 그리고 그것을 표현하는 언어까지 남성 중심인 학문세계에서 여성주의 경제학을 어떻게 실현하는가 하는 문제는 여전히 공백으로 남아 있다.[4] 더 근본적인 해결 과제는 '무엇이 여성이냐'는 정체성 문제이다. 여성주의 경제학이 개체론과 전체론 사이에 성별을 설정하는 문제도 있다. 이 같은 여성주의 철학의 문제에 대한 학파 내부의 관점 차이는 여성주의 경제학 내부에서 다양한 갈래로 나타나고 있다.

사실 여성주의 경제학이 양적 방법으로 연구한다면 방법론이 다른 경제학파와 별반 다를 수 없다. 그러나 여성 경제의 특성으로 정량화되지 못한 영역이 많아서, 연구에 양적 방법을 사용하지 못하면 여러 가지 질적연구방법을 동원해야 한다. 그래서 여성주의 경제학은 혼합적 방법으로 연구할 수밖에 없다.

여성주의 경제학의 방법론과 관련해서 우리가 생각해 볼 점은 인식론이

---

3) 홍태희 (2022: 180-181). 여성주의 경제학의 철학적 배경은 Harding (1987), Ferber and Nelson (1995), Ferber and Nelson (2003), Peterson and Lewies (1999: 142-153), 홍태희 (2003), Nelson (1996), Barker and Kuiper (2003).

4) Harding (1987).

다.[5] 여성주의 경제학 자체가 기존 경제학을 비판하며 등장한 학문 영역이다. 그 배경에는 여성주의라는 기본 시각이 있다. 그런데 문제는 이미 성편향적인 언어와 인식 구조와 방법론을 가지고 성차별을 어떻게 파악하고 해결할 수 있느냐는 점이다.

또 다른 문제는 사회적 관계, 사회적 역학관계인 성별관계를 경제학에 수용하는 방식이다. 그러자면 재생산 문제나 여성 차별 등을 설명해야 한다. 구체적으로 그 내용을 어떻게 채우는가는 각 연구자가 선택한 경제학파의 사정에 따라 다르다. 이런 분열된 양상을 여성주의 경제학이 보이는 것도 사실이다.

여성주의 경제학이 자신들이 제시한 학문적 목표를 해결하기 위해서는 독자적인 존재론과 인식론을 가져야 한다. 그리고 성별의 역사적·사회적 성격에 관한 분명한 관점도 필요하다. 무엇보다 남성적 가치로 채워져 있는 세계에서 이를 변화시킬 방안을 찾아야 한다.

젠더의 사회적 성별을 이야기할 때 다른 성 소수자의 문제도 함께 고민해야 한다. 그래서 등장한 개념이 교차성(intersectionality)이다. 교차성 이론은 사람의 정체성이 젠더, 인종, 연령, 종교, 지역, 성적 지향, 인종 등의 다양한 제약의 구조 속에서 상호작용 속에서 결정되기 때문에 이를 고려하고 분석해야 한다는 주장이다. 여성 문제는 교차성으로 설명되어야 하는 대표적인 사례다. 교차성의 관점에서 보지 않으면서 여성 문제를 이해하고 해결하는 것은 불가능하기 때문이다.[6]

현재 여성주의 경제학은 신유물론이란 새로운 존재론적 질문 앞에 서 있다. 왜냐하면 인류세의 문제를 해결할 연구대상은 성별을 가진 인간만이 아니라 물질, 비물질을 포함하기 때문이다. 이러한 철학적 사조를 받아들인 여성주의 경제학은 아직 구체적인 모습을 드러내지 않은 상태이지만, 생태주의 여성주의 경제학자를 중심으로 관심을 가지고 이를 발전시키려고 하고 있다. 이는 여성주의 경제학의 깊은 저변이 생태주의 철학과 연결된다는 것을 보여준다.

---

5) 여성주의에 대한 질적연구로는 이나영 (2018: 95–114).

6) Bronner and Paulus (2017).

2 여성주의 경제학의 연구방법론

여성주의 경제학은 다원주의적 경향이 있다. 이는 여성 문제를 해결한다는 공통점이 있지만 연구자 각자가 택한 경제학파에 따라 연구의 방법이 다르다는 것을 통해서 알 수 있다. 그리고 이를 수용하지 않을 수도 없기 때문이다. 원래 여성주의라는 텐트에는 다양한 경제학파가 모여 있었고, 여성주의 경제학자는 각자 자신들이 선택한 학파의 방법론에 따라 연구한다. 이런 사정이지만 정체성을 확실히 하려는 노력은 늘 있었다.

그래서 여성주의 경제학이 경제학의 전통 속에 진입하면서도 연구방법론과 철학적 배경에 대한 논의가 있었다. 산드라 하딩(Andra Harding)과 같은 여성주의 철학자들이 경제학의 철학적 기반에 대해서 발표하기도 하고, 줄리 넬슨(Julie Nelson)의 객관성과 주관성 문제가 등장하기도 했다.[7]

하딩은 여성주의의 인식론을 경험주의적 인식론, 입장론적 인식론, 포스트모던적 인식론으로 나눈다. 경험적 인식론은 과학의 객관성을 인정하고, 엄격한 실증주의적 방법을 시도한다. 여성을 자료와 변수에 넣어서 분석한다는 것이다. 이에 비해 입장론적 인식론은 과학의 객관성을 인정하지 않고, 기존 과학 방법의 남성 중심을 비판한다. 그래서 여성의 관점에서 연구해야 한다는 것이다.

포스트모던 인식론은 여성 내부의 차이를 주목하면서, 여성 경험의 차이를 강조한다. 따라서 과학적 연구의 결과가 일반적일 수 없고 상황적이며 부분적이라는 점을 강조한다. 여기에다가 최근에는 여성이 처한 다양한 제도적 제약을 동시에 고려하는 교차성을 강조하는 방법론도 등장하고 있다.

결국 여성주의 경제학 방법론이 궁극적으로 해결해야 하는 점은 기존의 경제학 연구에 여성이라는 새로운 변수를 추가하면 되는지, 아니면 전적으로 새로운 경제학방법론을 제시하여야 하는지에 관한 문제이다. 여성이 주로 활동하는 경제가 기존의 경제학 연구에서 배제된 것은 축적된 이론이나 연구가 부족하다는

---

7) Harding (1987: 2-3).

것을 의미했다.

여기서 하딩은 주류경제학의 강한 객관성을 지적한다. 기존 경제학이 가지고 있는 객관성은 여성 문제에 대해서 한계를 가진다. 그래서 여성이라는 변수를 더 넣어 준다고 해결되는 것이 아니다. 객관성을 확보하려면 무엇보다 실증할 자료가 있어야 하는데 여성 문제의 경우 정량적 통계가 없는 경우가 허다했다. 그래서 주류경제학의 방법을 그대로 사용하는 것에는 나름의 제약이 따랐다.

신고전파경제학의 전통에 있는 학자들은 신고전파의 방법으로, 맑스경제학의 영역에 있는 학자들은 맑스경제학의 방법론을 여성의 경제 문제 관련해서 적용하려고 한다. 통계로 잡히지 않을 문제에 대한 해결을 위해 질적연구방법을 통한 연구도 진행된다. 오랫동안 여성주의 경제학은 가부장제 사회가 통계조차 남성중심적으로 생산한다고 지적했다. 그래서 여성과 관련된 통계 자료 수집의 한계를 극복하기 위해 남성중심적인 경제학을 양성 평등적인 경제학으로 바꾸려는 과정에서 직접 성인지적 통계들은 만들어야 했다.

사회적 관계, 특히 성별 간의 역학관계를 고려한 경제 분석을 통해서만 여성의 경제적 문제가 드러난다. 따라서 이를 구체화하는 노력도 다양하게 전개된다. 여성주의의 빅 텐트 속에 속한 다양한 경제학의 학문적 전통에 따라 여성의 경제 문제에 대한 해법을 제시한다.

비판적 실재론을 받아들일 필요도 있다. 비판적 실재론은 실제로 여성 문제 연구에 큰 공명을 줄 수 있고, 실제로 벌어지는 경제 현상을 포착할 가능성도 준다. 여성 문제에 접근하기 위해서는 경제도 일종의 제도로 보아야 한다. 비판적 실재론은 젠더와 젠더 격차의 사회적 구성에 접근할 길을 열어 주고 있다. 최근 등장한 질적연구방법, 특히 사례 분석이 활로를 찾아줄 수 있고, 수사적 접근이나 내러티브 분석 같은 것도 도입될 필요가 있다.

과학은 물증을 제시하고 검증하는 학문이다. 그리고 이런 방식은 경제학에서는 정량화된 자료를 통해서 할 수 있다. 그러나 경제 현상의 주요 영역인 재생산 영역이나 생산과 재생산의 관계 등에는 현대의 경제학으로도 채 정량화되지 못한 가사노동이나 돌봄 노동이 있다. 이렇게 실증될 수 없는 영역이나 비시장적인 행위는 분석에서 배제되는데, 비시장적인 노동에 종사하는 대부분이 바로 여성이다.

그래서 여성주의 경제학은 포퍼의 실증주의 방법론을 넘어선 다양한 방법론적 모색을 하지 않을 수 없다. 아울러 주류경제학의 경제주체인 경제적 인간이 남성이며, 대부분 연구자도 남성 경제학자여서 여성은 연구 주체로도 연구 대상으로도 배제되었으며 여성성은 가치척도로 인정받지 못한다.8)

이런 사정으로 여성주의 경제학은 역학관계에 관한 연구, 혼합적 연구방법, 질적방법론을 통한 연구를 한다고 하지만 사실은 점점 더 주류경제학의 방법을 많이 사용하고 있다. 물론 전체적으로 여성주의 경제학 관련 연구량이 급증하여 이론적이거나 비주류경제학적 연구도 많아졌지만 적어도 이런 경향은 분명하다.

여성주의 경제학이 기존의 경제학이 보지 못하던 것을 연구하는 영역이라는 점을 고려한다면 여성주의 경제학의 방법론적 비전이 질적연구방법에 있는 것은 분명하다. 문제를 해명하기 위해서는 양적 자료가 말해주지 않는 것까지 찾아내야 하기 때문이다. 심층면접법, 구술사 연구, 참여 관찰법, 근거이론, 사례연구 등 다양한 질적 연구방법론의 유연한 활용이 여성주의 경제학의 발전을 위해서는 더욱 필요하다.

표 17-1 여성주의경제학 연구방법론과 주류경제학 연구방법론

	여성주의 경제학	주류경제학
경제학 연구 목표	• 양성평등 • 복지	• 자원의 최적 배분 • 이익 극대화
경제학 연구방법	• 양적 연구 • 질적연구 • 혼합연구	• 양적 연구(가설연역법)
연구 영역	• 시장경제 • 가계경제 • 돌봄 경제	• 시장경제
개인과 사회 이해	• 방법론적 전체주의 • 사회구성주의	• 방법론적 개인주의 • 사회계약론

자료: 홍태희 (2022: 181), Barker and Kuiper (2003), Ferber and Nelson (1993)

---

8) 홍태희 (2003: 152−153, 157−159), Nelson (1995).

현대 경제학의 대안적 방법론 모색

"우리가 관측하는 것이 자연 그 본연의 모습이 아니라, 우리의 탐구 방법에 드러나는 자연의 모습이라는 것을 기억해야 한다."

Werner Karl Heisenberg (1962)

IV부에서는 경제학의 한계를 극복하려고 진행 중인 여러 가지 학문적 시도를 알아보자. 경제학은 비교적 짧은 역사에도 불구하고 눈부신 발전을 했다. 이는 문제가 생기면 해결하려고 책상 앞에 앉은 학자들의 노력 결과이다. 사회과학을 과학으로 만들려는 경제학의 노력은 현재에도 진행되고 있다.

문제는 방법론의 확장만이 아니라 방법론의 심화이다. 연구대상과 연구 주체에 대한 철학적 이해 없이는 경제학을 제대로 세울 수 없다. 근본적인 해결 없이 경제학의 보수 공사를 해서, 현재 처한 위기에서 벗어나더라도 이는 임시방편이다. 그래서 당장 문제해결을 위한 시도도 해야 하지만 근본적으로는 경제철학을 바로 세워 무엇을 할 수 있고, 무엇을 할 수 없는지를 분명히 해야 한다.

제19장

계량경제학의 방법론(Methodology of Econometrics)과 대안 모색

19장에서 우리는 현대경제학의 주류적 방법론인 계량경제학의 방법론에 대해서 살펴본다. 과학적 엄밀성과 예측 설명 가능성을 높이기 위해 경제학은 끊임없이 노력했고, 현재 계량경제학은 경제학 연구의 기본적인 방법론으로 자리매김했다. 그리고 미시경제학 부문에서 거시경제학까지 광범위하게 사용되고 있다. 특히 거시계량 모형의 발전과 함께 거시경제 연구의 주된 방법이다.

사실 계량적 연구방법은 시카고학파, 공공선택학파, 새케인지언 경제학, 새고전학파 경제학 등 학파를 불문하고 수용되었다. 또한 경제학뿐 아니라 사회과학 전반에 검증 방법으로 채택되어 사회학, 정치학 등 인접 과학에도 큰 영향을 미쳤다.

이런 발전 과정에서 봉착한 한계를 극복하기 위해 경제학은 지속해서 계량모형을 발전시켜 갔다. 인과 모형은 물론 준 인과적 모형의 문제해결 방식도 시도했다. 아울러 모형을 강조하는 구조주의적 계량경제학에서 실험주의적 계량경제학으로의 이동하기도 했다. 이후 비정형 데이터 계량경제학 방법론도 등장했고, 경제 공학(economic engineering)의 가능성도 찾아 나섰다. 정량적 접근과 실증주의가 가지고 오는 폐쇄성 문제도 개선하며, 빅데이터(big data), 패널 데이터(panel data) 등 자료와 발전된 통계 기법의 적용 가능성도 모색하고 있다.

제19장

계량경제학의 방법론(Methodology of Econometrics)과 대안 모색

1 계량경제학의 철학적 배경

'경제학은 사회현상을 이해하는 수학'이라고 할 만큼 경제학에서 수학은 중요하다. 수학을 경제학에 이용하려면 모형이 있어야 한다. 19세기의 경제학에는 원리나 법칙이 중요했지만, 20세기와 현재의 경제학자에게는 모형이 중요해졌다. 모형을 통한 연구는 크게 보아 개념 분석과 통계 분석으로 나누어 볼 수 있다. 여기에서 현재 경제학 연구의 방향이 이론적 탐구, 즉 개념 분석에서 통계 분석으로 변했다고 할 수 있다.

얀 틴버겐(Jan Tinbergen)과 라그나 프리쉬(Ragnar Frisch)가 창시한 계량경제학은 바로 통계적 분석을 하는 경제학이다. 현대 경제학은 모형의 경제학이라고 할 수 있다. 경제를 분석하기 위해 특정 경제 현상이나 변수를 포착하기 위한 시스템이나 알고리즘을 모형(model)이라고 한다. 즉 경제학자가 경제 현상을 연구하기 위해 생각을 통해 현상의 틀을 만드는 것이다. 모형에는 이론적 모형과 데이터 기반 모형이 있다. 이론 모형은 연역적인 것에 비해 후자는 귀납적인 특징이 있다.

경제모형을 구축하는 경제학 분야는 행동경제학, 게임이론이 있고, 데이터 기반으로 모형을 구축하는 것에는 회귀분석이나 머신러닝, ANOVA 등이 있다. 이렇게 모형을 구축하고 검증하는 과정은 계량경제학의 탄생과 발전을 가져왔다.

경제학은 돈이라는 척도를 가지고 있어서 타 학문보다 자연과학적 검증을 수용하기가 손쉬웠다. 그래서 돈이라는 척도로 경제 현상을 수로 옮겨 경제 현실의 나타내기 시작한 경제학은 통계학을 통해 경제 현상을 구체적으로 스케치할 수 있게 되었다. 이것이 수리경제학에서 더 나아가 경제학 연구의 주된 방법이 된 계량경제학이다.

계량경제학은 통계적 데이터로부터 경제적 행위나 현상에 관한 법칙을 추론한다. 독립변수 X와 연관된 종속변수 Y로 구성된 확률적 규칙성을 찾는 것이 주된 목표이다. 그래서 계량경제학적 연구는 다른 경제학의 분야보다 분명한 정량적 답을 제시한다. 그러나 확률적 과정을 포함한 분석은 추론 과정을 통해서 얼마나 참으로 인정받을 수 있는지를 고민할 수밖에 없다. 이런 한계를 계량경제학은 여러 가지 방식으로 극복하려고 했다. 그 중 대표적인 것이 무작위추출법이다. 트리그베 하벨모(Trygve Haavelmo)의 '확률론 혁명'이라고 불리는 이러한 방식을 통해 계량경제학은 실제 세계를 가능한 세계의 집합으로부터 무작위 축출한다고 가정한다.[1] 이를 통해 계량경제학의 인과 추론의 정당성이 확보되었다.

계량경제학 연구자에게 연구는 진리를 확인하는 작업이 아니라 특정 상황을 만드는 일이었다. 연구자가 만든 모형을 통해 경제 현상을 구성하는 것이다. 그래서 계량적 연구의 결과가 자주 예측 실패로 나타나는 것은 자명한 결과다. 그 이유는 무엇보다 현실은 고정된 변수로 작동하지 않기 때문이다.

기본적으로 계량경제학은 종속변수의 변화에 영향을 미치는 독립변수의 인과관계를 얻을 수 있다는 가정에 기반한다. 그러나 이런 가정은 올바르지 않다. 그간의 노력에도 불구하고 우리는 아직도 변수 간의 관계를 지정하는 올바른 방법을 알지 못한다. 무엇을 연구하든 몇 가지 변수가 누락되어 있으며, 설정 기준에 부합한 올바른 계량경제 모형을 갖지 못하고 있다.

계량경제학이라는 경제학 분야의 철학적 배경은 연역주의, 귀납주의, 도구주의의 복합이다. 이렇게 철학적 배경도 다원적이다. 특정 공리를 두고 그에 따라

---

1) Haavelmo (1944: 29).

모형화한다는 측면에서 연역적이다. 이론 모형은 이론을 기반으로 함수관계를 설정한다. 데이터 기반 모형은 과거의 패턴을 사용한다. 또한 과학적 지식은 경제 현상의 이해에 도움이 되면 된다고 생각한다. 계량 분석을 하는 이유 자체가 현상을 이해하고 미래를 예측하는 것에 도움을 받기 위해서이므로 도구주의를 배경으로 한다고 할 수 있다. 이는 연구가 검증되지 않은 가설을 유효한 가설인지 통계적으로 검증하는 도구로 쓰인다는 것을 말한다.

아울러 계량적 분석에는 환원주의적 성격이 강하다. 모집단의 특징을 표본집단의 특징을 통해 확인하는 것은 계량경제학의 가장 일반적 연구 방식 중 하나이다. 이렇게 표본을 통해 전체를 해석하는 것은 DNA를 통해 인간을 설명하는 것과 같이 환원주의적 특성을 보인다.

이런 환원주의적 계량적 방법론은 주류경제학의 방법론으로 정착되었고, 경제학 전반에 적극 채택되었다.[2] 그 기반에는 밀의 과학철학이 있다. 물론 밀은 계량경제학이 만들어지기 전에 활동하던 학자이며, 앞에서 설명한 것처럼 종합적으로 사고하던 사람이었다. 그는 귀납적 추론만이 올바르다고 생각하지는 않았지만 귀납적 추론을 사회과학의 기본적 방법론으로 정착시켜야 한다고 보았다.

밀의 가설연역법은 주류경제학으로 발전했고, 그 중심은 귀납적 형식을 갖추고 있다. 이것이 계량경제학의 기본적 형식이다. 계량적 연구 과정을 통해 주로 사건의 인과관계를 확인한다. 밀의 방법에 따라 전제나 법칙을 설정하고, 전제로부터 현상의 논리를 연역적으로 도출하고, 모형을 만들고 이를 검증하는 과정이 계량경제학의 방법이다. 계량적 검증을 통과하면 확정하나, 통과하지 못하면 전제를 교정하거나, 간섭 요인을 찾거나 모형 전체를 재설계하여 재검증한다.[3]

계량경제학은 다학제적 특징을 가진다. 1933년 프리쉬는 '계량경제학은 통계만이지도 수학만이지도 경제이론만이지도 않고 이 셋을 통합한 것'이라고 정의했다.[4] 즉 학제적 학문 영역이라는 말이다. 또한, 계량경제학의 개척자인 헨리 L.

---

2) Reiss (2013: 268-287), Krishna (2019: 210). 도구주의와 계량경제학은 Pheby (1988/1999: 150-153).

3) Hausman (1992: 147-148).

무어(Henry Ludwell Moore)는 멩거나 왈라스 같은 신고전파경제학자의 영향도 받았지만, 독일의 역사학파나 미국의 제도학파에도 영향을 받았다. 그러나 그는 순수한 수학적 분석보다는 경제학 연구는 통계적 분석이 중요하다고 했다.

무어는 이렇게 계량경제학을 실증적 통계 분석을 중시하면서, 통계를 활용한 귀납적이며 종합적 경제학이라고 생각했다. 여기서 통계는 실험데이터가 아니라 관찰 데이터를 사용한다. 그리고 귀납적 방법으로 경험의 규칙성을 발견하는 것을 연구의 목표라고 보았다. 이런 노선은 계량경제학 전반을 관통하며 이어간다.

이처럼 계량경제학은 특정한 신념과 지향점을 가진 학문 전통이기보다는 경제학 분석 기법의 하나이다. 물론 모형을 만들 때 이미 연구자의 신념이 포함될 가능성은 충분히 있다. 다만 다른 분야보다 기본적으로 양적 분석의 기술적 방법을 발전시킨 분야라고 할 수 있다.

계량경제학이 발전할수록 연구 과정은 복잡해졌지만, 설명력은 오히려 한계에 부딪혔다. 사실 사회과학인 경제학에서의 인과관계는 통계적 추론의 문제이지만은 않기 때문이다. 그래서 대부분 연구자는 가장 적절해 보이는 설명을 최선의 설명으로 처리한다. 알고리즘에 따른 형식주의적 분석 방식이 인과관계를 해명한다고 믿어버린다. 그러나 분석에 따른 유의성이나 안정성 등이 현실의 인과관계를 보증하지 못한다.

'통계적으로 유의하다.'는 것이 '현실적으로 유의하다.'라는 것은 아니다. 공리를 배경으로 만들어진 세계와 현실 사이의 연결고리는 너무나 취약하다. 그래서 유의성 검증을 하지만 문제는 p-값이나 통계적 유의성, 신뢰구간 등이 아니다. 문제는 그 이면에 있는 가정들이 어떻게 추론 전 과정을 제약하는지를 고려하지 않고, 이를 기계적으로 적용하는 것에 있다.

만약 모형 자체가 문제라면 사실 p-값은 의미도 없다. 통계적 유의성 검증이 모형을 검증하지는 못하는데도 F 검증이 유의하면 모형을 수용하는 것은 계량분석의 관행이라지만, 그것은 한계를 가지고 있다. 그래서 실재를 제대로 해명하

---

4) Frisch (1933).

지 못하는 지식을 양산한다. 전형적인 형식주의의 오류이다.

사실 계량경제학은 가설이나 이론을 계량적 방법으로 검증해야 하는 학문 분야이다. 그러나 검증하려면 많은 가정을 해야 한다. 하지만 이 가정을 검증할 수가 없고, 어떤 가정을 더 선호해야 하는지 검증 방법도 없다. 가령 인과관계를 추론하려면 교란항이 독립적으로 동일하게 분포한다는 가정을 세워야 한다. 그러나 이를 검증할 방법이 없다.

모형을 채택하는 것이 잘못이 아니라 문제는 계량경제학적 모형이 여전히 학문적 엄밀성을 갖추지 못했다는 점이다. 이는 계량적 방법에 의존하는 주류경제학의 근본 문제이기도 하다. 회귀분석이 주가 되는 계량경제학적 분석이 경제학에서 주로 사용되는 방법인 것은 분명하다. 그러나 더 분명한 것은 이를 통해 경제 현상을 파악한다고 해도 현실 경제 이해에 제한된 의미만 갖는다는 점이다.

2 계량경제학 연구방법론과 대안 모색

계량경제학은 개발 초기에서 현재에 이르는 발전 과정에서 지속해서 새로운 방법을 개발하고 문제가 있는 지점을 보완해 갔다. 특히 경제학, 수학, 통계학을 결합한 학제 간 연구기관인 '카울즈위원회(Cowles Commission)'가 중심이 되어 모형설정법의 기준을 제시하며 안정적으로 계량경제학을 만들어 갔다. 그래서 이런 과정 전체를 축약하기는 간단하지 않다.

큰 틀에서 보자면 밀의 과학방법론이 기본으로 삼아 가설연역법으로 연구의 맥을 잡고, 이를 검증하면서 진리성을 확보하는 방식을 선택했다. 검증하기 위해 자료를 사용하고, 자료가 주는 경험적 내용을 통해 가설의 진리성을 확인한다. 이를 경제적 연구 주제에 적용하여 경제적 관계성을 찾고 자료로 검증하고, 이에 따라 경제정책의 결과를 예측하거나 평가한다.

이런 과정에서 경제학적 주장이나 가설을 수학적 형식의 모형으로 표현하면서 검증할 수 있는 명제로 변환시킨다. 그리고 자료를 이용하여 알고 싶은 모수

(parameters)를 통계적으로 추정한다. 따라서 그 전체 과정의 방향타를 잡는 것은 계량적 모형이다. 계량적 연구의 핵심은 확보한 관찰데이터를 통계적 모형으로 확인한 것이다. 그러나 문제는 이를 통해 확증할 수는 없다는 것이다.

현재 계량경제학의 연구방법론은 초기의 계량 분석보다 다양한 방법을 택한다. 특히 이론 모형에서 데이터 기반 모형으로 옮겨가고 있다. 연구 설계는 여타의 자연과학과 흡사하게 주로 연립방정식을 사용하고, 식별이나 추정 과정도 흡사하다. 계량경제학에서 가장 흔히 쓰는 방법은 회귀분석이다. 회귀분석은 종속변수(Y)는 독립변수 $X = \{X_1, X_2, ..., X_n\}$와 오차항 ε이 결합한 함수로 표시된다 (종속변수, 피회귀변수; 독립변수, 회귀변수). $Y = f(x) + \varepsilon$ 물론 종속성이라고 표현하지만, 이는 함수적 종속성이지 반드시 인과적 종속을 의미하지는 않는다. 상관관계가 있다고 인과관계가 있는 것은 아니다.

회귀분석은 자료의 요약과 예측에 유용하다. 그러나 인과관계 발견에는 한계를 가지고 있다. 그래서 계량경제학은 인과적 모형을 주로 사용하지만, 그 외에도 준 인과적 모형 분석 방법도 찾아 나가고 있다.

사회과학 연구에서 계량적 분석은 과학으로의 지위를 흔들릴 약점을 가지고 있다. 무엇보다 사회과학, 경제학은 다른 자연과학처럼 실험할 수 없으며, 실험데이터를 확보하기 어렵고, 자연과학방법론을 적용하는 데 많은 제약이 따른다. 이는 양적 분석하는 과정에서 시도되는 수치화, 계량화 작업은 논리실증주의를 원칙으로 하는 과학적 연구 과정에서 폐쇄성이라는 문제를 가지고 있다. 지금까지의 보완 작업에도 불구하고 이 문제를 완전히 해결하지 못했다.

무엇보다 먼저 해결해야 할 점은 통계적 유의성이 현실 경제에 어떤 의미를 갖는가를 분명히 하는 것이다. 동태적 거시경제학으로 경기 순환을 검증한 틴버겐이 경제학에 도입된 T 검증 같은 통계적 유의성 검증은 경제학계를 설득하는 좋은 도구였고, 이를 통해 경제학에서 계량적 검증의 지위가 안정적으로 자리를 잡기는 했다. 그렇다고 완벽한 도구는 아니다.

이런 계량경제학의 한계들을 극복하기 위해서 확률론적 계량경제학도 등장한다. 확률 개념을 가지고 경제 현상에 대한 관찰을 무작위적 사건으로 간주한다.

그리고 데이터가 확률적 측정을 통해 적절하게 포착될 수 있으므로 확률론적 계량경제학이 결과는 신뢰할 수 있다고 한다. 그러나 이런 시도에도 신뢰성을 완전히 확보하지는 못했다.

이에 대한 대안으로 등장한 시도는 대개 모형과 데이터의 발전에 집중한다. 전체적으로 모형을 개발하는 방향은 데이터 기반 모형이었다. 이론 기반 모형의 한계를 극복하기 위해 데이터 기반 모형은 데이터를 학습하거나 추정하여 모형을 구축하는 모형이다. 데이터 기반 모형에는 통계 모형, 머신러닝 모형, 계량 모형, 수리 모형, 패턴 인식 모형, AI 모형 등이 있다. 이를 통해 추정하거나, 학습하거나 패턴을 인식하거나 해를 구하여 주로 예측하고 전망하는 것에 적용한다.

빅데이터, 패널 데이터 등으로 자료를 다양화시키는 방법과 더욱 발전된 통계 기법을 연구 과정에 적용하는 방법으로 나뉠 수 있다. 특히 폐쇄성을 극복하기 위해서 '개방체제를 유지하는 양적 접근법 적용(quantitative analysis applicable to open economic systems)' 등도 지속해 시도되고 있다.[5]

또 다른 대안은 기존의 구조주의적 계량경제학에서 벗어나서 실험주의적 계량경제학으로 만들어졌다. 주류경제학의 문제를 자연과학의 방법론을 구체적으로 적용하여 적극적으로 해결해 가려는 실험경제학(Experimental Economics)의 영역에서 진행되고 있다.[6] 통제된 실험데이터가 없는 경우 유사 실험 방법을 적용하려는 시도도 한다. 케니스 빈모어(Kenneth Binmore)의 '진화적 게임이론'도 기존 계량적 방법의 한계를 극복하기 위해 시도되고 있다.[7]

한 발짝 더 나아가서 계량경제학은 비정형 데이터를 이용한 계량경제학 방법론을 개척하고 있고, '경제 공학(economic engineering)'의 가능성도 키우고 있다.[8] 메타 분석(meta analysis), 단일 주제를 조사한 많은 연구에 걸쳐서 요약하는 비교적 객관적인 기법, 사전 알림 연구(pre-registration)는 연구 시작 전에 자신

---

5) Weintraub (2002).

6) Guala (2005: 13-).

7) Colander (2009), Binmore and Dasgupta (1987), Alexandrova (2006: 173).

8) Nell and Errouaki (2011).

의 연구와 분석 계획을 알리고, 연구의 각 단계를 공개하고 공유하여 연구의 투명
성을 높이고 연구 결과의 적절성을 더 높이는 방법으로 제시된다.

이런 노력에도 불구하고 계량경제학은 아직도 주체와 객체의 문제를 해결하
지 못하고 있고, 귀납적 접근과 연역적 접근 사이의 공통 분모를 만들지 못하고
있다. 눈부신 발전을 짧은 시간에 이루었지만, 계량경제학의 방법론은 피할 수 없
는 문제를 가지고 있다. 이는 무엇보다 과학철학의 가장 중요한 주제인 검증
(testing)과 확증(confirmation)의 문제이다. 이런 문제는 논리실증주의의 문제이기
도 하다. '어떤 조건이면 확증되는가?'라는 문제를 풀어야 한다. 아울러 데이터의
문제도 있다. 인과적 연관성과 인과적 추론 데이터를 구분해야 하는데 이에 대해
아직도 제대로 해답을 내지 못하고 있다.[9]

현재에도 계량경제학은 귀납적 접근으로 보고 '대체로 해롭지 않은 계량경제
학'과 이를 비판하는 제임스 헤크먼(James J. Heckman), 엥거스 디턴(Angus
Deaton) 등의 학자들이 내세우는 연역적 접근 사이에 갈등하고 있다. 라이스는
귀납적 접근에서 연역적 접근으로 넘어가서 연역적 접근이 대세가 되더라도 50년
이내에 귀납적 접근이 다시 대세로 등장한다고 했다.[10] 계량경제학 내에서의 패
러다임의 변하게 된다는 것이다.

주류경제학이라는 건축물이 붕괴한 2008년 서프라임 금융위기 시기에 현대
거시경제학이 예측도 해명도 실패한 상황으로 경제학은 위기를 맞게 되었다. 이
때 폴 크루그먼(Paul Krugman)은 "경제학자들이 멋진 수학으로 포장된 아름다움
과 진실을 혼동한 것에서 오류가 시작되었다."라고 했다.[11] 이는 무엇보다도 현
재 주류경제학 방법론 특히 계량경제학적 방법론의 문제와 연관된다. 사실 계량
경제학의 방법은 효율적이고 응용력이 높은 장점 있다. 그런데 문제는 많은 계량
경제학자는 계량경제학적 방법만이 경제학 방법론이라고 생각한다는 점이다.

이런 편견 때문에 다른 연구방법론의 가치가 폄하되고, 경제학의 현실 설명

---

9) Reiss (2013: 270).
10) Reiss (2013: 286).
11) Krugman (2009).

력이 낮아지고 있는 것도 사실이다. 그래서 계량경제학 내에서도 다원주의적 방법론에 대한 요구도 있다. 피터 스완(Peter G. M. Swann)은 계량경제학이 너무 오랫동안 응용경제학 분야에서 독점적 지위를 누렸다고 비판한다.[12] 그러나 문제는 대안이다. 무엇으로 계량의 자리를 대신할 것인가? 빅데이터 모형과 비선형 머신러닝 모형 같은 대안도 등장했지만, 노이즈가 많거나 해석이 어려운 문제점도 동시에 드러나고 있다. 그래서 계량경제학은 다원주의를 가장 선도적으로 받아들이는 분야라고 할 수 있을 만큼 기법이 다른 모형을 혼합한다.

PRISM－Now 같은 경우 여러 계량모형의 예측 결과를 합성하여 예측과 함께 리스크도 도출한다. 코어 데이터 모형, 빅데이터 모형, 비선형 머신러닝 모형을 종합하여 기초 모형을 구축하고 앙상블 기법으로 합성하여 운용한다. 그래도 이 결과로 만들 경제학적 결과물은 가장 현실에 가까운 이야기를 찾기 정도이다.

경제학은 사회적 실재를 다루는 학문이다. 그래서 계량적 모형을 사용하는 것은 자연과학과는 다른 부작용을 가져온다. 정량적 연구의 형식주의적 도구로 실재를 포착하는 것은 분명한 한계가 있기 때문이다. 여전히 경제학은 상관관계와 인과관계의 준거점을 제대로 마련하지 못하고 있다. 확실히 계량모형, 특히 경제학의 예측 모형은 더 이상 예전 같은 확신을 주지 못하고 있다. 물론 예측이 틀렸다고 경제학의 방법론 전체가 틀렸다는 것은 아니다. 그래도 경제학방법론에 얽매이며 이 방법론이 결론으로 갖는 시장의 안정이나 균형의 효율성이 아니라 광기에 찬 사람들이 가득한 현실을 설명할 대안을 찾기 위해 계량경제학은 좀 더 실재 가까이 가야 한다.

---

12) Swann (2006).

제20장

질적경제학방법론
(Qualitative Methodology of Economics)과 대안 모색

20장에서 우리는 질적연구방법과 과학적 분석으로 거듭나기 위한 질적방법론의 대안 모색에 대해서 살펴본다. 2009년 여성학자가 최초로 노벨경제학상을 수상했다. 정치학자 엘리너 오스트롬(Elinor Ostrom)이다. 그녀의 연구가 2008년에 발생한 세계적 금융위기와 함께 위기를 맞은 경제학의 위기 속에 더욱 빛났던 것은 기존의 경제학방법론이 아니라 질적연구방법을 사용했다는 점이다. 바로 사례연구이다. 인류가 오랫동안 사용했던 이 연구방법은 현대의 경제학방법론이 접근하지 못한 것에 접근할 가능성을 열어 주었다.

20장에서는 질적연구방법이 과학적 분석으로 거듭나기 위한 질적 방법론의 대안 모색에 대해서 살펴본다. 연구의 내용을 질적연구방법을 통해 드러낸다는 것은 정량적 데이터를 확보하지 못한 경제 현상을 설명할 가능성을 제시하는 방법론이기도 하다. 또한 질적방법론은 양적 방법론의 한계를 보완하는 기능을 하기도 한다.

그래서 20장에서는 질적경제학방법론의 특징을 살펴보고 현재 모색되고 있는 '근거이론(grounded theory)', 사례연구, 구술사적 접근, 수사학적 경제학, 이야기 경제학을 소개한다. 이런 방법론의 경제학 연구 적용 여부 살펴보고, 대안적 방법론이 될 가능성을 타진한다.

질적경제학방법론
(Qualitative Methodology of Economics)과 대안 모색

1 질적경제학방법론의 철학적 배경

경제학에서 질적연구방법은 숫자를 사용하지 않는 연구, 즉 정성적 연구로 이해된다. 질적연구방법론은 학문의 역사에서 오랫동안 주류적 방법으로 사용되었던 대표적인 방법론이었다. 사실 질적연구방법론은 근대경제학 태동부터 사용되었다. 아담 스미스가 《국부론》에서 분업의 효율성을 설명하기 위해 핀 공장의 사례를 제시한 것은 질적연구방법을 사용한 것이라고 할 수 있다. 이 방법은 현재에도 연구 대상을 관찰하는 방법을 쓰는 인류학뿐 아니라 모든 사회과학에서 널리 사용하고 있다.[1] 이러한 연구방법이 질적연구로 명명된 것은 20세기부터였고, 1970년대부터 다양한 방법이 구체적으로 제시되었다.

사실 19세기 말에서 현재까지 경제학은 양적 방법론 개발에 집중했다. 그리고 경제학이 개발한 이런 양적 방법은 현재에는 사회과학의 주류방법론이 되었다. 경제학을 선두로 해서 경영학, 사회학, 간호학, 정치학 등 전 학문 영역에서 주류경제학의 방법론과 비슷한 실증주의적 연구방법이 대세인 시대를 열었다.

이런 환경 속에서도 주류 경제학방법론을 사용한 연구 결과가 자주 틀리고, 데이터로 해명할 수 없는 경제 현상도 분석하기 위해 대안적 방법론으로 등장한

---

1) 질적연구와 사회과학에 대해서는 정상원 (2022), 조용환 외 (2022), Creswell (2014).

것이 질적방법론이다. 현재의 질적연구방법론은 양적 연구가 주류가 되어 있는 학문 세계에서 나름의 변화와 개혁을 이뤘다. 이 경우 양적 방법론과는 달리 사회학, 정치학 등 타 학문 영역에서 개발된 질적연구방법을 경제학이 수용한 것이 많다.

질적연구방법론은 주류인 양적 방법론과는 다른 정체성을 가져야만 주류방법론의 보조적인 역할이 아니라 대안적 방법론이 될 수 있다.[2] 그 정체성은 질적연구의 특징이라고 할 수 있다. 무엇보다 드러나는 정체성은 대상을 조작하지 않고 자연스럽게 두고 대상이 전하는 정보를 연구하고 해석한다는 점이다. 또한, 자료 수집에 특정한 제한을 두지 않고 다양한 자료를 모으는 연구방법이며 전체적 맥락에서 대상을 이해하려고 한다. 그리고 연구 결과만이 아니라 연구과정도 중요시한다. 형식주의에 얽매이지 않고 연구자가 연구 수행에 개입하고 융통성을 발휘할 가능성도 가지고 있는 연구방법이다.

따라서 철학적 배경으로는 귀납적 추론을 우선으로 하고, 연구자의 주관성을 중요시하는 해석학과 대상의 존재를 인정하는 실재론을 들 수 있다. 사실 질적방법론의 대안적 모색인 내러티브 연구방법, 현상학적 연구, 근거이론, 사례연구 등의 배경에는 대상에 대한 해석과 대상 자체의 실재를 인정하는 실재론이 있다. 연구 대상의 실재를 인정하고, 실재가 주는 정보를 모아 여러 가지 방법으로 해석하여 이를 통해 연구 대상인 사건과 사실의 논리적 구조를 찾아내는 방법이다.

또한 질적연구방법의 철학적 배경으로는 다원주의가 있다. 질적연구방법은 아직은 특정 형태의 연구전통으로 규격화되지는 않고 있다. 20세기 후반에 들어와서는 질적연구방법에 관한 관심이 증가하고 양적 방법과 함께 쓰면서 혼합적 방법론까지 등장한다. 그리고 다양한 질적연구방법을 포용하고, 종합한다. 이런 배경에는 다원주의적 관점이 내재해 있다고 할 수 있다.

경제학 연구방법으로 질적연구방법이 등장한 배경에는 반(反)과학주의의 사상이 있다. '과학주의를 통해 우리가 알아낸 것이 과연 참인가?'라는 물음은 물론

---

2) 조용환 외 (2022: 21). 현상학적 연구는 van Manen (2014).

'과학을 통해 이해한 현실에 대한 해석이 과연 올바른가?'라는 물음이 경제학계에 등장할 때 질적연구방법이 관심을 끌게 되었다.

다음으로 질적연구방법의 철학적 배경에는 주관주의가 있다. 객관적 분석을 위해 연구자의 판단이나 주관을 가능한 배제한 형식적인 양적 연구와는 달리 질적연구방법을 사용한 연구에서 연구자는 연구자료로 이용되기도 하며 연구에 구체적으로 개입한다. 이런 측면에서 형식주의와 객관주의를 지향하는 양적 연구와는 달리 연구 주체의 개입을 어느 정도 인정하는 주관의 회복이기도 하다.

즉 질적연구방법은 연구자를 연구에서 소외시키지 않고, 연구자의 존재 자체를 드러내는 특징이 있다. 이를 통해 실재를 통해 객관을 확보하고, 잃어버린 연구 주체의 소외 문제를 해결하며, 결국 인간성 회복을 위한 지식을 만드는 사회과학방법론의 가능성을 제시한다.[3]

질적연구방법에서 사용하는 자료는 다양하다. 대개 무형 자료이며 수치화되지 않은 자료이다. 인터뷰, 문서, 그림, 역사적 기록, 관찰 일지 등이 모두 질적 자료이다. 이를 위해 실험도 하고 관찰도 한다.

현재 질적연구에는 여러 가지 방법이 제시되었는데, 이러한 질적연구방법으로는 '심층 면접(in-depth interview)', 초점 그룹 탐구, 사례연구, 근거이론, 구술사적 방법, 수사학적 방법, 내용 분석(content analysis), 참여 관찰법(participate observation), 대화분석법, 민속방법론(ethnomethodology),[4] 현상학적 방법 등이 있다. 이 중 경제학방법론에 큰 영향을 남긴 것은 수사학적 방법론이었다.

이러한 연구방법으로는 신고전파경제학이 주류경제학이 되면서 고착된 경제학방법론과 그 배경이 되는 논리실증주의의 한계를 극복하기 위한 대안적 방법론으로 주목받고 있다. 이는 가령 이론 기반 모형에서 데이터 기반 모형으로 계량경제학이 발전되어 가는 것과 일맥상통하게 '연구 표본(evidence based)'을 선택하고 이를 코딩해서 이야기 줄거리를 만드는 방식으로 연구하는 풍토가 생겨나고

---

3) Colander (2009).

4) 민속방법론은 과학적 검증을 거치는 것이 아니라 사람 사이에 통용되는 상식, 규범, 판단 문제의식으로 문제를 해결하는 방식을 말함. 조용환 외 (2022: 43-44).

있다.

2 근거이론(Grounded Theory)

근거이론은 1970년대 사회학자인 안셀름 슈트라우스(Anselm L. Straus)와 바니 그래져(Barney G. Glaser)가 죽음을 연구하면서 제시한 방법이다. 이는 자료에 근거하여 이론을 개발하는 방법이다. 이처럼 근거이론은 기존의 방법처럼 가설을 검증하는 방식이 아니라 연구에 관련된 사람들로부터 실제로 경험 자료를 찾고, 거기서 연구 결과를 도출하는 방법이다. 즉 자료에 근거하려 이론의 발전 과정과 일반화 과정을 검토하는 연구방법이다.[5]

근거이론을 바탕으로 한 연구는 관념적이고 추상적인 '거대 담론(Grand Theory)' 연구를 배격하고 실제적이고 구체적이며 생활세계에 뿌리를 둔다. 따라서 현장에서 수집하거나 조사한 자료를 통해 이론을 귀납적으로 유도한다. 즉 현장 조사를 통해 이론을 생산하는 방법이다.[6] 그래서 근거이론은 다소 복합적 방법이다. 질적이고 양적인 자료로 표현된 현실적 사례를 모아 정해진 기법이나 절차에 따라 분석한다. 이런 방식은 특정 개체나 조직에 발생하는 구조적 현상을 이해하기에 적합하다.

이러한 방법론은 실증주의에 대한 반성에서 등장한다. 실험하거나 관찰하는 검증 과정을 거쳤지만, 추상도가 높은 거대 담론을 기반으로 설정된 연구에 반대하며, 현실에 밀착하여 자료를 수집하여 연구하는 추상도가 낮은 방법을 택한 것이다.

근거이론의 배경으로 작용하는 철학은 실용주의이다. 근거이론은 실용주의를 기반으로 인간에게 실질적으로 도움이 되는 유용한 지식을 만들려고 한다. 또 다른 사상적 기반은 '상징적 상호작용론(symbolic interactionism)'이다. 이는 사회

---

5) 근거이론은 Glaser (1998), Glaser and Strauss (1965), 조용환 외 (2022: 61–62).
6) Finch (2002).

그림 20-1 근거이론의 기본틀

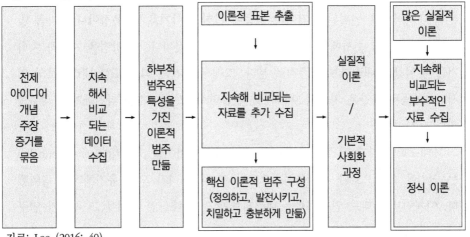

자료: Lee (2016: 40).

적 행위는 행위 주체가 자신의 사회적 상황을 스스로 살펴보고 해석하는 과정에서 구성된다는 이론이다. 인간은 언어를 통해 타인과 상호작용이 가능하다. 그래서 근거이론은 언어로 나타내는 사회적 행위를 이해하고 해석하는 방법을 찾으려는 시도라고 볼 수도 있다.

3 내러티브 방법론(Narrative Method)과 수사적 경제학방법론(Rhetorical Approaches)

내러티브 연구방법은 대표적인 질적연구방법이다. 서사적 방법이라고 불리기도 하는 방법은 과학주의와 실증주의의 한계에서 경제학 연구자들이 과학과 여타 다른 문서 작업의 차이는 무엇인지를 진지하게 고민하는 과정에서 소환되었다. 이는 파이어아벤드의 반방법론으로 돌아가서 서사와 학문 사이의 경계를 무시하면서 등장한 방법이다. 내러티브는 여러 가지 함의를 가진다. 비판적 관점으로 기존의 형식주의 주류경제학의 연구에 대한 조롱이기도 하고, 스토리텔링 자체로 연구방법의 한 장르이기도 하다.

이렇게 스토리텔링 즉 이야기의 근저에는 내러티브가 있다. 내러티브, 서사는 연대기적으로 연결된 사건이나 행동에 관한 이야기로 된 음성이나 문자를 말한다. 즉 시간의 순서에 따라서 줄거리가 구성된 것이다. 이 방법을 지지하는 학자들은 인간을 내러티브적 존재로 본다. 그래서 인간의 역사 또한 내러티브의 역사다. 이들은 인간은 자신의 이야기를 만들면서 그 이야기를 타인에게 들려주면 산다고 본다.

대표적인 학자 진 클랜디닌(Jean Clandinin)과 마이클 코넬리(Michael Connelly)는 인간은 개인으로나 사회구성원으로나 이야깃거리가 되는 유기체라고 정의했다. 이처럼 내러티브 연구에서는 내러티브가 연구 대상인 동시에 그 자체가 연구방법이 된다.[7]

이런 아이디어를 연구방법으로 발전시킨 내러티브 연구방법은 연구자와 참여자가 반복해서 이야기를 나누는 것이다. 연구자는 연구 대상자의 삶에 관한 이야기를 전해 듣고, 이런 연구자와 대상자의 삶에 대한 관점을 종합하여 연구 결과를 만든다. 그래서 삶의 현장을 숫자로 표현하려는 연구방법과 선을 긋는다. 그리고 연구 대상을 내러티브하게 보고, 생각하는 연구자의 자세가 전체 연구에 큰 영향을 준다.

이런 연구방법의 철학적 기반으로는 프랑스의 구조주의와 존 듀이(John Dewey)의 경험론이 작용하고 있다. 듀이는 실재에 독립적이거나 고정된 본질이 있는 것이 아니라 본질을 인식 작용과 상호작용 자체로 보았다. 이러한 경험론 사고는 클랜디닌과 코넬리에게 전달되었고, 이들에게 경험은 시간상으로 연결된 것이 아니라 연속선상에 있다. 현재와 과거와 미래에 대한 이미지는 과거의 경험을 토대로 하고, 미래의 경험을 만들어 낸다고 했다.[8] 그래서 연구를 위해 연구자가 현장으로 들어가서, 현장에서 자료를 수집하고, 현장의 경험을 연구한다는 것이다.

경제학의 관심이 인간의 경제적 삶이라면 연구에서 내러티브가 필요하게 된

---

7) 내러티브에 대해서는 Clandinin and Connelly (2000), 주류경제학 비판하고 허구적 스토리텔링이라며 비판적 실재론을 경제학방법론으로 주장은 Syll (2023).

8) Clandinin and Connelly (2000: 33).

다. 이는 인간의 경제적 경험을 인간이 어떻게 이해하는 것과 연관된다. 내러티브 연구를 강조하는 학자들은 다음과 같이 묻는다. '논리실증주의를 통한 실증경제학의 끝에서 경제학이 만난 것은 무엇인가?', '숫자와 확률의 세계와 이야기와 우화의 세계에는 차이는 무엇이고, 어떤 방법이 인류의 경제생활에 더 유익한 것인지를 판단할 근거는 있는가?'[9] '어떤 방법을 연구방법으로 채택하는 근거는 무엇인가?' 이런 물음에 답을 찾던 학자들은 내러티브가 인간의 경험을 더 잘 나타낸다고 주장한다.

실증적 방법을 써도 귀납의 한계에서 벗어날 수 없고, 현실을 객관화하려고 해도 편향성을 가질 수밖에는 없는 것이 경제학의 처지이다. 따라서 이들이 경제학 연구를 통해 밝히려는 것은 결국은 선과 악의 문제이며, 경제학 연구한다는 것은 선과 악의 이야기를 다른 사람에게 전달하는 것이라고 한다. 그리고 주류경제학은 허구적 이야기일 수도 있다고 비판한다.

이런 주장을 하며 경제학과 경제이론의 스토리텔링으로 비꼬며 서사적 경제학을 개척한 등장한 경제학자는 디어드리 매클로스키(Deirdre N. McCloskey)다. 그는 과학에는 '진짜 사실(true facts)', '진짜 논리(true logic)', '진짜 이야기(true stories)', '진짜 은유(true metaphors)'라는 네 가지 요소가 있다고 했다.[10] 과학이론도 결국 은유이며 이야기의 일종이라고 했다.

'경제학자를 이야기하고, 시 쓰는 사람'이라고 한 매클로스키는 경제학자가 그럴듯한 은유를 제시하면 사람들이 그것을 믿는 구도라고 했다. 그리고 주류경제학이 제시하는 은유를 현실로 착각하는 것이 현대 사회의 문제를 만든다고 했다.

이렇게 1970년대에 새롭게 등장한 질적연구방법인 수사학적 경제학은 과학적 탐구의 목적은 진리 탐구가 아니라 다른 사람을 설득하기 위한 '수사적(rhetorical)' 활동이라고 본다. 레토릭의 언어적 기원은 아리스토텔레스가 지적한 설득의 기능이다. 타인을 설득하려면 설득하는 사람의 인격과 태도인 에토스(ethos), 듣는 사람의 심정인 파토스(pathos) 그리고 말의 내용이며 설득의 증거인

---

9) Morgan (2001).
10) McCloskey (1990).

로고스(logos)를 잘 활용해야 한다는 것이다.

이런 수사학적 연구방법론에 따르면 절대적 진리는 존재하지 않고, 모든 과학적 탐구는 개별적이고 상대적인 진리를 탐구하는 활동이다. 그리고 분과과학마다 연구 대상이 다르므로 연구가 과학적이라고 인정받기 위해서는 각 학문 분야에서 통용되는 '담론윤리(Sprachethik, discourse ethics)'를 만들고, 이를 따라야 한다.11) 이 과정에서 연구 결과를 다른 연구자에게 설득하는 것이 중요하므로 연구활동 전 과정은 이런 연관에서 '수사적'이다. 그래서 수사학적 연구방법에서는 자료 그 자체가 연구의 내용이 되어야 한다고 본다.12)

수사학적 경제학에서 보자면 경제학 연구는 레토릭을 만드는 것이다. '수사적'이라는 것의 기준은 그때그때 달라야 한다. 그런데 현대 경제학에서는 지나치게 수학적 모형을 강조하고, 이를 통계적으로 검증하는 방식에만 집중되어 있다고 본다. 그런데 수학적 모형은 극단적으로 추상적일 수 있어서 실재를 나타내지 못할 수도 있다. 그래서 주류경제학은 종종 허구적인 수사학일 수 있다. 따라서 경제학 연구방법의 변화가 필요하다고 주장한다.

사회과학은 사회의 여러 현상에 관한 연구라서 사회적 콘텐츠의 영향을 받는다. 이런 콘텐츠는 개별적, 부분적, 이성적인 분석을 통해서가 아니라 사회적여건이나 권력관계에 영향을 받는 주체를 분석해야 확보된다는 것이다.

매클로스키는 수사학적 독해 방식을 경제학에 적용했다. 그에게 경제학 연구는 다른 사람을 설득하기 위한 '수사적 활동'이었다. 그리고 주류경제학의 수사법을 '죄악'이라고까지 비하했다. 그가 지적한 죄는 다음과 같다. 첫 번째 죄는 주류경제학이 우리를 설득하면서 저지른 사무엘슨(Samuelson)식 죄다. 이는 수학적형식화를 통해 공리와 증명으로 진리성을 확보하려는 죄이다. 두 번째 죄는 통계적 유의성을 무조건 신뢰하는 클라인(Klein)식 죄이다. 그리고 마지막인 세 번째죄는 이론과 통계적 분석으로 사회를 설계할 수 있다는 사회공학을 믿는 틴버겐(Tinbergen)식 죄라고 했다.

---

11) Colander, Holt and Rosser (2011: 46).
12) "Let the data reveal itself!" 작위적 연구방법에 반대하는 학문방법의 모토.

이런 죄를 저지른 주류경제학이 경제 현실과 괴리된 것은 당연한 결과라고 매클로스키는 주장한다. 또한 수학적 공리와 증명 혹은 통계적 유의성을 근거로 권위를 확보한 주류경제학이 상당한 위계적 질서를 가지고 학계에 군림하면서, 이 죄악에 동참하지 않는 학자들은 이단시한다고 비판했다.

이를 통해 매클로스키는 진정한 과학은 반드시 수학적이거나 정량적일 필요가 없다고 했다.[13] 또한, 경제학이 이윤추구나 가격 같은 세속적인 것을 연구 대상으로 할 것이 아니라 연대나 사회성 등 윤리적 책임 의식을 가지고 연구하고, 올바른 담론윤리를 준수할 때 올바른 과학일 수 있다고 했다. 수사학적 방법은 과학과 다른 탐구 형태 사이에 진정한 차이는 없다고 한 파이어아벤트의 과학철학과도 공통점도 있다.[14]

이야기 경제학을 강조하는 학자인 토마스 시드랙(Tomas Sedlacek)도 같은 노선에 있다. 그는 주류경제학의 목표인 이익 극대화나 효용 극대화에 대해서 비판한다. 그리고 선(善)의 극대화가 수반되지 않는 이익의 극대화는 바람직하지 않다고 주장한다. 시드랙은 규범경제학으로의 경제학의 정체성을 확보하고, 경제학 연구에서 도덕의 가치를 되살려야 한다고 주장한다. 이렇게 숫자와 확률의 세계와 이야기나 우화 세계가 사실 차이가 없을 수도 있다는 시드랙이 보여준 이야기 경제학의 문제의식은 경제학계에 충격을 주었다.[15]

내러티브 연구방법은 학계에 도입된 지 40여 년 동안 질적연구방법론의 한 축으로 자리매김했다. 그러나 주류경제학이 관심을 가질 만큼 성공적인 반향을 일으켰는지는 의문이다. 그래도 경제모형을 만들 때 귀납적 추론에 맥락을 둔 데이터 기반 모형의 등장은 질적연구방법에 고무된 측면이 있다. 빅데이터, 데이터 마이닝, 머신러닝 등은 세상의 모든 이야기를 통해 연구 결과를 도출하는 것이기

---

13) 우스칼리 매키(Uskali Mäki)는 은유와 실재의 혼합을 강조. Mäki (2002). 매키에 대해서는 Peter (2001).
14) 매클로츠키에 대해서는 McCloskey (1998), McCloskey (2009), McCloskey (2010), McCloskey (2021), 수사학적 방법에 대해서는 박만섭 (2001), Colander, Holt and Rosser (2011: 47).
15) 이야기 경제학에 대해서는 Sedlacek (2011), Morgan (2001).

도 하다. 어쨌든 이야기 경제학으로 경제적 사건을 예측하고 대비하는 경제학 연구의 기능적 측면을 보완할 수 있다. 경제 현상에 관한 내러티브는 전염성이 강해서 경제변동 등에는 큰 의미가 있고, 현상 자체에 영향을 미칠 수도 있다.

다만 앞으로 풀어야 할 과제도 많다. 다른 질적연구의 차별성을 분명히 하는 것이 필요하다. 또한, 다른 연구방법보다 더 많은 연구자의 주관이 개입될 수 있으므로 더 높은 연구 윤리를 적용해야 한다. 아울러 질적연구방법으로서의 준거를 확실하게 해서 과학적 탐구로 명명될 특성을 충분히 확보해야 한다.

4 사례연구(Case Study)

사례연구는 가장 전형적인 질적연구방법이며 사회과학에서는 매우 친숙한 방법이다. 연구자는 사례를 중심으로 분석한다. 사례를 탐색하고, 모집하고, 다양한 출처의 심층적 자료를 수집하여 연구 결과를 도출한다. 사례는 '경계를 가진 체계(bounded system)'라고 정의된다. 그래서 왜 이 사례를 선택했는지를 사례의 독창성과 공통성을 가지고 설명해야 한다. 따라서 그 사례가 가지는 주변과의 경계를 시간적 공간적으로 설명해야 한다. 그래서 특히 특별한 사례를 확인하는 작업에 주력한다. 여기서 사례는 질적연구뿐 아니라 양적 연구도 가능하다. 단일 사례연구도 있고 다중 사례연구도 한다.

사례연구는 현상을 기술하고 현상을 설명하여 평가하는 것을 목적으로 삼는다. 따라서 사례는 개별성을 가지고 있어서 사례연구를 하는 것은 발견적 성격이 있다. 이런 사례를 통해 연구자는 귀납적 추론을 통해 일반화를 시도한다. 그래서 사례를 정하는 기준이 연구에서 상당히 중요하다.

오스트롬은 사례연구로 2009년 노벨경제학상을 수상했다. 그녀는 성공적으로 공유자산을 관리하는 사례를 통해 공유지의 비극을 막을 대안으로 공동체 구성원이 자율적으로 만드는 질서를 제시했다. 그녀는 연구의 사례를 찾기 위해 세계 여러 지역과 역사를 살펴보았다. 그리고 현장에서 이 같은 원칙을 찾아낸다.

좋은 사례연구는 사례에 대한 철저한 이해를 기반해야 한다. 전형적인 사례연구 방식은 사례에 관해 기술하고, 사례 내의 주제를 분석하며, 사례 간 분석을 하며, 각 사례를 해석한다. 이러한 연구방법은 심리학이나 법학에서 많이 활용된다. 경제학에도 응용되는데 특히 제도경제학과 개발경제학 연구에서 많이 사용되고 있다.

현재 새로운 경제학으로 등장하는 실험경제학도 어떤 의미에서는 사례연구에 속한다고 할 수도 있다. 하지만 사례연구는 여전히 관찰자료로 연구한다는 단점을 가지고 있다. 이를 확장해서 데이터 기반을 실험연구로 가져오고, 무작위대조연구법 같은 방법을 쓴다고 해도 특정 변수를 통제한 채로 접근해야 한다는 한계를 가진다. 그래서 이런 한계를 극복하고 질적연구방법이 앞으로 더 많이 발전해야 경제학에 의미있는 영향력을 가져올 수 있다.

제21장

주류경제학의 방법론적 확장과 대안 모색

21장에서 우리는 주류경제학이 더 과학적 학문이 되기 위해 현재 벌리는 여러 시도를 알아본다. 근대경제학은 완전한 합리성을 가진 인간을 공리로 삼아 이론을 만들고 검증하며 발전했다. 그러나 경제학자들은 보통 사람이 이런 공리와 무관하게 살고 있는 것을 잘 알고 있다. 그래서 현대의 경제학자들은 보통 사람을 대상으로 하는 경제학을 만들려고 노력했고, 제한적 합리성을 가진 인간을 대안으로 내세웠다. 이런 경제학자 대열의 앞에 서서 제한적 합리성을 가진 인간이 오히려 정상인이라고 큰 소리로 외친 경제학자는 허버트 사이먼(Hubert Simon)이었다. 그의 외침은 곧 좀 더 현실을 잘 설명하는 학문이 되려던 주류경제학에 흡수되었다. 여러 비주류경제학과 마찬가지로 주류경제학에도 경제학의 한계와 위기에 대한 반성이 있었고, 새로운 연구방법론을 제시하려는 노력이 꾸준히 있었다. 보통 상식에도 합당한 경제학을 만들려는 주류경제학의 노력은 선형적 인과관계 분석에서 복잡계로 진화하고, 다중 균형의 가능성을 게임이론으로 열었다. 그리고 연역적 추론 과정으로의 경제학이 아니라 경험적 경제학, 인간 자체의 경제학을 위해 행동경제학이 주류경제학 내부로 들어오는 것을 허락한다.

21장에서는 먼저 주류경제학의 한계를 극복하려고 등장한 구원투수인 게임이론에 대해서 살펴본다. 게임이론은 경제학에 사용되는 응용수학의 한 분야다. 이후 정치학이나 철학, 컴퓨터공학에도 응용되었다. 그리고 행동경제학의 시도를 살펴본다. 이 외에도 실험경제학, 복잡계경제학, 신경경제학 등을 통해 경제인에서 인간으로 경제주체를 바꾸려는 주류경제학의 시도를 알아본다.

제**21**장

주류경제학의 방법적 확장과 대안 모색

1 주류경제학의 방법론적 확장

고전파경제학과 신고전파경제학으로 이어진 주류경제학은 미시적 세계에서 완전한 합리성을 가진 인간을 공리로 삼아 이론을 만들었고, 이 존재들이 시장에서 만나 이룬 균형을 수학적으로 정리해 주면서 점차 권위를 얻게 되었다. 그러나 이런 연역의 세계와는 무관한 현실이 존재한다는 것을 경제학자들은 잘 알고 있다. 그런데도 경제학은 사무엘슨이 말하듯이 대상을 고정시키는 에르고딕 가설을 통해 과학이 되었다고 큰소리를 쳤다.

주류경제학이 이런 공언에도 불구하고 현실 경제에서 나타나는 균형의 부재는 물론 현실 경제 문제 해결을 위한 일반론의 자격이 늘 논란의 대상이었다. 문제는 경제학이 외형은 제법 과학 같은 꼴을 하고 있지만, 관찰자료로 만든 과학으로는 과학의 조건을 확보하지 못한다는 점에 있다. 특히 경험과학으로의 경제학의 역할을 제대로 하지 못한다는 점이다. 경제위기, 환경문제, 빈부 격차, 가난 등 당장 해결해야 하는 경제적 과제를 해결할 방안을 시장이 해결해 줄 것이라고는 시장주의자도 믿지 못하는 상황이 전개되었다.

다양한 비주류경제학이 나름의 주장을 가지고 등장하며 주류경제학의 아성에 도전장을 내미는 20세기 후반과 21세기에 걸쳐 주류경제학은 다양한 변신을 시도했다. 게임이론으로 균형이론도 다양화시키고, 불완전경쟁시장이론으로 경쟁이론도 다양화시켰다. 무엇보다 가장 큰 변화는 연역적 경제학에서 경험적이며 귀납적인 경제학으로 이동하려고 노력한 점이다. 사이먼이 제한적 합리성을 가진 보통사람을 대상으로 한 경제학을 만들려는 것도 이런 노력에 속한다.

2022년 노벨경제학상은 데이비드 카드(David Card), 조시 앵그리스트(Joshua D. Angrist), 귀도 임벤스(Guido W. Imbens) 교수가 함께 받았다. 이들은 사회현상에 관하여 자연과학의 실험과 비슷하게 할 수 있게 '자연실험(natural experiment)'을 하는 방법론을 제시한 것을 인정받았다. 2010년 앵그리스트는 이런 경제학의 방법론 혁신을 계량경제학 분야의 신뢰성 혁명이라고 명명했다. 이것이 혁명인 이유는 경험적 데이터를 사용하여 이론과 가설을 검증한다는 것이다. 그래서 경제학이 드디어 과학이 되었다고 했다. 자연실험 외에도 주류경제학의 도구 상자에 '반사실적 접근법', 무작위대조연구법, 차이 내 차이(Differences in Differences), 회귀불연속성 설계(Regression Discontinuity Designs) 등을 넣고 설명력의 한계를 극복하려고 했다.

이것이 진정한 방법론적 혁명인지, 경제학이 이제 진정한 과학이 되었는지는 더 두고 보아야 한다. 그래도 분명한 것은 주류경제학도 경험학으로 거듭나려고 한다는 점이다. 그러나 현실을 모아 통념을 검증하는 작업을 경제학에서 할 수 있지만 이를 통해 통념을 바꿀 수 있는지, 바꾸기 위해 얼마나 많은 검증이 필요한지 미지수다. 시대의 패러다임 코어에는 그 시대의 통념이 내재하여 있고, 이것은 반증 사례가 나와도 쉽게 바뀌지 않는다.

그렇다고 주류경제학이 앞으로 해야 할 일이 없어진 것은 아니다. 우연과 불확실이 작동하는 환경에서 다중적이고 다방향적인 인과관계를 과학적으로 포착하는 작업을 해야 한다. 일단 주류경제학의 다양한 시도를 살펴보자.

2 게임이론의 연구방법론

20세기의 중반에 자연과학에서 찰스 다윈(Charles R. Darwin)의 《종의 기원 (On the Origin of Species)》에 비견되는 경제학책이 출판되었다. 1939년 만나서 공동 작업을 한 오스카 모르겐슈테른(Oskar Morgenstern)과 존 폰 노이만(John von Neumann)이 1944년에 출판한 《게임이론과 경제적 행동(Theory of Games and Economic Behavior)》이 바로 그 책이다. 이 책이 출판되면서 게임이론은 구체적인 모습을 세상에 드러낸다. 경제학에서 게임이론은 경제주체가 상호의존된 상황 속에서 전략적으로 행동할 수밖에 없는 때 어떤 경제적 결정이 가능한지를 탐구하는 분야이다. 즉 전략적 상황에서 경제주체의 의사결정을 연구하는 분야로 자리 잡는다.

　　이후에 1950년에 존 내시(John Nash)가 제시한 비협조게임에서도 균형 상황이 존재한다는 내시균형(Nash equilibrium)으로 신고전파경제학의 일반균형에 확고한 입지에 균열을 냈다. 게임이론은 이후 꾸준히 성장하고 발전했고, 게임의 형태도 무수하게 개발되었다. 경제학계는 다양한 상황과 다양한 학문 전통과 결합하여 새로운 게임 전략을 제시했다. 가령 케니스 빈모어(Kenneth Binmore)의 진화적 게임이론은 전형적인 사례이다.[1]

　　기존의 경제학은 여러 경제주체가 모여 의사결정을 하는 상황을 '시장의 보이지 않는 손'이 해결한다고 보았다. 그러나 현실에서는 의사결정을 보이지 않는 손이 하지 못하는 상황이 펼쳐진다. 이런 상황인데도 여러 경제주체가 모여 의사결정을 해야 하는 때를 게임이론에서는 '게임이 있는 상황(game situation)'이라고 본다. 게임이 있는 상황에서 경제주체들은 상호의존되어 있다. 그래서 결정할 때 전략적으로 행동한다는 것이다.

　　이렇게 게임이 있는 상황은 인간 사회의 어디에서나 발생하므로 게임이론은 경제학, 정치학, 사회학, 컴퓨터 과학 등 학제 간 연구의 방식으로 자리매김한다. 게임이론은 처음 경제학에 응용됐지만, 이를 기반으로 정치학과 사회학에도 많이 사용된다. 그래서 게임이론 뒤에는 학제적 접근인 다원주의가 있다. 인간의 사회 속의 삶이란 서로 얽혀 있고, 이에 대한 이해는 하나의 잣대로만은 접근할 수가 없기 때문이다.

---

1) Reiss (2013: 104−145), Colander (2009), Binmore and Dasgupta (1987), Alexandrova (2006: 173).

아울러 게임이론은 도구주의적 성격이 강하다. 수학을 이용해서 전략적 행동의 결과를 이익과 손해의 숫자로 된 크기로 보여준다. 일단 게임은 각자 참여한다. 그래서 게임이론은 방법론적 개인주의를 배경으로 하고 있다고 볼 수 있다. 즉 합리적인 개인의 전략적 행위를 연역적 추정을 통해 추정한다.

많은 게임의 종류가 개발되었지만, 게임이론이 경제학에 전하는 주요한 메시지는 '인간은 과연 이기적이냐?'는 질문에 대한 답이다. 즉 게임의 상황이 되려면 게임 참가자가 이기적으로 행동해야 한다. 그런데 실제로 인간은 이기적으로만 행동하지 않는다. 그래서 경제주체가 이기적이라는 경제학의 공리는 교정되어야 한다는 것이다.

그래서 게임이론은 경제적 인간을 상호협력도 할 수 있는 인간으로 만들었지만, 한계도 있다. 아울러 경제 현상이라는 복잡한 사회적 관계의 결과에 대해서 죄수의 딜레마(Prisoner's Dilemma), 제로섬 게임 등의 몇 가지 이론으로 꿰맞추려는 지적도 있다.[2]

이런 게임이론의 함의와 발전 과정을 살펴보면 '과연 게임이론을 실생활에 적용할 수 있느냐?'는 문제가 떠오른다. 게임이론은 주류경제학과 마찬가지로 모형을 사용한다. 경제 현상의 구조나 패턴을 설명한다고 해도 여전히 목표 달성에 최적화된 방식으로 행동하는 행위자를 가정한다. '합리적으로 행동하는 경제인'을 게임이론에 사용한다면 극히 예외적인 상황을 제외하고는 이를 실제 생활에 성공적으로 적용되기는 어렵다.

따라서 게임이론으로 성공적인 설명이 가능한 사례도 몇 있지만, 전반적으로는 예측이 실패한다. 그래서 게임이론이 유용하다는 주장은 실제 현실에서는 다소 근거가 희박하다. 게임이론에 여타 보조가설이나 인지편향 등을 추가한다고 해도 근본적으로 과도하게 연역적이고 형식적인 특성에서 벗어날 수 없다.

---

2) Ross (2014: 118-144). 죄수의 딜레마는 경제학을 공부한 사람이라면 모르는 사람이 없을 정도로 잘 알려졌지만, 실제로 이에 대해 실험을 해본 것은 독일의 경제학자가 2013년 출판된 논문에서 밝힌 것이 처음. 실험 결과 지금까지의 통념과는 달리 죄수들은 상당히 협조적이었음. Khadjavi and Lange (2013).

3 행동경제학의 연구방법론

경제학적 탐구의 시작은 현실을 살펴보는 것이라는 주장이 행동경제학의 기본 방향이다.[3] 그래서 행동경제학의 연구 목적은 현실 속에서 실제 행해지는 경제적 행위를 관찰하고, 그 행위를 설명하는 것이다. 행동경제학은 1940년대와 1950년대 제2차 세계대전 이후 등장한 경제학의 행동주의, 실증주의, 검증주의, 조작주의 등의 시대사조를 배경으로 등장한다. 그 발단은 19세기 말의 행동심리학에서 시작된다. 이는 심층심리학에 반대하여 등장한 실험심리학에서 기원한다. 그래서 관찰된 행동만으로 심리를 해석한다는 것이 핵심이다. 이 연원은 1920년대 비엔나의 논리실증주의가 배경이 된다. 이렇게 행동경제학의 배경은 지극히 다원주의적이다.

행동경제학은 경제학계의 변화를 잘 보여주는 영역이다. 시작부터 행동경제학은 기존의 경제학과 그에 따른 경제이론이 이론에 지나치게 의존한다고 비판한다. 그리고 사회과학으로의 경제학이 경제 현상을 제대로 분석하려면 이론이 아니라 행동과학에 기반을 두어야 한다는 것이다. 인지 능력도 부족하고 인내심도 없는 인간의 본성 탓에 불합리한 선택도 하게 되는 현실을 주목하는 행동경제학은 인간 제한적 합리성을 가졌기 때문에 나쁜 선택도 한다고 본다. 따라서 사회가 존립하는 것은 자유주의와 온정주의가 동시에 작동하기 때문이다. 좋은 선택을 할 수 있게 유도하는 기제가 작동한다는 것이다. 이 같은 '넛지(nutge)'의 사례는 많이 목격된다. 따라서 경제 현상의 해명에 넛지가 발생하더라도 문제가 맹목적이며 추상적인 이론 논쟁보다 구체적인 정책적 논의하고 경제학 연구를 해야 한다는 것이 행동경제학의 주요 주장이다.[4]

현재 경제학은 수학적 모형의 경제학이라고 할 만큼 수학을 많이 사용한다. 행동경제학은 현실을 설명하려면 수학만이 아니라 심리학과의 학제적 접근이 필요하다고 주장한다. 행동경제학의 철학적 사유는 '인간이 과연 합리적인가?'에부

---

3) Angner and Loewenstein (2012), Angner (2019), Ross (2014: 196－253).

4) Reiss (2013: 456－495).

터 시작된다. 인간이 합리적이라는 공리를 따르지 않으면 기존의 경제이론은 기초부터 무너지기 때문이다.

행동경제학은 게임이론이나 동태적최적화모형(DSGE)처럼 개념이나 직관을 기반으로 모형을 구축한다. 그래서 인간의 행위를 수학으로 모형화하는 면에서는 주류경제학과의 합일점이 있다. 그러나 그 인간이 기계가 아니고 감정을 가진 존재의 경제행위라서 비합리적이기도 하다고 판단한다.[5]

행동경제학을 세상에 내놓은 경제학자는 허버트 사이먼이다. 그는 실증주의적 경제학방법론을 채택한다. 그러나 실증을 통해 실제로 인간이 어떻게 경제적 결정을 하는지를 살핀다. 행동경제학이 발견한 것은 인간은 호모 에코노미쿠스가 될 수 없다는 사실이었다. 그는 "인간이 실제 합리적으로 행동한다는 것은 기껏 게임이론의 모형에서 보이는 합리성을 단순하고 간소하게 이해하고 행동하는 수준이다."라고 하면서 인간의 제한된 합리성과 '만족화(satisficing)'를 주장한다. 그리고 심리학에서 경제학방법론을 찾는다. 그의 제한된 합리성은 비합리성과는 다르다.[6]

경제학과 심리학을 결합하여 행동경제학적 연구를 해서 행동경제학의 새로운 장을 연 사람들은 심리학자 대니엘 카네먼(Daniel Kahneman)과 아모스 트버스키(Amos Tversky)였다.[7] 이들은 오랜 공동 작업을 통해 '인간이 어떤 경제적 결정을 내려야만 하는가?'하는 기존의 경제학적 질문을 하지 않고 '실제로 인간은 어떤 경제적 선택을 하는가?'를 연구했다.

카네먼과 트버스키는 1974년 발표된 《불확실성 아래에서의 판단: 휴리스틱과 편향(Jugement Under Uncertainty: Heuristics and Biases)》에서 기본 법칙과 휴리스틱을 방법론으로 제시한다. 휴리스틱은 잘 알 수 없을 때 어림잡는 기술, 경험 법칙을 말한다. 여기서 이들은 사람들이 인식도 제대로 하지 못한 것에 관해 결정할 때 사용하는 세 가지 휴리스틱을 제시한다. 이들은 사람이 사용하는 어림

---

5) Szipro (2020: 350).

6) Schlaudt (2022: 46−50).

7) Kahneman and Tversky (1979), Szipro (2020: 360−372).

잡는 방법에는 '대표성 휴리스틱(representiveness heuristic)', '가용성 휴리스틱(availabliliy heuristic)', '기준점 휴리스틱(anchoring heuristic)'이 있다.

대표성 휴리스틱은 논리로 분석하는 것이 아니라 특성으로 현상을 분석한다. 카네먼과 트버스키는 은행 창구 직원 린다에 대한 실험을 통해서 사람들이 논리적인 분석을 하면서 현상을 받아들이는 것이 아니라 묘사된 내용이 대표하는 것을 받아들이는 경향이 있다고 했다.

가용성 휴리스틱은 떠올리기 쉬우면 발생 확률도 높다는 착각을 말한다. 현상과의 연관을 따지지 않고 사용할 수 있는 정보를 활용해서 판단한다는 것이다. 이들은 사람들이 정보를 검색하거나 구성하거나 연상하는 정신적 작업을 할 때 작업의 용이성을 기준으로 사건의 발생 가능성이나 발생 빈도를 추정하는 절차를 가진다고 했다. 특정 사건이 발생한다는 상상이 쉽다는 것이 반드시 실제로 사건이 발생할 가능성을 반영할 필요는 없다. 그래서 가용성 휴리스틱을 사용하면 오판될 가능성이 크다.

마지막으로 기준점 휴리스틱은 먼저 숫자를 제시하면 이긴다는 것이다. 의사결정자가 숫자를 이미 알게 되어 마음을 두게 되면 그 숫자가 일상에 영향을 미친다. 이것이 실제와 무관할 수도 있는데도 의사결정자의 결정에 영향을 미치게 된다. 물체나 사건을 특정 부류로 정리할 대표성 휴리스틱, 사건의 발생 빈도나 발생 가능성을 평가할 때는 가용성 휴리스틱, 수치로 예측 결과를 나타낼 때는 기준점 휴리스틱을 흔히 사용한다. 이런 접근법은 체계적이고 예측할 수 있는 오류, 즉 편향을 발생시킬 수 있다.

이들이 제시한 대표적인 의사결정 모형이 '전망이론(prospect theory)'이다. 이에 따르면 인간의 의사결정은 첫 번째 '편집 과정(editing process)'에서는 휴리스틱을 동원하여 인간이 처리할 수 있는 것으로 변화시킨다. 그리고 두 번째 '평가 과정(evaluation process)'에서는 의사결정자가 대안을 평가하고 바람직한 방안을 선택한다. 이를 위해 확률 함수와 효용 곡선 정도를 활용한다고 한다.

주류경제학에 따르면 효용이 극대화되는 선택을 해야 하는데 그런 선택을 하지 않는 현실을 보면서 이들은 효용함수 대신 '가치함수(value function)'를 제시한다. 주류경제학은 합리적인 인간이 실수하더라도 그런 실수를 평균으로 고정하면 영향이 시장에 미치지는 않는다고 했다. 그러나 카너먼과 트버스키는 사람들은 체계적으로 실수하고 그런 실수의 영향은 사라지지 않는다고 했다. 이는 시장이 체계적으로 틀릴 수 있다는 것이다.

또 다른 행동경제학자인 로버트 프랭크(Robert H. Frank)는 경제적 분석이 감성도 작용하는 사안인데도 경제학이 이성만을 강조하고 감정은 주어진 것을 보며, 이성이 얼마나 효율적으로 대처하는가를 주로 연구 대상으로 하는 것을 비판한다. 그리고 인간의 의사결정과 상호작용에 감정의 역할을 강조한다. 그래서 프랭크는 생물학과 심리학과 경제학의 접점을 연구해야 한다고 주장한다.

행동경제학의 큰 발전을 이끈 경제학자는 탈러이다.[8] 그는 캐스 선스타인(Cass Sunstein)과 같이 《넛지(nudge)》라는 책을 쓴다. 넛지는 '슬쩍 알려준다.', '주의를 환기시킨다.'라는 뜻을 가진 단어이다. 과학의 역할은 그저 좀 더 나은 판단을 할 수 있게 슬쩍 알려주는 일인 것이다. 이 책에서 인간을 '이콘(Econ)'과 '휴먼(Human)'으로 나눈다. 이콘은 합리적으로 생각하고 선택하는 인간이고, 휴먼은 실수하고 잘못된 선택도 하는 보통 인간이다. 경제 현상은 매우 복잡한 주체 간의 상호작용으로 만들어진다고 탈러는 보았다.

1977년 탈러가 카네먼, 트버스키와 교류한 이후 행동경제학적 논문을 발표할 때 경제학계로부터 진짜 경제학으로 돌아오라는 야유를 받았다. 이후 1995년 시카고대학교에 재직했을 무렵부터는 더 이상 조롱받지 않게 되었다. 행동경제학이 주류경제학 사회의 인정을 받기 시작했기 때문이다. 이후 그는 2015년 전미경제학회장이 되었으며, 2017년 노벨경제학상을 받았다. 쿤의 과학철학에 영향을 받았다는 탈러는 자신의 경제학을 신고전파경제학의 변칙 사례로 규정했다. 이렇게 그의 전체 학문적 역정은 주류경제학의 주인공 호모 에코노미쿠스를 호모사피엔스로 돌려놓은 과정이었다.

행동경제학은 등장부터 많은 조명을 받았다. 그래서 '행동과학 혁명'이라고

---

8) 탈러의 경제학은 Thaler (2000).

불리기도 했었다. 그러나 행동경제학이 주류경제학의 대안인가에 대해서는 여전히 신중하게 접근할 필요가 있다. 행동경제학은 신고전파경제학에 반기를 들고 있는 듯이 보이지만 실은 신고전파경제학 이론과 모형의 사용을 지지하면서, 이를 휴리스틱 장치나 분석도구로 이해한다.

물론 행동경제학은 신고전파경제학과 다른 경제학이라고 주장하는 학자도 있다.9) 그러나 행동경제학이 주류경제학으로 편입되고 있는 것은 분명하다. 하지만 행동경제학 이전의 경제학과 이후의 경제학은 분명히 다르다. 카네먼과 트버스키가 우리에게 보여준 것은 사람도 시장도 체계적인 실수를 반복한다는 것이었다.

행동경제학이 공리를 설정하고 연역가설법을 적용하는 주류경제학에 방법론에 균열을 낸 것은 사실이지만, 자신들도 이론적 모형에 여전히 묶여있고, 경험과학으로 자리를 잡지는 못했다. 그래서 진정한 경험과학으로 행동경제학을 만들려면 통제된 실험실에서의 행동을 관찰하고 이론을 개발하는 것이 아니라, 복잡한 현실을 설명할 수 있는 방법론을 더 많이 개발하여야 한다. 그래서 수학이나 모형 또는 관찰보다 철학과 역사로 좀 더 다가가야 한다.

4 실험경제학의 연구방법론

실험경제학은 1970년대에 등장한 경제학의 새로운 분야이다.10) 이는 경제학 연구에 자연과학의 실험 방식과 심리학을 접목한 연구방법론이다. 주류경제학 방법론을 정초한 19세기의 밀도 실증주의 경제학방법론을 제시한 20세기의 프리드먼도 공통으로 경제학은 실험할 수 없는 학문이라고 정의했다.11) 이런 규정을 깨

---

9) '이제 우리 모두 행동경제학자'라고 할 만큼 행동경제학은 주류경제학에 통합된 측면이 있으나 행동경제학의 고유성이 유지되고 있다고 주장도 있음. Sugden (2019). 홍훈은 규범적 합리성, 공리주의적 개인 등을 신고전파경제학과 공유한다고 함. 홍훈(2013: 390–391).

10) 실험경제학 방법론에 대해서는 Guala (2005), 실험은 가장 전통적이면서도 효과적인 과학의 방법이라는 주장은 Guala (2012).

11) Friedman (1953: 10, 40).

고 등장한 분야가 실험경제학이다.

사실 실험 가능성이 제한되었다는 것은 경제학의 한계 중 하나이다. 그런데도 실험경제학과 다른 경제학과의 차이는 인간의 행동을 파악하기 위해 현실과 비슷한 실험을 통해 연구한다는 점이다. 대개 특정 변수를 통제한 후 자료를 수집하여 변수 간의 인과관계를 분석하는 방법이다. 그래서 실험경제학의 등장은 기존의 연역주의적 경제학에서 귀납주의적 경제학으로, 데이터 기반 경제학으로 방향을 전환했다는 점에서 어떤 의미에서는 반주류적이다. 물론 경제학의 실험은 여전히 자연과학에서 실행하는 실험의 이상적인 조건을 충족시키지는 못하는 것도 사실이다.

이런 변화의 계기를 마련해 준 것은 게임이론의 등장과 경제이론을 가지고 심리학적 연구를 한 심리학자들이었다. 카네먼과 트버스키가 1979년 발표한 전망 이론과 라인하르트 샐턴(Reinhard Selten)과 베르너 구스(Werner Güth)의 최후통첩 게임을 경제 현상에 적용한 것과 같은 연구는 실험경제학의 기반을 마련해주었다.[12] 경제학이 이런 실험적 상황을 설정해서 확인하려던 것 중 가장 중요한 주제는 경제주체의 합리성이었다.

과학의 방법에는 관찰과 실험이 있다. 실험은 관찰과 다르다. 실험은 단순히 관찰하는 것이 아니라 사건의 진행에 개입한다. 실험은 사건의 인과관계를 설정하고 확정할 수 있는 것에 비해 관찰은 그렇게 할 수 없다. 추상적인 수학적 모형의 한계를 극복하고 믿을만한 경험적 자료를 얻으려면 실험의 방식을 사용해야 한다. 다양한 실험 방식을 통해 얻은 결과를 두고 경제주체의 행동 양식을 분석하고, 현실에 적합한 결론을 제시하는 것이다. 실험의 목적은 가설을 검증하려고도 할 수 있고, 특정 현상을 연구하기 위해서도 이루어진다.

실험경제학의 실험에는 현장 실험, 실험실 실험, 컴퓨터실험, 사고 실험이 있는데 이는 실재와 간극의 크기에 따라 나뉜다. 기본적인 방법은 해당 실험을 통해 자료를 수집하고, 데이터를 분석하여 경제적 결과를 타진하는 실험실 실험

---

12) Kahneman and Tversky (1979), Selten and Güth (1982).

이다. 이를 통해 해당 경제이론의 타당성을 검토한다. 실험에는 실험자의 통제하에 이루어지는 실험이 있다. 핵심은 통제된 실험을 한다는 점이다. 자연과학의 방법을 빌려와서 계획된 조건 아래 실험을 진행하고 경제 현상에 적용해서 결과치를 알아낸다. 실험실 실험의 장점은 통제가 쉽다는 점이다.

또 다른 실험은 '현장 실험(field experiment)' 또는 현장 연구가 있다. 대개 경제정책의 효과를 실험하기 위해 무작위로 실험군과 대조군을 두고 양 그룹 간의 차이를 분석해서 검증하는 방법이다. 다른 방법은 온라인 실험이다. 실험 절차는 다른 실험과 같지만, 온라인으로 참여한다는 점에 차이가 있다. 이 실험은 다른 실험보다 통제가 어려운 단점이 있으나 비용 면에서는 효율적이다.[13]

그 외에도 컴퓨터실험은 수학적 시스템으로 실재 시스템을 대체하여 컴퓨터의 계산 기능을 이용해서 진행하는 실험 방식이다. 이를 통해 모형에 설정한 변수만 확실히 할 수 있을 뿐 실재의 세계에 대해서는 알 수가 없다. 그래서 실제 실험을 완전히 대리할 수 없다. 사고 실험은 생각을 표현하는 방식으로 실험한다. 이는 행동경제학에도 사용하는 방식이다.[14]

이러한 실험경제학의 시도는 실험을 통해 데이터를 확보하여 모형을 추정하려는 것이다. 따라서 전체를 다 검증하지 않는다는 점에서 환원주의적 성격을 갖고 있다. 아울러 손익을 따지기 위한 도구로써 사용된다는 측면에서 실용주의적이며 도구주의적 배경을 가지고 있다.

실험경제학이 주목받은 것은 경제학이 결국 경제정책을 제시하여야 하는데 이를 위해서는 인과관계를 분명히 할 필요가 크기 때문이다. 여기서 경제주체가 합리적 행동만을 하는 것이 아니라 복잡한 인간 심리에 휘둘린다고 한다면 이는 주류경제학과는 다르게 접근해야 한다. 실험경제학을 개척한 학자로는 선구적 역할을 한 버넌 스미스(Vernon, L. Smith)가 거론된다. 그가 1982년 출판한 논문이 실험경제학의 기준을 제시했다고 평가받는다.[15]

---

13) 실험경제학에 대해서는 Friedman and Sunder (1994), Guala (2005), Guala (2012).

14) Angner and Loewenstein (2012: 670).

15) Smith (1982).

이를 경제학에 적용한 구체적인 연구는 버넌 스미스와 로스 밀러(Ross M. Miller)가 했다. 이들은 실험경제학의 방법을 주식시장에 적용한 실험 사례를 통해 시장의 현실을 파악했다. 이런 실험을 통해 보이지 않는 손의 한계가 드러나자 더 효율적인 경제정책을 제시할 가능성도 생겼다.

이외에도 개발도상국에서 현장 실험을 통해 정책효과 분석을 아브히지트 바네르지(Abhijit Banerjee), 에스테르 듀플로(Esther Duflo), 마이클 크레이머(Michael Kremer)가 무작위대조연구법을 통해서 했다.16) 자원의 가치평가와 배분에 관한 경매이론에 대한 폴 밀그럼(Paul R. Milgrom)과 로버트 윌슨(Robert B. Wilson)의 연구도 실험경제학의 방법을 쓴다. 자연적 실험을 통해 최저임금, 이민, 교육의 정책효과를 분석했고, 실험과 준 실험을 이용한 정확한 인과관계 분석을 위해 조슈아 데이비드 앵그리스트(Joshua David Angris)와 휘도 임번스(Guido Imbens)는 실험경제학의 범주에서 계량적 방법을 개발한다. 이들 대부분은 그 학문적 업적을 인정받아 노벨경제학상을 수상할 만큼 실험경제학은 최근 큰 발전을 가져온 분야이다.

사실 실험은 강력한 과학의 무기이다. 이런 방법을 경제학에 적용한다는 것은 당연한 시도이다. 실험이 이렇게 과학적 연구에서 의미 있는 것은 작용하는 원인을 통제해서 신뢰할 추론을 끌어내기 때문이다. 그러나 경제학에 여전히 남은 문제는 '어떻게'이다. 그래서 실험경제학은 큰 기대에 비해 작은 결과를 가져올 수 있다.17) 자연적 실험이나 준 자연적 실험을 통한 지난 수십 년 동안 경제학 연구가 증가하면서 주류경제학을 보완한 것은 사실이다. 그러나 실험경제학이 여전히 '통제된' 실험에 의존하고 있다. 그래서 실제로 인간이 살고 있는 현실 세계에 대한 적절한 실험 방식을 제시하고, 실험을 통해 경제이론을 만들 가능성은 여전

---

16) RCT는 Duflo *et al.* (2007), Reiss (2013: 331-341).

17) Reiss (2013: 391-320). 바네르지와 듀플로는 '좋은 경제학만으로 세상을 구원할 수 없지만, 좋은 경제학이 없다면 인간은 치명적 실수를 반복할 것이라면서 무지·직관·이데올로기·관성이 합쳐져서 그럴듯하지만 결국 세상을 나쁘게 하는 답을 내놓을 수 있다고 함. 2019년 노벨경제학상 수상자의 과학주의적 무지와 이데올로기에 관한 의견, Banerjee and Duflo (2019).

히 불투명하다.

경제학의 여러 영역에서 실험할 가능성이 매우 제한적이다는 사실로도 실험의 방법으로 경제학을 과학으로 만드는 것은 불가능할 수도 있다. 사회과학인 경제학이 절충적으로 '유사 실험'의 방식을 택한다고 하더라도 그에 따른 평가는 실패할 공산이 크다. 사실 현장 연구, 실험 등을 이용한 연구방법은 결국 이론적 모형화를 통한 분석과 근본적으로 같은 문제를 갖는다. 모두 인위적인 조건에서 벗어날 수 없다.

이를 통해 일반적 법칙성이나 규칙성을 찾았다면 연구자가 이를 목적으로 설계했기 때문이다. 그것이 무작위대조연구법을 따르더라도 실제로 많은 가정을 바탕으로 변수를 통제한 폐쇄된 세계 속의 연구이다. 그러나 현실에서 경제는 개방된 세상의 일이다.

5 복잡계 경제학(Complex Systems Economics)의 연구방법론

20세기 후반에 복잡계라는 매우 인상적인 분야는 '창발성(emergence)' 개념을 토대로 기존 과학의 논리체계를 흔들면서 등장했다. 요소들의 관계를 중요시하는 네트워크 과학으로 부분이 모여서 자기 조직화하면 새로운 현상이 발상하는데 이를 창발이라고 한다. 복잡계는 구성요소가 많고 구성요소 사이에 상호작용하는 시스템을 말한다. 즉 복잡계는 무수한 요소가 상호간섭하여 어떤 패턴을 형성하거나 예상 밖의 성질을 나타내거나 각 패턴이 각 요소 자체에 피드백되는 시스템을 의미한다.

따라서 구성요소를 이해한다고 해도 시스템을 이해할 수는 없다. 무수한 요소가 상호작용해서 패턴이 되기도 하고, 전혀 다른 특징을 나타내기도 하며, 시간의 흐름에 따라 진화하고 변화되는 시스템이 복잡계다.[18] 부분이 모여 조직되면

---

18) Beinhocker (2006).

서 새로운 현상, 창발이 발생한다는 것이다. 따라서 환원주의적이고 분석적인 방법의 한계를 드러내며 전체론적 관점을 지지한다.

복잡계 물리학은 노벨 물리학 수상자인 물리학자 필립 앤더슨(Philip W. Anderson)이 1972년에 '많아지면 달라진다(More is different).'라고 말하면서 등장했다. 개별 입자를 이해한다고 해도 이것이 모여 만든 집합체는 전혀 다른 구조를 가진다는 것이다. 이것이 사회현상 연구와 생태학에 응용되었다. 이렇게 복잡계의 방법론이 사회과학에 영향을 준 것은 자연과학의 방법을 사회과학에 적용하는 것에 대한 반성과 비판과 함께였다. 인간이라는 주체의 사회적 속성은 물론 현실이 가지는 구성적 특징을 강조하는 해석학, 포스트모던의 해체주의의 영향을 받으며 주체가 다른 주체와 독립적이지 않고, 서로 얽히어 구성된다는 것이 분명해졌다.

경제학에도 복잡계의 창발적 방법론은 전달되었고, 창발로 해석되는 경제 현상을 설명하는 데에 사용되었다. 사실 경제 현상 중에는 단순한 선형 관계로 나타내는 것이 부적절할 경우가 많다. 양적 연구에 등장하는 현상―모형의 단순화 과정은 연구의 진리성 확보를 당장 고려하지 않는다고 해도 사실을 왜곡할 가능성까지도 함의하고 있다. 그래서 1980년대에 주류경제학에 의문을 품으면서 복잡계 경제학이 등장한다. 현재 대부분 복잡계의 연구에서는 수리모형 혹은 계량적 통계 분석, 컴퓨터 시뮬레이션을 메커니즘으로 구축하고, 해석하려는 연구가 진행 중이다.

복잡계 경제학은 인과적 단선 관계로 설명되지 않는 경제적 현상에 대한 설명을 위해 새로운 인식론의 지평이 개척했다. 특히 복잡계 경제학은 학제적 접근으로 돌파구를 마련해주었다. 사실 경제는 불안정하고 항상 변화하는 시스템이다. 이런 시스템에 대한 안정적이고 정태적인 접근은 경제학의 한계로 받아들여지게 되었다. 이에 대한 대안으로 경제를 복잡 적응 시스템으로 파악하게 되었다.

이러한 복잡계 경제학의 등장은 자연과학의 발전이 추동했다. 무엇보다 컴퓨터 프로그램의 등장으로 복잡한 대상에 대한 계산 능력을 갖추게 됨에 따라 손쉽게 자료를 다룰 수 있게 되었다. 이제까지 인간의 두뇌로는 한계를 보이거나 지체

되는 비선형적 모형에 대한 접근도 쉬워지게 되었다. 뇌과학과 인지과학의 발전도 이런 변화에 기여했다.

복잡계 경제학은 주류경제학과 달리 경제 현상을 인간의 심리적 요소가 작동하며 행동으로 나타나는 복잡계로 본다. 가령 기존의 경제모형을 올바르게 적용해도 경기 예측이 틀리는 이유는 연구 대상인 경제가 복잡계이기 때문이라고 한다. 인간은 합리적이지만은 않고 변덕을 부리는 존재이며, 다른 조건은 일정하다는 현실에 부합되지 않는 가정을 남발하고, 인간을 둘러싼 경제 환경은 불안정하고 리스크가 있으므로 예측은 틀린다. 또한 지난 과거의 숫자인 통계 자료를 가지고 미래를 예측하면 틀릴 수밖에 없다. 분석 모형이나 외삽 기법 사용하는 것에도 이런 계량분석의 한계는 분명하다.[19]

이렇게 복잡계 경제학의 배후에는 실재론이라는 새로운 과학철학이 배경으로 작용한다. 환원주의를 비판하며 등장한 복잡계 경제학은 전체주의적 세계관을 가지고 있다. 창발성을 경제학에 응용한 복잡계 경제학은 경제학의 오랜 과제를 많이 해결해 주었다. 경제의 구성요소만이 아니라 경제의 사회연결망이 중요하며 이들 관계를 통해서 파악할 수 있는 사실이 많다는 것이다.

이처럼 경제주체를 보통 사람으로 설정하며 현실화했고, 분석의 범위와 결정의 기준을 효율성이 아니라 생태계 전체의 안정성, 복원력, 형평 등으로 제시한 것도 큰 변화이다. 무엇보다 경제라는 시스템을 열린 체계를 가진 비선형 시스템으로 규정한 것은 현실로 다가가는 큰 걸음을 내디딘 것은 분명하다.

복잡계 경제학은 주류경제학과는 체계도 연구방법도 다르다. 주류경제학 일반균형이론의 가정을 완화하고, 균형은 존재한다고 해도 일반적인 것이 아니라 특수한 경우로 본다. 특히 경제주체의 사회 과정에서 발생하는 경제 현상의 창발성을 강조한다. 경제를 바라보는 이념적 대립도, 미시와 거시로의 분류도 이기적이거나 이타적인 인간에 관한 규정도 없다.

여기서 인간은 다른 이와 협력하기도 하고 협력 규범을 위반한 이를 응징하

---

19) Keen (2023: 75–100).

표 21-1 복잡계 경제학과 주류경제학

	기존의 경제학	복잡계 경제학
경제주체 경제행위자	• 호모 에코노미쿠스 • 완전한 정보 • 착오와 편견 없음	• 보통 사람 • 불완전 정보 • 착오와 편견 있음
세계 이해	• 시장 • 외부성	• 종속성 • 창발
분석의 틀	• 한계효용 • 비용편익분석 • 화폐화	• 복잡계 분석
결정의 기준	• 효율성	• 생태계와 인간 사회의 형평 • 안정 • 회복력
생산	• 자원의 배분	• 상태 물리적 과정으로의 생산
시스템의 역동성	• 닫힌 체계 • 정태적 • 선형 • 균형 시스템	• 열린 체계 • 동태적 • 비선형 • 불균형 시스템
네트워크	• 시장 메커니즘을 통해 간접적 상호작용	• 행위자 간 직접적 상호작용 • 관계의 동태적 변화
창발성	• 미시경제와 거시경제 구분됨	• 미시경제와 거시경제 구분 없음 • 거시경제는 미시적 경제행위와 상호작용의 결과
진화	• 내생적 혁신 창출 구조 없고 복잡성 증대 메커니즘 없음	• 차별화, 선택, 확산이라는 진화 과정으로 시스템 혁신 • 복잡성 증대

자료: Schlaudt (2022: 115), Beinhocker (2022), Keen (2023).

기도 하는 존재이다. 이들이 상호작용하면서 진화해 가는 것이 경제이다. 진화의 단위가 사업 계획이라서 진화가 일어나는 곳은 시장이지만 국가는 가지고 있는 제도적 도구를 가지고 진화를 촉발할 수 있다. 따라서 주류와 비주류경제학의 쟁점인 시장과 국가의 대립이 복잡계 경제학에서는 문제가 되지 않는다.[20]

이러한 복잡계의 연구방법은 경제학 연구에 큰 영향을 미쳤다. 무엇보다 경제라는 연구 대상이 불안정하고 변화하는 적응 시스템이며, 경제 현상을 비선형 관계로 이해하게 된 것이다.[21] 이는 기존의 경제학 연구방법에서 현상에 미치는 여

---

20) 이덕희 (2023).

러 요소를 일정하게 둔다는 전제를 가지고 경제에 영향을 미치는 수많은 요소를 배제하고 공급자와 수요자만 강조하는 기존 경제학의 폐쇄 시스템을 비판했다.

이를 위해 먼저 시스템을 재구축한다. 작은 행동 하나가 모여 시스템을 만든다. 그리고 시스템이 어떻게 움직이는가는 단순한 인과관계만이 아니라 시스템의 진행 방향을 결정하는 것에 나비효과, 카오스 이론 등의 물리학의 결과들을 경제학에 응용한다.

대표적인 학자인 윌리엄 버즈 블록(William A. Brock)을 비롯한 학자들은 복잡계 경제학, 진화경제학, 실험경제학, 행동경제학, 게임이론을 복합적으로 적용하며 경제학방법론의 새로운 가능성을 연다. 이와 함께 로버트 엑스텔(Robert Axtell)과 페이턴 영(Peyton Young)은 '행위자 기반 모형(agent-based model)'이라는 새로운 학문 방법론을 경제학에 접목했다.[22]

행위자 기반 모형은 수학적 프로그래밍으로 구성되어 있는데, 대개 넷로고(NetLogo)라는 언어를 사용하면서 모형을 관리하고, 시뮬레이션하며 인위적 실험을 수행한다. 이를 통해 합리적 기대, 비창발성 가정 없이도 상호작용하는 개인과 사회의 영향이나 역학관계를 설명한다. 이는 복잡한 거시적 경제 현상을 미시적인 행위자의 상호관계를 통해 해석하며 미시적 토대로부터 '거시적 패턴(emergent macro pattern)'을 찾는 시뮬레이션 모형이다. 이러한 복잡계 경제학은 행동경제학과도 연관된다.

이처럼 복잡계 경제학에서는 네트워크의 동학적 상호작용을 작동하여 네트워크를 가진 집단지성으로 합리화된 경제주체의 창발이 발생한다. 앞으로 복잡계 경제학은 신경경제학과 함께 빅데이터 시대의 경제학을 선도할 것으로 판단된다. 그러나 경제학의 본령이 미래를 예측하는 것이라고 한다면 거기까지 복잡계 시뮬레이션을 하는 것은 현재로서는 요원하다.

---

21) Arthur (2014), Brock (2001), Fischer *et al.* (2017: 91-106).

22) 카오스 이론과의 연관에서는 Brock, Hsieh and Lebaron (1991). 복잡계 경제학은 Arthur (2014). 게임이론의 새로운 방법론은 Binmore and Dasgupta (1987). 행동경제학과 실험경제학은 Fischer *et al.* (2017: 76-90). 행위자 기반 모형에 대해서는 Axtell, Macal and Sallach (1999), 경제학에 대한 응용은 Hamill and Gilbert (2016).

복잡계 경제학이 주류경제학의 오류를 파악하고 제시한 행위자 기반 모형 같은 것은 주류경제학의 모형보다는 우월하다. 그러나 복잡계 경제학도 여전히 수학적이고 형식주의적인 모형의 세계에 매몰되어 있어서 진정한 대안이 될지는 미지수다.

6 신경경제학(Neuroeconomics)의 연구방법론

선택의 뇌과학이라고 불리는 신경경제학은 주류경제학이 경제학의 개념이나 연구에 인간의 뇌신경 작용의 역할을 고려하지 않았다는 것을 비판하면서 등장한 학제 간 연구 분야이다. 이는 경제행위를 이해하기 위해서는 신경계의 전달 과정을 확인해야 한다는 경제학이다.[23] 행동경제학을 기반으로 한다고 할 수 있는데 선택의 원인을 뇌의 작용에서 찾는다.

1999년 원숭이의 뇌를 연구한 마이클 플래트(Michael L. Platt)와 폴 글림처(Paul W. Glimcher)의 논문을 시작으로 등장한 신경경제학은 2008년 글림처와 에른스트 페어(Ernst Fehr)가 편집한 책 《신경경제학: 의사결정과 뇌(Neuroeconomics: Decision Making and the Brain)》에 학파의 정체성을 뚜렷이 드러냈다.

신경경제학은 신경과학적 연구가 경제모형에 주는 함의를 연구한다. 신경경제학은 아직은 경제학 내에 제대로 정착하지 않아서 많은 논쟁이 되는 분야이다. 여전히 엄격한 주류경제학자들은 신경경제학을 인정하지 않는다. 그래서 학술지 출판 등 공식적인 활동에 제약받고 있다고 한다. 그러나 자연과학이 인류에게 제공한 과학적 지식의 영향을 생각하면 결코 쉽게 넘길 주장이 아니다.

신경경제학은 심리학이나 뇌과학 분야와도 서로 밀접하게 연관되어 있다. 이 문제의식은 경제학 연구에 있어서 명시적으로 심리적이거나 생리적인 자료를 제시해야 한다는 것이다. 가령 개인이 행복한 것하고 그들의 선택의 결과는 분리해

---

23) Gul, Pesendorfer and Caplin (2008), Glimcher and Fehr (eds.) (2008).

야 한다. 선택에 의한 효용의 결정 이전에 무엇이 효용인지에 관하여 생체과학적
데이터를 제시하여야 한다는 것이다.

주류경제학은 여러 가지 선택 가능성 중 하나를 선택하는 것이 경제적 행동
이라고 한다. 이런 경제적 행동의 원인을 물리적 측면에서만 측정하려고 한다. 정
신적 상태, 의도, 신념, 사고의 과정, 가치, 가중치, 자기중심적인 편견 등을 주류
경제학에서는 정량적으로 나타내려고 한다.

사실 주류경제학은 선호나 효용의 크기를 제시하고 이 중에 제대로 고르는
것이 연구의 현실적 목적이다. 또한 경제학은 이런 것 속에서 인과관계를 해명하
여 미래의 결정을 예측하려고 한다. 그러나 인간은 주류경제학의 결론과는 다른
선택을 할 수도 있고, 같은 선택을 할 수도 있다. 그래서 다른 학문 영역, 가령 심
리학에서는 다른 척도로 보고 다른 선택을 하는 것을 해석한다는 것도 고려해야
한다. 즉 주류경제학에서 하는 추상화와는 다른 추상화가 가능하다는 것이다.

신경경제학은 주류경제학을 무엇을 선호하고 얼마나 선호하는지를 알려고만
하고, 왜 선호하는지를 알려고 하지 않는다고 비판한다.[24] 물론 검증하려고 인간
의 행동을 수량화하는 주류경제학을 인정하지 못하는 것이 아니지만, 수량화나
통계적 검증이 지나치게 단순하다는 것이다. 그래서 신경경제학은 의사 결정할
때 나타나는 인간의 뇌 속의 반응에 대해서도, 즉 선택 배후의 뇌과학적 메커니즘
에 관해서도 관심을 가져야 한다고 주장한다.

그래서 이들은 고전 물리학 차원에 묶여있는 경제학을 유전공학적 차원으로,
그리고 자연과학적 검증으로 재정립해야 한다고 한다. 주류경제학은 유전공학을
경제학에 도입할 필요도, 경제적 선택 뒤에 작동하는 메커니즘을 알 필요도 없다
고 한다. 그러나 신경경제학자들은 이 블랙박스를 열어야 한다고 주장한다. 이들
이 블랙박스를 여는 방법은 신경계의 상태를 설명변수에 넣어서 의사결정 과정을
설명하고 예측하는 것이다. 그 방식은 행동경제학의 실험과 유사하다.

이들이 생각하는 경제학은 설명의 학문이다. 왜 그렇게 했는지를 확인해야

---

24) Gul, Pesendorfer and Caplin (2008: 23−24).

한다는 것이다. 그러나 주류경제학은 예측이 목표이다. 논리적 분석으로 경향성을 찾아 예측하려는 것이다. 그래서 설명해야 할 것은 제대로 설명하지 않고 예측하는 것에 몰두한다. 신경경제학이 보기에 자연과학은 예측과 설명을 잘 구분하고, 예측은 이론을 검증하는 데 사용하고, 이론은 현상을 설명하는 데 사용한다.

자연과학에서 예측은 경험적으로 확증된 이론이다. 그러나 경제학은 확증된 이론이 없으므로 예측할 수 없다. 그런데도 경제학은 예측력을 지나치게 강조한다. 신경경제학은 경제적 행위 배후의 메커니즘을 학제적 접근을 통해 파악하고, 그것을 경제적 결정에 연결하여 탐구해야 한다고 주장한다.

이런 신경경제학의 주장은 근대경제학이 19세기 뉴턴의 물리학을 접한 것 같은 충격을 주었다. 이에 대해 다양한 의견이 제시되고 있다. 이를 통해 주류경제학을 더 보강해야 한다는 이들도 있고, 이에 반대하는 이들도 있다. 특히 신경경제학이 과대 평가된 분야라는 지적이 많다. 그러나 이들이 수요공급 곡선으로 설명하는 경제학 대신에 블랙박스를 연 후 인간의 뇌가 왜 그런 지시를 했는지에 관해 뉴런의 변화로 보여주는 경제학의 도래는 피할 수 없는 현실이 되어가는 것으로 보인다.

제22장

다원주의 경제학방법론의 필요성과
대안적 경제학방법론

마지막 장인 22장에서 우리는 대안적 경제학방법론을 제시한다. 먼저 단기적인 대안이 될 수 있는 다원주의 경제학을 설명한다. 현재의 경제학 발전 단계에서 당장 필요한 것은 다원주의이다. 왜냐하면 하나의 방식으로는 경제 현상을 제대로 해명하기 어려운 상황이란 점은 분명하기 때문이다. 그래서 현재 단계에서는 연역과 귀납, 이론 분석과 통계 분석, 양적 분석과 질적 분석, 그리고 특정 연구 내에서도 다양한 모형을 사용하는 것 등 현실 경제 문제 분석을 위해 가능한 여러 가지 방법론으로 시도해야 한다.

근본적으로 대안적 방법론은 주류경제학과 비주류경제학을 아울러 실재적이어야 한다. 이미 주류경제학은 행동경제학을 통해 경제적 인간을 제한적 합리성을 가진 보통 사람으로 만들면서 효용의 극대화가 아니라 만족화로 경제학의 구조를 변경했다. 행동경제학자들은 경제적 인간은 존재하지 않는다는 사실을 이미 증명해 보였다. 더욱이 탈러는 의사결정을 할 때 나타나는 인간의 심리를 경제학에 탑재했다. 이들 모두에게 노벨경제학상을 수여한 것을 보아도 주류경제학도 변신을 시도 중이다. 비주류경제학은 시작부터 이 같은 관점에 있었다. 그래서 공감대는 이미 형성되어 있다.

그래서 경제학파가 연대하며, 논의하며, 비판하며 대안을 만들어야 한다. 22장에서는 이러한 연대를 위해 대안적 경제학방법론과 경제철학에 관해서 설명한다. 이는 경제학이 공통된 개념을 가지고, 같은 지향점을 향해 나아가 현실의 경제 문제를 해명하게 하는 방법에 대한 고민이다. 이런 담론이 현실화될 수 있을지를 가늠하기는 어렵지만, 전체적인 방향에서 경제학에서 인간학으로 가고 있는 것은 사실이다.

제22장

다원주의의 필요성과 대안적 경제학방법론

1 다원주의 경제학방법론의 필요성

21세기 들어서서 맞는 2008년 글로벌 금융위기는 경제학의 위기를 확인시켰다. 대안적 경제학에 대한 사회의 요구는 경제학을 '휴머노믹스(humanomics)'로 변경해야 한다는 의견도 나왔다.[1] 그 핵심은 과학과 윤리를 결합해서 경제학을 다시 만들어야 한다는 것이다. 이는 아담 스미스의 경제학만이 아니라 윤리학도 포함한 경제학의 재탄생을 말한다.

이런 경제학의 변화는 무엇보다 주류경제학의 방법론에 대한 비판으로 시작된다. 모형 만들기, 수학적 연역, 통계적 분석, 실험 등의 방법으로는 현재의 경제위기와 경제학의 위기를 극복하지 못한다는 것이다. 이렇게 고장이 난 경제학을 고치기 위해서는 인문학적 성찰이 필요하다고 한다. 인간의 역사와 윤리, 그리고 철학의 등불로 미네르바의 부엉이를 다시 소환해야만 한다는 소리가 여기저기서 들린다.

이런 모든 바램은 주류경제학과 비주류경제학 모두에서 다원주의로 모아졌다. 다원주의는 일원주의에 반대하는 개념으로 현상의 원인을 다양한 각도에서 해명하려는 측면에서 열린 체계에 대한 열린 접근이라고 할 수 있다. 다원주의는 애초에는 종교적 다원주의로 주목받기 시작했다. 그러나 현재는 모든 영역에서

---

1) 휴머노믹스는 2010년경 바트 윌슨 (Bart J. Wilson)이 만든 용어, Smith and Wilson (2019), McCloskey (2021).

표 22-1 다원주의 경제학의 다양한 시도

종류	추진 방향	사례
연구방법 다원주의	• 혼합적 연구 • 수사학적 연구 • 스토리텔링 • 빅데이터 사용	• 계량경제학 • 이야기 경제학
경제이론 다원주의	• 비주류경제학의 연대	• 진화적 게임이론
학제 간 다원주의	• 타 사회과학과의 연대 • 자연과학과의 연대	• 복잡계 경제학 • 생태경제학

자료: 홍태희 (2022: 13), Lee (2010).

적용되었다. 사실 학문의 역사에서 다원주의는 늘 등장했다. 그래서 다원주의라는 용어 자체도 역사성을 가진다.

현재 경제학에서 등장하는 다원주의는 먼저 주류경제학의 일원주의를 탈피하려는 다양한 노력을 총칭한다. 이런 의미에서 다원주의가 다원주의 경제학의 철학적 배경이라고 할 수 있다.[2] 다원주의 경제학은 원래 에드워드 풀벅(Edward Fullbrook) 등이 주도한 '후 자폐적 경제학 운동'으로 시작되었다. 이는 기존의 경제학이 자폐적이라고 비판받을 만큼 현실 경제 파악에 무능하다고 주장하며 경제학의 개혁을 요구한 운동이다.[3] 운동 과정에서 다원주의 경제학으로 명명된다.

이 운동 과정에서 다양한 비주류경제학은 연대했다. 그래서 다원주의 경제학은 특정 이론체계라기보다는 다양한 경제사상에 기원을 둔 연대체이며 주류경제학에 반대하기 위한 실용주의적 접근이라고 할 수 있다.

경제학방법론으로 보면 다원주의 방법론은 경제학을 연구할 때 다원주의의 관점으로 문제에 접근하라는 연구지침이다. 다원주의 방법론은 여러 가지 측면에서 적용된다. 연구자의 성별, 인종, 정치적 성향을 다원적으로 할 수 있고, 연구방법도 양적·질적연구방법 및 다양한 과학 방법을 쓸 수도 있다. 실재를 어떻게 설

---

2) 다원주의 경제학은 Fullbrook (ed.) (2008), Dequech (2007), Davidsen (2005), Boumans and Davis (2010), Davis (2006), Lawson (2009b), Sinha and Thomas (eds.) (2019), 국내 연구로는 홍태희 (2022, 3–25), 홍태희 (2007: 284–).

3) 후 자폐적 경제학 운동은 Fullbrook (ed.) (2003), Fullbrook (ed.) (2004), Fullbrook (ed.) (2006).

정하느냐는 존재론적 문제에 대해서도 여러 관점을 수용할 수도 있고, 연구의 목적과 연구 주제도 다양하게 설정할 수 있다. 또한 배경이 되는 이론도 다양한 틀을 사용할 수 있다.[4] 아울러 다양한 학문 분야, 특히 사회학, 심리학, 역사학, 생물학 등의 학문 분야를 아우르는 학제적인 접근도 다원적 방법론의 적용으로 이해할 수 있다.

이처럼 현재 경제 문제를 해결하기 위해 요구되는 것은 다양한 학문과 경제학파 및 다양한 방법론을 아우르는 큰 그릇으로 경제학을 만드는 것이다. 실러 다우(Sheila Dow)는 이러한 다원주의 경제학의 특징을 열린 체계로 규정한다.[5] 이렇게 다원주의 경제학은 희소성이라는 조건 속에서 선택하는 학문으로 경제학이 아니라 환경, 습관, 관습, 역사적 배경, 계급, 성별의 제약을 받는 경제학을 만들기 위해 경제학의 외연을 넓힌다.

다원주의 경제학이 가지는 방법론은 경제 현상의 발생 원인이 다양하고, 그 결과도 다양하다는 것을 강조하면서, 다양한 학파의 경제학방법론을 동시에 고려한다. 연구할 때 일원론과 결정론을 거부하고, 경제학적 지식이 사회적으로 만들어지며 영향력도 사회적 역학관계 속에서 결정된다고 본다. 특히 현재의 주류경제학의 배타성을 비판하고, 경제적 실재를 제대로 파악하기 위해 실증주의와 과학주의에 따른 양적 방법뿐 아니라 질적 방법 또는 혼합적 방법도 사용해야 한다고 주장한다.[6] 이는 경제학 내에 다양한 관점의 민주적인 공존의 공간을 만들어야 한다는 것을 의미한다.

〈표 22-1〉에서 보는 것처럼 다원주의를 이론적 다원주의, 방법론의 다원주의, 학제 간 다원주의로 나누며, 특히 경제학 교육 커리큘럼에 이러한 다원주의를 적용할 것을 강조한다. 그러나 이는 주류경제학의 방법론을 무조건 배척하는 것

---

4) 다원주의 방법론에 대해서는 Gräbner and Strunk (2020: 312), Söderbaum (2008a), 주류경제학과의 관계에 대해서는 D'Ippoliti (2022: 252-253), 다원주의 경제학과 후 자폐적 경제학에 대해서는 홍태희 (2007), 홍태희 (2022), 다원주의적 경제학방법론의 함의와 한계는 Söderbaum (2008a).

5) Dow (2002).

6) 홍태희 (2022: 12-13), McLennan (1995), Rothschild (2001), Dobusch and Kapeller (2012).

표 22-2 주류경제학과 다원주의 경제학 비교

	주류경제학	다원주의 경제학
경제 현상 이해	닫힌 체계	열린 체계
진리성의 기준	삶에 유용한 도구	실재론
사회를 이해하는 방식	방법론적 개인주의	방법론적 전체주의
경제인의 특성	합리성	보통 사람
경제학방법론	가설연역법	다양한 방법
세상에 대한 인식	원자로 구성된 물질세계	상호연결된 관계의 세계

자료: 홍태희 (2022: 17), Dobusch and Kapeller (2012).

이 아니다. 다원주의를 긍정한다고 해도 학파와 학자마다 주류경제학에 대한 관점은 다르다. 비주류경제학의 학문적 성과를 인정하고 다양한 학문 방법론을 채택하는데도 다양한 관점이 있다.[7] 정량적 분석 외에도 질적 분석, 역행 추론이나 비판적 실재론, 수사적 방법, 학제 간 연구 등에도 우호적이다.

다원주의 경제학은 연구방법론으로 주류경제학과의 분명한 거리를 두어야 한다는 주장도 문제는 있다. 왜냐하면 주류경제학과 비주류경제학은 기본 전제부터 차이가 있고 다른 패러다임에 속하기 때문이다. 그래서 이에 대해 경제학은 늘 다원주의적이었다는 지적도 있고, 모든 방법과 모든 학파를 다 포함하면 결국 비과학이 된다는 비판도 있다.

이것이 경제학계의 속사정이다. 현재 경제학이라는 한 울타리 안에서도 공동의 방법론적 기준을 마련하지 못하고 있다. 그래서 현실을 설명하려면 여러 학파의 경제학적 이해가 동시에 필요한 실정이다. 그래서 이 정도의 연대도 단기적인 해결책으로는 유용하다고 할 수 있다. 방법론적으로도 다양한 방법론을 사용하는 것이 바람직하다고 할 수 있다.

그래서 다원주의 경제학이 제시해야 하는 것은 경제학파 사이의 민주적 연대이다. 이는 다른 경제학파의 패러다임을 인정하는 것이다. 어차피 경제적 실재를 담지 못하는 학파는 장기적으로 폐기되게 된다.

연구자 구성의 다원주의도 필요하다. 연구자와 연구가 분리될 수 없으므로

---

7) Becker, Grisold, Schwank, Mikl—Horke, Pirker and Rauchenschwandtner (2009).

다양한 인종, 나이, 성별, 국적, 정치적 성향 등을 가진 연구자의 공동 작업을 하는 것이 다원주의 연구프로그램의 연구자 구성 지침이다. 물론 연구 주제와 연구의 배경이 되는 이론에 대해서도 다양한 접근이 있어야 다원주의의 이상이 실현될 수 있다.

　　이런 다원주의를 통해 경제학의 발전을 이끌면서 장기적으로는 실재론적 경제학을 만들어야 한다. 현실의 인간을 설명할 수 있고, 현실의 경제 현상을 해명할 수 있는 경제학방법론을 만들어야 한다. 경제학계 전체가 민주적으로 합의하는 공동의 방법론을 만들어야 한다.

2　새로운 경제적 이성과 대안적 경제철학

　　지금까지 우리는 경제에 관한 철학과 경제학방법론을 다양한 각도에서 살펴보았다. 처음 시작된 곳에서 여기까지 온 경제학방법론의 전개과정을 다시 살펴보면 과학으로의 경제학을 만들기 위해 애썼다는 것이 확인된다. 그 토대는 수학의 인과율이 만들어 주었다. 이제까지 경제학은 인과율에 따라 결정되는 지식을 만드는 것에 주로 복역했다. 그러나 이미 우리는 '어떤 것도 결정된 것이 없다.'라는 양자역학의 세계에 와 있다. 또한 경제학의 노력에도 불구하고 추정한 예측은 빗나가고, 이를 채 해석하기도 전에 현실은 새로운 경제 문제를 던지고 있다.

　　그래서 다시 경제학을 살펴보니 경제학을 관통하는 경제학적 이성에는 두 가지 종류의 오류가 탑재되었다. 먼저 존재론적 오류이다. 우리는 경제학적 연구 대상, 즉 경제적 실재를 제대로 확보하지 못한 채 연구를 진행했다. 즉 경제학의 공리와 가정 그리고 수많은 모형을 가지고 연구했지만 진작 경제학의 존재론적 토대를 확인하지 않았다. 오히려 수학적 모형화와 연역주의적 추론으로 만든 가상의 실재를 사회적 실재로 받아들였다.

　　이것이 주류경제학의 존재론 부재의 현실이다. 그 결과 경제학은 현실과 괴리되게 되었다. 형식주의적 틀을 짜고, 이를 검증하며 무엇인가 과학적인 것을 연구하는 듯하다. 그러나 이런 노력에도 불구하고 주류경제학은 실재를 포착할 능력을 갖추지 못했다.

우리는 사회적 실재를 제대로 확인한 적도, 확보한 적도 없이 연구했다. 경제라는 사회적 실재를 확보하지 못한 채 과학주의와 실증주의를 동원하여 대략의 실재를 구성하고, 그 상상의 대상에 대해서 객관적이며 과학적 경제학을 만들려고 했다. 이런 과정에서 경제학이 겨우 할 수 있는 것은 변수 사이의 인과관계를 소박한 자연과학의 방법론을 가지고 실증하는 것이다. 그래서 정량적으로 확보된 수치를 통해 어렴풋하게 사회적 실재를 스케치했다. 그러나 사회적 실재에 대해 정량적으로 경험적으로 확인할 수 있는 것은 일부분에 지나지 않는다.

경제학파 사이의 분열도 문제이다. 학파 간에 경제학의 기본 개념의 통일도 하지 못했다. 그래서 학파 간 과학적 연구의 비교조차도 불가능할 만큼 분명하지 않은 실재를 서로 다른 개념을 가지고 연구했다.

또 다른 비판은 경제적 이성의 창조물인 호모 에코노미쿠스에 대한 것이다. 경제학이 애써 만들어 놓은 호모 에코노미쿠스는 인간의 특정 성격과 한 측면만으로 인간 존재를 만들었다. 이는 실재가 아니라 허구이다. 그러므로 경제적 이성으로 만들어 놓은 허구성을 인정하는 동시에 경제적 이성의 오류를 인정해야 한다.

실제로 인간은 경제학이 가정한 것처럼 합리적이지도 않고, 습관적 상황에 매몰되어 살아간다. 이익만을 좇아가는 기계가 아니라 주체적인 의견을 가지고 매 순간 가치판단을 하며 경제활동을 한다. 이런 보통 인간을 대상으로 하는 경제학을 만들어야 한다. 이렇게 인간의 경제적 행동에 대한 제대로 된 이해 없이는 어떻게 경제학 연구를 제대로 할 수 없다. 아울러 인간 외의 존재하는 것과도 연결된 존재도 경제학의 연구 범위로 잡아야 한다.

과학주의 경제학 속에는 경제적 인간만이 존재로 설정되어 있다. 경제적 인간을 대상으로 하는 경제학으로는 인간 세상의 경제 문제의 중요한 부분을 제대로 해명할 수 없다. 세상에는 인간 외에도 인간세계와 연계된 다양한 생명체와 무생물의 세계가 있다. 이런 세계가 동시에 존재하며 이들이 연계되었다. 이렇게 탈인간 중심의 세상에 뉴턴의 물리학이 아니라 양자역학과 초끈이론도 탑재한 과학으로 경제학을 만드는 것이 경제학의 과제이다.

인간만이 아니라 다른 생명체, 무생물, 비 생물에게도 권리와 역할이 있다는 것을 인정하는 경제철학이 등장해야 장기적으로 가장 경제적인 결과를 낳는다는 것을 인식해야 한다. 그래서 우리는 우주계의 보존과 발전에 도움이 되는 경제학을 만들어야 한다. 이렇게 급변하는 세상은 세상을 이해하는 새로운 방법을 요구하고 있다.[8]

인류세라고 지칭하는 이 시대에 물질적 대상에 인간의 관찰이 개입한다고 신유물론은 이야기한다. 이는 우리가 망각하고 있었을 뿐 태곳적부터 있던 이 시공간의 진실이다. 따라서 역사와 문화가 경제주체에 미치는 영향에 대해 인정하고, 구조와 맥락 속의 개인을 확인하고, 그 구조와 개인과의 관계를 경제학 연구에 고려해야 한다. 그리고 그 맥락은 인간을 넘어 생명과 비생명으로 그리고 우주까지 연결되어야 한다.

지금까지 경제학의 두 번째 오류는 인식론에 있다. 대부분 경제학자가 동의하는 일반적 경제학방법론은 고정된 대상을 정량적으로 이해하고 이에 대해서 물질적 증거를 제시하여 진리성을 확보하는 방식이다. 자연과학에서조차 고정된 물질은 존재하지 않는다고 고백하고 있는 현재 학문적 환경 속에서도 인간 사회에 관한 연구를 자연과학의 방법으로 모형화하고 추론하고 정량적으로 하는 것은 그 자체로 제대로 된 인식을 포기한 것이다.

경제학이 존재론적 오류와 인식론적 오류를 범하면서 경제학의 중요한 기능인 윤리학적 기능에 문제가 생기게 되었고, 결국 세상을 잘못 디자인하게 되었다. 이런 디자인에 따라 만들어진 세상을 현재 우리가 살고 있다. 북극에는 빙하가 녹고, 거리는 미세먼지가 가득하고, 부자와 빈자의 차이는 점점 벌어지는 세상이다.

물론 경제학은 나름 노력했다. 합리적 이성을 기반으로 경험적 증거를 확인하며 발전한 경제학의 노력은 세상을 이해하는 방식을 적어도 민주적으로 변하게 했다. 관찰을 통해 가설을 세우고, 모형을 구축하고, 증거로 제시하여 검증하며,

---

8) 김환석 (2020).

검증되면 과학적인 지식으로 만드는 작업을 통해 우리는 인간을 억압하던 괴력난신을 제거하고, 과학의 발전을 이룰 수 있었다. 그러나 경제학에 이러한 연구방식을 도입하는 것은 결국 불확실한 사이비 과학을 만들 뿐 아니라 장기적으로 모두가 죽는 세상으로의 길을 트고 있다. 경제학이 유용하려면 가설연역법의 상아탑에서 탈출하여 경제 현실에 관한 질문을 해야 한다.

그래서 경제학이 대안을 제시하기 위해서는 오류를 인정하고, 먼저 경제학이 하지 말아야 할 것은 하지 말아야 한다. 경제학이 연구를 통해 타당한 답을 내놓는다는 억지를 버려야 한다. 경제학 연구에 대한 과도한 자신감이 오히려 경제학을 망치고 있다. 그리고 가설연역법에서 탈출해야 하고, 베이즈주의로 확률적으로 합리성을 갖출 수 있다는 믿음도 버려야 한다.

사회과학에서 합리성을 보장받으려면 개인의 신념이 사회의 신념이 되는 과정을 해명해야 한다. 인간의 삶과 이들이 모여 사는 사회의 현상은 계량화될 수 있는 확률적 위험 속에 있는 것이 아니라 계량할 수 없는 불확실성 속에 있다.

그래서 합리적 경제인의 미시적 행위를 기반으로 한 거시모형을 만들어 경제적 미래를 예측한다는 망상을 버려야 한다. 무엇보다 경제 현상에서 일반법칙을 찾으려는 노력을 중단해야 한다. 어떤 경우에도 경제학은 보편적 법칙을 만들 수 있는 학문이 아니다.

물론 근대경제학이 학문성을 확보하려는 노력은 분명하다. 그리고 사회과학인 경제학이 다른 분과 분야보다 적극적으로 자연과학적 방법론을 도입하여 과학적 학문이라는 영예를 차지했다. 방법론적 배경인 과학주의는 경제학을 물리학 같은 학문으로 만들려고 했다. 그러나 이를 통해 제대로 현실을 설명했다고 할 수는 없다. 수리경제학과 계량경제학이 이러한 경제학의 발전을 이끌었지만, 이를 통한 추론의 타당성은 의심의 여지가 있다. 수학적 모형화를 통해 경제학자는 실재를 포기하고 공리가 만든 가상의 세계로 들어가게 된다.

자연과학에서 이미 고전 물리학의 영역으로 넘어 양자역학과 불확정성의 원리가 받아들여진 지 오래인데 경제학은 고전 물리학에 묶여 우물 안 개구리 신세가 되어 있는 측면도 있다. 정확하게 인간과 세상을 인식하고, 관계성으로 구성된 세계에 맞는 경제학을 만들어야 한다.

동시에 경제학방법론의 정형화된 틀을 제시하면서 다른 이해 방식에 대해서는 배타성이 올바른 방법론으로 가는 것을 막고 있다. 이렇게 특정 방식만을 고집하는 것은 비합리적이다. 인식 과정을 통해 대상을 이해하는 연구자이므로 연구 과정에 연구자의 가치판단이 투영된다는 사실을 인정하여야 진정한 과학적 지식을 만드는 첫걸음이 마련된 것이다. 사회와 유한한 환경 속에서 역사성을 가지고 살아가는 연구자가 형식적이고 기계론적 방법론으로 인위적으로 만든 경제학으로는 이 시대의 경제 문제를 해명하기 어렵다. 철저히 과학적인 것은 결국 과학을 넘어선 실재를 포착하는 궁극의 탐구이고 과학주의를 넘어선 과학주의이다.

경제학의 세계에서 대안적 경제철학의 필요성이 대두된 것은 어제오늘의 일이 아니다. 특히 2008년 경제위기 이후 대안 찾기에 구체적으로 나섰으며, 지속적인 경제불황과 이어 발생한 코로나 팬데믹을 맞으며 새로운 대안 찾기를 하고 있다.[9] 단기적으로는 허술한 구석을 대충 메우면 되지만, 현재의 경제 문제와 경제학의 문제는 근본적인 해결책을 요구한다. 그래서 통일된 개념과 공통의 지향점을 가진 경제학이 장기적으로 필요하다.

21세기 현재는 여전히 전쟁이 터지고, 인플레이션이 발생하고, 경제위기가 발생하며, 자국 우선주의가 판을 치는 야만의 시대이다. 이 시대적 환경을 넘고, 주류경제학의 한계를 넘고, 지적 회의주의(불가지론)와 포스트모던과 실증주의를 넘을 대안을 마련해야 한다.[10]

대안적 경제철학의 시작은 대안적 존재론과 인식론의 장착으로 가능하다. 아울러 대안적 경제학방법론은 기존 경제학방법론에 대한 비판을 통해 시작될 수 있다. 현재 경제학이 시도하는 대안적 경제학방법론의 전략은 현실 경제를 잘 기술할 수 있는 데이터를 더 많이 확보하는 것과 기존의 인과율을 중심으로 설정한 모형을 좀 더 다양하게 만드는 것이다.

---

9) 대안경제학은 다양한 비주류경제학에서 제시되고 있음. 대안을 찾아가는 방법에 대해서는 Hodgson (2019), Bäuerle (2023).

10) 경제학방법론의 한계에 대해서는 Maas (2014). 실증주의 문제는 Caldwell (1991).

이는 아리스토텔레스로부터 근대경제학에 이어지는 경험론적 전통이다. 그러나 이런 방식을 통해 과학적이라는 지식을 만든다고 해도 실제로 경제의 문제와 우리가 만든 과학적 지식의 괴리는 여전히 남아 있게 된다. 왜냐하면 세상은 그런 관계로만 존재한 것이 아니기 때문이다.

우리가 현실과 과학 사이에 괴리를 만든 배경에는 과학주의가 있고, 과학주의의 배경에는 환원주의가 있다. 대안적 경제학방법론은 환원주의의 극복으로 시작할 수 있다.[11] 삶이란 현상은 죽은 물질로부터 환원되지 않는다. 따라서 부분과 전체를 확실히 다르다는 것이다. 또한 전체와 부분은 분리되지도 않는다. 삶은 분리되지 않는데 경제학은 삶에 관한 학문이다.

이런 기틀을 마련하기 위해서는 경제학과 경제학방법론에 대한 신념의 변화가 있어야 한다. 과학주의를 받아들여서 이제까지 이렇게 성장한 경제학이지만 이제는 과학주의를 넘어서야 해결할 수 있는 문제 앞에 있다. 인류가 직면한 문제가 과학으로 해명되지도, 문제의 해결책을 과학이 제시하지도 못하는 현실에서 경제의 문제를 해결할 방안은 경제모형이 아니라 '인간의 자유의지'에서 나온다는 사실이다.

주류경제학은 인간이 내려야 할 정치적인 결정을 수학이나 통계학의 힘을 빌려 객관적으로 확인하려는 미련을 버리지 못하고 있다. 그런 측면에서 우리가 다시 복원해야 하는 것은 규범경제학의 전통이다. 현재 한쪽에서는 과잉생산이 문제인데 다른 쪽에서는 굶어 죽는 세상이라면, 눈앞에 벌어지는 인류의 경제 문제해결을 위해서는 결국은 경제를 가치판단의 대상으로 보고, 연구해야 한다. 규범경제학인 경제학이 학문적으로 폄훼되지 않아야 한다. 경제의 문제는 인간의 문제이다. 경제학이 인간의 문제를 다루는 한 가치판단에서 벗어날 수 없다.

대안적 경제학방법론의 철학적 배경은 민주주의, 다원주의, 실재론이어야 한다. 학문적 민주주의를 인정하는 한에 인간 사회의 집단지성은 작동하며, 현재의 약점을 극복하고 더 나은 방향으로 가져갈 수 있다. 이는 다른 의견이 있을 수 있

---

11) Hoover (2015).

다는 것에 대한 인정이고, 다른 연구방법론으로도 다른 분야와의 대화와 소통하며 연구하는 자세이다.

다원주의는 인식론, 존재론, 연구자, 연구 주제, 연구방법 모두에서 받아들여야 한다. 필요하다면 특히 학제적 연구도 해야 한다. 이를 통해 학문 간의 경계를 뛰어넘어야 현실 문제를 해명하고 해결할 수 있다. 그래서 지금까지 쌓아 온 인간 집단지성의 힘을 모아 자연과학과 사회과학의 협업을 할 방법론을 지식 진화를 통해 만들어야 한다. 그에 따른 기준은 있어야 한다.

우리가 경제학방법론의 한계에서 직시하듯이 하나의 잣대로만, 하나의 학문 영역만을 고집하는 태도를 버려야 한다. 직관, 판단, 상식 등도 지식을 만든다. 기존의 방법에서 탈피하여, 험난하지만 도전적인 연구 활동이 필요하다. 따라서 경제학이기 전에 인간학인 경제학의 위상을 세워야 한다. 이것이 다원주의적 관점에서 '경제학방법론의 확장(expanded methods)'으로 이어져야 한다.

지금까지 경제학은 추상적이고 반실재적인 경제모형을 널리 사용했지만, 이는 겨우 대략적인 설명을 해줄 뿐 실재를 전달하지 못했다. 그래서 앞으로의 경제학은 '어떻게 실재 세계를 대변할 것인가?'에 대한 대안이 있어야 한다.[12] 어떻게 경제적 실재를 반영하는 모형을 만들 것인가 하는 문제를 해결해야 한다.

비주류경제학도 변해야 한다. 지금까지 주류경제학의 방법을 비판하면서도 주류경제학의 연구방법을 크게 벗어나지 못하고 있다. 따라서 대안적 경제학 방법은 주류의 방법론을 넘어선 연구방법은 물론 데이터 사용 방법도 새롭게 세울 필요가 있다. 최근 주목받는 다양한 대안적 분석 방법은 대안적 분석법의 가능성을 준다. 기존의 경제학 연구방법이 과거 자료에 대한 표본을 통한 분석이었다면 현재는 전수에 가까운 자료를 제공한다. 따라서 혼합적 연구방법은 필요하다. 또한 수사학으로 경제학과 실재론을 종합하여 '인과적 전체주의(causal holism)'와 같은 방법론적 시도도 중요하다.[13]

---

12) 경제학에서 경제모형의 의미에 대해서는 Sugden (2000).

13) Lee (2016: 50). 인과적 전체주의는 Bolan and O'Gorman (1995). 혼합적 방법론은 Lee and Cronin (2016).

양적 연구의 한계를 극복하기 위해 질적연구방법이 등장했고, 이의 한계를 극복하기 위해 혼합적 방법이 등장했다. 이미 다른 사회과학영역에서는 질적·양적 혼합적 연구의 설계가 오래전부터 시도되고 있다. 혼합연구방법은 대개 실증주의의 한계를 극복하기 위한 경향으로 등장했지만, 현실적으로는 대안적 방법론이기보다는 양적 연구를 중심으로 하고 이를 보조하는 역할을 한다. 이 종속관계를 끊고 균형을 잡아야 한다.

아울러 방법론적 전체주의와 방법론적 개인주의로 크게 나뉘는 경제학방법론의 체제를 변경해야 한다. 경제학은 인간의 경제행위를 연구하는 학문인데 인간은 사회적 동물이다. 그런데 경제학은 방법론적 개인주의라는 정체성이 확실하지 않은 틀을 만들면서 스스로를 사회와 분리된 학문으로 가두어버렸다.[14] 대안적 연구방법론은 전체주의와 개체주의를 동시에 극복해야 한다. 무엇보다 앞에 방법론적이란 말을 사용하지 않아야 한다. 방법론이라고 하는 한 다시 허상을 만들고 나서 그것에 현실이 영향을 받는 상황이 재현될 것이기 때문이다.

이는 이미 프레데릭 리(Frederic Lee) 같은 학자들이 비판적 실재론과 근거이론을 결합하려는 시도로 구체화되었다. 이는 연구방법론의 혼합뿐 아니라 연구자료의 혼합을 말하기도 한다.[15] 이런 질적이고 양적 방법론의 통합에 관한 연구와 시도는 꾸준히 있었다. 인간에 관한 학문이라서 규범적일 수밖에 없지만, 사회과학이기 때문에 실증하지 않을 수 없는 경제학의 특성상 다원주의는 필요불가결하다. 비판적 실재론 같은 새로운 학문 방법론을 수용하고, 더 다양한 인식론적 범위를 넓혀야 한다. '경험적 토대(empirical grounding)'를 확보하기 위해 실재가 어떠한가는 실험적으로나마 확인하고, 실증분석에서도 더 다양한 경제모형들을 등장시켜 경제 분석 방법을 다원화시켜야 한다. 방법론적 다원주의는 파이어아벤트이후 꾸준히 제기된 대안이다.

그래서 우리는 경제적 이성을 다시 정립해서 인간 이성으로 복귀해야 한다. 이를 통해 우리는 경제적 인간을 보통 사람으로, 사회를 경쟁의 장소만이 아닌 호

---

14) Ross (2014).
15) Lee (2016: 50).

혜와 공존의 장소로 돌려놓아야 한다. 이는 경제적 인간이 아닌 보통 사람의 경제이고 경제학이 사회학과 심리학으로 더 가까이 이동해야 한다는 것을 의미한다.

또한 역사학과 철학으로 좀 더 가까이 이동해야 한다. 지금까지 경제학은 이런저런 식으로 경제 현상을 이해하고 그에 따른 이론을 제시했다. 그러나 이런 이론의 향방은 학술지가 아니라 사회가 결정한다. 그 사회가 이를 얼마나 수용하는가에 달렸다. 학자의 의무는 일단 이론을 내놓는 것이다.

붓을 내려놓으며

학자는 작업의 기본방식을 공유한 집단 속에서 진리의 한 자락을 찾는 일을 한다. 그러나 학문의 위기가 왔을 때, 공유한 지식이 현실과 맞지 않을 때, 의심하고 회의하며 탐구하여 새로운 지식을 제공하며 작업의 방식을 바꾸는 것도 학자의 책무이다.

인간의 역사가 말해주듯이 기존의 익숙한 것을 버리는 과정은 그리 순조롭게 진행되지 않는다. 길들여진 방식과 익숙한 습관에는 너무 많은 이해가 얽혀 있기 때문이다. 그렇지만 분명한 것은 이런 어려움을 견디고 용기 있는 걸음을 내디딘 학자들로 인해 학문의 발전은 있었다. 학문은 연구 대상을 해석하는 것만이 아니라 이 해석을 통해 세상을 재편할 힘이 있다. 그래서 학문한다는 것은 결국 세상을 만든다는 것으로 연결된다.

현재의 세상을 보면서 누구나 무엇인가 잘못되고 있다는 것을 느낄 수 있다. 적어도 경제학의 영역에서라도 다시 재편하는 작업을 하지 않을 수 없다. 그러나 연구자들의 집단이 재편의 의지도 공동의 개념도 갖지 못하면 소모적인 논쟁과 갈등 속에 인간에게 인류세를 극복하기 위해 주어진 시간을 탕진하게 된다. 그렇게 되면 인류의 종말도 결코 불가능한 일이 아니다.

어떤 경제학방법론으로도 현재의 경제학 수준으로는 경제 현상을 제대로 포착할 수 없다. 경제학은 지난 시간 동안 경제학자들의 노력으로 만들어진 것이다. 이 축적물을 어떻게 이용하고 어떻게 발전시키는가는 현재의 경제학자들의 과제이다. 근대경제학은 자본주의의 발전과 함께 자연과학의 방법론을 사용하며 꾸준하게 몸집을 키웠고 사회적 영향력도 키웠다. 그러나 정작 경제학은 수학 문제 풀다가 진짜로 풀어야 할 경제의 문제, 즉 현재 경제 시스템이 얼마나 인간을 불행하게 하는지, 어떻게 하면 인간을 행복하게 해줄 수 있는지는 풀지도 못하고 있다.

분명한 것은 수학은 수학일 뿐이다. 여기에 수학 풀이도 잘할 수가 없다는 것은 덤이다. 시간과 공간이 무엇인지 정의하지 못하고 만들어진 뉴턴의 물리학이 양자역학이라는 새로운 설명 체계 앞에서 무릎을 꿇었듯이 경제적 이성도 뇌과학의 자료 앞에서 무릎을 꿇을 상황에 있다. 거기에다가 경제학도 경제가 무엇인지도 정의하지 못한 채 가능한 범위에서 대상을 쪼개어서 검증을 진행했지만, 인류가 현재 맞고 있고 앞으로 인류를 덮칠 경제 문제 앞에 초라한 실체를 드러내고 있다.

사실 무엇을 위해 학문을 해야 하는가에 관한 질문 자체에 학문방법론이 담겨있다. 만약 이 목표가 정확하게 정해져 있지 않다면 경제학의 노력으로 경제 과학적 지식이란 형식적 요건을 갖추었더라도 사이비 과학의 범위를 벗어나지 못하게 된다.

나아가서는 부분적으로 경제적 실재에 다가갔다고 하더라도 만들어진 과학적 지식의 실제적 용도는 매우 제한적일 수밖에 없다. 이런 의미에서 경제학에 주어진 가장 근본적인 사명은 경제학을 재편하여 세상에 이로운 경제학을 만드는 것이다. 분명한 것은 경쟁이란 개념을 만들면 경쟁이 생기고, 연대라는 개념을 같이 만들면 연대하는 경제가 된다는 것이다.

자연과학이든 사회과학이든 철학이든 학문의 본령은 무엇보다도 진리를 탐구하는 것이다. 진리를 탐구하는 과정에서 숱한 유사 진리는 나오게 마련이다. 여기서 중요한 지점은 그것이 사이비 진리인 것을 거듭 강조해야 한다는 점이다. 물론 형식적 요건을 갖추어진 경제학적 연구의 결과는 수리적 논증이 아니라면 적절한 신뢰구간을 가지고 틀린 가능성도 있다. 그런데도 맞을 가능성에만 머문다면 경제학이 곧 쓸모없는 학문으로 분류될 상황에 부닥칠 것은 분명하다.

경제위기와 경제학의 위기 그리고 인류의 위기를 직시하며 '무엇을 해야 하는가?'에 답하기 위해 이 책은 쓰였다. 그러나 지은이는 이 책을 마치면서 거기에 합당한 답을 찾았다고는 생각하지 않는다. 하지만 경제학이 유용한 학문이 되려면 연역주의로 만든 가상의 세계에서 나와서 현실 세계에 관한 질문을 해야 한다는 것은 말할 수 있다. 그래서 수학적 형식보다는 경제적 실재를, 지나친 단순화보다는 현실의 복잡함을, 일원주의보다는 다원주의를, 모형보다는 역사를 강조해야 한다는 말을 하고 싶다.

　우리가 만든 경제학은 주체를 정하고 주체와 객체 사이의 관계를 살피는 특징을 가지고 있다. 시작과 끝이 있고, 원인과 결과를 강조했다. 오랜 동양의 사유에는 주체 자체가 상황에 따라 바뀌는 존재로 설정되어 있다. 그 세계에서는 시작과 끝이 없고 원인과 결과가 없다. 주역의 '신무방이역체무체(神无方而易无體)'와 화엄의 '일체유심조(一切唯心造)'에서 서양학문이 나아갈 길을 찾고 있다. 오랜 동양의 철학적 사유가 현재 최첨단의 과학적 사유와 만나고 있다. 물질적 존재 속에 의식이 작동된다는 현대 양자역학의 이야기는 결국 철학적 진리와 과학적 진리의 차이가 없다는 말과 다르지 않다. 그러니 '경제학이여! 형식주의의 갑옷을 벗고, 경제적 실재를 만나 자유로워지라!' 이런 이야기를 하며 붓을 내려놓는다.

참고문헌

1. 고창택 (1995). 바스카의 비판적 실재론과 사회과학적 지식의 가능성.「철학」, 43: 444−471.

2. 권기철 (2003). 케인즈 철학과 경제학 방법론.「국제경영논집」, 18: 15−13.

3. 김 균 (2001). 철학자 케인즈와 일반이론의 방법론적 기초.「경제학의 역사와 사상」, 4: 143−161

4. 김기홍 (2003). 추상화: 비판적 실재론의 해석.「사회과학연구」, 42: 75−88.

5. 김웅진 (편) (2013).「과학의 경계와 지평: 과학철학적 담론」, 서울: 한국외국어대학교 출판부.

6. 김이석 (2005). 의도와 인지적 한계를 지닌 인간의 경제학−신(新)오스트리아학파, 박만섭 (편).「경제학, 더 넓은 지평을 향하여」, 서울: 이슈투데이, 193−217.

7. 김환석 (2018). 사회과학의 새로운 패러다임, 신유물론.「지식의 지평」, 25: 1−10.

8. 김환석 (2020). 인간관계의 사회학에서 인간−비인간 관계의 사회학으로.「경제와 사회」, 127: 266−273.

9. 김환석 (2022). 기후위기, 문명의 전환과 생태계급, 신유물론의 관점.「경제와 사회」, 136: 47−86.

10. 박만섭 (2001). 수사학적 경제학 방법론.「과학철학」, 4(1): 119−154.

11. 박만섭 (편) (2002).「케인즈의 경제학」, 서울: 다산.

12. 박만섭 (2005). 경제학의 벌거벗은 임금님−신고전파 경제학. 박만섭 (편)「경제학, 더 넓은 지평을 향하여」, 서울: 이슈투데이, 27−56.

13. 박영태 (2000). 과학적 실재론과 이론 미결정성,「과학철학」, 5: 1−19.

14. 송현호 (1992).「경제학방법론」, 서울: 비봉출판사.

15. 전용덕 (2014).「경제학과 역사학, 오스트리아학파의 방법론과 인식론」, 서울: 한국경제연구원.

13. 정상원 (2022). 사회과학 연구방법으로서 현상학적 질적연구의 개념 탐색과제.

「질적탐구」, 8(4): 1−37.

14. 조영탁 (2004). 생태경제학의 방법론과 비전. 「사회경제평론」, 22: 39−78.

15. 조용환 외 (2022). 「질적 연구 전통별 접근」, 서울: 학지사.

16. 오광우 (1987). 「경제학방법론」, 서울: 경문사.

17. 이규상 (2008). 새경제학방법론, 다양한 실험장. 「사회경제평론」, 31: 7−43.

18. 이나영 (2018). 페미니스트 질적 연구. 최종렬 외 (편) 「문화사회학의 관점으로 본 질적 연구방법론」, 서울: 휴먼니스트, 95−119.

19. 이덕재 (2002). 크리티컬 리얼리즘−설명적 비판을 통한 해방적 기획. 「사회경제 평론」, 18: 49−83.

20. 이덕희 (2023). 「복잡계 네트워크 경제학」, 서울: 율곡출판사.

21. 이영의 (2020). 「베이즈주의(Bayesianism): 합리성으로부터 객관성으로의 여정」, 서울: 한국문화사

22. 홍기현 (2010). 1890~1930년대 경제학계 논쟁에 대한 방법론적 평가 오스트리아 학파를 중심으로. 「경제논집」, 49(3): 139−164.

23. 홍기현 (2022). 경제학의 전문화와 한계혁명. 「경제논집」, 61(1): 3−43.

24. 홍훈 (2000). 「마르크스와 오스트리아학파의 경제사상」, 서울: 아카넷.

25. 홍훈 (2013). 「신고전파 경제학과 행동경제학」, 서울: 신론사.

26. 홍태희 (1999). Die Kosten−Nutzen−Analyse: Was will und kann die Kosten− Nutzen−Analyse leisten? 「경상논총」, 19(1): 41−71.

27. 홍태희 (2003). 경제학과 젠더(Gender): 성별 경제학(gender economics) 정립을 위한 근대 경제학비판. 「경제학연구」, 51(2): 151−177.

28. 홍태희 (2005). 조화로운 삶을 위한 '보살핌의 경제론'의 함의와 대안 경제론으로 서의 가능성. 「경제학연구」, 53(3): 153−181.

29. 홍태희 (2007). 후자폐적 경제학 운동과 비판적 실재론. 「경제와 사회」, 74: 284− 318.

30. 홍태희 (2009). IS−LM 모형과 거시경제학에서의 역할−라카토슈의 과학적 연구 프로그램 방법론을 중심으로. 「경제학 연구」, 57(1): 185−214.

31. 홍태희 (2010). 현대 거시경제학 방법론에 관한 연구. 「질서경제저널」, 13(4): 53 −70.

32. 홍태희 (2011a). Vom Homo Ökonomikus zum Homo Sapiens?: Die Wirtschafts

krise und die Krise der Mainstream−Ökonomik. 「한독경상논총」, 29(3): 123−136.

33. 홍태희 (2011b). 경제학방법론과 비판적 실재론. 「질서경제저널」, 14(1): 1−18.

34. 홍태희 (2014). 「여성주의 경제학: 젠더와 대안 경제」, 파주: 한울출판사.

35. 홍태희 (2016). 포스트 케인지언 경제학의 전개과정과 대안 경제학으로서의 가능성. 「사회경제평론」, 49: 31−70.

36. 홍태희 (2018). 질서자유주의 경제학의 함의와 한계. 「질서경제저널」, 21(4): 1−17.

37. 홍태희 (2022). 「비주류경제학과 대안경제학 I」, 서울: 박영사.

38. 홍태희 (2024). 경제학의 과학철학적 배경에 관한 연구. 「경상논총」, 42(1): 41−62.

39. なかざわ しんいち(나카자와 신이치) (2004). 「対称性人類学」, 동아시아 역 (2005). 「대칭성 인류학 무의식에서 발견하는 대안적 지성」, 서울: 동아시아.

40. Agafonow, A. (2012). The Austrian Dehomogenization Debate, or the Possibility of a Hayekian Planner. *Review of Political Economy*, 24(2): 273-287.

41. Alexandrova, A. (2006). Connecting Economic Models to the Real World: Game Theory and the FCC Spectrum Auctions. *Philosophy of the Social Sciences*, 36(2): 173−192.

42. Angner, E. (2019). We're all behavioral economists now. *Journal of Economic Methodology*, 26(3): 195−207.

43. Angner, E. and Loewenstein, G. (2012). Behavioral economics in Mäki, U. (ed.). *Philosophy of economics*, Amsterdam: North−Holland, 641-690.

44. Archer, M. (1995). *Realist Social Theory: The Morphogenetic Approach*, Cambridge: Cambridge University Press.

45. Archer, M., Bhaskar, R., Collier, A., Lawson, T. and Norrie, A. (eds.) (1998). *Critical Realism: Essential Readings*, London: Routledge.

46. Arthur, B. (2014). *Complexity and the Economy*, Oxford: Oxford University.

47. Axtell, R., Macal, C. M. and Sallach, D. (eds.) (1999). *Why Agents? On the Varied Motivations for Agent Computing in the Social Sciences*, Chicago: University of Chicago.

48. Backhouse, R. E. (1994). The Lakatosian legacy in economic methodology. in Backhouse, R. E. (ed.). *New directions in economic methodology*, London: Routledge, 173−191.

49. Backhouse, R. E. (2008). The Methodology of Economics. in Durlauf, S. N. and Blume, L. E. (eds). *The New Palgrave Dictionary of Economics*, London: Palgrave Macmillan, 590−593.

50. Bäuerle, L. (2023). *Transformation, Agency and the Economy: The Case for a Grounded Economics*, New York: Routledge, Taylor & Francis Group.

51. Banerjee, A. V. and Duflo, E. (2019). *Good Economics for Hard Times*, New York: Public Affairs.

52. Barad, K. (2003). Posthumanist Performativity: How Matter Comes to Matter. *Signs*, 28(3): 801−831.

53. Barker, D. K. and Kuiper, E. (2003). *Toward a Feminist Philosophy of Economics*, London: Routledge.

54. Basu, K. (2008). Methodological Individualism. in Durlauf, S. N. and Blume, L. E. (eds). *The New Palgrave Dictionary of Economics*. London: Palgrave Macmillan.

55. Becker, J., Grisold, A., Schwank, O., Mikl−Horke, G., Pirker, R. and Rauchenschwandtner, H. (2009). *Heterodoxe ökonomie*, Marburg: Metropolis.

56. Beinhocker, E. D. (2006). *The origin of wealth : evolution, complexity, and the radical remaking of economic*, Boston: Harvard besiness school press. 안현실·정광우 역 (2022). 「부의 기원」, 서울: 알에이치코리아.

57. Beker, V. A. (2011). On the economic crisis and the crisis of economics. *Real−world Economics Review*, 56: 72−94.

58. Bennett, J. (2010). *Vibrant Matter: A Political Ecology of Things (A Political Ecology of Things)*, Durham: Duke University Press.

59. Berger, P. L. and Luckmann, T. (1966). *The Social Construction of Reality A Treatise in the Sociology of Knowledge*, Garden City: Doubleda.

60. Bhaskar, R. (1975). *A Realist Theory of Science*, London: Version.

61. Bhaskar, R. (1989). *Reclaiming Reality: A Critical Introduction to Contemporary*

Philosophy, London: Verso. 이기홍 역 (2007). 「비판적 실재론과 해방의 사회과학」, 서울: 후마니타스.

62. Bhaskar, R. (1998). *The Possibility of Naturalism: A Philosophical Critique of the Contemporary Human Science*, New York: Routledge.

63. Bigo, V. (2008). Explaining modern economics (as a microcosm of society). *Cambridge Journal of Economics*, 32(4): 527 – 554.

64. Binmore, K. and Dasgupta, P. (1987). *The Economics of Bargaining*, Oxford: Basil Blackwell.

65. Blaug, M. (1976). Kuhn versus Lakatos or Paradigms versus Research Programmes in the History of Economics. in Latsis, S. (ed.). *Method and Appraisal in Economics*, Cambridge: Cambridge University Press, 149 – 180.

66. Blaug, M. (1980). *The Methodology of Economics Or, How Economists Explain*, Cambridge and New York: Cambridge University Press. 정현식 역 (1991). 「경제학 방법론」, 서울: 형설출판사.

67. Boland, L. (2003). *The Foundations of Economic Method: A Popperian Perspective*, London: Routledge.

68. Boulding, K. E. (1966). The Economics of the Coming Spaceship Earth. in Jarrett, H. (ed.). *Environmental Quality in a Growing Economy*, Baltimore: Johns Hopkins University Press, 3 – 14.

69. Boulding, K. E. (1973). U.S. Congress, Energy Reorganization Act of 1973: Hearings, Ninety – third Congress, First Session, on H.R. 11510 (U.S. Government Printing Office, 1973).

70. Boumans, M. and Davis, J. (2010). *Economic Methodology: Understanding Economics as a Science*, New York: Palgrave Macmillan.

71. Boylan, T. and O'Gorman, P. (1995). *Beyond Rhetoric and Realism in Economics, Towards a Reformulation of Methodology*, London and New York: Routledge.

73. Brock, W. A. (2001). *Growth Theory, Nonlinear Dynamics and Economic Modelling*, Cheltenham: Edward Elgar.

74. Brock, W. A., Hsieh, D. A. and LeBaron, B. (1991). *Nonlinear Dynamics, Chaos, and Instability Statistical Theory and Economic Evidence*, Cambridge: The MIT

Press.

75. Brock, W. A. and Mirman, L. J. (1972). Optimal Economic Growth and Uncertainty: The Discounted Case. *Journal of Economic Theory*, 4(3): 479–513, doi:10.1016/0022−0531(72)90135−4, (2012.03.03.).

76. Bronner, K. and Paulus, S. (2017). *Intersektionalität: Geschichte, Theorie und Praxis*, Opladen and Toronto: Verlag Barbara Budrich

77. Brown, A. (2009). Reorienting critical realism: a system−wide perspective on the capitalist economy. *Journal of Economic Methodology*, 14(4): 499−519.

78. Buch−Hansen, H. and Nielsen, P. (2020). *Critical Realism: Basics and Beyond*, London: Red Globe Press.

79. Caldwell, B. J. (1991). *Beyond Positivism: Economic Methodology in the Twentieth Century*, London: George Allen and Unwin.

80. Caldwell, B. J. (ed.) (1993). *The Philosophy and Methodology of Economics* Vol. I, II, III, Brookfield: Edward Elgar.

81. Cardoso, J. L. and Psalidopoulos, M. (eds.) (2015). *The German Historical School and European Economic Thought*, London: Routledge.

82. Cartwright, N. (2001). Ceteris Paribus Laws and the Socio−economic Machine. in Mäki, U. (ed.). *The Economic World View: Studies in the Ontology of Economics*, Cambridge: Cambridge University Press, 275−292.

83. Chalmers, A. F. (2013). *What Is This Thing Called Science?* 4th edition, Indianapolis: Hackett Publishing Company.

84. Clandinin, D. J. and Connelly, F. M. (2000). *Narrative inquiry: Experience and story in qualitative research*, San Francisco: Jossey−Bass.

85. Charusheela, S. (2005). *Structuralism and individualism in economic analysis: the "contractionary devaluation debate" in development economics, New political economy*, London: Routledge.

86. Colander, D. (2000). The Death of Neoclassical Economics. *Journal of the History of Economic Thought*, 22(2): 127−143.

87. Colander, D. (ed.) (2006). *Beyond Microfoundations: Post Walrasian Economics*, Cambridge: Cambridge University Press.

88. Colander, D. *et al.* (2008). *The Financial Crisis and the Systemic Failure of Academic Economics*, http://www.debtdeflation.com/blogs/wp−content/uploads/papers, (2021.02.28.).

89. Colander, D., Holt, R. P. F. and Rosser, J. B. (2009). *The Changing Face of Economics: Conversations with Cutting Edge Economists*, Ann Arbor: University of Michigan Press. 박만섭 역 (2011). 「경제학, 최전방의 동향」, 서울: 지식을 만드는 지식.

90. Collier, A. (1994). *Critical Realism: An Introduction to Roy Bhaskar's Philosophy*, London: Verso.

91. Collier, A. (1998). Explanation and emancipation. in Archer, M., Bhaskar, R., Collier, A., Lawson, T. and Norrie, A. (eds.). *Critical Realism: Essential Readings*, London: Routledge.

92. Coyne, C. J. and Boettke, P. J. (2020). *The Essential Austrian Economics*, Vancouver: Fraser Institute.

93. Creswell, J. W. (2014). *Research Design: Qualitative, Quantitative and Mixed Methods Approach*, 4th edition, Thousand Oaks: Sagem. 정종진 외 역 (2017). 「연구방법: 질적 양적 및 혼합적 연구의 설계」, 서울: 시그마플레스

94. Cronin, B. (2016). Multiple and mixed methods research for economics. in Lee, F. S. and Cronin, B. (eds.) (2016). *Handbook of Research Methods and Applications in Heterodox Economics*, Cheltenham and Northampton: Edward Elgar, 286−300.

95. D'Amico, D. J. and Martin, A. G. (eds.) (2022). *Contemporary Methods and Austrian Economics* (*Advances in Austrian Economics, 26*), Leeds: Emerald Publishing Limited.

96. Danermark, B. *et al.* (1997). *Explaining Society, Critical realism in the social sciences*, Lund: Studentlitteratur. 이기홍 역 (2004). 「새로운 사회과학방법론: 비판적 실재론의 접근」, 파주: 한울.

97. Davidsen. B. (2005). Critical Realism in Economics−a different view. *post−autistic economics review*, 33: 36−50.

98. Davidson, P. (1982−3). Rational expectations: a fallacious foundation for

studying crucial decision—making processes. *Journal of Post Keynesian Economics*, 1982—2: 182—198.

99. Davis, J. B. (2006). The Turn in Economics: Neoclassical Dominance to Mainstr eam Pluralism? *Journal of Institutional Economics*, 2(1): 1—20.

100. Davis, J. B., Hands, D. W. and Mäki, U. (eds.) (1998). *The Handbook of Economic Methodology*, Cheltenham: Edward Elgar.

101. Davis, J. B. and Hands, D. W. (eds.) (2020). *Economic Philosophy: Complexities in Economics*, World Economics Association.

102. Dequech, D. (2007). Neoclassical, mainstream, orthodox, and heterodox economics. *Journal of Post Keynesian Economics*, 30(2): 279—302.

103. D'Ippoliti, C. (2022). On some limits to pluralism. in Chester, L. and Jo, T.—H. (eds.). *Heterodox Economics, Legacy and Prospects*, World Economics Association Books, 252—289.

104. Dobusch L. and Kapeller, J. (2012). Heterodox United vs. Mainstream City? Sketching a Framework for Interested Pluralism in Economics. *Journal of Economic Issues*, 46(4): 1035—1058.

105. Dow, S. C. (1996). *The Methodology of Macroeconomic Thought*, Aldershot: Edward Elgar.

106. Dow, S. C. (2002). *Economic Methodology: An Inquiry*, Oxford: Oxford University Press.

107. Downward, P. and Mearman, A. (2007). Retroduction as mixed—methods triangulation in economic research: reorienting economics into social science. *Cambridge journal of economics*, 31(1): 77—99.

108. Dürmeier, T., Egan—Krieger, T. v. and Peukert, H. (eds.) (2006). *Die scheuklappen der wirtschaftswissenschaft, postautistische ökonomik für eine pluralistische wirtschaftslehre*, Marburg: Metropolis—Verlag.

109. Duflo, E., Glennerster, R. and Kremer, M. (2007). Using randomization in development economics research: A toolkit. in Schultz, T. P. and Strauss, J. A. (eds.). *Handbook of Development Economics*, Vol. 4, Amsterdam: Elsevier, 895 —962.

110. Dunn, S. (2009). Cambridge Economics, Heterodoxy and Ontology: An Interview with Tony Lawson. *Review of Political Economy*, 21(3): 481−496.

111. Eichner, A. S. (ed.) (1983). *Why Economics is not Yet a Science, New York: M.E. Sharpe.* 오광우 역 (1987). 「왜 경제학은 아직도 과학이 아닌가」, 서울: 경문사.

112. Ferber, M. A. and Nelson, J. A. (eds.) (1993). *Beyond Economic Man: Feminist Theory and Economics,* Chicago: The University of Chicago Press. 김애실 외 역 (1999). 「남성들의 경제학을 넘어서 : 페미니스트이론과 경제학」, 서울: 한국외국어대학교 출판부.

113. Ferber, M. A. and Nelson, J. A. (eds.) (2003). *Feminist Economics Today: Beyond Economic Man,* Chicago and London: University of Chicago Press.

114. Ferrari Filho, F. and Terra, F. H. B. (2016). Reflections on the method of Keynes. *Brazilian Journal of Political Economy,* 36(1): 70−90. https://doi.org/10.1590/0101−31572016v36n01a05.

115. Feyerabend, P. (1975). *Against Method: Outline of an Anarchistic Theory of Knowledge,* London: Verso.

116. Feyerabend, P. (2016). *Philosophy of Nature,* New Jersey: Wiley−Blackwell.

117. Finch, J. H. (2002). The role of grounded theory in developing economic theory. *Journal of Economic Methodology,* 9(2): 213−234.

118. Finch, J. H. and Ramsay, J. (2002). Critical realism, empirical methods and inference: a critical discussion. *Cambridge Journal of Economics,* 26(4): 481−500.

119. Fine, B., Saad−Filho, A. and Boffo, M. (2013). *The Elgar Companion to Marxist Economics,* Aldershot: Edward Elgar Publishing.

120. Fischer, L. *et al.* (2017). *Rethinking Economics,* London and New York: Routledge.

121. Fleetwood S. (ed.) (1999). *Critical Realism in Economics: Development and Debate,* New York: Routledge.

122. Fleetwood, S. (2002). Why Neoclassical Economics Explains Nothing At All, *post−autistic economics review,* 17 article 2.http://www.paecon.net/PAEReview /issue17/Fleetwood17.htm(2021.03.01.).

123. Fraassen, B. (1991). *Quantum Mechanics: An Empiricist View*, Oxford: Oxford University Press.

124. Freedman, D. A. (2009). *Statistical Models: Theory and Practice*, Cambridge: Cambridge University Press.

125. Friedman, D. and Sunder, S. (1994). *Experimental Methods: A Primer for Economists*, Cambridge: Cambridge University Press.

126. Friedman, M. (1953). The Methodology of Positive Economics, in Friedman, M. *Essays in Positive Economics*, Chicago: University of Chicago Press, 3－43.

127. Fullbrook, E. (ed.) (2003). *The crisis in economics: the post－autistic economics movement: the first 600 days*, London: Routledge.

128. Fullbrook, E. (ed.) (2004). *A guide to what's wrong with economics*, https://www.jstor.org/stable/j.ctt1gxp9kv(2021.03.01.).

129. Fullbrook, E. (ed.) (2006). *Real world economics: a post－autistic economics reader*, London: Anthem Press.

130. Fullbrook, E. (ed.) (2008). *Pluralist economics*, London: Zed Books.

131. Glaser, B. (1998). *Doing grounded theory － Issues and discussions*, Mill Valley: Sociology Press.

132. Glaser, B. and Strauss, A. (1965). *Awareness of Dying*, Chicago: Aldine Publishing Company.

133. Glimcher, P. W. and Fehr, E. (eds.) (2007). *Neuroeconomics: Decision Making and the Brain*, London: Elsevier Academic Press.

134. Gowdy J. and Erickson J. D. (2005). The approach of ecological economics. *Cambridge Journal of Economics*, 29(2): 207－222.

135. Gräbner, C. and Strunk, B. (2020). Pluralism in economics: its critiques and their lessons. *Journal of Economic Methodology*, 27(4): 311－329.

136. Guala, F. (2005). *The Methodology of Experimental Economics*, Cambridge and New York: Cambridge University Press.

137. Guala, F. (2012). Experimental Economics. in Mäki, U. (ed.). *Philosophy of Economics*, London: Elsevier.

138. Gul, F., Pesendorfer, W. and Caplin, A. (2008). The case for mindless

economics. in Caplin, A. and Schotter, A. (eds.). *The Foundations of Positive and Normative Economics: A Handbook*, Oxford: Oxford University Press, 3−42.

139. Hagemann, H., Nishizawa, T. and Ikeda, Y. (eds.) (2010). *Austrian Economics in Transition: From Carl Menger to Friedrich Hayek*, London and New York: Palgrave Macmillan.

140. Hamill, L. and Gilbert, N. (2016). *Agent−based Modelling in Economics*, Chichester: John Wiley & Sons.

141. Hands, D. W. (ed.) (1993). *The Philosophy And Methodology Of Economics*, Durham: Duke University Press.

142. Hands, D. W. (2001a). *Reflection without Rules: Economic Methodology and Contemporary Science Theory*, Cambridge and New York: Cambridge University Press.

143. Hands, D. W. (2001b). Economic methodology is dead − long live economic methodology: thirteen theses on the new economic methodology. *Journal of Economic Methodology*, 8(1) 49-63.

144. Harding, S. (1987). Is There a Feminist Methodology. in Harding, S. (ed.). *Feminism and Methodology*, Bloomington: Indiana University Press, 1−14.

145. Harman, G. (2018). *Speculative Realism: An Introduction*, Cambridge: Polity. 김효진 역 (2023). 「사변적 실재론 입문」, 서울: 갈무리.

146. Hausman, D. M. (ed.) (1984). *The Philosophy of Economics: An Anthology*, New York and Cambridge: Cambridge University Press.

147. Hausman, D. M. (1989). Economic Methodology in a Nutshell. *Journal of Economic Perspectives*, 3(2): 115−127.

148. Hausman, D. M. (2021a), Philosophy of economics: past and future. *Journal of Economic Methodology*, 28(1): 14−22.

149. Hausman, D. M. (2021b). *Philosophy of Economics, The Stanford Encyclopedia of Philosophy* winter 2021 edition, Zalta E. N. (ed.). URL = https://plato.stanford. edu/archives/win2021/entries/economics/.

150. Haavelmo, T. (1944). The Probability Approach in Econometrics, *Supplement to*

Econometrica, 12: 1-118.

151. Heilbroner, R. and Millberg, W. S. (1995), *The crisis of vision in modern economic thought*, Cambridge: Cambridge University Press. 박만섭 역 (2007). 「비전을 상실한 경제학」, 서울: 필맥.

152. Heilbroner, R. and Thurow, L. (1998). *Economics Explained: Everything You Need to Know About How the Economy Works and Where It's Going*, New York: Touchstone. 조윤수 역 (2009). 「경제학은 무엇을 말할 수 있고 무엇을 말할 수 없는가」, 서울: 부키.

153. Heisenberg, W. (1962). *Physics and Philosophy: The Revolution in Modern Science,* New York: Harper & Row Publishers.

154. Hodgson, G. M. (2004). Some claims made for critical realism in economics: two case studies. *Journal of Economic Methodology*, 11(1): 53−73.

155. Hodgson, G. M. (2019). *Is There a Future for Heterodox Economics?*, Cheltenham: Edward Elgar.

156. Hoover, K. D. (1995). Why Does Methodology Matter for Economics? *Economic Journal*, 105(430): 715−734.

157. Hoover, K. D. (2001). *The Methodology of Empirical Macroeconomics*, Cambridge: Cambridge University Press.

158. Hoover, K. D. (2015). Reductionism in economics: Intentionality and eschatological justification in the microfoundations of macroeconomics? *Philosophy of Science*, 82(4): 689−711.

159. Hülsmann, J. G. (1999). Economic Science and Neoclassicism. *Quarterly Journal of Austrian Economics*, 2(4): 3−20.

160. Hunt, E. K. and Lautzenheiser, M. (2011). *History of Economic Thought, A Critical Perspective*, London: Routledge. 홍기빈 역 (2015). 「E. K. 헌트의 경제사상사」, 서울: 시대의 창.

161. Hurrell, S. A. (2014). Critical realism and mixed methods research: Combining the extensive and intensive at multiple levels. in Edwards, P. K., O'Mahoney, J. and Vincent, S. (eds.). *Studying Organizations Using Critical Realism: A Practical Guide*, Oxford: Oxford University Press, 241−263.

162. Hutchison, T. W. (1994). Ends and Means in the Methodology of Economics. in Backhouse, R. E. (ed.). *New directions in economic methodology*, London: Routledge, 27−34.

163. Jespersen, J. (2009). *Macroeconomic methodology: a post−keynesian perspective*, Cheltenham and Northampton: Edward Elgar.

164. Jo, T.−H. (2022). Heterodox economics and ideology. in Chester, L. and Jo, T.−H. (eds.). *Heterodox Economics: Legacy and Prospects*, North Haven: World Economics Association Books, 204−251.

165. Kahneman, D. and Tversky, A. (1979). Prospect Theory: An Analysis of Decision under Risk. *Econometrica*, 47(2): 263−292.

166. Khadjavi, M. and Lange, A. (2013). Prisoners and their dilemma. *Journal of Economic Behavior & Organization*, 92(C): 163−175.

167. Keen, S. (2001). *Debunking economics, the naked emperor of the social sciences*, London and New York: Zed Book.

168. Keen, S. (2009). Mad, bad and dangerous to know. *Real−world Economics Review*, 49(12): 2−7.

169. Keen, S. (2022). *New Economics: A Manifesto*, Cambridge: Polity.

170. Keynes, J. M. (1921). *A Treatise on Probability,* London: Macmillian and Co.

171. Keynes, J. M. (1936). *The General Theory of Employment, Interest and Money,* London: Macmillian and Co.

172. King, G., Keohane, R. O. and Verba, S. (1994). *Designing Social Inquiry: Scientific Inference in Qualitative Research*, Princeton: Princeton University Press.

173. Krishna, K. L. (2019). Historical perspective of econometrics, in Sinha, A. and Thomas, A. M. (eds.). *Pluralistic Economics and Its History*, London and New York: Routledge, 210−238.

174. Krugman, P. (2009). *How Did Economists Get It So Wrong?* New York Times, 2009.02.02. http://www.nytimes.com/2009/09/06/magazine/06Economic−t.html?pagewanted=all.

175. Kuhn, T. (1970). *The Structure of Scientific Revolutions*, Chicago: Chicago

University Press.

176. Kuhn, T. (1987). What are Scientific Revolutions? in Krüger, L., Daston, L. and Heidelberger, M. (eds.). *The Probabilistic Revolution*, Cambridge: Cambridge University Press, 7–22.

177. Lakatos, I. (1978). The Methodology of Scientific Research Programmes. *Philosophical Papers*, Vol. I, Cambridge: Cambridge University Press, 1: 8–101.

178. Latsis, S. (1972). Situational Determinism in Economics. *The British Journal for the Philosophy of Science*, 23(3): 207–245.

179. Latsis, S. (ed.) (1976). *Method and Appraisal in Economics*, Cambridge: Cambridge University Press.

180. Laudan, L. (1977). *Progress and Its Problems: Towards a Theory of Scientific Growth*, Berkeley, Los Angeles and London: University of California Press.

181. Lavoie, M. (2002). *Foundations of Post–Keynesian Economic Analysis*, Aldershot: Edward Elgar.

182. Lavoie, M. (2006). *Introduction to Post–Keynesian Economics*, New York: Palgrave Macmillan.

183. Lavoie, M. (2014). *Post–Keynesian Economics: New Foundations*, Aldershot: Edward Elgar.

184. Lawson, T. (1996). The Development in economics as realist Social Theory. *Review of Social Economy*, 54(4): 405–422.

185. Lawson, T. (1997). *Economics and Reality*, London: Routledge.

186. Lawson, T. (2003). *Reorienting Economics*, London: Routledge.

187. Lawson, T. (2006). The Nature of Heterodox Economics. *Cambridge Journal of Economics*, 30(2): 483–505.

188. Lawson, T. (2009a). The current economic crisis: its nature and the course of academic economics. *Cambridge Journal of Economics*, 33(4): 759–777.

189. Lawson, T. (2009b). Heterodox economics and pluralism. in Fullbrook E. (ed.). *Ontology and Economics: Tony Lawson and his Critics*, London and New York: Routledge, 93–129.

190. Lebowitz, M. (2009). *Following Marx: Method, Critique and Crisis*, Boston: Brill.

191. Lee, F. S. (2009). *A History of Heterodox Economics Challenging the mainstream in the twentieth century*, London: Routledge.

192. Lee, F. S. (2010). Pluralism in heterodox economics. in Garnett R., Olsen, E. and Starr, M. (eds.). *Economic Pluralism*, London: Routledge, 20−35.

193. Lee, F. S. (2016). Critical realism, method of grounded theory, and theory construction. in Lee, F. S. and Cronin, B. (eds.). *Handbook of Research Methods and Applications in Heterodox Economics*, Cheltenham and Northampton: Edward Elgar, 35−53.

194. Lee, F. S. and Cronin, B. (eds.) (2016). *Handbook of Research Methods and Applications in Heterodox Economics*, Cheltenham and Northampton: Edward Elgar.

195. Maas, H. (2014). *Economic Methodology: A Historical Introduction*, London: Routledge.

196. Mäki, U. (2002). *Fact and Fiction in Economics: Models, Realism and Social Construction*, Cambridge: Cambridge University Press.

197. Mäki, U. (ed.) (2009). *The Methodology of Positive Economics: Reflections on the Milton Friedman Legacy*, Cambridge: Cambridge University Press.

198. Mäki, U. (ed.) (2012). *Philosophy of Economics*, London: Elsevier.

199. McCloskey, D. N. (1990). *If You're So Smart, The Narrative of Economic Expertise*, Chicago: University of Chicago Press.

200. McCloskey, D. N. (1998). *The Rhetoric of Economics*, Madison: University of Wisconsin Press.

201. McCloskey, D. N. (2009). Rhetoric matters: Ethical standards in a humanistic science of economics. *Challenge*, 52(4): 25−3.

202. McCloskey, D. N. (2010). *Bourgeois Dignity: Why Economics Can't Explain the Modern World*, Chicago: University of Chicago Press.

203. McCloskey, D. N. (2021). *Bettering Humanomics: A New, and Old, Approach to Economic Science*, Chicago: University of Chicago Press.

204. McLennan, G. (1995). *Pluralism Concepts in Social Thought*, Minneapolis: University of Minnesota Press.

205. Martins, N. O. (2022). Cambridge social ontology and the reconstruction of economic theory. in Chester, L. and Jo, T.−H. (eds.). *Heterodox Economics: Legacy and Prospects*, World Economics Association Books, 149−203.

206. Mill, J. S. (2000). *On the Definition of Political Economy and the Method of Investigation Proper to It, Essays on Some Unsettled Questions of Political Economy*, 2nd edition, London: Batoche Books, 86−114.

207. Menger, K. (1883). *Untersuchungen über die Methode der Socialwissenschaften, und der politischen Ökonomie insbesondere*, Leipzig: Duncker & Humbolt.

208. Méra, X. and Hülsmann J. G. (2017). Austrian Economics. in Fischer, L. *et al.* (eds.). *Rethinking Economics An Introduction to Pluralist Economics*, London and New York: Routledge. 한성안 역 (2019). 「리씽킹 이코노믹스 : 다원주의 경제학 입문−최전선의 경제학들」, 고양: 개마고원.

209. Mises, L. von (1962). *The Ultimate Foundation of Economic Science*, New York: Van Nostrand.

210. Mises, L. von (1966). *Human Action: A Treatise on Economics*, 3rd edition, Chicago: Contemporary Books.

211. Morgan, M. S. (2001). Models, stories and the economic world. *Journal of Economic Methodology*, 8(3): 361-384.

212. Nakano, T. (2006). 'Let your science be human': Hume's economic methodology. *Cambridge Journal of Economics*, 30(5): 687−700.

213. Nell, E. J. and Errouaki, K. (2011). *Rational Econometric Man: Transforming Structural Econometrics*, Aldershot: Edward Elgar.

214. Nelson, J. A. (1995). Feminism and Economics. *Journal of Economic Perspectives*, 9(2): 131−148.

215. Nelson, J. A. (1996). *Feminism, objectivity and economics,* London and New York: Routledge.

216. O'Donnell, R. M. (1989). *Keynes: Philosophy, Economics and Politics.* New York: St.Martin's Press.

217. Palermo, G. (2007). The ontology of economic power in capitalism: mainstream economics and Marx. *Cambridge Journal of Economics*, 31(4): 539−561.

218. Peirce, C. S. (1878). How to Make Our Ideas Clear. *Popular Science Monthly*, 12: 286-302.

219. Peter, F. (2001). Rhetoric vs realism in economic methodology: a critical assessment of recent contributions. *Cambridge Journal of Economics*, 25(5): 571−589.

220. Peterson, J. and Lewis, M. (1999). *The Elgar companion to feminist economics,* Cheltenham and Northampton: Edward Elgar.

221. Pheby. J. (1988). *Methodology and Economics A Critical introduction, Macmillan.* 박상수 역 (1999). 「경제학방법론」, 제주: 제주대학교 출판부.

222. Platt, M. L. and Glimcher, P.W. (1999). Neural correlates of decision vari ables in parietal cortex. *Nature*, 400(6741): 233−238.

223. Popper, K. R. (1945). *The Open Society and Its Enemies*, Vol. I, II. London: Routledge.

224. Popper, K. R. (1959). *The Logic of Scientific Discovery*, New York: Basic Books.

225. Popper, K. R. (1963). *Conjectures and Refutations*, London: Routledge and Kegan Paul.

226. Priddat, B. P. (1990). *Hegel als Ökonom*, Berlin: Duncker&Humblot.

227. Reardon, J. (ed.) (2009). *The Handbook of Pluralist Economics Education*, London: Routledge.

228. Reiss, J. (2013). *Philosophy of Economics: A Contemporary Introduction*, London: Routledge, 김용준·김승원 역 (2020). 「경제철학입문」, 서울: 논형.

229. Robbins, L. (1945). *An Essay on the Nature and Significance of Economic Science*, London: Macmillan and Company.

230. Rosenstein−Rodan, P. (1961). Notes on the Theory of the Big Push. in Ellis, H. W. (ed.). *Economic Development for Latin America*, New York: Palgrave Macmillan.

231. Ross D. (2014). *Philosophy of Economics*, New York: Palgrave Macmillan.

232. Rothschild, K. W. (2001). A Note on Economic Imperialism. *Jahrbücher für Nationalokonomie und Statistik*, 221(4): 440−447.

233. Sagan, C. (1981). *Cosmos*, Hachette: Random House. 홍승수 역 (2006). 「코스모스」, 서울: 사이언스 북스.

234. Schabas, M. and Wennerlind, C. (2020). *A Philosopher's Economist−Hume and the Rise of Capitalism*, Chicago: University of Chicago Press.

235. Schlaudt, O. (2022). *Philosophy of Economics − A Heterodox Introduction*, London: Routledge.

236. Schmoller, G. von (1883). Zur Methodologie der Staats−und Sozialwissenschaften. *Jahrbuch für Gesetzgebung, Verwaltung und Volkswirtschaft im deutschen Reich*, 7: 975−994.

237. Schneider, G. (2019). *The Evolution of Economic Ideas and Systems A Pluralist Introduction*, New York: Routledge.

238. Sedlacek, T. (2011). *Economics of Good and Evil The Quest for Economic Meaning from Gilgamesh to Wall Street*, Oxford: Oxford University Press.

239. Selten, R. and Güth, W. (1982). Game theoretical analysis of wage bargaining in a simple business cycle model. *Journal of Mathematical Economics*, 10(2−3): 177−197.

240. Shaviro, S. (2009). *Without Criteria: Kant, Whitehead, Deleuze, and Aesthetics*, Cambridge, MA: The MIT Press. 이문교 역 (2024). 「양자 중력의 세 가지 길」, 서울: 갈무리.

241. Sherman, H. (1994). Methodology of Critical Marxian Economic Theory, in Kein, P. A. (ed.). *The Role of Economic Theory*, Springer, 77−95.

242. Sinha, A. and Thomas, A. M. (eds.) (2019). *Pluralistic Economics and Its History*, London and New York, Routledge.

243. Smith, V. L. (1982). Microeconomic Systems as an Experimental Science. *The American Economic Review*, 72(5): 923−955.

244. Smith, V. L. and Wilson B. J. (2019). *Humanomics: Moral Sentiments and the Wealth of Nations for the Twenty−First Century*, Cambridge: Cambridge

University Press.

245. Smolin, L. (2001). *Three Roads to Quantum Gravity*, New York: Basic Books Perseus Books Group. 김낙우 역 (2007). 「기준 없이, 칸트, 화이트헤드, 들뢰즈, 그리고 미학」, 서울: 갈무리.

246. Söderbaum, P. (2008a). *Understanding Sustainability Economics. Towards Pluralism in Economics*, London: Earthscan.

247. Söderbaum, P. (2008b). Economics as ideology. in Fullbrook E. (ed.). *Pluralist economics*, London: Zed Books.

248. Störig, H. J. (1998). *Kleine Weltgeschichte der Philosophie*, Frankfurt am Main: Fisher Taschenbuch Verlag.

249. Sugden, R. (2000). Credible worlds: the status of theoretical models in economics. *Journal of economic methodology*, 7(1): 1−31.

250. Swann, P. G. M. (2006). *Putting Econometrics in its Place*, Cheltenham: Edward Elgar Publishing.

251. Syll, L. P. (2016). *On the use and misuse of theories and models in mainstream economics*, London: College Publications.

252. Syll, L. P. (2023). *The Poverty of Fictional Storytelling in Mainstream Economics*, Columbia: World Economics Association Book.

253. Szpiro, G. G. (2020). *Risk, Choice, and Uncertainty: Three Centuries of Economic Decision−Making*, New York: Columbia University Press. 김현정 역 (2021). 「경제학 오디세이」, 서울: 비즈니스북스.

254. Thaler, R. (2000). From Homo Economicus to Homo Sapiens. *Journal of Economic Perspectives*, 14(1): 133−141.

255. Thaler, R. (2015). *Misbehaving: The Making of Behavioral Economics*, New York: W. W. Norton & Company.

256. Trigg, R. (2001). *Understanding social science: a philosophical introduction to the social sciences*, 2nd edition, Oxford and New York: Wiley−Blackwell.

257. van Manen, M. (2014). *Phenomenology of practice*, Walnut: Left Coast Press.

258. Von Neumann, J. and Morgenstern, O. (1944). *Theory of Games and Economic Behavior*, Princeton: Princeton University Press

259. Weintraub, E. R. (2002). *How Economics Became a Mathematical Science.* Durham: Duke University Press.

260. Wilson, E. O. (1998). *Consilience: The Unity of Knowledge,* New York: Alfred A. Knopf. 최재천·장대익 역 (2005). 「통섭 ― 지식의 대통합」, 서울: 사이언스 북스.

261. Yeung, H. W. (1997). Critical realism and realist research in human geography: a method or a philosophy in search of a method, *Progress. Human Geography,* 21(1): 51－74.

262. Yuichi, S. (2005). *The Soul of the German Historical School: Methodological Essays on Schmoller, Weber and Schumpeter,* New York: Springer.

찾아보기(인명)

ㄱ

구스타프 폰 슈몰러
  (Gustav von Schmoller) 99
귀도 임벤스(Guido W. Imbens) 282

ㄷ

데이비드 리카도(David Ricardo) 96
데이비드 카드(David Card) 282
데이비드 흄(David Hume) 34
디어드리 매클로스키
  (Deirdre N. McCloskey) 273

ㄹ

라그나 프리쉬(Ragnar Frisch) 255
라이오넬 로빈스 108
래리 라우든(Larry Laudan) 157
레옹 왈라스 184
로버트 엑스텔(Robert Axtell) 297
로버트 윌슨(Robert B. Wilson) 292
로버트 프랭크(Robert H. Frank) 288
로이 바스카(Roy Bhaskar) 67, 165
루트비히 폰 미세스(Ludwig von Mises)
  108
르네 데카르트(René Descartes) 13
리 스몰린(Lee Smolin) 12

리엄 스탠리 제번스
  (William Stanley Jevons) 184

ㅁ

마거릿 아처(Margaret Archer) 171
마이클 크레이머(Michael Kremer) 292
마이클 플래트(Michael L. Platt) 298
마틴 브로펜브래너
  (Martin Bronfenbrenner) 135
마틴 하이데거(Martin Heidegger) 58
막스 베버(Marx Weber) 101
머리 N. 로스바드
  (Murray Newton Rothbard) 232
밀턴 프리드먼(Milton Friedman) 53

ㅂ

버넌 스미스(Vernon, L. Smith) 291
베르너 좀바르트(Werner Sombart) 101
비트겐슈타인 213

ㅅ

산드라 하딩(Andra Harding) 248
소스타인 베블렌(Thorstein Veblen) 200
스피로 라치스(Spiro Latsis) 145
실러 다우(Sheila Dow) 305

ㅇ

아담 스미스 25

아리스토텔레스(Aristotle) 10

아마르티아 센(Amartya K. Sen) 23

아브히지트 바네르지(Abhijit Banerjee)
  292

아이작 뉴턴(Isaac Newton) 10

알프레드 마셜(Alfred Marshall) 17

얀 틴버겐(Jan Tinbergen) 255

에드워드 풀벅(Edward Fullbrook) 304

에스테르 듀플로(Esther Duflo) 292

엘리너 오스트롬(Elinor Ostrom) 266

오스카 모르겐슈테른(Oskar Morgenstern)
  283

오이겐 뵘바베르크
  (Eugen von Böhm-Bawerk) 228

웨슬리 미첼(Wesley Mitchel) 200

윌리엄 버즈 블록(William A. Brock) 297

임레 라카토슈(Imre Lakatos) 141

임마누엘 칸트(Immanuel Kant) 8

ㅈ

자크 데리다(Jacques Derrida) 62

조시 앵그리스트(Joshua D. Angrist) 282

존 내시(John Nash) 283

존 듀이(John Dewey) 272

존 메이너드 케인즈
  (John Maynard Keynes) 212

존 스튜어트 밀(John Stuart Mill) 17

존 폰 노이만(John von Neumann) 283

쥴리 넬슨(Julie Nelson) 248

ㅊ

찰스 다윈(Charles R. Darwin) 282

ㅋ

칼 맑스(Karl Marx) 202

칼 멩거(Karl Menger) 99

칼 헴펠(Carl Hempel) 18, 39

케니스 빈모어(Kenneth Binmore)
  261, 283

클로드 레비 스트로스(Claude Levi Strauss)
  60

테렌트 히치슨(Terence W. Hutchison) 53

ㅌ

토마스 맬더스(Thomas R. Malthus) 96

토마스 아퀴나스(Thomas Aquinas) 10

토마스 쿤(Thomas Kuhn) 129

트리그베 하벨모(Trygve Haavelmo) 256

ㅍ

페르디낭 디 소쉬르
  (Ferdinand de Saussure) 61

페이턴 영(Peyton Young) 297

폴 글림처(Paul W. Glimcher) 298

폴 데비이슨(Paul Davidson) 240

폴 밀그럼(Paul R. Milgrom) 292

폴 크루그먼(Paul Krugman) 262

폴 파이어아벤트 149

프랜시스 베이컨(Francis Bacon) 10

프랭크 램지(Frank Ramsey) 186

프레데릭 리(Frederic Lee) 314

프리드리히 리스트(Friedrich List) 197

프리드리히 폰 비저(Friedrich von Wieser)
  228
프리드리히 헤겔(Friedrich Hegel)   203
피에르 스라파   213
필립 앤더슨(Philip W. Anderson)   294

ㅎ
허버트 사이먼(Herbert A. Simon)
  110, 280

찾아보기(사항)

ㄱ

가설연역법 17

개체주의 65

게임이론 282

경제 공학 261

경제적 결정론 208

경제적 인간 20

경험론 8

계량경제학 189

공리주의 22

과학적 연구프로그램론 141

과학혁명 6, 130

과학혁명론 131

관념론 8

교차성 247

구성의 오류 80

구조주의 48, 60

귀납주의 32

규범경제학 22

근거이론 270

근대경제학 28

ㄴ

넛지 285

노동가치론 204

논리실증주의 11

ㄷ

다원주의 85

도구주의 48

동태적최적화모형 286

ㅁ

무작위대조연구법 56

뮌히하우젠 트릴레마 33

ㅂ

반(反)과학주의 217, 268

반(反)방법론(Against Method) 149

반증주의 48

발견법(heuristic) 143

방법론적 개인주의 20, 181

방법론적 다원주의 169

방법론적 아나키즘 148

베이즈주의 48, 57

변증법 208

변증법적 유물론 204

불확실성 238

불확정성의 원리 12

비판적 실재론 165

ㅅ

사례연구 266

사변적 실재론 66

사회구성주 23

사회구성주의 48, 60

사회적 존재론 168

산업혁명 21, 49

상대성이론 12

새고전파경제학 110

선험-연역의 방법 229

선험론 8

선험주의 108

수사적 경제학방법론 271

수용된 관점 82

신경경제학 298

신고전파종합 107

신뢰성 혁명 19, 282

신유물론 48, 69

실용주의 23, 48

실재론 8, 237

실존주의 58

실증주의 48

실험경제학 261, 289

ㅇ

양자역학 12

에르고딕 가설(ergodic hypothesis) 191

여성주의 245

여성주의 경제학 244

역사주의(historicism) 196

역사학파 경제학 195

연구전통 157

연역주의 32

열린 체계 305

오스트리아학파 경제학 227

유물론 69

윤리학 7

인간중심주의 70

인간행동학 229

인과적 전체주의 313

인드라망 28

인류세 114

인식론 7

ㅈ

자연실험(natural experiment) 282

자유방임주의 180

자유주의 24, 215

자유주의 경제학 107

전망이론 287

전체주의 65

정량적 분석 43

정상과학 131

정상과학론 130

정성적 분석 43

존재론 7

중상주의 21

증여사회 29

증여의 경제 29

질적경제학방법론 267

ㅊ

창발성 293

ㅋ

쾌락주의 23

ㅍ

패러다임 131

패러다임론 130

포스트 케인지언 237

포스트 휴머니즘 87

포스트모더니즘 167

ㅎ

학문적 아나키즘 152

합리론 8

해석학   83

행동경제학 111, 285

행동의 공리 229

행동주의 83

행위자 기반 모형 297

호모 에코노미쿠스 180

혼합적 방법 44

환원주의 54

후 자폐적 경제학
  (Post−Autistic Economics) 112

후기구조주의 60

휴머노믹스 303

흄의 포크 33

홍태희

조선대학교에서 경제학을 가르치며 살면서, '세상의 근원'이 무엇인지도 찾고 있는 중입니다.

경제철학과 경제학방법론

초판발행   2024년 8월 30일

지은이   홍태희
펴낸이   안종만·안상준

편 집   전채린
기획/마케팅   최동인
표지디자인   Ben Story
제 작   고철민·김원표

펴낸곳   (주)**박영사**
              서울특별시 금천구 가산디지털2로 53, 210호(가산동, 한라시그마밸리)
              등록 1959. 3. 11. 제300-1959-1호(倫)

전 화   02)733-6771
f a x   02)736-4818
e-mail   pys@pybook.co.kr
homepage   www.pybook.co.kr
ISBN   979-11-303-1939-1   93320

정 가   25,000원